SERVIÇO SOCIAL E SAÚDE
Formação e trabalho profissional

EDITORA AFILIADA

*Conselho editorial
da Área de Serviço Social*
Ademir Alves da Silva
Dilséa Adeodata Bonetti
Maria Lúcia Carvalho da Silva
Maria Lúcia Silva Barroco
Maria Rosângela Batistoni

**Dados Internacionais de Catalogação na Publicação (CIP)
(Câmara Brasileira do Livro, SP, Brasil)**

Serviço Social e saúde: formação e trabalho profissional / Ana Elizabete Mota... [et al.] , (orgs) . — 4. ed. — São Paulo : Cortez ; Brasília< DF : OPAS, OMS, Minist.rio da Sa.de, 2009.

Outros organizadores: Maria Inês de Souza Bravo, Roberta Uchôa, Vera Nogueira, Regina Marsiglia, Luciano Gomes, Marlene Teixeira.

Bibliografia.
ISBN 978-85-249-1266-5

1. Política médica - Brasil 2. Saúde pública - Brasil 3. Serviço social - Brasil 4. Serviço social como profissão I. Mota, Ana Elizabete. II. Bravo, Maria Inês de Souza. III. Uchôa, Roberta. IV. Nogueira, Vera. V. Marsiglia, Regina. VI. Gomes, Luciano. VII. Teixeira, Marlene.

06-8468   CDD-361.610981

Índices para catálogo sistemático:

1. Brasil : Serviço social : Política social e política de saúde : Bemestar social 2361.610981

Ana Elizabete Mota • Maria Inês Souza Bravo
Roberta Uchôa • Vera Maria Ribeiro Nogueira • Regina Marsiglia
Luciano Gomes • Marlene Teixeira (orgs.)

SERVIÇO SOCIAL E SAÚDE
Formação e trabalho profissional

4ª edição
6ª reimpressão

SERVIÇO SOCIAL E SAÚDE: Formação e trabalho profissional
Ana Elizabete Mota; Maria Inês Souza Bravo; Roberta Uchôa; Vera Nogueira; Regina Marsiglia; Luciano Gomes; Marlene Teixeira (orgs.)

Capa: Luciana Calheiros/Zolu design
Preparação dos originais: Jaci Dantas de Oliveira
Revisão: Maria de Lourdes de Almeida
Composição: Linea Editora Ltda.
Coordenação editorial: Danilo A. Q. Morales

Nenhuma parte desta obra pode ser reproduzida ou duplicada sem autorização expressa dos autores e do editor.

© 2006 by Organizadores

Direitos para esta edição
CORTEZ EDITORA
Rua Monte Alegre, 1074 — Perdizes
05014-001 — São Paulo-SP
Tel.: (11) 3864-0111   Fax: (11) 3864-4290
E-mail: cortez@cortezeditora.com.br
www.cortezeditora.com.br

Impresso no Brasil — junho de 2018

Sumário

Apresentação 7

1ª PARTE: Política Social e Política de Saúde

1. Fundamentos de Política Social
   Elaine Rossetti Behring 13

2. Seguridade Social Brasileira: Desenvolvimento Histórico e Tendências Recentes
   Ana Elisabete Mota 40

3. O Financiamento da Seguridade Social no Brasil no Período 1999 a 2004: Quem paga a Conta?
   Ivanete Boschetti e Evilásio Salvador 49

4. Democratizar a Gestão das Políticas Sociais — Um Desafio a ser Enfrentado pela Sociedade Civil
   Raquel Raichelis 73

5. Política de Saúde no Brasil
   Maria Inês Souza Bravo 88

6. Controle Social na Saúde
   Maria Valéria Costa Correia 111

2ª PARTE: Serviço Social e Saúde

1. A Construção do Projeto Ético-Político do Serviço Social
   José Paulo Netto 141

2. As Dimensões Ético-Políticas e Teórico-Metodológicas no Serviço Social Contemporâneo
   Marilda Villela Iamamoto 161

3. Projeto Ético-Político do Serviço Social e sua Relação com a Reforma Sanitária: Elementos para o Debate
   Maria Inês Souza Bravo e Maurílio Castro de Matos 197

4. Desafios Atuais do Sistema Único de Saúde — SUS e as Exigências para os Assistentes Sociais
   Vera Maria Ribeiro Nogueira e Regina Célia Tamaso Mioto 218

5. Serviço Social e Práticas Democráticas na Saúde
   Ana Maria de Vasconcelos 242

6. Sistematização, Planejamento e Avaliação das Ações dos Assistentes Sociais no Campo da Saúde
   Regina Célia Tamaso Mioto e Vera Maria Ribeiro Nogueira 273

7. O Trabalho nos Serviços de Saúde e a Inserção dos(as) Assistentes Sociais
   Maria Dalva Horácio da Costa 304

8. A Formação dos Trabalhadores Sociais no Contexto Neoliberal. O Projeto das Residências em Saúde da Faculdade de Serviço Social da Universidade Federal de Juiz de Fora
   Ana M. Arreguy Mourão, Ana M. C. Amoroso Lima, Auta I. Stephan-Souza, Leda M. Leal de Oliveira 352

3ª PARTE: Pesquisa e Sistematização do Trabalho Profissional

1. Orientações Básicas para a Pesquisa
   Regina Maria Giffoni Marsiglia 383

2. Retomando a Temática da "Sistematização da Prática" em Serviço Social
   Ney Luiz Teixeira de Almeida 399

Apresentação

Com a publicação da Coletânea *Serviço Social e Saúde: Formação e Trabalho Profissional*, a Associação Brasileira de Ensino e Pesquisa em Serviço Social — ABEPSS realiza um duplo objetivo: participar diretamente do processo de formação e capacitação de profissionais, docentes e discentes da área do Serviço Social, em conjunto com as Unidades de Ensino do país, e fortalecer a luta da sociedade brasileira por uma política de saúde pública, universal, integral, equânime e de qualidade.

Embora não se constitua numa exceção, posto que ao longo dos seus 60 anos de existência a Associação sempre esteve afinada e vigilante à formação e ao exercício profissional dos Assistentes Sociais, a experiência que resultou nesta publicação, iniciada na Gestão 2003/2004 e implementada no biênio seguinte, quando assumimos a direção da Entidade, encerra elementos inovadores que merecem evidência.

Lembramos de uma passagem do jovem Gramsci sobre o princípio que deveria orientar as ações táticas da organização do proletariado italiano nos anos 20, *a firmeza de princípios determina a flexibilidade da estratégia*, para qualificar o significado e a importância que teve a realização do Convênio de Cooperação Técnica entre o Ministério da Saúde e a ABEPSS, através do projeto *Serviço Social: interfaces com a saúde* que oportunizou a realização de atividades de formação e capacitação profissional na área do Serviço Social e a publicação dos textos que compõem essa Coletânea.

Tudo se iniciou quando o Ministério, ao incorporar algumas críticas dos trabalhadores e intelectuais da área da saúde coletiva sobre os fundamentos que orienta(va)m o Sistema Único de Saúde, decide incentivar mudanças nos cursos de graduação das chamadas *profissões da saúde*, assim denominadas pelas interfaces que têm com a pesquisa, a formulação e a execução daquela política, mobilizando Associações e grupos profissionais para participarem de tal investida.

Presente às primeiras discussões, a ABEPSS posiciona-se favorável a esse processo, resultado de uma deliberação coletiva da categoria profissional, durante o IX Congresso Brasileiro de Assistentes Sociais e reafirma seu posicionamento em defesa de uma política de saúde pública, orientada pela integralidade da atenção e pela superação das perspectivas tecnicistas e médico-centrada em procedimentos e especialidades da clínica em detrimento do que está definido pela Constituição Federal. Desde então, junto com outras associações profissionais da área da saúde, a ABEPSS participou do Fórum Nacional de Educação das Profissões da Área de Saúde — FNEPAS, uma articulação político-pedagógica cuja finalidade era se fazerem representar e interferir nas decisões e encaminhamentos da proposta.

No âmbito da ABEPSS as discussões se voltaram para a necessidade de preservar e fortalecer a formação generalista do Assistente Social, contrapondo-se às formulações que defendem as especializações precoces, mas reconhecendo as particularidades e singularidades dos diversos espaços ocupacionais do Serviço Social. Mais ainda, procurou assegurar uma concepção de política de saúde como integrante da seguridade social, sem permitir seu insulamento, longe da Previdência e da Assistência Social, nem do conjunto das demais políticas sociais. Argumentou-se que, embora do ponto de vista formal-legal o Serviço Social fosse uma profissão da área da saúde, não o era exclusivamente. Por isso mesmo, considerou-se fundamental garantir a orientação das Diretrizes Curriculares do Curso de Serviço Social, tratando os conhecimentos requeridos para a intervenção do Assistente Social na saúde no conjunto das competências da profissão, comprometidas com os princípios ético-políticos que a informam.

Para execução do projeto foi organizado um Comitê Gestor,[1] composto por docentes que representavam as seis regionais da ABEPSS e cuja função era organizar e acompanhar o desenvolvimento do Projeto. Através de uma pesquisa realizada junto a todas as Unidades de Ensino de Serviço Social do país obteve-se um perfil geral dos currículos que nos permitiu conhecer o estado da arte do ensino profissional, com destaque para os componentes curriculares que trabalham a formação em saúde. Essa pes-

---

1. Integraram o Comitê Gestor: Profa. Dra. Roberta Uchoa (UFPE, Região Nordeste), Profa. Dra. Maria Inês de Souza Bravo (UERJ, Região Leste), Profa. Dra. Vera Nogueira (UFSC, Região Sul I), Profa. Dra. Regina Giffoni (PUC-SP, Região Sul II), Profa. Dra. Marlene Teixeira (UnB, Região Centro-Oeste) e Prof. Dr. Luciano Gomes (UFPA, Região Norte).

quisa forneceu elementos para realização de Oficinas e Seminários que contou com mais de 600 participantes entre docentes, discentes e profissionais-supervisores de estágios com a finalidade de conhecer as particularidades da política social e de saúde, enfocar o debate sobre o ensino da política de saúde e extrair indicações para impulsionar a pesquisa e a formação profissional na área, sob o parâmetro das Diretrizes Curriculares do Serviço Social e SUS. Na oportunidade, para subsidiar o ensino da política de saúde nas unidades de ensino foram distribuídos materiais didáticos, dentre eles uma coletânea em CD que ora se transforma em livro.

Ao publicarmos *Serviço Social e Saúde: Formação e Trabalho Profissional* em conjunto com a Cortez Editora, a ABEPSS, além de exercitar o seu papel político-organizativo e formativo, oferece não apenas aos Assistentes Sociais, mas a todos que trabalham na área da saúde, um texto didático e competente que coloca a saúde como parte de uma totalidade historicamente construída, negando as abordagens instrumentais que defendem o mero conhecimento técnico aplicado. Temos certeza de estar contribuindo com a produção do conhecimento crítico e com proposições que reiteram uma política de saúde pública universal e integral.

O livro foi organizado pelos integrantes do Comitê Gestor e pelos executores do convênio que não mediram esforços para tornar viável a sua publicação num curto espaço de tempo. Participam Autores e Autoras com uma sólida trajetória acadêmica, intelectual e profissional na área do Serviço Social, aos quais aproveitamos a oportunidade para agradecer a prontidão, seriedade e compromisso com que atenderam ao convite da ABEPSS. A coletânea está dividida em três partes: na primeira, o leitor encontrará os artigos que tratam sobre "Política Social e Política de Saúde", com textos dos(as) professores(as) Elaine Behring, Ana Elisabete Mota, Ivanete Boschetti, Evilásio Salvador, Raquel Raichelis, Maria Inês de Souza Bravo e Valéria Correia. Na segunda parte, os artigos dos(as) professores(as) José Paulo Netto, Marilda Iamamoto, Maria Inês Souza Bravo, Maurílio Castro de Matos, Vera Maria Ribeiro Nogueira, Regina Mioto, Ana Maria de Vasconcelos, Maria Dalva Horácio Costa, Ana Maria Arreguy Mourão, Ana Maria Amoroso Lima, Auta Stephan Souza e Leda Maria Leal de Oliveira abordam as questões relativas ao Serviço Social e Saúde, enfocando diversos temas. Na última parte estão incluídos textos que trabalham a questão da pesquisa e sistematização do trabalho profissional com artigos do(a) professor(a) Regina Giffoni e Ney Luiz Teixeira de Almeida.

Ao final desta apresentação queremos referenciar a iniciativa pioneira da gestão da ABEPSS que nos antecedeu, em particular das professoras Jussara Mendes, da PUC-RS, Vera Maria Ribeiro Nogueira e Regina Mioto, da UFSC, que elaboraram o projeto original, encaminhado por nós em 2005.

Oportuno também reafirmar, como já o fizemos nos primeiros parágrafos desta apresentação, que a firmeza dos princípios da ABEPSS permitiu o desenvolvimento dessa experiência sem que a Entidade abrisse mão das suas posições, ou fizesse qualquer concessão teórico-metodológica e política para participar da iniciativa do Ministério da Saúde. Pelo contrário, durante todo o desenvolvimento do projeto recebemos apoio do Ministério através de seus competentes técnicos e servidores, o que nos permite ressaltar a seriedade com que o Ministério da Saúde apoiou as entidades de ensino das *profissões da saúde*, dando condições favoráveis, embora ainda não suficientes, para a consolidação do SUS na perspectiva da atenção integral à saúde, cumprindo o que está posto na Constituição Federal: a saúde como dever do Estado e direito da população.

Recife, novembro de 2006.

Ana Elizabete Mota

Roberta Uchôa

1ª PARTE
Política Social e Política de Saúde

Capítulo 1

Fundamentos de Política Social*

*Elaine Rossetti Behring***

Introdução

Política social é um tema complexo e muito discutido no âmbito das ciências sociais, em especial da ciência política e da economia política. Também o serviço social brasileiro, a partir de meados dos anos 80, passou a ter uma consistente produção sobre esse tema, que supera largamente as tendências descritivas e pragmáticas do passado, conforme apontava Coimbra (1987) ao comentar a perspectiva do Serviço Social como uma das abordagens deste tema, no seu conhecido inventário. Dessa forma, existem balanços das principais perspectivas teóricas de abordagem, tipologias, análises de políticas setoriais e estudos comparados dos padrões de proteção social constituídos nos vários países. Este texto não realiza um movimento como

---

* Este texto é uma versão revista do trabalho publicado em 2000, sob o título *Abordagens da política social e da cidadania*, no Módulo 3 — Política Social — do Programa de Capacitação Continuada para Assistentes Sociais — Capacitação em Serviço Social e Política Social. Esta foi uma experiência-piloto de atualização à distância, promovida pelo CFESS e ABEPSS, com o suporte técnico do CEAD/UnB e institucional do Departamento de Serviço Social da UnB. Esta importante experiência capacitou cerca de 1600 profissionais em nível nacional, nos vários níveis oferecidos: extensão, aperfeiçoamento e especialização. Este texto é fruto das minhas aulas na graduação da FSS/UERJ, na disciplina de Fundamentos de Política Social, donde decorre o título. Aproveito para agradecer à interlocução com os estudantes ao longo de vários anos.

** Professora do Departamento de Política Social e Diretora da Faculdade de Serviço Social/ UERJ, Doutora em Serviço Social pela UFRJ, ex-Presidente do Conselho Federal de Serviço Social (CFESS), Gestão 1999-2002, e autora dos livros *Política social no capitalismo tardio*, São Paulo: Cortez, 1998 e *Brasil em contra-reforma — desestruturação do Estado e perda de direitos*, São Paulo: Cortez, 2003.

os anteriormente sinalizados. Partindo da apreensão de parcela dessa literatura, a intenção é apresentar os fundamentos e argumentos teórico-históricos e político-econômicos que estão na base da formatação de tal ou qual padrão de proteção social. É preciso advertir que o caminho proposto nas páginas a seguir está longe de esgotar as possibilidades de abordagem teórico-conceitual da política social, pretendendo tão-somente contribuir para o debate.

Em geral, é reconhecido que a existência de políticas sociais, é um fenômeno associado à constituição da sociedade burguesa, ou seja, do específico modo capitalista de produzir e reproduzir-se. Evidentemente que não desde os seus primórdios, mas quando se tem um reconhecimento da *questão social* inerente às relações sociais nesse modo de produção, *vis à vis* ao momento em que os trabalhadores assumem um papel político e até revolucionário. Tanto que existe certo consenso em torno do *final do século XIX* como período de *criação e multiplicação* das primeiras legislações e medidas de proteção social, com destaque para a Alemanha e a Inglaterra, após um intenso e polêmico debate entre liberais e reformadores sociais humanistas. A *generalização* de medidas de seguridade social no capitalismo, no entanto, se dará no período pós Segunda Guerra Mundial, no qual assiste-se à singular experiência de construção do *Welfare State* em alguns países da Europa Ocidental — com destaque para o Plano Beveridge[1] (Inglaterra, 1942) —, acompanhada de diversos e variados padrões de proteção social, tanto nos países de capitalismo central, quanto na periferia. Tal variedade, quanto à cobertura mais ou menos universal, padrão de financiamento (redistributivo ou não, contributivo ou não), dentre outros aspectos que poderiam compor uma avaliação desse universo, está relacionada às relações entre as classes sociais e segmentos de classe (ou forças sociais, como aponta Faleiros no seu claro texto de 1986), e condições econômicas gerais, que interferem nas *opções* políticas e econômicas dos governos. Embora as condições para o surgimento e generalização de políticas sociais

---

1. William Henry Beveridge (1879-1963) dirigiu a London School of Economics entre 1919 e 1937. Em 1941 tornou-se presidente do comitê administrativo interministerial encarregado de um exame geral do sistema previdenciário britânico. Daí resultou o Plano Beveridge (1942), que, aplicando as teorias keynesianas de redistribuição de renda, serviu de base para a reforma da estrutura da previdência social na Inglaterra e em vários outros países, difundindo a perspectiva da seguridade social universalizada que articulava a previdência e a assistência social (Sandroni, 1992: 27; Boschetti, 2000).

tenham o referido tempo histórico, o debate sobre o bem-estar na sociedade, sobre o que fazer com os pobres e — muito especialmente — sobre o papel do Estado nesses processos, precede em muito esse tempo, tornando necessário um breve contato com alguns argumentos clássicos, recorrentes no debate contemporâneo sobre política social.

Breve visita a um debate clássico...

Com a decadência da sociedade feudal e da lei divina como fundamento das hierarquias políticas, por volta dos séculos XVI e XVII, é desencadeada uma discussão sobre o papel do Estado. Desde Maquiavel, tem-se a busca de uma abordagem racional do exercício do poder político por meio do Estado. Naquele momento, este era visto como uma espécie de *mediador civilizador* (Carnoy, 1988), ao qual caberia o controle das paixões, ou seja, do desejo insaciável de vantagens materiais, próprias aos homens em *estado de natureza*. Hobbes, em seu *Leviathan* (1651), apontava que, no *estado de natureza*, os apetites e as aversões determinam as ações voluntárias dos homens, e entre preservar a liberdade vantajosa da condição natural e o medo da violência e da guerra, impõe-se a renúncia à liberdade individual em favor do soberano, do monarca absoluto. A sujeição seria uma opção racional no sentido de os homens refrearem suas paixões, num contexto em que o *"homem é o lobo do homem"*.

John Locke concordava com essa idéia hobbesiana de que os homens se juntam na sociedade política para se defender da guerra de todos contra todos. Porém, dizia que a monarquia absoluta era incompatível com o governo civil, já que o soberano não teria a quem apelar a não ser a si mesmo. Nesse sentido, fazia-se necessário que o poder político estivesse em mãos de corpos coletivos de homens. Para Locke, o poder tem origem num *pacto* estabelecido pelo consentimento mútuo dos indivíduos que compõem a comunidade, no sentido de preservar a vida, a liberdade e, sobretudo, a propriedade. A presença do tema da propriedade introduz uma clivagem diferenciada à discussão, já que há uma clara associação entre poder político e propriedade. Aqui se contrapõem a razão e a perfeição da sociedade civil ao caos no estado de natureza, sendo a propriedade a base da sociedade justa e eqüitativa.

Ao debate inglês dos seiscentos, Jean-Jacques Rousseau, com seu *Contrato social*, de 1762, acrescenta novos e polêmicos elementos. Para ele, um dos inspiradores da Revolução Francesa de 1789, os homens no *estado de natureza* estão sem moralidade e sem maldade — a conhecida idéia de que o homem é naturalmente bom, do *bom selvagem* —, enquanto a sociedade civil é a descrição de como os homens vivem em realidade, e não uma construção ideal. A sociedade civil, para Rousseau, é imperfeita: foi corrompida pela propriedade e é produto da voracidade do homem, obra do mais rico e poderoso que quer proteger seus interesses próprios. Assim, o Estado foi até aquele momento uma criação dos ricos para preservar a desigualdade e a propriedade, e não o bem comum. A saída rousseauniana para o impasse da desigualdade social e política na sociedade civil é a configuração de um Estado cujo poder reside no povo, na cidadania, por meio da *vontade geral*. Este é o *contrato social* em Rousseau. Diferentemente de Locke, o pacto não é apenas dos proprietários, mas envolve o conjunto da sociedade em mecanismos de democracia direta (Bobbio, 1988). Assim, apenas esse Estado, um Estado de Direito, fundado nas leis definidas pela *vontade geral*,[2] seria capaz de limitar os extremos de pobreza e riqueza presentes na sociedade civil e promover a educação pública para todos — meio decisivo para a livre escolha.

Porém, se, até então, o debate concentrava-se nas conseqüências políticas dos interesses — alcançando, inclusive, uma perspectiva radicalmente democrática, como em Rousseau — a consolidação econômica e política do capitalismo nos séculos XVIII e XIX introduziu outros e duradouros condimentos nesta calorosa discussão sobre a relação Estado, sociedade civil e bem-estar. Se, para os pensadores do período de fundação do Estado moderno, este era o *mediador civilizador* — idéia resgatada pelas perspectivas keynesianas e social-democratas que preconizaram, no século XX, um Estado intervencionista —, para o pensamento liberal emergente, era um mal necessário (Bobbio, 1988). E continua sendo para os liberais do presente...

---

2. Categoria-chave na concepção política e filosófica de Rousseau, segundo a qual cada indivíduo aceita um contrato em que abdica de sua liberdade natural (primitiva) em favor de uma liberdade civil pela qual nenhum homem deve obedecer a outro, mas sim a uma vontade geral expressa em leis igualitárias. Assim, o poder e a autoridade estão vinculados à soberania popular. Rousseau pode ser considerado um precursor do socialismo do século XIX (Sandroni, 1992: 74).

Mercado e mérito individual no liberalismo

É bom que se diga que nos primórdios do liberalismo, nos oitocentos, existia um claro componente transformador nessa maneira de pensar a economia e a sociedade: tratava-se de romper com as amarras parasitárias da aristocracia e do clero, do Estado absoluto, com seu poder discricionário. O cenário de uma burguesia já hegemônica do ponto de vista econômico, mas não consolidada como classe politicamente dominante, propicia o antiestatismo radical presente no pensamento de um Adam Smith e sua ode ao mercado como mecanismo *natural* de regulação das relações sociais, cinicamente recuperados pelos neoliberais de hoje, num contexto muito diferente. Ou seja, havia um componente utópico na visão social de mundo do liberalismo, adequado ao papel revolucionário da burguesia tão bem explorado por Marx em seu *Manifesto do Partido Comunista* (Löwy, 1987). É evidente que esta dimensão se esgota na medida em que o capital se torna hegemônico e os trabalhadores começam a formular seu projeto autônomo e desconfiar dos limites da burguesia a partir das lutas de 1848. Mas, veja-se o raciocínio de Smith.

Segundo ele, a procura do interesse próprio pelos indivíduos, portanto, seu desejo *natural* de melhorar as condições de existência, tende a maximizar o bem-estar coletivo. Os indivíduos são conduzidos por uma mão invisível — o mercado — a promover um fim que não fazia parte de sua intenção inicial. Nesse sentido, o bem-estar pode ser um efeito não intencional da avareza. A *"loucura das leis humanas"* não pode interferir nas leis *naturais* da economia, donde o Estado deve apenas fornecer a base legal, para que o mercado livre possa maximizar os *"benefícios aos homens"*. Trata-se, portanto, de um *Estado mínimo*, sob forte controle dos indivíduos que compõem a sociedade civil,[3] na qual se localiza a virtude. Um Estado com apenas três funções: a defesa contra os inimigos externos; a proteção de todo o indivíduo de ofensas dirigidas por outros indivíduos; e o provimen-

---

3. Trata-se de qualificar o conceito smithiano de sociedade civil. Adam Smith, ao concluir que a racionalidade individual leva ao bem coletivo, cristaliza um conceito de sociedade civil auto-regulada pela ação involuntária do conjunto dos indivíduos. Dessa forma, a sociedade civil possui uma racionalidade inata e benéfica, diga-se, que conduz necessariamente ao progresso e ao bem-estar geral. A esfera do interesse privado tornou-se autônoma em relação à do interesse público, já que o indivíduo privado divorciou-se do cidadão nessa concepção (Bottomore, 1988: 118 e 351).

to de obras públicas, que não possam ser executadas pela iniciativa privada (Bobbio, 1988). Smith acreditava que os indivíduos, ao buscarem ganhos materiais, são orientados por sentimentos morais e por um senso de dever, o que assegura a ausência da guerra de todos contra todos. A coesão social se originaria na sociedade civil, com a mão invisível do mercado e o cimento ético dos sentimentos morais individuais, fundados na *perfectibilidade humana*.[4] Não há para ele, portanto, contradição entre acumulação de riqueza e coesão social.

Esse raciocínio tornar-se-á, ao lado da *ética do trabalho*,[5] amplamente hegemônico, na medida em que a sociedade burguesa se consolida. Trata-se de uma sociedade fundada no *mérito* de cada um em potenciar suas capacidades supostamente *naturais*. O liberalismo, nesse sentido, combina-se a um forte *darwinismo social*,[6] em que a inserção social dos indivíduos se define por mecanismos de *seleção natural*. Tanto que Malthus, por exemplo, recusava drasticamente as leis de proteção, responsabilizando-as pela existência de um número de pobres que ultrapassava os recursos disponíveis. A legislação social, para ele, revertia leis da natureza. Nas suas palavras: *"há um direito que geralmente se pensa que o homem possui e que estou convicto de que ele não possui nem pode possuir: o direito de subsistência, quando seu trabalho não a provê devidamente"* (apud Lux, 1993). Nesse ambiente intelectual e moral, não se devia despender recursos com os pobres, dependentes, ou "passi-

---

4. Conceito de homem originado em Santo Tomás de Aquino (Século XIII), segundo o qual uma pessoa é a substância individual de uma natureza racional, composta de corpo e alma. A pessoa é um *ser perfeito*, tanto do ângulo material, quanto espiritual. Tal perfeição se manifesta pela complexidade do corpo humano e pela razão. A inteligência dá ao homem capacidade de escolha, o que implica em uma dimensão moral. Para Santo Tomás, o homem tende a buscar a virtude e o bem, diga-se, a Deus (Aguiar, 1989: 41).

5. Direção intelectual e moral difundida pelos puritanos — ver o clássico de Max Weber, *A ética protestante e o espírito do capitalismo* — que predominou no século XIX e perdura até os dias de hoje, e que aponta o trabalho em si como atividade edificante e benéfica, sendo seu fruto o progresso, sem considerar as condições em que este trabalho se realiza. Para uma crítica contundente dessa visão, vale consultar *O direito à preguiça*, de Paul Lafargue (São Paulo: Unesp, 1999).

6. Charles Darwin publicou *A origem das espécies* em 1859, texto no qual discutia a trajetória de animais, e plantas em termos das leis da hereditariedade, da variabilidade, do aumento populacional, da luta pela vida e da seleção natural, que implica a divergência de caráter e a extinção das formas menos aperfeiçoadas. Os darwinistas sociais fazem uma transposição das descobertas de Darwin para a história humana. Segundo Herbert Spencer, por exemplo, a intervenção do Estado no "organismo social" seria contrária à evolução natural da sociedade, na qual os menos aptos tenderiam a desaparecer (Bottomore, 1988: 97; Sandroni, 1992: 85).

vos" (Kant *apud* Coutinho, 1989), mas vigiá-los e puni-los, como bem mostrou o estudo de Foucault (1987). Relação semelhante se mantém com os trabalhadores: não se deve regulamentar salários, sob pena de interferir no preço *natural* do trabalho, definido nos movimentos *naturais* e equilibrados da oferta e da procura no âmbito do mercado. Trata-se da *negação da política* e, em conseqüência, da política social.

De ângulos e em épocas muito diferentes, T. H. Marshall (década de 50), Michel Foucault (década de 60), Kenneth Lux e Robert Castel (década de 90) vão mostrar a forte polêmica em torno da reforma social. Ao menos até fins do século XIX e início do século XX, as idéias liberais irão prevalecer, derrotando na maior parte das vezes os humanistas, democratas e reformadores. A avalanche liberal, alimentada pelas descobertas científicas e por um crescimento econômico pujante, relegou ao esquecimento as advertências clássicas sobre a necessidade de um mediador civilizador. Mas isso não durou muito tempo...

Liberalismo em crise: o Pacto Keynesiano

*"Que nunca se diga: isso é natural,
para que nada passe por imutável..."*

(Bertold Brecht)

O enfraquecimento das bases materiais e subjetivas de sustentação dos argumentos liberais ocorreu ao longo da segunda metade do século XIX e no início do século XX, como resultado de alguns processos político-econômicos, dos quais vale destacar dois. O primeiro foi o crescimento do movimento operário, que passou a ocupar espaços políticos importantes, obrigando a burguesia a *"entregar os anéis para não perder os dedos"*, diga-se, a reconhecer direitos de cidadania política e social cada vez mais amplos para esses segmentos. Vale lembrar que a vitória do movimento socialista em 1917, na Rússia, também foi importante para configurar uma atitude defensiva do capital frente ao movimento operário; assim como as mudanças no mundo da produção, com o advento do *fordismo*. É que tais mudanças ofereceram maior poder coletivo aos trabalhadores, que passaram a requisitar acordos coletivos de trabalho e ganhos de produtividade, o que vai se generalizar apenas no pós-guerra.

O segundo e não menos significativo processo foi a concentração e monopolização do capital, demolindo a utopia liberal do indivíduo empreendedor orientado por sentimentos morais. Cada vez mais o mercado vai ser liderado por grandes monopólios, e a criação de empresas vai depender de um grande volume de investimento, dinheiro emprestado pelos bancos, numa verdadeira fusão entre o capital financeiro e o industrial. Bela expressão cinematográfica desse processo se encontra no filme clássico *Cidadão Kane*, de Orson Welles. A concorrência intercapitalista feroz entre grandes empresas de base nacional ultrapassou as fronteiras e se transformou em confronto aberto e bárbaro nas duas grandes guerras mundiais. Mas, para além das guerras, existe um divisor de águas muito importante, a partir do qual as elites político-econômicas começam a reconhecer os limites do mercado, deixando-se à mercê dos seus movimentos *naturais*: a crise de 1929/33. Esse período também é conhecido como Grande Depressão. Foi a maior crise econômica mundial do capitalismo até aquele momento. Uma crise que se iniciou no sistema financeiro americano, a partir do dia 24 de outubro de 1929, quando a história registra o primeiro dia de pânico na Bolsa de Nova York. A crise se alastrou pelo mundo, reduzindo o comércio mundial a um terço do que era antes. Com ela instaura-se a desconfiança de que os pressupostos do liberalismo econômico poderiam estar errados (Sandroni, 1992: 151) e se instaura, em paralelo à revolução socialista de 1917, uma forte crise de legitimidade do capitalismo.

A expressão teórica e intelectual dessa limitada autocrítica burguesa teve seu maior expoente em John Maynard Keynes (1983), com sua *Teoria geral*, de 1936. Com a curiosidade intelectual aguçada pelos acontecimentos do final dos anos 20, este economista inglês vai se afastar da ortodoxia em que foi formado. A situação de desemprego generalizado dos fatores de produção — homens, matérias-primas e auxiliares, e máquinas — no contexto da depressão, indicava que alguns pressupostos clássicos e neoclássicos da economia política não explicavam os acontecimentos. Keynes questionou alguns deles, pois via a economia como ciência moral, não natural; considerava insuficiente a Lei de Say (Lei dos Mercados), segundo a qual a oferta cria sua própria demanda, impossibilitando uma crise geral de superprodução e, nesse sentido, colocava em questão o conceito de equilíbrio econômico, segundo o qual a economia capitalista é auto-regulável.

Assim, a operação da *mão invisível* não necessariamente produz a harmonia entre o interesse egoísta dos agentes econômicos e o bem-estar global. As escolhas individuais entre investir ou entesourar, por parte do empresariado, ou entre comprar ou poupar, por parte dos consumidores e assalariados, podem gerar situações de crise, onde há *insuficiência de demanda efetiva*,[7] e ociosidade de homens e máquinas (desemprego). Especialmente, as decisões de investimento dos empresários, pelo volume de recursos que mobilizam, têm fortes impactos econômicos e sociais. Tais decisões são tomadas a partir do retorno mais imediato do capital investido e não de uma visão global e de conjunto da economia e da sociedade, o que gera inquietações sobre o futuro e o risco da recessão e do desemprego. Para Keynes, diante do *animal spirit* dos empresários, com sua visão de curtíssimo prazo, o Estado tem legitimidade para intervir por meio de um conjunto de medidas econômicas e sociais, tendo em vista gerar *demanda efetiva*, ou seja, disponibilizar meios de pagamento e dar garantias ao investimento, inclusive contraindo déficit público, tendo em vista controlar as flutuações da economia. Segundo Keynes, cabe ao Estado o papel de restabelecer o equilíbrio econômico, por meio de uma política fiscal, creditícia e de gastos, realizando investimentos ou inversões reais que atuem nos períodos de depressão como estímulo à economia. Dessa política resultaria um déficit sistemático no orçamento. Nas fases de prosperidade, ao contrário, o Estado deve manter uma política tributária alta, formando um superávit, que deve ser utilizado para o pagamento das dívidas públicas e para a formação de um fundo de reserva a ser investido nos períodos de depressão (Sandroni, 1992: 85).

Nessa intervenção global, cabe também o incremento das políticas sociais. Aí estão os pilares teóricos do desenvolvimento do capitalismo pós-segunda guerra mundial. Ao keynesianismo agregou-se o *pacto* fordista — da produção em massa para o consumo de massa e dos acordos coletivos com os trabalhadores do setor monopolista em torno dos ganhos de produtividade do trabalho — e estes foram os elementos decisivos — fortemente dinamizados pela Guerra Fria e o armamentismo (O'Connor, 1977; Mandel, 1982) — da possibilidade político-econômica e histórica do *Welfare State*. Tratava-se do retorno do *mediador civilizador*.

---

7. A demanda efetiva, segundo Keynes, é aquela que reúne bens e serviços para os quais há capacidade de pagamento. Quando há insuficiência de demanda efetiva, isso significa que não existem meios de pagamento suficientes em circulação, o que pode levar à crise. Nesse sentido, o Estado deve intervir, evitando tal insuficiência. Na economia de mercado, a demanda efetiva é o que importa, embora seja inferior à demanda decorrente das necessidades do conjunto da população (Sandroni, 1992: 87 e 178).

A formulação de T. H. Marshall (1967) sobre a *cidadania*, em 1949, num contexto de ampla utilização das estratégias fordistas-keynesianas, é paradigmática das transformações societárias daqueles anos, em que o tema da política social ganha um novo estatuto teórico, expressão de seu novo estatuto histórico nas realidades concretas dos países, aqui se destacando o padrão de bem-estar social europeu.

Partindo das postulações liberais, pelas quais a educação era o único direito social incontestável, definidora de uma igualdade humana básica, T. H. Marshall vai sustentar que esta foi enriquecida, ao longo dos últimos 250 anos, com um conjunto formidável de direitos. E conclui: há compatibilidade entre *desigualdade de classes* e *cidadania*, sendo esta última *"o arcabouço da desigualdade social legitimada"* (Marshall, 1967: 62); ou seja, essa igualdade básica deve ser preservada, invadindo o mercado competitivo, donde um mercado *com* limites seria uma característica da *evolução* da cidadania moderna. Para ele, há uma tendência moderna para a igualdade social, a qual convergiria para o socialismo (Marshall, 1967: 62).

Para T. H. Marshall, o conceito de cidadania, em sua fase madura, comporta: as liberdades individuais, expressas pelos *direitos civis* — direito de ir e vir, de imprensa, de fé, de propriedade —, institucionalizados pelos tribunais de justiça; os *direitos políticos* — de votar e ser votado, diga-se, participar do poder político — por meio do parlamento e do governo; e os *direitos sociais*, caracterizados como o acesso a um mínimo de bem-estar econômico e de segurança, com vistas a levar a vida de um ser civilizado. O esquema de Marshall referenciou um amplo debate que se dá até os dias de hoje. Especialmente no que refere à política social, traz a questão para o centro do debate político, econômico e sociológico, fornecendo argumentos importantes em sua defesa, mas pouco consistentes do ponto de vista explicativo. Trata-se de um raciocínio que não passou sem críticas, em que pese sua importância para a projeção de um novo patamar civilizatório nos marcos do capitalismo — o que é discutível —, no qual haveria uma singular combinação entre acumulação e eqüidade. Percebe-se que T. H. Marshall situava a experiência do *Welfare State* como uma espécie de fim humanista da história. Criava também uma medida de civilidade um tanto centrada na experiência européia, a despeito da história concreta de cada país, que está na base dos já referidos padrões de proteção social.

Muitas críticas foram feitas ao trabalho de Marshall, desde sua linearidade,[8] sua tentativa de generalização da experiência inglesa numa suposta teoria da cidadania, e sua explícita subsunção da desigualdade à cidadania. Mas um balanço consistente e obrigatório do debate sobre a cidadania encontra-se no trabalho de J. M. Barbalet (1989). Na relação entre política social e cidadania, Barbalet chama atenção para alguns elementos: 1) *esta não é uma relação imediata*, já que a política social é o centro de um conflito de classe e não apenas um meio para diluí-lo ou desfazê-lo (como parecia supor Marshall); 2) ainda que seja desejável pelos segmentos democráticos que essa relação — política social/cidadania — se estabeleça plenamente, pode haver contradição entre a formulação/execução dos serviços sociais e a consecução de direitos. Donde não há uma necessária identidade prática entre política social e direito social, ou seja, um altíssimo grau de seletividade no âmbito da elegibilidade institucional, por exemplo, pode ser contraditório com a perspectiva universal do direito social; 3) o conceito de direito social de cidadania pode conter ou não um elemento de crítica e de proposição da política social na perspectiva da sua ampliação. Há que qualificar, portanto, a relação entre cidadania e direito social nas pautas de luta dos movimentos sociais.

Barbalet sublinha a importância da contribuição de Marshall, mas chama atenção para a inexistência de uma teoria da cidadania. Mesmo assim, este clássico trabalho é uma passagem obrigatória para o estudo da cidadania. A questão da cidadania e sua relação com a política social são polêmicas, inclusive entre os assistentes sociais, onde está presente a visão de Marshall, mas comparecem outras concepções (cf. Sposati et al., 1987 e 1989; Yasbeck, 1993; Faleiros, 1986; Pereira, 1986; Menezes, 1992; Behring, 1993 e 1998; Schons, 1999).

Contudo, os *"Anos de Ouro"* do capitalismo "regulado" começam a se exaurir no final dos 60 (Hobsbawm, 1995). As taxas de crescimento, a capacidade do Estado de exercer suas funções *mediadoras civilizadoras* cada vez mais amplas, a absorção das novas gerações no mercado de trabalho, restrito já naquele momento pelas tecnologias poupadoras de mão-de-obra, não são as mesmas, contrariando expectativas de pleno emprego, base fun-

---

8. Qualidade do que é linear. Diz-se que um raciocínio é linear quando ele dá uma idéia de seguir em linha reta, sem desvios, complicações complexidade e, por vezes, profundeza (Buarque de Holanda, 1986: 1034).

damental daquela experiência. As dívidas públicas e privadas crescem perigosamente... A explosão da juventude em 1968, em todo o mundo, e a primeira grande recessão — catalisada pela alta dos preços do petróleo em 1973/74 — foram os sinais contundentes de que o sonho do pleno emprego e da cidadania relacionada à proteção social havia terminado no capitalismo central e estava comprometido na periferia do capital onde não se realizou efetivamente. As elites político-econômicas, então, começaram a questionar e responsabilizar pela crise a atuação agigantada do Estado *mediador civilizador*, especialmente naqueles setores que não revertiam diretamente em favor de seus interesses. E aí se incluíam as políticas sociais.

O ressurgimento bárbaro da ortodoxia liberal

Para o historiador inglês Perry Anderson (1995), a reinvenção do liberalismo promovida pelos neoliberais no final dos anos 70 e 80, espraiando-se na década de 90 em todo o mundo, foi uma reação teórica e política ao keynesianismo e ao *Welfare State*. Friedrich Von Hayek, em seu texto fundador das teses neoliberais — *O caminho da servidão* — afirmava, já nos anos 40, que a limitação do mercado pelo Estado ameaçava a liberdade econômica e política. Tal argumento, em defesa de um capitalismo livre de regras, como em Smith no século XIX, emergiu, no entanto, num contexto desfavorável: o período de crescimento mais rápido da história do capitalismo, fundado no intervencionismo estatal, a grande quimera dos neoliberais (os anos que vão de 1945 ao final de 60). Assim, essas idéias restringiram-se aos gabinetes acadêmicos durante pelo menos 20 anos.

A reversão do ciclo econômico, em fins dos anos 60 e mais visivelmente a partir de 1973, dá um novo fôlego às teses neoliberais, que atribuem a crise ao poder excessivo dos sindicatos, com sua pressão sobre os salários e os gastos sociais do Estado, o que estimula a destruição dos níveis de lucro das empresas e a inflação; ou seja, a crise é um resultado do keynesianismo e do *Welfare State*. A fórmula neoliberal para sair da crise pode ser resumida em algumas proposições básicas: 1) um Estado forte para romper o poder dos sindicatos e controlar a moeda; 2) um Estado parco para os gastos sociais e regulamentações econômicas; 3) a busca da estabilidade monetária como meta suprema; 4) uma forte disciplina orçamentária, diga-se, contenção dos gastos sociais e restauração de uma taxa *natu-*

ral de desemprego; 5) uma reforma fiscal, diminuindo os impostos sobre os rendimentos mais altos e 6) o desmonte dos direitos sociais, implicando na quebra da vinculação entre política social e esses direitos, que compunha o pacto político do período anterior.

Apenas no final dos anos 70, início dos 80, tais indicações transformam-se em programa de governo, com Margareth Thatcher (Inglaterra, 1979), Ronald Reagan (EUA, 1980), e Helmut Khol (Alemanha Ocidental, 1982). A partir de então, é possível identificar um giro em direção a essas proposições no capitalismo avançado, guardadas as particularidades de cada país, e destacando a resistência sueca na aplicação do novo receituário, que foi implementado inclusive pelos governos da social-democracia européia. Tanto que, com a queda do Muro de Berlim em 1989, um mistificador como o economista americano Francis Fukuyama (1992) encontrou ambiente para decretar o fim da história, ou seja, que haveria apenas um caminho a seguir, orientado pela dinâmica do mercado, em detrimento do Estado, *locus* de todos os defeitos. Trata-se da tendência que parte da imprensa francesa e alguns intelectuais críticos passaram a chamar de *pensamento único* (Ramonet, 1998).

Para Anderson, as promessas do neoliberalismo foram cumpridas apenas em parte. Se houve controle da inflação e retomada das taxas de lucro, fundadas no crescimento do desemprego e na queda da tributação, não houve, contudo, uma reanimação do capitalismo, com taxas de crescimento estáveis, como no período anterior. Isto porque a desregulamentação financeira levou a uma verdadeira explosão das operações especulativas (Chesnais, 1996), e o *Welfare State* não diminuiu como o previsto. Pelo contrário, o aumento do desemprego levou ao aumento da demanda por proteção social e por maiores gastos públicos. Na América Latina, pode-se identificar uma *"virada continental para o neoliberalismo"* no final dos anos 80, mediada pelas características políticas e econômicas da região: o forte autoritarismo político e a pobreza. No Brasil, temos uma espécie de chegada tardia do neoliberalismo, o que tem relação com a força do processo de redemocratização e questões político-econômicas internas. Tanto que conseguimos inscrever o conceito de seguridade social na Constituição de 1988 (cf. Behring, 2003). Para Anderson, o neoliberalismo é constituído por *"um corpo de doutrina coerente, autoconsciente, militante, lucidamente decidido a transformar o mundo à sua imagem"*, ou seja, destinado a disputar hegemonia.

Sônia Draibe (1993), uma autora brasileira, não é tão crítica quanto o historiador inglês. Ela se refere ao pensamento neoliberal como não sistemático, e como um receituário prático para a gestão pública. Contudo, vale visitar seu didático texto *Neoliberalismo e política social*. A autora sustenta que o neoliberalismo viveu uma primeira fase de ataque ao keynesianismo e ao *Welfare State*. No entanto, há uma segunda fase, esta mais propositiva, com ênfase, no que diz respeito aos programas sociais, no trinômio articulado da *focalização, privatização* e *descentralização*. Assim, trata-se de *desuniversalizar* e *assistencializar* as ações, cortando os gastos sociais e contribuindo para o equilíbrio financeiro do setor público. Uma política social residual que soluciona apenas o que não pode ser enfrentado pela via do mercado, da comunidade e da família. O carro-chefe dessa proposição é a renda mínima, combinada à solidariedade por meio das organizações na sociedade civil. A renda mínima não pode ter um teto alto, para não desestimular o trabalho, ou seja, há uma perversa reedição da ética do trabalho, num mundo sem trabalho para todos.

Em fins dos anos 90, o resultado geral deste programa, que repõe a negação da política e, em conseqüência, da política social, é desalentador. Do ponto de vista social, atesta-se o crescimento da pobreza, do desemprego e da desigualdade, ao lado de uma enorme concentração de renda e riqueza no mundo. Segundo o Banco Mundial, em 1998, 1.214,2 milhão de pessoas viviam com menos de um dólar por dia, especialmente na Ásia, África Subsaariana e América Latina (*Jornal do Brasil*, 14 de novembro de 1999). Na América Latina temos um panorama no qual sete postos de trabalho em 10 estão na informalidade; há 96 milhões de pessoas com fome numa região sem crise de alimentos; existiu um aumento da favelização entre 1990 e 2004 de 111 milhões de pessoas para 127 milhões; e o desemprego se mantém persistente para 8% da população, em especial a juventude (Cepal, 2004). Ao lado disso, prevalecem taxas medíocres de crescimento e maiores endividamentos públicos e privados, com predomínio do capital especulativo sobre o investimento produtivo, do que o Brasil é um exemplo contundente: a dívida pública chegou, em 2005, à casa do 1 trilhão de reais, com um pagamento de 139 bilhões de reais de serviços da dívida no mesmo ano, sendo que o gasto social chegou a 80,3 bilhões apenas (FBO, 2006). Do ponto de vista político, observa-se uma crise da democracia, com visível esvaziamento das instituições democráticas, por uma lógica economicista, autoritária e tecnocrática, assumida pelos poderes executivos, cuja maior expressão são as práticas decretistas. No terreno da cultura, vê-se o aprofundamento do individualismo, do consumismo e do pensamento único.

Os neoliberais estimularam uma lógica societária fundada na livre concorrência, que talvez pudesse se adequar ao século XVIII para impulsionar a modernidade, como admite Marx no seu *Manifesto Comunista* (1997). Mas tal lógica não serve ao século XX no caminho do terceiro milênio, a não ser para impulsionar o retrocesso e a barbárie. Livre concorrência num mercado mundialmente oligopolizado, controlado por um pequeno número de produtores? Meritocracia num sistema produtivo de alta tecnologia poupadora de mão-de-obra? O *mediador civilizador* — o Estado — também se modifica a partir da pressão desse mundo burguês, onde *"tudo o que é sólido desmancha no ar"* (Marx, 1997).

Marxismo, política social e crise contemporânea

A política social, tal como é possível concebê-la hoje, não foi um tema dos tempos de Marx, como não foi para Smith ou para os pensadores clássicos discutidos no início desse texto. No entanto, pode-se encontrar, em Marx e nos desenvolvimentos da tradição marxista que o sucederam, valiosas indicações para sua abordagem. Mesmo porque a tradição marxista acompanhou, de um mirante crítico, histórico, dialético e materialista (Löwy, 1987), as transformações da sociedade burguesa: desde os tempos do *laissez-faire* liberal, entrando pelo período da regulamentação keynesiana associada ao fordismo no mundo da produção, até os dias de hoje, com a chamada *acumulação flexível* (Harvey, 1993) e o neoliberalismo. É verdade que a *tradição marxista* compõe-se de muitos personagens, de muitas aventuras e desventuras históricas, de erros e acertos políticos e teóricos, que já foram e continuam sendo objeto de um debate acadêmico e político quente e sempre renovado, que tem implicações no debate sobre política social.

As críticas apontadas por Coimbra (1987), por exemplo, a partir de um olhar externo a essa perspectiva teórica, são dignas de nota. Ele chama atenção para o simplismo das análises bipolares, onde a política social é resultado da interação entre dois atores de perfil homogêneo, o Estado e as classes trabalhadoras. Essas abordagens desdobram-se em duas hipóteses:

1) a *hipótese do engodo*, embebida de *economicismo*, pela qual a política social é apenas um requisito da acumulação, sendo útil também para a cooptação política dos trabalhadores, diga-se, a compra da sua docilidade e 2) a *hipótese da conquista*, embebida de *politicismo*, onde a política social é um troféu dos trabalhadores, resultado de sua pressão sobre o Estado capitalista. A crítica de Coimbra só não é inteiramente correta, porque, se existiram análises empobrecidas sobre política social e o Estado, também houve, ao longo de mais de um século de existência da tradição marxista, esforços conseqüentes de interpretação das transformações desencadeadas na sociedade burguesa. Vejamos:

Recorre-se aqui à bússola metodológica de Marx, para quem os fenômenos sociais são sínteses de muitas determinações, o que exige romper os reducionismos, monocausalismos e a fragmentação. Busca-se uma leitura abrangente e totalizadora, no sentido de reconstruir no pensamento os processos que delineiam um determinado fenômeno social, seja ele um movimento social, um padrão de proteção social, uma formação social. Nesse sentido, há que superar algumas dicotomias recorrentes nas abordagens da política social, a exemplo de economia/política; objetividade/subjetividade; produção/reprodução; Estado/sociedade civil. A questão da política social é sempre um resultado que envolve mediações complexas — sócio-econômicas, políticas, culturais e sujeitos políticos/forças sociais/classes sociais que se movimentam e disputam hegemonia nas esferas estatal, pública e privada (Faleiros, 1986).

Nessa perspectiva, a tradição marxista oferece uma leitura da dinâmica da sociedade burguesa, de como ela se produz e reproduz e, dentro disso, de como a desigualdade social é inerente a estas relações sociais (Marx, 1988 e 1997). Oferece também o estudo das transformações ao longo do século XX, produzidas pelos movimentos da economia e da política, dos quais se desdobram hipóteses orientadoras para pensar a política social, seu significado, suas possibilidades e limites na contemporaneidade.

Uma hipótese central é a incompatibilidade estrutural entre acumulação e eqüidade, o que atribui à experiência *welfareana* um caráter histórico e geopolítico historicamente datado e geopoliticamente situado, resultado de um conjunto de determinações estruturais e conjunturais, envolvendo escolhas político-econômicas. Mesmo nos países onde obteve maior êxito, o *Welfare* não conseguiu oferecer igualdade de condições. Por onde se chega a essa hipótese? Por meio de uma abordagem que critica a economia política liberal e também a keynesiana, já que tais perspectivas não ultrapassam a esfera da circulação e o conflito redistributivo. Para a tradição marxista, produção, distribuição e consumo são momentos político-econômicos necessariamente articulados, em que o valor[9] se produz e se reproduz, e nos quais está também a fonte da desigualdade. Se o Estado, no keynesianismo, amplia suas funções (Gramsci, 1984) e, sob a hegemonia do capital, se apropria do valor socialmente criado e realiza regulação econômica e *social*, isso não significa eliminar as condições de produção e reprodução da desigualdade.

Para aprofundar o argumento, desenvolvemos o seguinte raciocínio. O que move o capital é a busca de lucros, ou seja, a extração do máximo de *mais-valia* (Marx, 1988), a partir dos simultâneos processos de trabalho e valorização que integram a *formação* do valor das mercadorias, o qual se *realiza* na esfera da circulação. A circulação ocorre diferenciadamente em contextos históricos a partir: do grau de articulação planetária do mercado mundial; dos níveis de desenvolvimento e generalização das *forças produtivas* e, ainda, dos níveis de consciência e organização das classes sociais e seus segmentos. A busca de lucros adquiriu forma específica em cada período do modo de produção capitalista: o capitalismo concorrencial (século XIX), o imperialismo clássico (fins do século XIX até a Segunda Guerra Mundial) e o capitalismo tardio (pós-1945 até os dias de hoje).[10] As polí-

---

9. O valor não é uma relação técnica, mas uma relação social entre pessoas que caracteriza as relações sociais no capitalismo. Partindo da mercadoria, Marx identifica que elas possuem *valor de uso e de troca*. No processo da troca, expressa-se uma propriedade comum a todas as mercadorias: o trabalho humano em geral, diga-se, *trabalho abstrato*. O valor, então, é a objetivação do trabalho abstrato. O valor de uma mercadoria é o tempo *em média* gasto para produzi-la (*trabalho socialmente necessário*). O valor de uma mercadoria é diretamente proporcional à quantidade de trabalho abstrato nela materializado e inversamente proporcional à produtividade do trabalho concreto que a produz. O valor tem uma realidade puramente social, já que se revela e realiza apenas no contexto da circulação onde há troca entre mercadorias equivalentes, produzidas por produtores independentes, sendo o dinheiro o *equivalente geral*. Portanto, o valor é incorporado no momento da produção, mas se realiza na relação de troca (Bottomore, 1988: 397).

10. Periodização da história do capitalismo desenvolvida pelo marxista belga Ernest Mandel (1982). Mandel identifica um período *concorrencial* (a partir de 1848), marcado pela revolução do vapor; o *imperialismo clássico* (final do século XIX até os anos 30), que se distingue pelo processo de monopolização do capital; e o *capitalismo tardio* (ou maduro), período que vai do final da Segunda Guerra até os dias de hoje, que tem como característica central a automação (terceira revolução tecnológica) e o encurtamento do tempo de rotação do capital fixo (meios de produção), bem como

ticas sociais se *multiplicam* em fins de um longo período depressivo, que se estende de 1914 a 1939, e se *generalizam* no início do período de expansão após a Segunda Guerra Mundial, o qual teve como substrato a própria guerra e o fascismo e segue até fins da década de 60. Ou seja, na passagem do imperialismo clássico (Lenin, 1987) para o capitalismo tardio (Mandel, 1982).

Que necessidades vão demandar a articulação de políticas sociais nesse período? A crise de 1929/1933, como já se viu, vai promover uma inflexão na atitude da burguesia, quanto à sua confiança cega nos automatismos do mercado que se expressa na chamada *revolução keynesiana*. As proposições de Keynes têm um ponto em comum, como também já foi dito: a sustentação pública de um conjunto de medidas anticrise ou anticíclicas. Mandel interpreta que tais medidas, entre as quais as políticas sociais, tiveram, no máximo, a capacidade de reduzir e amortecer a crise. Mas, veja-se como se explica, pela ótica marxista, o longo período de expansão após a Segunda Guerra Mundial, bem como o significado das políticas sociais naquele contexto. Observa-se o crescimento da composição orgânica do capital,[11] o aumento da taxa de mais-valia[12] (o que pressupõe derrotas do movimento operário) e a baixa dos preços das matérias-primas. Esta situação cria seus próprios *obstáculos*, que estão na base do esgotamento da expansão capitalista no final dos anos 60. Com a redução do exército industrial de reserva[13]

---

a intervenção estatal, no sentido de controlar a insegurança que a aceleração de conjunto dos ciclos do capital tende a promover, em função da questão da rotação do capital (Behring, 1998: 111; Sandroni, 1992: 41).

11. Expressão em valor da composição técnica do capital, que por sua vez é a razão entre a massa dos meios de produção e o trabalho necessário para pô-los em movimento. O aumento da composição orgânica do capital significa uma redução do número de trabalhadores necessários por unidade de meios de produção, sem diminuir a produção. Ao contrário, trata-se de diminuir seus custos, perseguindo um aumento da extração da mais-valia (Bottomore, 1988: 69).

12. Sendo a força de trabalho uma mercadoria cujo valor é determinado pelos meios de vida necessários à sua subsistência, se este trabalhar além de um número de horas, estará produzindo um valor a mais, um valor excedente, sem contrapartida, denominado por Marx de *mais-valia*. A taxa de mais-valia é a relação entre a mais-valia e o capital variável (salários) e define o grau de exploração sobre os trabalhadores. Mantendo-se inalterados os salários reais, a taxa de mais-valia tende a elevar-se quando a jornada ou a intensidade do trabalho aumentam (Sandroni, 1992: 201).

13. Também caracterizado por Marx como *superpopulação relativa excedente*. Trata-se de uma reserva de força de trabalho que é inerente ao processo de acumulação do capital. Este é impulsionado pela concorrência e pela busca de lucros a aplicar novos métodos e tecnologias de produção poupadoras de mão-de-obra, já que ampliam a produtividade do trabalho. O exército industrial de reserva também contém a pressão operária sobre o aumento dos salários. Ele é ampliado, ainda,

na situação de pleno emprego promovida pelo keynesianismo, ampliou-se a resistência do movimento operário, baixando a taxa de mais-valia. Houve, ainda, uma generalizada incorporação da revolução tecnológica na produção, diminuindo os lucros extraídos do anterior diferencial de produtividade do trabalho.[14] A concorrência é acirrada, bem como a especulação. Há uma estagnação do emprego e da produtividade, o que gera uma forte capacidade ociosa na indústria. Assim, configurou-se uma superabundância de capitais, acompanhada de uma queda dos lucros. A política keynesiana de elevar a *demanda efetiva*, captando os capitais abundantes e improdutivos, a partir da ação do Estado, ao invés de evitar a crise, conseguiu apenas amortecê-la, durante um período, sustentando as taxas de lucros em alta, obtendo, com isso, algum controle sobre o ciclo do capital.

Dentro disso, qual foi o lugar da política social, numa interpretação marxista? Sua evolução enquanto *estratégia anticíclica* ocorre na era do keynesianismo. No entanto, existiram movimentos anteriores nos quais houve pressão do movimento operário em torno da *insegurança da existência* que peculiariza a condição operária (desemprego, invalidez, doença, velhice). Superando o recurso à caridade e à beneficência privada ou pública, o movimento operário impõe o princípio dos *seguros sociais*, criando caixas voluntárias e, posteriormente, obrigatórias para cobrir perdas. Este processo levou ao princípio da *segurança social*, a partir do qual os assalariados deveriam ter cobertura *contra toda perda de salário corrente*. Subjacente à segurança social, nesses termos, está a solidariedade inter e intra-classe e, também, a perspectiva de evitar a constituição de um subproletariado, o que pesaria sobre os salários diretos dos trabalhadores. A partir do período já delimitado, o Estado, enquanto gestor das medidas anticrise, implementa sistemas nacionais de *seguridade*, com contribuição tripartite (usualmente), tomando emprestado as enormes somas disponibilizadas por esses mecanismos de poupança forçada, produzindo certa distribuição horizontal de renda.

Dessa forma, o *salário indireto*, que é sustentado pela taxação dos trabalhadores, além de configurar um empréstimo ao Estado, a partir do qual

---

pela não absorção total da mão-de-obra jovem, pela mecanização da agricultura e processos migratórios daí decorrentes, e falência de pequenas empresas, pressionadas pela concentração de capitais (Bottomore, 1988: 144; Sandroni, 1992: 128).

14. Renda tecnológica proveniente da maior produtividade do trabalho num mesmo ramo de produção. Uma empresa que possui tecnologia de ponta produz a um menor custo em relação às demais no mesmo ramo, extraindo maiores lucros, no contexto da concorrência (Behring, 1998: 125).

este desencadeia um feixe de ações anticíclicas (lembrem do FGTS, no período pós-64 no Brasil e sua relação com a política habitacional e o incremento da construção civil), também responde à baixa da demanda efetiva. Os regulacionistas[15] estacam o elemento político fundamental de que a política social é um componente da relação salarial pactuada com os trabalhadores, que se instaura com o fordismo, no sentido de regular o *processo de reprodução da força de trabalho*.

A reação em cadeia que poderia progredir na crise de superprodução é amortecida, também, por meio do *seguro-desemprego*. Os seguros permitem que a baixa no consumo não seja tão brusca no contexto de desemprego. Entretanto, a ação da seguridade social, isoladamente, não é capaz de assegurar o efeito anticíclico. Vários autores marxistas que pensaram o capitalismo pós-1945, agregam à política social um conjunto de estratégias anticrise, com destaque para o inchamento dos orçamentos militares, em nome da guerra-fria,[16] falando-se inclusive em um *estado previdenciário-militar* (O'Connor, 1977). Contudo, é necessário ampliar o conceito de seguridade social, que ultrapassa o sistema previdenciário — seu *núcleo duro* inicial. Trata-se, na verdade, para além dos seguros sociais, de um conjunto de medidas, do ponto de vista econômico/político: compra de equipamentos de consumo coletivo; garantia estatal dos preços da cesta básica para populações de baixa renda, dentre inúmeras outras formas (Faleiros, 1980, 1986; Aglietta, 1991).

A continuidade do sucesso da estratégia keynesiana encontrou limites estruturais. A busca de superlucros, associada a uma revolução tecnológica permanente (e sua generalização), a ampliação da capacidade de resistência, e ainda, a intensificação do processo de monopolização do capital, foram elementos que estiveram na base do início de um novo período de-

---

15. Que pertencem à chamada Escola da Regulação Francesa, um amplo programa de pesquisa desenvolvido inicialmente em Paris a partir do texto fundador de Michel Aglietta — *Regulación y Crisis del Capitalismo* (1991) — e que reúne autores importantes como Robert Boyer, Alain Lipietz e Benjamin Coriat, dentre outros. Com críticas ao pensamento econômico neoclássico e a segmentos da tradição marxista considerados ortodoxos, os regulacionistas buscam conceitos intermediários e mediações para explicar a crise contemporânea, consolidando uma contribuição bastante original e polêmica que merece ser lida (Behring, 1998: 89).

16. Período que se abre após a Segunda Guerra Mundial — a guerra quente — em que o mundo está bipolarizado entre o campo norte-americano e o soviético, potências mundiais que empreendem uma forte corrida armamentista, tendo em vista a correlação de forças no plano geopolítico internacional. As décadas de 50 e 60 são o auge desse tenso "equilíbrio" mundial.

pressivo que se abre em fins da década de 60. O custo da estratégia keynesiana foi o "mar de dívidas" (públicas e privadas), a *crise fiscal*[17] (O'Connor, 1977) e a *inflação*[18] (Aglietta, 1991). As despesas de manutenção da regulação do mercado colocam em crise, também, a política social. Mas a política social é uma estratégia política e econômica, fato do qual decorre uma *crise de legitimação política articulada à queda dos gastos na área social*, já que o suporte dos benefícios e serviços sociais tornou-se decisivo para a vida cotidiana de milhões de famílias, e as políticas e os direitos sociais foram também uma conquista dos trabalhadores no terreno da luta de classes como se viu antes.

Viu-se que a corrida aos superlucros no capitalismo tardio está centrada na busca de rendas tecnológicas, no diferencial de produtividade do trabalho. Este processo leva à mudança do papel da força de trabalho no processo de constituição do valor. Há um intenso ressurgimento do exército industrial de reserva, configurando não um desemprego eventual, mas um *desemprego estrutural*[19] que, como sabemos, aprofundou-se no decorrer das últimas décadas (Kurz, 1992; Rifkin, 1995; Forrester, 1997). Esta situação, derivada da aceleração de conjunto do processo de produção/reprodução capitalista, veio, progressivamente, desafiar as contratendências de feição keynesiana e sua perspectiva do pleno emprego. A expansão do setor de serviços absorveu parcela da mão-de-obra liberada. No entanto, também aí observou-se limites importantes. Mandel ressalta a tendência da *supercapitalização*, ou seja, da mercantilização e industrialização da esfera da reprodução. Trata-se de impregnar o processo social de relações típica-

---

17. Conceito cunhado por James O'Connor (1977) para caracterizar a crise do capitalismo aberta nos anos 70, que denota o esgotamento das estratégias keynesianas em larga escala. Segundo ele, há uma propensão para os gastos superarem as receitas estatais, gerando um déficit estatal que não é conjuntural, como pressupunha Keynes, mas constitui um verdadeiro hiato estrutural entre despesas e receitas estatais (Behring, 1998: 86).

18. Aumento persistente dos preços do qual resulta uma contínua perda de poder aquisitivo da moeda. Um aumento de preços pode "puxar" outro, auto-alimentando uma espiral inflacionária. As explicações para a inflação, bem como as propostas para seu controle macro-econômico variam, a depender de uma visão ortodoxa-monetarista ou heterodoxa estruturalista e keynesiana (Sandroni, 1992: 166).

19. Origina-se em mudanças na tecnologia de produção ou nos padrões de demanda dos consumidores. Em ambos os casos, um grande número de trabalhadores fica em situação de desemprego, enquanto uma minoria especializada é beneficiada (Sandroni, 1992: 90). Considerando a corrida tecnológica permanente que demarca esse período do capitalismo, o desemprego estrutural torna-se um componente da vida contemporânea.

mente capitalistas. Dessa forma, há um incremento tecnológico, na esfera da reprodução, visando à aceleração do conjunto do processo capitalista de produção e reprodução através do estímulo nas esferas da circulação e do consumo. E este processo, a partir de um certo período, também expulsa força de trabalho.

Diante disso, o Estado, o *mediador civilizador*, mesmo tendo à sua disposição parcela considerável do valor socialmente criado e um controle maior dos elementos do processo produtivo e reprodutivo, vai perder gradualmente a efetividade prática de sua ação. Isto porque ele se depara com a contraditória demanda pela extensão de sua regulação, por um lado e com a pressão da *supercapitalização* fortalecida pela queda da taxa de lucros, por outro. *Para o capital, a regulação estatal só faz sentido quando gera um aumento da taxa de lucros, intervindo como um pressuposto do capital em geral* (Oliveira, 1998). Dentro disso é que se tornou aceitável certa redistribuição horizontal e limitada na forma de salários indiretos e serviços sociais, cimentada pelo discurso da cidadania, nos limites marshallianos, e num contexto de forte ascensão das lutas dos trabalhadores. Lembremo-nos que o Estado, para a tradição marxista, possui uma direção de classe, uma *hegemonia*,[20] da qual decorrem suas mudanças de papel e transformações.

Não é inexplicável, portanto, o ataque do discurso neoliberal às políticas sociais, com o argumento do excesso de paternalismo do *Welfare State*. Quando a regulação estatal cede aos interesses do trabalho, interferindo em alguma medida nas demais ações reguladoras em benefício do capital, multiplicam-se as reclamações do empresariado. Com a crise fiscal, decorrente da ampliação das demandas sobre o orçamento público (O'Connor, 1977), e da diminuição dos recursos, a "guerra" em torno do destino dos recursos públicos é cada vez mais acirrada.

Para a política social, este conjunto de tendências e contratendências que constituem o capitalismo tardio, traz conseqüências importantes. O

---

20. O termo aqui é utilizado no sentido formulado por Antônio Gramsci, marxista italiano que deu pleno desenvolvimento ao conceito de hegemonia. Para ele, uma classe mantém seu domínio não simplesmente por meio da coerção, localizada na sociedade política, mas por ser capaz de ir além, tornando seus interesses particulares em interesses gerais, na sociedade civil, exercendo uma liderança intelectual e moral, que constitui uma base social de consentimento ao seu projeto político-econômico. A "textura da hegemonia" é tecida pelos intelectuais, ou seja, todos aqueles que têm um papel organizativo na sociedade (Bottomore, 1988: 177).

desemprego estrutural acena para o aumento de programas sociais. Paradoxalmente, a crise das estratégias keynesianas e as demandas do capital em torno dos superlucros apontam para a diminuição dos gastos sociais. Vale notar que, com toda a agitação dos neoliberais e monetaristas, o capital não prescindiu ou prescinde da reanimação monetária, no melhor estilo keynesiano (os socorros aos bancos, por exemplo). Porém, sabe-se que, do arsenal das técnicas keynesianas, a política social tem sido a menos solicitada, *a depender das opções políticas, econômicas e sociais de cada governo, sua relação com a classe operária e, sobretudo, sua inserção no capitalismo mundial.* E tais opções serão sempre resultado de um processo conflituoso de negociação e luta de classes e seus segmentos, que se colocam em condições desiguais nas arenas de negociação disponíveis no Estado democrático de direito, o que leva a conflitos também extra-institucionais.

O pacto keynesiano, hoje em questão, mas mantendo certo fôlego, se fundou na institucionalização das demandas do trabalho, deslocando o conflito para o interior do Estado. Neste espaço, há uma forte tendência à segmentação/setorialização das demandas, bem como de tecnocratizar questões econômico-políticas, despolitizando-as. Para enfrentar a luta e aprofundar reivindicações nesse terreno, o movimento operário necessitaria de uma direção mais segura e politizada, o que se configurou nos últimos anos apenas ocasionalmente. É possível afirmar que o pacto keynesiano foi viabilizado a partir de uma situação-limite para o movimento operário: o vácuo de direções nacionais e internacional, com um projeto econômico-político claro e independente no pós-guerra; e o corporativismo que decorreu daí, remetendo o movimento ao imediatismo dos acordos em torno da produtividade, sobretudo no setor monopolista, sem visão da totalidade e de solidariedade intra-classe. No entanto, como já se viu, o capital não encontrou a "pedra filosofal". Quando se adentra no período recessivo, vão existir dificuldades crescentes na negociação com o próprio setor operário monopolista, em função da baixa global da taxa de lucros.

Os salários indiretos, dentro do pacto keynesiano, são concessões/ conquistas mais ou menos elásticas, a depender da correlação de forças na luta política entre os interesses das classes sociais e seus segmentos envolvidos na questão. No período de expansão, a margem de negociação se amplia; na recessão, ela se restringe. Portanto, *os ciclos econômicos, que não se definem por qualquer movimento natural da economia, mas pela interação de um conjunto de decisões ético-políticas e econômicas de homens de carne e osso, balizam as possibilidades e limites da política social*. A política social está, portanto, no centro do embate econômico e político deste fim de século.

Após este percurso, é possível afirmar, com base na crítica marxista, que a política social não se fundou nem se funda, sob o capitalismo, numa verdadeira redistribuição de renda e riqueza. Observa-se que a política social ocupa certa posição político-econômica, a partir do período histórico *fordista-keynesiano*. Percebe-se que a economia política se movimenta historicamente a partir de condições objetivas e subjetivas e, portanto, o significado da política social não pode ser apanhado nem exclusivamente pela sua inserção objetiva no mundo do capital nem apenas pela luta de interesses dos sujeitos que se movem na definição de tal ou qual política, mas, historicamente, na relação desses processos na totalidade. Sem esse olhar, pode ficar prejudicada a luta política em torno das demandas concretas dos trabalhadores, freqüentemente obstaculizadas, hoje pela alardeada "escassez de recursos". A luta no terreno do Estado — *espaço contraditório, mas com hegemonia do capital* — requer clareza sobre as múltiplas determinações que integram o processo de definição das políticas sociais, o que pressupõe qualificação teórica, ético-política e técnica. Constata-se que a política social — que atende às necessidades do capital e, também, do trabalho, já que para muitos trata-se de uma questão de sobrevivência — configura-se, no contexto da estagnação, como *um terreno importante da luta de classes*: da *defesa* de condições dignas de existência, face ao recrudescimento da ofensiva capitalista em termos do corte de recursos públicos para a reprodução da força de trabalho.

É interessante notar que, com o recrudescimento da barbárie, a cidadania foi se deslocando da pauta social-democrata marshalliana, sendo cada vez mais apropriada e reconceituada pelos trabalhadores (Behring, 1993). A idéia da cidadania foi, na verdade, enriquecida com um conjunto ainda mais formidável de direitos que aqueles imaginados por Marshall. De forma que a trincheira da cidadania, a qual pode parametrar ou não a política social, como se afirmou anteriormente, ganha destaque e radicalidade nesse período, sobretudo em países que não viveram a experiência do *Welfare State* (Vasconcelos, 1988, 1989). Mas, deve-se chamar atenção para o fato de que esta é apenas uma qualificação da cidadania. A idéia do cidadão-consumidor, típica também deste período, onde são cidadãos os que têm condições de participar do mercado, aí está (Mota, 1995). De forma que a questão da cidadania deve ser sempre qualificada.

Conclui-se, então, que a tradição marxista propicia fecundos argumentos para uma explicação do significado social da política social na dinâmica da produção e reprodução das relações sociais no capitalismo de ontem e de hoje, afirmação que, evidentemente, contesta o ambiente intelectual deste final de século. A crítica da economia política marxista é, na verdade, referência imprescindível, *embora não absoluta*, para enfrentar os desafios postos pela realidade complexa e instigante do nosso tempo.

Referências

AGLIETTA, M. *Regulación y crisis del capitalismo*. Madrid: Siglo Veintiuno Editores, 1991.

AGUIAR, A. G. *Serviço Social e Filosofia: das origens a Araxá*. 4. ed. São Paulo: Cortez, 1989.

ANDERSON, P. Balanço do Neoliberalismo. In: SADER, E. e GENTILI, P. (orgs.). *Pós-neoliberalismo: As políticas sociais e o Estado democrático*. Rio de Janeiro: Paz e Terra, 1995.

BARBALET, J. M. *A cidadania*. Lisboa: Editorial Estampa, 1989.

BEHRING, E. R. Política Social e Capitalismo Contemporâneo. Rio de Janeiro, ESS, UFRJ. Dissertação de Mestrado, 1993. (Mimeo.).

_____. *Política social no capitalismo tardio*. São Paulo: Cortez, 1998.

_____. *Brasil em contra-reforma. Desestruturação do Estado e perda de direitos*. São Paulo: Cortez, 2003.

BOBBIO, N. *Liberalismo e democracia*. São Paulo: Brasiliense, 1988.

BOSCHETTI, I. *Previdência e assistência: uma unidade de contrários na seguridade social*. Universidade e Sociedade. Brasília: ANDES-SN, n. 22, 2000.

BOTTOMORE, T. (org). *Dicionário do pensamento marxista*. Rio de Janeiro: Zahar, 1988.

CARNOY, M. *Estado e teoria política*. 2. ed. Campinas: Papirus, 1988.

CEPAL. *Objetivos do desenvolvimento do milênio — América Latina e Caribe*. CEPAL, 2004.

CHESNAIS, F. *A mundialização do capital*. São Paulo: Xamã, 1996.

COIMBRA, M. A. et al. *Política social e combate à pobreza*. Rio de Janeiro: Zahar, 1987.

COUTINHO, C. N. Representação de interesses, formulação de políticas e hegemonia. In: TEIXEIRA, S. F. (org.). *Reforma Sanitária — Em busca de uma teoria*. São Paulo: Cortez/Abrasco, 1989.

DRAIBE, S. M. As políticas sociais e o neoliberalismo. *Revista da USP*. São Paulo, n. 17, 1993.

FALEIROS, V. de P. *A política social do Estado capitalista*. 3. ed. São Paulo: Cortez, 1980.

_____. *O que é política social*. São Paulo: Brasiliense, 1986.

FBO. Fórum Brasil de Orçamento. *Lei de Responsabilidade Fiscal e Social*. Brasília, 2006.

FORRESTER, V. *O horror econômico*. São Paulo: Unesp, 1997.

FOUCAULT, M. *Vigiar e punir*. História da violência nas prisões. 14. ed. Petrópolis: Vozes, 1987.

FUKUYAMA, F. *The end of history and the last man*. Nova York: Free Press, 1992.

GRAMSCI, A. *Maquiavel, a política e o Estado moderno*. 5. ed. Rio de Janeiro: Civilização Brasileira, 1984.

HARVEY, D. *Condição pós-moderna*. São Paulo: Edições Loyola, 1993, parte II.

HAYEK, F. Von. *Camino de servidumbre*. Madrid: Alianza Editorial, 1995.

HOBSBAWM, E. *Era dos extremos: o breve século XX*. São Paulo: Companhia das Letras, 1995.

JORNAL DO BRASIL. 14 de novembro de 1999.

KEYNES, J. M. *Teoria geral do emprego, do juro e do dinheiro*. São Paulo: Abril Cultural, 1983.

KURZ, R. *O colapso da modernização*. São Paulo: Paz e Terra, 1992.

LAFARGUE, P. *O direito à preguiça*. São Paulo: Unesp, 1999.

LENIN, V. I. *Imperialismo, fase superior do capitalismo*. 5. ed. São Paulo: Global, 1987.

LÖWY, M. *As aventuras de Karl Marx contra o Barão de Münchhausen*. São Paulo: Busca Vida, 1987.

LUX, K. *O erro de Adam Smith: de como um filósofo moral inventou a economia e pôs fim à moralidade*. São Paulo: Nobel, 1993.

MANDEL, E. *O capitalismo tardio*. 2. ed. São Paulo: Nova Cultural, 1982.

MARSHALL, T. H. *Cidadania, classe social e status*. Rio de Janeiro: Zahar, 1967.

MARX, K. *O Capital*. São Paulo: Nova Cultural, v. I, 1988.

MARX, K. e ENGELS, F. *O Manifesto Comunista*. Rio de Janeiro: Paz e Terra, 1997.

MENEZES, M. T. C. G. de. *Políticas Sociais de Assistência Pública no Brasil: em busca de uma teoria perdida*. Rio de Janeiro, ESS, UFRJ. Dissertação de Mestrado, 1992. (Mimeo.)

MOTA, A. E. *Cultura da crise e Seguridade Social: um estudo sobre as tendências da previdência e da assistência social brasileira nos anos 80 e 90*. São Paulo: Cortez, 1995.

O'CONNOR, J. *USA: a crise do estado capitalista*. Rio de Janeiro: Paz e Terra, 1977.

OLIVEIRA, F. de. *Os direitos do antivalor — A economia política da hegemonia imperfeita*. Petrópolis: Vozes, 1998.

PEREIRA, P. O. Estado de bem-estar e as controvérsias da igualdade. *Serviço Social & Sociedade*. São Paulo: Cortez, n. 20, 1986.

RAMONET, I. *Geopolítica do caos*. Petrópolis: Vozes, 1998.

RIFKIN, J. *O fim dos empregos*. São Paulo: Makkron Books, 1995.

SANDRONI, P. *Dicionário de Economia*. 3. ed. São Paulo: Nova Cultural, 1992.

SCHONS, S. *Assistência Social entre a ordem e a "des-ordem"*. São Paulo: Cortez, 1999.

SPOSATI, A. et al. *Assistência na trajetória das políticas sociais brasileiras*. 3. ed. São Paulo: Cortez, 1987.

_____. *Os direitos (dos desassistidos) sociais*. São Paulo: Cortez, 1989.

VASCONCELOS, E. M. Estado e políticas sociais no capitalismo: uma abordagem marxista. *Serviço Social & Sociedade*. São Paulo: Cortez, n. 28, 1988.

_____. Políticas sociais no capitalismo periférico. Revista *Serviço Social & Sociedade*. São Paulo: Cortez, n. 29, 1989.

YAZBEK, M. C. *Classes subalternas e Assistência Social*. São Paulo: Cortez, 1993.

WEFFORT, F. (org.). *Os clássicos da política*. São Paulo: Ática, 1989, 2 v.

Capítulo 2

Seguridade Social Brasileira: Desenvolvimento Histórico e Tendências Recentes*

*Ana Elizabete Mota***

As políticas de proteção social, nas quais se incluem a saúde, a previdência e a assistência social, são consideradas produto histórico das lutas do trabalho, na medida em que respondem pelo atendimento de necessidades inspiradas em princípios e valores socializados pelos trabalhadores e reconhecidos pelo Estado e pelo patronato. Quaisquer que sejam seus objetos específicos de intervenção, saúde, previdência ou assistência social, o escopo da seguridade depende tanto do nível de socialização da política conquistado pelas classes trabalhadoras, como das estratégias do capital na incorporação das necessidades do trabalho (Mota, 2004a).

Trata-se de uma contradição da sociedade capitalista, cujas mediações econômicas e políticas imprimem um movimento dinâmico e dialético: se do ponto de vista lógico, atender às necessidades do trabalho é negar as necessidades do capital, do ponto de vista histórico, a seguridade social é por definição esfera de disputas e negociações na ordem burguesa.

Erigida no campo de luta dos trabalhadores, ela é sempre e continuamente objeto de investidas do capital no sentido de *"adequá-la"* aos seus interesses.

Originárias do reconhecimento público dos riscos sociais do trabalho assalariado, as políticas de seguridade ampliam-se a partir do segundo pós-

---

* Texto originalmente apresentado no XI Congresso Brasileiro de Assistentes Sociais e III Encontro Nacional de Seguridade Social, realizado em Fortaleza-CE, Outubro/2004.

** Professora do Departamento de Serviço Social da UFPE e doutora em Serviço Social.

guerra, como meio de prover proteção social a todos os trabalhadores, inscrevendo-se na pauta dos direitos sociais. Em geral, os sistemas de proteção social são implementados através de *ações assistenciais* para aqueles impossibilitados de prover o seu sustento por meio do trabalho, para *cobertura de riscos do trabalho*, nos casos de doenças, acidentes, invalidez *e* desemprego temporário e para *manutenção da renda* do trabalho, seja por velhice, morte, suspensão definitiva ou temporária da atividade laborativa (Mota, 2005).

Como se pode perceber, *o trabalho*, suas condições (*sob o capital*) e relações (*assalariado/alienado*) têm centralidade na constituição dos sistemas de seguridade social. Por isso mesmo, as políticas de proteção social são referenciadas por princípios e valores da sociedade salarial, particularmente aquela desenhada pelo capitalismo desenvolvido e pelo trabalho organizado (sindicatos e partidos), no período que vai dos meados dos anos 40 até o final dos anos 70, ocasião em que o mundo capitalista inflexiona seu padrão de acumulação dominante, para enfrentar uma crise de dimensões globais. Essa inflexão responde pela recomposição do processo de acumulação — seja na esfera da economia, seja na da política — incidindo diretamente na reestruturação dos capitais, na organização dos processos de trabalho, na organização dos trabalhadores e no redirecionamento da intervenção estatal que, sob a batuta do capital financeiro e das idéias neoliberais, constrói novas estratégias de relacionamento entre o Estado, a sociedade e o mercado.

Nesse cenário, foi necessário redefinir a seguridade social para adequá-la às novas necessidades do grande capital, razão maior da definição de um conjunto de prescrições — nomeadas de ajustes e reformas — particularmente nos países periféricos, como é o caso dos latino-americanos (embora não exclusivamente), cujos principais formuladores são os organismos financeiros internacionais. Essas injunções na política social têm relação direta com os empréstimos externos, contratados para implementar pacotes que em sua grande maioria já estão prontos e com as condicionalidades definidas. Aqui os destaques são as parcerias comunitárias e/ou com ONGs, a necessidade de focalizar a aplicação dos recursos nos mais pobres, os subsídios à demanda sem ampliação dos serviços públicos, o trabalho com a própria comunidade e a meta de dotar as iniciativas de autosustentabilidade.

Contudo, tais mudanças e redirecionamentos deveriam ser conduzidos de modo a formar uma outra cultura de proteção social, o que sugere o desenvolvimento de estratégias constitutivas da hegemonia da classe dominante que, para exercitar o seu papel de dirigente, segundo o pensamento gramsciano, precisa realizar uma verdadeira *reforma social e moral que transforme o seu projeto de classe num projeto de todas as classes.*

Para isso, recorrem tanto à negação das possibilidades de construir uma alternativa ao projeto societário capitalista, um projeto "para além do capital", subtraindo referências teóricas e históricas, como à implementação de mecanismos que cuidem de construir práticas, visões de mundo e valores necessários à conformação de uma outra cultura, formadora da sociabilidade requerida pelo capitalismo do século XXI.

Trata-se de destruir a sociabilidade do trabalho protegido e de construir uma outra, amparada na negação da intervenção social do Estado e na afirmação da regulação do mercado, nas iniciativas individuais e no envolvimento da sociedade civil que, ao se assumirem como co-responsáveis pelas políticas sociais, institucionalizam o terceiro setor.

No Brasil, a despeito das iniciativas realizadas nos anos 40, é somente a partir dos anos 80 que a sociedade brasileira ensaia a institucionalização e constitucionalização dos primeiros passos em prol do exercício da cidadania, de formas de democracia, da constitucionalização de novos direitos sociais, trabalhistas e políticos.

Embora a arquitetura da seguridade brasileira pós-1988 tenha a orientação e o conteúdo daquelas que conformam o estado de bem-estar nos países desenvolvidos, as características excludentes do mercado de trabalho, o grau de pauperização da população, o nível de concentração de renda e as fragilidades do processo de publicização do Estado permitem afirmar que no Brasil a adoção da concepção de seguridade social não se traduziu objetivamente numa universalização do acesso aos benefícios sociais.

Mesmo assim, tais fragilidades não foram o suficiente para negar que os trabalhadores brasileiros, a partir dos anos 80, adquirissem novos direitos, ampliassem o acesso a serviços públicos não mercantis, usufruíssem o alargamento da oferta de benefícios, como os da assistência social e da saúde, dentre outros.

Esse movimento, contudo, esbarra nos limites da democracia formal, na medida em que o processo de socialização da esfera da política não teve equivalente na esfera da economia, isto é, do poder econômico constituído ao longo do regime militar.

Ora, esse processo, que possui apenas duas décadas, passa a ser negado a partir dos meados dos anos 90 em favor das prescrições neoliberais e de um conjunto de mudanças macro-estruturais, momento em que as classes dominantes iniciam a sua ofensiva contra a seguridade social universal. Para realizar sua reforma, as classes dominantes precisaram exercitar sua condição de dirigente, sitiando os projetos sociais dos trabalhadores, não somente através da força e coerção, mas confundindo seus referenciais, na proporção em que dotam de novos conteúdos as bandeiras políticas históricas dos trabalhadores brasileiros. Já o fizeram com a noção de cidadania, instituindo a figura do cidadão-consumidor; o mesmo acontece com a banalização da solidariedade ou, ainda, com formas mistificadas de eqüidade. O que chama a atenção é a capacidade de operar um verdadeiro *transformismo* nos conteúdos das bandeiras da esquerda — de que tem sido exemplar o atual governo — como é o caso da prioridade do social, da solidariedade, da prática associativa etc.

Estavam, assim, criados os argumentos para o atual governo dar início a uma nova ofensiva que, ao tempo em que faz a reforma da previdência social também desenvolve iniciativas com o objetivo de reorganizar a política de assistência social e imprimir uma racionalidade sistêmica aos programas de saúde.

Podemos dizer que uma das estratégias presentes na *"nova"* gestão estatal da força de trabalho é incorporar o processo de precarização como inevitável, a mercantilização como fato inexorável e a subordinação do público ao privado como iniciativas complementares e parte constitutiva das novas experiências de gestão. No campo da assistência social, por exemplo, desperta nossa atenção a existência de uma hipótese explicativa da sua expansão: é a de que o trabalho teria perdido sua capacidade de integrar os indivíduos à sociedade, razão pela qual os programas de assistência social, particularmente os *programas sociais de renda mínima*, poderiam fazê-lo em contrapartida à desregulamentação da proteção social e do trabalho.

Por outro lado, podemos ver que os discursos que justificam os ajustes e reformas no campo da seguridade, invariavelmente passam pela questão do financiamento, pela da ampliação da participação da sociedade civil (seja através do trabalho voluntário, seja via ONGs ou empresas socialmente responsáveis), fato é que a previdência e a assistência sociais passaram a constituir uma unidade contraditória (a negação de um sistema único de previdência social pública é, ao mesmo tempo, a base para afirmação de um sistema único de assistência social) no processo de constituição da seguridade social brasileira.

Nessa trilha, os fundos de aposentadoria e pensões e os programas de assistência são exemplares para evidenciar as tendências da seguridade social brasileira ao estabelecer uma ponte entre capitalização e solidarismo: ao tempo em que promovem um esgarçamento nos laços de solidariedade social naturalizam a fragmentação dos trabalhadores, transformando-os ora em "cidadãos-consumidores" de serviços mercantis, ora em "cidadãos-pobres" merecedores da assistência social.

Aliás, uma das particularidades que marcaram a expansão da seguridade social brasileira no pós-64: ela se fez mediante a fragmentação dos meios de consumo coletivo, franqueando ao capital privado a prestação de serviços considerados rentáveis, como foi o caso da saúde e da previdência via mercado de seguros. A estes se junta o instituto da renúncia fiscal que, sob o argumento da colaboração empresarial, estimulou as empresas a ofertarem serviços sociais próprios aos seus empregados. Ao *incluir* no sistema segmentos não-assalariados ou em situações sociais de vulnerabilidade, *afastavam* os setores médios assalariados, transformando-os em consumidores de serviços privados complementares de saúde e previdência social.

Do meu ponto de vista, esse processo foi um dos determinantes das tendências atuais da seguridade social, criando condições objetivas e subjetivas para uma fragmentação das necessidades e dos interesses mediatos e imediatos dos trabalhadores no que diz respeito aos mecanismos de proteção social. Estava criada desde então uma clivagem no atendimento das necessidades coletivas dos trabalhadores.

Por tudo isso, entendo que os governos das classes dominantes conseguiram operar um giro sem precedentes nos princípios que ancoram a seguridade social: a previdência social transforma-se numa modalidade de seguro social, a saúde numa mercadoria a ser comprada no mercado dos seguros de saúde e a assistência social, que se expande, adquire o estatuto de política estruturadora.

Como uma verdadeira "Crônica de uma morte anunciada", a despeito dos inúmeros movimentos de resistência que uma parcela significativa dos trabalhadores realizou, a reforma da Previdência, aprovada pelo Congresso Nacional no governo Lula, dá seguimento à agenda de reformas iniciadas por Fernando Henrique Cardoso, consolidando o cumprimento das exigências dos organismos financeiros internacionais. Ao mesmo tempo, amplia e define um novo desenho operativo para os programas de assistência social, donde as ações de combate à pobreza aparecem como substitutivas do tratamento da questão social em termos distributivos.

Novos mecanismos de consenso são estimulados, tais como a descentralização, as parcerias e a participação indiferenciada das classes, que se juntam à focalização e à responsabilização individual. Emergem parâmetros morais subordinados aos limites dos gastos sociais públicos. A questão social é despolitizada. As tensões sociais provocadas pelo não atendimento das demandas sociais coletivas passam a ser minimizadas através do atendimento a questões pontuais. Chega a ser provocativo o histórico discurso de ministros e secretários sobre "redução das filas" nos hospitais e ambulatórios, como se fosse uma mera questão administrativa ou de má utilização dos "fartos" recursos disponíveis para o sistema público de saúde.

O conjunto das reformas da seguridade social deságua no governo Lula como uma cultura constitutiva do real, portando um paradoxo nas propostas do governo que defendia o exercício da cidadania. É impossível falar de cidadania quando o contrato social que referenda direitos e deveres entre os cidadãos e o Estado é rompido.

O que pretendem os intelectuais orgânicos da burguesia é reverter a intervenção social do Estado, base da construção de um novo contrato entre Estado, sociedade e mercado. Todavia, em face do contexto ideopolítico que marcou a eleição do presidente Lula e do seu discurso de "fome zero" e justiça social, novas armas vêm sendo tecidas, quiçá com um apelo mais tático que o do seu antecessor. Trata-se da ampla divulgação da busca da *eqüidade*. Como disse o Prof. Wilson Cano (2003), em colóquio promovido pela USP, com a presença de renomados intelectuais brasileiros: *"está sendo produzido um novo sistema perverso de regressão na distribuição da renda nesse país. Uma figura fantasmagórica, Hobin Hood às avessas, travestido, que não rouba dos ricos para dar aos pobres, que não tira da classe média para dar aos pobres, mas que vai tirar da classe média para dar ao sistema financeiro"*.

Desse modo, o grande capital aloja no campo previdenciário uma questão que diz respeito ao seu projeto social, isto é, transformar os trabalhadores em parceiros indiferenciados, metamorfoseando-os em *trabalhadores provedores do capitalismo financeiro e proprietários de grandes negócios*. Essa conjunção de elementos (Mota, 2004b) é estruturadora dos atuais movimentos da economia e da política e fundam a restauração do projeto capitalista em todo o mundo que, no campo da seguridade social, se traduz nas seguintes tendências presentes na conjuntura atual:

1. Regressão das políticas redistributivas de natureza pública e constitutiva de direitos, em prol de políticas compensatórias de combate à pobreza e de caráter seletivo e temporário;

2. Privatização e mercantilização dos serviços sociais, com a consolidação da figura do cidadão-consumidor, condição e premissa da existência de serviços de proteção social básica para o cidadão-pobre e ampliação de programas sociais de exceção voltados para o cidadão-miserável, com renda abaixo da linha da pobreza;

3. Emergência de novos protagonistas tais como a empresa socialmente responsável, o voluntariado, com suas práticas congêneres de desenvolvimento sustentável, ações em rede, empoderamento e empreendedorismo social que amparam a redefinição da intervenção social do Estado, agora atrelada à capacidade de participação da sociedade civil;

4. Despolitização das desigualdades sociais de classe em face da identificação dos chamados processos de exclusão, cuja conotação temporal e transitória informa a possibilidade de estratégias de inclusão e de acesso aos bens civilizatórios e materiais, permitindo que o real e o possível se transformem em *"ideal"*, sitiando, assim, a construção de projetos societais. Tentam consolidar uma conceituação da sociedade a partir de categorias despolitizadoras do real, donde a sua identificação com o território, a comunidade, a vizinhança e a família. A sociedade é como reunião de comunidades e famílias, marcadas por situações singulares e localizadas;

5. Um outro aspecto a destacar, enquanto tendência recente, é peso de algumas políticas de seguridade social sobre o mercado de trabalho. Este vetor esvazia as medidas de enfrentamento à precarização e desproteção do trabalho, em prol de ações pontuais e de duvidosa eficácia contra o desemprego, a geração de renda e a formação de mão-de-obra. Compostas por um conjunto de programas

voltados para a qualificação profissional e para a geração de renda, estas atividades, que transitam entre o neo-solidarismo, o financiamento de pequenos negócios, a qualificação profissional e o agenciamento de empregos apresentam-se, do ponto de vista prático-operativo, como uma modalidade de atendimento às necessidades imediatas dos trabalhadores, em substituição a outras, como seria o caso do seguro-desemprego e das garantias sociais e trabalhistas que marcam o chamado trabalho protegido. Assim, do ponto de vista político, as políticas denominadas de trabalho e renda, e que atravessam a seguridade social, podem ser a mais nova modalidade de incorporação das necessidades do trabalho à *nova ordem* do capital.

Para fugirmos aos casuísmos e impedir que as situações estruturais sejam concebidas como conjunturais, é necessário destacar algumas questões históricas que nos ajudam a entender o processo político subjacente às mudanças recentes na seguridade social. Nos referimos aos limites da intervenção política dos trabalhadores que neste momento vivem um processo crítico, posto que a CUT abandonou muitas das suas posições e, através de algumas lideranças, transformou-se num dos principais suportes políticos da reforma realizada no governo Lula.

Por outro lado, é imprescindível destacar os rumos assumidos pela Seguridade Social brasileira durante a ditadura militar que, ao ter criado as condições para incluir alguns trabalhadores excluídos da previdência, também promoveu a abertura do mercado privado de serviços sociais considerados complementares, como foi o caso dos planos de saúde e da previdência complementar. Essa iniciativa fragmentou a proteção coletiva dos trabalhadores, estabelecendo os meios para implementar um modelo de proteção social composto pelos serviços próprios das empresas, pelos seguros sociais privados e oferecidos pelos bancos e pelos serviços públicos.

Por outro lado, a partir do final dos anos 70, em função da conjuntura política de então, os trabalhadores do núcleo dinâmico da economia dirigiram para as pautas dos acordos coletivos de trabalho suas reivindicações relativas à saúde, à previdência e à assistência social, como parte dos seus contratos de trabalho, com a mesma importância e intensidade com que lutavam por melhores salários, direito de greve, condições de trabalho etc.

Os desdobramentos dessa estratégia implicaram numa contradição: ao mesmo tempo em que os trabalhadores do núcleo dinâmico da economia conseguiam que as empresas atendessem suas necessidades como parte dos seus contratos de trabalho, também estava em gestação um processo de enfraquecimento da luta coletiva dos trabalhadores por políticas públicas de proteção social. Hoje, podemos constatar como aquela história iniciada nos "gloriosos" anos 80, no apogeu do processo de organização do novo sindicalismo, tornou-se uma das principais mediações políticas que permitiram, ao lado da precarização do trabalho, do desemprego, do enfraquecimento do movimento sindical e da ofensiva neoliberal, transformar o núcleo de resistência vinculado ao trabalho no núcleo de apoio às reformas da seguridade social no atual governo.

Não seria leviano admitir que o desenvolvimento desse processo respondeu por profundas inflexões no campo político ideológico dos trabalhadores, fato revelador de que, a partir dos anos 90, a burguesia brasileira, associada ao grande capital, atualiza as suas práticas políticas no leito da mais conservadora tradição, para desenvolver a sua reforma social e moral, desmontando e cooptando intelectuais e trabalhadores que, historicamente, estiveram noutras trincheiras. Para isso utilizaram uma tática transformista que desmonta e desqualifica os projetos, as ideologias e as práticas vinculadas ao campo do trabalho.

A verdade é que as armas da crítica à Seguridade Social brasileira foram sendo tecidas no campo da racionalidade capitalista e das *contrapartidas sociais* destituídas de materialidade e plenas de apelo moral. Mas, como a história não acabou e parte dos movimentos sindical e profissional ainda resiste ao canto da sereia, é preciso arregimentar forças para acompanhar e disputar o que ainda virá pela frente.

Referências

CANO, W. *Reforma da previdência*. In Semana do economista. Palestra. Recife: ADUFEPE/UFPE, 22 ago. 2003.

MOTA, A. E. Uma reflexão sobre a reforma da previdência social. In: COSTA, H. S. (org.). *25 anos de luta em defesa da universidade pública, gratuita e de qualidade*. Recife: ADUFEPE, 2004a.

_____. *Seguridade Social no cenário brasileiro*. Revista Ágora, Rio de Janeiro, n. 1, out. 2004b. CD-ROM.

_____. *Cultura da crise e seguridade social*. 3. ed. São Paulo: Cortez, 2005.

Capítulo 3

O Financiamento da Seguridade Social no Brasil no Período 1999 a 2004: Quem Paga a Conta?*

Ivanete Boschetti**
Evilásio Salvador***

Introdução

A Seguridade Social foi uma das principais conquistas sociais da Constituição Federal (CF) de 1988, institucionalizando uma forma inovadora de organizar as iniciativas dos Poderes Públicos e da sociedade no acesso aos direitos da previdência social, saúde e assistência social. Para viabilizar as inovações propostas e permitir a efetiva implementação de um sistema de Seguridade Social no Brasil, a Carta Magna estabeleceu uma ampliação das bases de financiamento para além da folha de pagamento, que passaria a ser composta também pelos impostos pagos pela sociedade e por contribuições sociais vinculadas.

Este artigo pretende analisar o financiamento da Seguridade Social no Brasil, no período de 1999 a 2004, com intuito de problematizar a relação entre o Orçamento da Seguridade Social (OSS) e as opções de política econômica e social adotadas neste período. Em relação às fontes de financia-

---

* Este texto é uma versão sintética de artigo sobre a mesma temática elaborado originalmente para a Revista *Serviço Social & Sociedade*, editada pela Cortez.

** Coordenadora do Programa de Pós-graduação (mestrado e doutorado) em Política Social da UnB. Vice-Presidente do Conselho Federal de Serviço Social — CFESS (2005-2008). Assistente Social, Mestre em Política Social pela UnB. Doutora em Sociologia pela EHESS/Paris.

*** Economista, Mestre e Doutorando em Política Social na Universidade de Brasília (UnB).

mento, discute-se seu caráter progressivo ou regressivo e a diversidade ou concentração das fontes que custearam a Seguridade Social.

É inegável que os recursos que compõem as fontes de financiamento da Seguridade Social desempenham um papel relevante na política econômica e social do Brasil, pós-1994. Parcelas importantes dos recursos que deveriam ser utilizados nas políticas de previdência social, saúde e assistência social, e poderiam ampliar a sua abrangência, são retidas pelo Orçamento Fiscal da União e canalizadas para o superávit primário.[1]

Para demonstrar esta tese, o artigo aborda quatro tópicos. O primeiro discute brevemente alguns elementos estruturantes do modelo de seguridade social brasileiro. O segundo problematiza a não-implementação do seu orçamento, tal como previsto na Constituição Federal de 1988. Em seguida, aborda o financiamento da seguridade social no período 1999-2004, revelando seu caráter regressivo. Por fim, situa o orçamento da seguridade social no âmago da política econômica de sustentação do Plano Real, enfocando a poderosa *alquimia* que permite transformar recursos da seguridade social em recursos fiscais destinados à sustentação da política econômica e acumulação de capital.

1. Elementos estruturantes da Seguridade Social no Brasil

A movimentação no mercado de trabalho[2] tem imbricações diretas na estruturação da Seguridade Social no Brasil, visto que o modelo de seguros

---

1. O resultado primário é a diferença, podendo ser positiva ou negativa, entre as receitas não-financeiras arrecadadas no exercício fiscal e as despesas não-financeiras, arrecadadas no mesmo período. As receitas não-financeiras incluem, principalmente, os tributos, as contribuições sociais e econômicas, as receitas diretamente arrecadadas por órgãos e entidades da administração indireta, as receitas patrimoniais etc. As despesas não-financeiras referem-se ao conjunto de gastos com pessoal, previdência, políticas sociais, manutenção da máquina administrativa e investimentos. Se a diferença for positiva, ocorre um superávit primário; e se negativa, haverá um déficit primário. Portanto, no lado das receitas estão excluídas as receitas de juros; no lado das despesas, não são computados os encargos da dívida pública.

2. Sobre a constituição do mercado de trabalho no Brasil, ver Pochmann (1999 e 2001). Um debate sobre a informalidade nas relações de trabalho pode ser visto em Cacciamali (1989) e Theodoro (2000). Uma análise sobre a estruturação do mercado de trabalho no Brasil encontra-se em Cardoso Jr. (2001). A relação entre a previdência social e o mercado de trabalho pode ser vista em Salvador e Boschetti (2002).

instituído no Brasil a partir do início do século XX, baseado no modelo bismarckiano[3] alemão, tinha por objetivo garantir maior segurança ao trabalhador assalariado e à sua família em situações de perda da capacidade laborativa, no contexto da sociedade urbana nascente.

As políticas de seguridade social instituídas nos países capitalistas da Europa central se sustentaram em dois "modelos" de políticas sociais, e o Brasil não ficou imune a esta tendência. O modelo bismarckiano, originado na Alemanha no final do século XIX, tem como objetivo central assegurar renda aos trabalhadores em momentos de riscos sociais decorrentes da ausência de trabalho. Ele é identificado como sistema de seguros sociais em função de sua semelhança com seguros privados, já que os direitos aos benefícios são garantidos mediante contribuição direta anterior e o montante das prestações é proporcional à contribuição efetuada. As bases do financiamento são recursos recolhidos dos empregados e empregadores, baseados predominantemente na folha de salários. Já o modelo beveridgiano, surgido na Inglaterra após a Segunda Guerra Mundial, tem por objetivo principal o combate à pobreza e se pauta pela instituição de direitos universais a todos os cidadãos incondicionalmente, ou submetidos a condições de recursos; porém, são garantidos mínimos a todos os cidadãos que necessitam. O financiamento é proveniente dos tributos (orçamento fiscal) e a gestão é pública/estatal. Trata-se de um modelo baseado na unificação institucional e na uniformização dos benefícios (Boschetti, 2003).

Em que pese às particularidades na implementação das políticas sociais no Brasil, entre elas a construção tardia de uma sociedade fundada no trabalho assalariado, o país segue a lógica do movimento e das tendências internacionais no tocante às condições em que o trabalho adquiriu centralidade na definição das políticas de proteção social (Mota, 2000). De fato, são as políticas sociais derivadas da inserção das pessoas no mercado de trabalho, particularmente no *eixo* do assalariamento, a matriz original dos direitos relativos à seguridade social no Brasil (Cardoso Jr. e Castro, 2005). O modelo bismarckiano orientou e ainda define a política de previdência social, enquanto o modelo beveridgiano sustenta os princípios da saúde e da assistência social.

---

3. Referente aos princípios adotados na implantação do modelo previdenciário alemão, entre 1883 e 1888, pelo chanceler Otton Von Bismack.

As reivindicações e pressões organizadas pelos trabalhadores na década de 1980, em período de redemocratização no país, provocam a incorporação, pela Constituição Federal (CF), de muitas demandas sociais de expansão dos direitos sociais e políticos. Um dos maiores avanços dessa Constituição, em termos de política social, foi a adoção do conceito de seguridade social, englobando em um mesmo sistema as políticas de saúde, previdência e assistência social. Mas a perspectiva e a intencionalidade de transfigurar a previdência em seguridade social não se iniciou na CF de 1988; essas propostas já existem há bastante tempo no debate de especialistas e de técnicos vinculados à área previdenciária (Boschetti, 2002). Registra-se o movimento de pressão social e redemocratização do país após 1945, e o fim do Estado Novo, com os trabalhadores brasileiros influenciados pela repercussão do Plano Beveridge, publicado na Inglaterra em 1942, reivindicando no âmbito da previdência redução das contribuições, valorização dos benefícios e melhoria dos serviços.

O termo seguridade social, inexistente na língua portuguesa[4], já era adotado desde 1935 nos Estados Unidos e desde a década de 1940 na Europa capitalista, para designar uma miríade de programas e serviços sociais (Boschetti, 2002). A seguridade social, na definição constitucional brasileira, é um conjunto integrado de ações do Estado e da sociedade voltadas a assegurar os direitos relativos à saúde, à previdência e à assistência social, incluindo também a proteção ao trabalhador desempregado, via seguro-desemprego. Pela lei, o financiamento da seguridade social compreende, além das contribuições previdenciárias, também recursos orçamentários destinados a este fim e organizados em um único orçamento.

A Constituição Federal, no seu Título VIII, que trata da ordem social, dedicou o Capítulo II à Seguridade Social. O art. 194 estabelece que o Poder Público deve organizar a Seguridade Social com o seguintes objetivos: I) universalidade da cobertura e do atendimento; II) uniformidade e equivalência dos benefícios e serviços às populações urbanas e rurais; III) seletividade e distributividade na prestação dos benefícios e serviços; IV) irreduti-

---

4. No Brasil, a expressão seguridade social passou a integrar os dicionários da língua portuguesa a partir de 1988, e o *Novo Dicionário Aurélio* explica a etimologia da palavra a partir do francês *sécurité* ou do inglês *security* e ambos do latim *securitate* (Boschetti, 2002). Em Portugal, o termo é traduzido como "segurança social" e assim aparece em diversas publicações como, por exemplo, no livro da OIT (2002): *Segurança Social: um novo consenso*.

bilidade do valor dos benefícios; V) eqüidade na forma de participação no custeio; VI) *diversidade da base de financiamento*; e VII) caráter democrático e descentralizado da administração, mediante gestão quadripartite, com participação dos trabalhadores, dos empregadores, dos aposentados e do Governo nos órgãos colegiados.

O corolário deste artigo é que as receitas e despesas da previdência social passam a integrar o orçamento geral da seguridade social. De acordo com o art. 195 da CF, a seguridade social será financiada por toda a sociedade, de forma direta e indireta, nos termos da lei, mediante recursos provenientes dos orçamentos da União, dos Estados, do Distrito Federal e dos Municípios, e das seguintes contribuições sociais: I) do empregador, da empresa e da entidade a ela equiparada na forma da lei, incidentes sobre a folha de salários, o lucro, a receita ou o faturamento; II) do trabalhador e dos demais segurados da previdência social; III) sobre a receita de concursos de prognósticos; e IV) do importador de bens ou serviços do exterior. Nos parágrafos do mesmo artigo, explicita-se que são também fonte de recursos da previdência as receitas dos Estados, do Distrito Federal e dos Municípios, constantes nos respectivos orçamentos. As outras fontes de custeio são: contribuição de segurados individuais, dos clubes de futebol profissional, do empregador doméstico, do produtor rural, parte da arrecadação do Sistema Integrado de Pagamento de Impostos e Contribuições (Simples) e a Contribuição Provisória sobre Movimentação ou Transmissão de Valores e de Créditos e Direitos de Natureza Financeira (CPMF).

A implementação do conceito de seguridade social, previsto no artigo 194 da CF, já seria um enorme desafio em condições mais favoráveis aos movimentos dos trabalhadores e da sociedade organizada. A situação vai se tornar desfavorável aos defensores dos direitos sociais a partir da década de 1990,[5] com uma nova hegemonia burguesa, de cunho neoliberal, que

---

5. A partir dos anos 90, consolida-se no país uma cultura da crise (Mota, 2000), no sentido da disputa ideológica e constitutiva da política burguesa de constituição da hegemonia. Os componentes dessa cultura da crise, propagados pelas classes dominantes, são o pensamento privatista e a "criação" do cidadão-consumidor, assegurando a adesão às transformações no "mundo do trabalho" e dos mercados de bens e serviços. Para Behring (2003), o eixo central do convencimento repousa em que há uma nova ordem à qual todos devem integrar-se, e que é inevitável a ela se adaptar, constituindo o quadro de uma contra-reforma do Estado, nos anos de neoliberalismo tardio do Brasil.

vai potencializar novas e antigas dificuldades para consolidar a seguridade social no Brasil.

2. O orçamento (não) implementado da Seguridade Social

No Brasil, a seguridade social enfrenta dificuldades desde seu nascimento, em conseqüência, entre outros fatores, da não-implementação do orçamento para este fim, previsto na CF. A finalidade principal do orçamento da seguridade social era constituir-se em um espaço próprio e integrador das ações de previdência, saúde e assistência social, assegurando a apropriação dos recursos do orçamento fiscal. Entretanto, isso na prática não se consolidou; a área de assistência social foi virtualmente eliminada, e a saúde imprensada, de um lado, pelo Orçamento Geral da União e, de outro, pelo Ministério da Previdência.

A desconstrução da idéia de seguridade social e do seu orçamento começou já nos primeiros anos de 1990, quando a legislação que regulamentou a seguridade traçou os rumos da separação das três políticas, com leis específicas para a saúde, previdência e assistência social. Do ponto de vista do financiamento, as políticas do âmbito da seguridade social brasileira tornaram-se gradativamente discriminadas (Vianna, 2003).

A CF, em seu art. 165, § 5º, determina que a lei orçamentária anual compreenderá os orçamentos: fiscal, o de investimentos e o da seguridade social. O legislador, de forma inovadora, determinou a criação de um orçamento com recursos próprios e exclusivos para as políticas da seguridade social, distinto daquele que financia as demais políticas de governo. Mas o orçamento da Seguridade Social virou "letra morta" na Constituição. Todos os governos que passaram pelo Palácio do Planalto desde 1988 não transformaram o dito constitucional em ação efetiva.

O orçamento da Seguridade Social chegou a ser elaborado nos primeiros anos após a regulamentação das leis de custeio e de benefício da previdência social. Em 1993 e 1994, apareceu como proposta do Conselho Nacional da Seguridade Social. Mas essa orientação não prevaleceu e o próprio Conselho, que tinha a missão de articular e sistematizar um orçamento previamente debatido com as áreas responsáveis pela previdência social, saúde e assistência social, foi perdendo paulatinamente suas atribuições, acabando por ser extinto pela MP n. 1.799-5 de 1999 (Delgado, 2002).

Uma vez que não se edita uma peça orçamentária autônoma, conforme o dito constitucional, um possível Orçamento da Seguridade Social pode ser extraído do Orçamento Fiscal e da Seguridade Social da União (IPEA, 2003). No Brasil, duas instituições têm pesquisado e divulgado a estrutura orçamentária da seguridade social: a Associação Nacional dos Fiscais de Contribuições Previdenciárias (ANFIP) e o Instituto de Pesquisa Econômica Aplicada (IPEA).

A ANFIP, em sua análise, considera, de um lado, todas as receitas da seguridade social criadas pela Constituição e instituídas posteriormente para seu financiamento (Contribuição para o Financiamento da Seguridade Social — COFINS, Contribuição Social sobre o Lucro Líquido da Pessoa Jurídica — CSLL e a CPMF), mais a receita previdenciária líquida, que corresponde basicamente às contribuições de empregados e empregadores sobre a folha de salários e mais o Simples. No lado das despesas, considera o pagamento dos benefícios previdenciários urbanos e rurais, os benefícios assistenciais e as ações de saúde do Sistema Único de Saúde (SUS), saneamento e custeio do Ministério da Saúde. De acordo com a Anfip (2005), o saldo primário do orçamento da seguridade social, em 2004, foi positivo em R$ 42,5 bilhões.

O IPEA vem divulgando e analisando sistematicamente, por meio do seu Boletim de Políticas Sociais (BPS), a Estrutura Orçamentária da Seguridade Social. A metodologia foi publicada por Delgado (2002), que elenca uma hierarquia de critérios sobre direitos sociais que a Constituição e a legislação infraconstitucional sancionaram. Destacam-se, no lado das despesas, os gastos nas áreas da Previdência Social, da Saúde, da Assistência Social, do Trabalho (seguro-desemprego) e a previdência de inativos e pensionistas da União.[6] No lado das receitas, além daquelas destacadas pela ANFIP, adicionam-se a parte da Contribuição para o Programa de Integração Social (PIS) que financiam o seguro-desemprego, a contribuição sobre a produção rural e a Contribuição para Seguridade do Servidor Público (CSSP). Também por esta metodologia, os resultados do orçamento da seguridade social, nos últimos anos, são superavitários.

---

6. Na opinião de Delgado (2002: 114), apesar de serem "legítimas as despesas com Inativos e com Pensionistas da União, como de resto são legítimos tantos outros gastos do Orçamento da União, tais despesas devem pertencer ao Orçamento Geral, o qual é financiado por tributos e não por recursos específicos da política de proteção do conjunto da sociedade contra os riscos clássicos das privações humanas".

O que se observa é que, independentemente da metodologia de análise da receita e despesa da seguridade social, utilizada pelas instituições acima citadas, o orçamento da seguridade social, conforme definido na CF/ 1988, é superavitário e não só suficiente para cobrir as despesas com os direitos já previstos, como poderia permitir sua ampliação. Se isto não ocorre, é porque o orçamento da seguridade social é parte da âncora de sustentação da política econômica, que suga recursos sociais para pagamento e amortização dos juros da dívida pública.

No bojo das políticas macroeconômicas que deram sustentação ao Plano Real, como se sabe, a política fiscal foi uma determinante importante e que seguiu à risca as recomendações dos organismos multilaterais, como o Fundo Monetário Internacional (FMI). Em 1993, os economistas formuladores do Plano Real, com a pretensa defesa dos equilíbrios das contas públicas brasileiras, defendem a criação de um "Fundo Social de Emergência (FSE)", que acabou sendo instituído por meio da Emenda Constitucional de Revisão n. 1, de 1994, permitindo a desvinculação de 20% dos recursos destinados às políticas da Seguridade Social. Nos exercícios financeiros de 1994 e 1995, por meio do Fundo de Estabilização Fiscal (FEF) (Emendas Constitucionais ns. 10 e 17 e, posteriormente, da Emenda Constitucional n. 27) que criou a Desvinculação das Receitas da União (DRU), garante-se a desvinculação de 20% da arrecadação de impostos e contribuições sociais até o final deste ano. Dando seqüência à mesma política fiscal do governo anterior, a equipe econômica do governo Lula, sob alegação de que a "economia brasileira ainda requer cuidados", manteve, no âmbito da Emenda Constitucional n. 42 (reforma tributária), a prorrogação da DRU[7] até 2007.

3. O financiamento da Seguridade Social no Brasil

O debate sobre as formas de financiamento da seguridade social no Brasil após a CF 88 revela as divergências entre aqueles que defendem o

---

7. A DRU apresenta algumas modificações em relação ao FSE, pois ela não afeta a base de cálculo das transferências a Estados, Distrito Federal e Municípios, nem as aplicações em programa de financiamento ao setor produtivo das regiões Norte, Nordeste e Centro-Oeste. Também não estão sujeitas à DRU: as contribuições sociais do empregador incidente sobre a folha de salários; as contribuições dos trabalhadores e dos demais segurados da previdência social; a parte da CPMF destinada ao Fundo de Combate e Erradicação da Pobreza; e a arrecadação do salário-educação.

princípio da totalidade estatuído na Carta Magna e os defensores da separação das fontes de custeio das políticas de previdência, assistência social e saúde.

Essas controvérsias entre os especialistas sobre o financiamento da seguridade social ficaram evidentes durante os debates sobre a Revisão Constitucional (1993 e 1994). Em defesa da totalidade, Dain et al. (1998) relatam que, na experiência internacional, o financiamento da seguridade social é baseado de forma crescente num *mix* de receitas tributárias e contribuições sobre a folha de salários, para contemplar uma concepção de benefícios destinados tanto aos contribuintes diretos dos programas, como também àqueles destinados aos cidadãos, nos casos de cobertura universal dos programas. Esse movimento de diversificação das bases de financiamento tem como corolário a vinculação dos recursos e a constituição de um orçamento próprio como forma de institucionalização da precedência de seus compromissos de cobertura sobre os demais gastos do governo.

No sentido oposto, Beltrão et al. (1993) defendem que o "conceito de seguridade social" seja mantido, mas com a separação efetiva de seus componentes: seguro social (previdência), saúde e assistência social — nos planos dos conceitos, de custeio e operacional. Os autores são contrários à existência de um orçamento único para a seguridade, defendendo a separação das fontes de custeios com três orçamentos independentes e com o financiamento de cada programa por uma lógica própria em termos de regime financeiro, tipo de estrutura do plano de benefícios, base de incidência e agente econômico. Infelizmente, esta visão ficou mais reforçada a partir da reforma da previdência social, em 1998, que foi encarada como uma necessidade de equilibrar as contas públicas e solucionar a "crise fiscal" do Estado. A reforma limitou-se a uma visão míope de equilíbrio das contas públicas, muito mais voltada para a realização de superávit primário (Salvador, 2003).

Do ponto de vista metodológico, o conceito de fonte de financiamento, adotado neste artigo, é o mesmo utilizado na elaboração e na execução orçamentária da União, referindo-se à destinação dos recursos durante a execução do orçamento e não especificamente à sua arrecadação. Não é objetivo deste artigo problematizar o escopo das ações definidas pelo Poder Executivo[8] a serem contempladas com dotações orçamentárias nas políticas de Previdência Social, Saúde e Assistência Social, assim, a análise do financiamento da seguridade social restringiu-se ao conceito de despesa liquidada nas Funções: Assistência Social (08), Previdência Social (09) e Saúde (10) dos Orçamentos Fiscal e da Seguridade Social nos anos de 2000 a 2004,[9] que seguem uma classificação funcional, definida na Portaria/SOF n. 42 (14/4/1999). Cada uma destas Funções têm sub-funções que abrangem diversos programas e ações, conforme a concepção assumida pelo Poder Executivo para essas políticas.

A análise do orçamento da seguridade social, pelos ângulos de suas fontes e de suas despesas, permite compreender se esta contribui para a redistribuição de renda. Os dados revelam que a seguridade social não está contribuindo para redistribuir renda, pois seu financiamento tem caráter regressivo e não progressivo. A Teoria das Finanças Públicas preconiza que os tributos, em função de sua incidência e de seu comportamento em relação à renda dos contribuintes, podem ser regressivos, progressivos e proporcionais (Oliveira, 2001). Um tributo é regressivo à medida que tem uma relação inversa com o nível de renda do contribuinte. A regressão ocorre porque penaliza mais os contribuintes de menor poder aquisitivo. O inverso ocorre quando o imposto é progressivo, pois aumenta a participação do contribuinte à medida que cresce sua renda, "o que lhe imprime o caráter de progressividade e de justiça fiscal: arcam com maior ônus da tributação os indivíduos em melhores condições de suportá-la, ou seja, aqueles que obtêm maiores rendimentos" (Oliveira, 2001: 72).

---

8. Esta é uma tarefa importante que merece ser aprofundada. Em estudo anterior (2003: 203) que abordou o financiamento da Assistência Social no período de 1994 a 2002, constatou-se que uma miríade de programas e projetos da Função Assistência Social não seguem os preceitos da Lei Orgânica da Assistência Social. Também no âmbito da política da previdência observa-se o pagamento de benefícios previdenciários de servidores com financiamentos de recursos da seguridade social que, por princípios constitucionais, não incluiriam este tipo de gasto (Delgado, 2002). A Constituição de 1988 não incluiu a previdência do servidor público no capítulo específico que trata da seguridade social; ao contrário, deslocou-a para o Título III (Da Organização do Estado), em especial em seu Capítulo VII (Da Administração Pública), Seção II (Dos Servidores Públicos). No tocante aos gastos em saúde são relevantes as críticas de Ribeiro et al. (2005) de quais são os limites entre as políticas de Saúde e a ações nas áreas de Saneamento e Alimentação.

9. Devido a outra estrutura orçamentária, os dados de 1999 para as fontes de financiamento da Saúde referem-se ao Programa "Saúde" (075) da Função (13) Saúde e Saneamento e aos Programas "Previdência" (082) e "Assistência Social" (081) da Função (15) Previdência e Assistência.

Para compreender a regressividade e a progressividade é necessário avaliar as bases de incidência, que são a renda, a propriedade, a produção, a circulação e o consumo de bens e serviços. Conforme a base de incidência, os tributos são considerados diretos ou indiretos. Os tributos diretos incidem sobre a renda e o patrimônio, porque, em tese, não são passíveis de transferência para terceiros. Esses são considerados impostos mais adequados para a questão da progressividade. Os indiretos incidem sobre a produção e o consumo de bens e serviços, sendo passíveis de transferência para terceiros, em outras palavras, para os preços dos produtos adquiridos pelos consumidores. Eles é que acabam pagando de fato o tributo, mediado pelo contribuinte legal: empresário produtor ou vendedor. É o que Fabrício de Oliveira (2001) denomina de *fetiche* do imposto: o empresário nutre a ilusão de que recai sobre seus ombros o ônus do tributo, mas se sabe que ele integra a estrutura de custos da empresa, terminando, via de regra, sendo repassado aos preços. Os tributos indiretos são regressivos.

Tais considerações permitem mostrar o caráter regressivo das fontes de financiamento da seguridade social. A Tabela 1 apresenta os dados referentes à importância relativa de cada fonte no financiamento nos gastos da seguridade social, no período de 1999 a 2004. As fontes de recursos que predominam nos anos estudados são as contribuições sociais,[10] em contraste com os recursos advindos de impostos. Os recursos provenientes dos impostos, em geral, representaram, na média do período analisado, apenas a terceira fonte de custeio da seguridade social, 7,4% do total, com decréscimo de 6,6%. Em 2004, os recursos ordinários (impostos) representaram somente 6,3% do total das fontes de financiamento das políticas de seguridade social, indicando a segunda menor participação no período. Esse fato revela que a participação da fonte de recursos ordinários, ou seja, aqueles

---

10. Informações detalhadas sobre as contribuições sociais podem ser encontradas na edição especial da *Revista da Associação Brasileira de Orçamento Público (ABOP)*, n. 41, edição especial, set. 98/abr. 99. A publicação traz uma análise detalhada das receitas públicas, abrangendo as mais significativas fontes de financiamento do setor público em suas diversas formas, ou seja, impostos, taxas, contribuições, empréstimos e títulos públicos, com toda a legislação e propostas de emendas apresentadas até junho de 1999. A ABOP define que, a partir da CF, as contribuições sociais são consideradas tributos (art. 195 da CF), instituídas em lei, com base no poder fiscal do Estado. "Como espécie tributária autônoma e específica, a contribuição se caracteriza por possuir um pressuposto de fato definido em lei, de forma típica, consistindo numa atividade estatal dirigida à coletividade, que atinge determinado grupo de pessoas. Esta contribuição distingue-se dos tributos fiscais por estar vinculada e por ser delegada a um órgão público favorecido" (ABOP, 1999: 30-1).

advindos de impostos federais — o Imposto de Renda Pessoa Física (IRPF) e o Imposto sobre Produtos Industrializados (IPI) — e dos próprios recursos desvinculados das Contribuições Sociais estão deixando de financiar a seguridade social, neste caso, não retornando para a finalidade para a qual foram arrecadadas.

Em 1999, os recursos desvinculados representaram, por meio do FEF, o custeio de apenas 4,3% dos gastos da seguridade social (Tabela 1). Somente a desvinculação dos recursos arrecadados com a COFINS e a CSLL, em 1999, totalizou o montante de R$ 7,9 bilhões, retornando para a seguridade social, por meio do FEF, somente 56% deste valor. Com aprovação da DRU, a partir de 2000, não é mais possível visualizar os recursos desvinculados no financiamento da seguridade social. A DRU não está vinculada a qualquer Fundo, ainda que somente contábil, como era o FEF. Essa regra impossibilita a distinção, na execução orçamentária, de qual parcela de recursos é originária de impostos gerais, e qual é referente à desvinculação de recursos, já que ambas agora compõem a mesma fonte de Recursos Ordinários (IPEA, 2004). O resultado prático dessa alteração é que o "Executivo pode ver-se, agora, desobrigado de publicar o demonstrativo bimestral da execução orçamentária de que trata o § 3º do art. 71 do ADCT" (Fraga, 2000: 2). Essa alteração fere os princípios orçamentários da discriminação e da clareza.[11]

As contribuições sociais representaram em média 88,8% das fontes de financiamento da Seguridade Social no período de 1999 a 2004. Entre as contribuições mais significativas do período destacam-se a Contribuição dos Empregadores e Trabalhadores para a Seguridade Social — CETSS (46,1%), a COFINS (26,1%), com um crescimento de 20,5%, e a CPMF (8,3%).

A análise das principais fontes de financiamento da Previdência Social, no período de 1999 a 2004, revela que, em média, 57,9% dos recursos para custeio das políticas do Sistema Previdenciário Brasileiro advêm da CETSS, ou seja, da arrecadação da Contribuição Previdenciária do Regime Geral da Previdência Social (Tabela 2), o que indica que quem paga a conta são os trabalhadores.

---

11. De acordo com Piscitelli et al. (2002: 46-47): "O princípio da discriminação (...) preconiza a identificação de cada rubrica de receita e despesa, de modo que não figurem de forma englobada (...)". E o princípio da clareza significa o óbvio. É a evidenciação da Contabilidade. "Por este princípio, dever-se-ia priorizar o interesse dos *usuários* das informações, sobretudo porque se está tratando de finanças públicas".

Tabela 1
Seguridade Social: Distribuição do percentual das Fontes de Recursos — 1999-2004

Fontes	1999	2000	2001	2002	2003	2004	Média sobre total	Variação 99/04
1. Recursos provenientes de impostos	6,8%	3,7%	9,2%	8,9%	9,4%	6,3%	7,4%	-8,0%
2. Contribuições sociais	86,2%	91,0%	88,0%	88,4%	88,8%	90,1%	88,8%	4,5%
2.1 Contribuições do empregadores e dos trabalhadores para a Seguridade Social (CETSS)	47,9%	47,5%	46,6%	45,5%	44,6%	44,3%	46,1%	-7,4%
2.2 Contribuição sobre o lucro (CSLL)	4,9%	6,1%	4,8%	6,4%	6,8%	7,0%	6,0%	41,0%
2.3 Contribuição para financiamento da Seguridade Social (Cofins)	23,5%	25,3%	26,1%	26,0%	27,2%	28,3%	26,1%	20,5%
2.4 Contribuição para o plano de Seguridade do Servidor	2,5%	2,0%	2,4%	2,3%	2,0%	2,4%	2,3%	-4,1%
2.5 Contribuição para o custeio pensão militares	0,0%	0,0%	0,0%	0,0%	0,0%	0,4%	0,1%	—
2.6 Contribuição provisória sobre movimentação financeira (CPMF)	7,4%	10,1%	8,0%	8,2%	8,2%	7,6%	8,3%	3,7%
2.7 Renda de loteria e concursos prognósticos	0,0%	0,0%	0,0%	0,0%	0,0%	0,1%	0,0%	—
3. Outras fontes	2,7%	5,2%	1,9%	1,7%	1,2%	1,3%	2,3%	-50,0%
3.1 Recursos próprios	1,0%	1,3%	1,2%	1,3%	0,9%	1,1%	1,1%	7,6%
3.2 Operação de crédito	0,3%	0,5%	0,4%	0,4%	0,2%	0,1%	0,3%	-57,8%
3.3 Outros	1,3%	3,4%	0,2%	0,1%	0,1%	0,1%	0,9%	91,7%
4. Fundo de combate e erradicação à pobreza	0,0%	0,0%	0,9%	1,1%	0,6%	2,3%	0,8%	—
5. Fundo de estabilização fiscal (FEF)	4,3%	0,0%	0,0%	0,0%	0,0%	0,0%	0,7%	—
Total	100,0%	100,0%	100,0%	100,0%	100,0%	100,0%	100,0%	—
Total em R$ milhões correntes	102.022	118.119	136.476	155.166	181.066	212.346	—	—

Fonte: SIAFI/SIDOR
Elaboração própria

Tabela 2
Previdência Social: distribuição do percentual das Fontes de Recursos — 1999-2004

Fontes	1999	2000	2001	2002	2003	2004	Média sobre total	Variação 99/04
1. Recursos provenientes de impostos	5,4%	3,5%	8,1%	8,4%	9,2%	6,2%	6,8%	15,7%
2. Contribuições sociais	90,1%	93,3%	90,9%	90,6%	90,1%	92,9%	91,3%	3,1%
2.1 Contribuições dos empregadores e dos trabalhadores para a Seguridade Social (CETSS)	58,6%	60,0%	59,2%	57,4%	55,5%	56,9%	57,9%	-3,0%
2.2 Contribuição sobre o lucro (CSLL)	4,8%	4,7%	4,4%	2,7%	2,7%	2,0%	3,6%	-57,7%
2.3 Contribuição para financiamento da Seguridade Social (Cofins)	19,4%	20,8%	20,9%	25,8%	25,9%	27,0%	23,3%	39,0%
2.4 Contribuição para o plano de Seguridade do Servidor	3,1%	2,5%	3,0%	2,9%	2,5%	3,1%	2,8%	0,4%
2.5 Contribuição para o custeio pensão militares	0,0%	0,0%	0,0%	0,0%	0,0%	0,5%	0,1%	—
2.6 Contribuição provisória sobre movimentação financeira (CPMF)	4,1%	5,3%	3,4%	1,8%	3,4%	3,3%	3,6%	-19,7%
3. Outras fontes	1,3%	3,2%	1,1%	1,0%	0,7%	0,9%	1,4%	-25,7%
Total	100,0%	100,0%	100,0%	100,0%	100,0%	100,0%	—	—
Total em R$ milhões correntes	83.305	93.408	107.544	123.218	145.478	165.509	—	—

Fonte: SIAFI/SIDOR
Elaboração própria

A contribuição do empregador corresponde a 20% sobre o total das remunerações pagas ou creditadas, a qualquer título, no decorrer do mês, aos segurados empregados que lhes prestem serviços, acrescidos de alíquota de 1 a 3% para o financiamento das prestações por acidente do trabalho, conforme o índice de risco. Já a contribuição dos trabalhadores é calculada mediante a aplicação da correspondente alíquota sobre o seu salário-de-contribuição mensal, limitado ao teto de R$ 293,50.[12] Cerca 2/3 do montante arrecadado advém da contribuição dos empregadores e 1/3 dos empregados (Anuário Estatístico da Previdência Social, 2003).

No caso dos empregadores, a contribuição previdenciária compõe os encargos sociais das empresas e, muitas vezes, são repassados aos preços dos bens e serviços vendidos, podendo-se constituir em um tributo sobre o consumo. A regressividade atinge também as contribuições dos trabalhadores, devido à existência do teto de contribuição, significando que os contribuintes que recebem rendimentos abaixo do teto estão pagando proporcionalmente mais, sobre sua renda.[13]

No período de 1999 a 2004, as contribuições sociais representaram, em média, 78,4% das fontes de financiamento da Saúde na esfera federal. Entre as contribuições sociais, destacam-se a CPMF, 33,6%, e a CSLL, 19,1% (Tabela 3).

Nos anos analisados observa-se que a CSLL,[14] que tinha uma participação relativa de apenas 4,2%, em 1999, passou a representar 33,7%, em 2004, um patamar um pouco superior ao financiamento obtido por meio da CPMF (32,6%), que se constituiu, até o ano de 2003, na principal fonte de financiamento da Saúde (Tabela 3). A partir de 1999, a CPMF deixou de ser uma fonte de financiamento exclusiva da Saúde, passando também a compor o financiamento das despesas previdenciárias e, após 2001, o Fundo de Combate à Pobreza.

---

12. Equivale à alíquota de 11% aplicada ao salário-de-contribuição máximo, R$ 2.668,15. Em junho de 2005, as faixas dos salários-de-contribuição eram: até R$ 800,45, alíquota de 7,65%; de R$ 800,46 até R$ 900,00, alíquota de 8,65%; de R$ 900,01 até R$ 1.334,07, alíquota de 9,00%; de R$ 1.334,08 até R$ 2.668,15, alíquota de 11,0%.

13. A título de exemplo, em junho de 2005, um trabalhador com renda mensal de R$ 3.836,60 pagou efetivamente, a título de contribuição previdenciária, o equivalente a 7,65% da sua renda, ou seja, exatamente o mesmo percentual que um trabalhador que recebeu o salário-mínimo (R$ 300,00). Acima de R$ 3.836,60, a regressividade se agrava.

14. A CSLL é um único tributo a financiar a Seguridade Social com base de cálculo no lucro líquido das empresas, ajustado antes da provisão para o IR.

Tabela 3
Saúde: Distribuição do percentual das Fontes de Recursos — 1999-2004

Fontes	1999	2000	2001	2002	2003	2004	Média sobre total	Variação 99/04
1. Recursos provenientes de impostos	15,1%	4,9%	14,6%	12,3%	12,6%	7,7%	11,2%	-49,2%
2. Contribuições sociais	65,1%	80,7%	74,6%	79,8%	82,9%	87,5%	78,4%	34,5%
2.2 Contribuição sobre o lucro (CSLL)	4,2%	13,5%	7,7%	25,0%	30,5%	33,7%	19,1%	705,9%
2.3 Contribuição para financiamento da Seguridade Social (Cofins)	34,6%	32,7%	36,0%	13,6%	16,3%	21,3%	25,7%	-38,5%
2.6 Contribuição provisória sobre movimentação financeira (CPMF)	26,3%	34,6%	30,9%	41,2%	36,1%	32,6%	33,6%	23,8%
3. Outras fontes	10,6%	14,3%	5,9%	5,1%	4,5%	3,8%	7,4%	-64,3%
4. Fundo de combate e erradicação à pobreza	0,0%	0,0%	4,9%	2,7%	0,0%	1,0%	1,4%	—
5. Fundo de estabilização fiscal (FEF)	9,2%	0,0%	0,0%	0,0%	0,0%	0,0%	1,5%	—
Total	100,0%	100,0%	100,0%	100,0%	100,0%	100,0%	100,0%	—
Total em R$ milhões correntes	15.487	20.270	23.634	25.435	27.172	32.973		

Fonte: SIAFI/SIDOR
Elaboração própria

Os impostos decrescem 49,2% no financiamento da saúde, reduzindo sua participação de 15,1%, em 1999, para 7,7%, em 2004 (Tabela 3). Recentemente, a EC n. 29 estabeleceu a vinculação de recursos orçamentários da União, Estados e Municípios para as despesas de saúde, tendo como ponto de partida o valor executado em 1999, acrescido de 5%. Entre 2001 e 2004, o aumento das despesas acompanharia o aumento do PIB nominal.

No tocante ao financiamento da política de Assistência Social, observa-se que, no período de 1999 a 2004, as contribuições sociais apresentaram uma variação negativa de 28,2%. A Tabela 4 mostra que as fontes de financiamento da Assistência Social, exceto o Fundo de Combate e Erradicação à Pobreza, apresentaram uma redução proporcional na sua participação sobre o total de recursos arrecadados.

Uma observação relevante diz respeito ao Fundo de Combate e Erradicação à Pobreza, criado pela Lei Complementar n. 111/2001, que foi o responsável, em 2004, por 32,8% da Função Orçamentária da Assistência Social. Em que pese a classificação orçamentária do Fundo aparecer na esfera da Seguridade Social, os seus recursos podem ser aplicados em políticas que não compõem o sistema de Seguridade Social brasileiro,[15] além de contrariar as determinações da Lei Orgânica da Assistência Social e do Fundo Nacional de Assistência Social (Boschetti, 2003).

No período analisado, a COFINS[16] contribuiu, em média, com 79,1% do total do custeio da Assistência Social. A CSLL, que teve uma participação de 12,5%, em 1999, foi sendo reduzida ao longo do período, respondendo por apenas 2,3% em 2004. Os recursos ordinários provenientes de impostos apresentaram uma queda de 14,8%.

Apesar da diversificação indicada na legislação para o financiamento da Assistência Social (Boschetti, 2003), percebe-se que esta política vem sen-

---

15. Em 2004, dos R$ 5,5 bilhões que foram liquidados no orçamento do Fundo de Combate e Erradicação à Pobreza, cerca de 82% se destinaram à Função Assistência Social e o restante custeou ações das Funções Orçamentárias: Trabalho, Educação, Direitos da Cidadania, Urbanismo, Habitação, Saneamento e Organização Agrária (conforme dados do SIAFI/SIDOR).

16. A COFINS entrou em vigência em 1992, substituindo o Fundo de Investimento Social (Finsocial), estando prevista no art. 195 da CF e sendo regulamentada pela Lei Complementar n. 70/91. Esta contribuição tem como fato gerador a venda de mercadorias ou serviços de qualquer natureza, a percepção de rendas ou receitas operacionais e não-operacionais e de receitas patrimoniais das pessoas jurídicas. Em decorrência da Lei n. 10.833/03, teve sua alíquota majorada de 3% para 7,25%, passando a ser não-cumulativa.

do custeada, principalmente, pela COFINS. Ao desconsideramos, por exemplo, a participação do Fundo de Combate e Erradicação à Pobreza no financiamento da Assistência Social, em 2004, percebe-se que a COFINS respondeu pelo custeio de 90,8% dos programas que integram esta política (Tabela 4).

Desse modo, o financiamento da seguridade social no Brasil permanece fracionado com a separação das fontes de recursos advindos da contribuição direta de empregados e empregadores para custear a previdência social, e as contribuições sociais incidentes sobre o faturamento, o lucro e a movimentação financeira para as políticas de saúde e assistência social.

4. Poderosa alquimia: orçamento da Seguridade Social e acumulação de capital

Por meio da DRU, ocorre a *alquimia* de transformar os recursos destinados ao financiamento da seguridade social em recursos fiscais para a composição do superávit primário e, em conseqüência, sua utilização para pagamento de juros da dívida. Conforme a Anfip (2005), somente em 2004 a DRU foi responsável pela desvinculação de R$ 24 bilhões das receitas arrecadadas para a seguridade social.

A DRU é peça-chave na estratégia de política fiscal para a composição do superávit primário, o que significa que, "por meio deste expediente, processa-se, então, uma transferência não desprezível de recursos do lado real da economia, e, mais explicitamente, da área social, para a gestão *financeirizada* da dívida pública (...)" (Cardoso Jr. e Castro, 2005, p. 14).

A partir de 1999, por força dos acordos com o FMI, o Brasil comprometeu-se a produzir elevados superávits primários na execução dos orçamentos anuais, que apresenta um crescimento constante em relação ao PIB (Tabela 5). Além disso, o Brasil incorreu em mais de R$ 128 bilhões em juros da dívida, em 2004.

De fato, a Dívida Líquida do Setor Público (DLSP) cresceu quase cinco vezes em valores correntes, no período de 1994 a 2002, e praticamente triplicou de valor em termos reais. A soma de juros incidentes sobre a DLSP na última década equivale a um PIB médio no período (Garcia, 2003). Para fazer frente à tamanha transferência de riqueza para os detentores de exce-

Tabela 4
Assistência Social: Distribuição do percentual das Fontes de Recursos — 1999-2004

Fontes	1999	2000	2001	2002	2003	2004	Média sobre total	Variação 99/04
1. Recursos provenientes de impostos	4,4%	1,5%	9,2%	4,3%	1,5%	3,7%	4,1%	-14,8%
2. Contribuições sociais	88,2%	90,8%	88,6%	80,4%	85,1%	63,3%	82,7%	-28,2%
2.1 Contribuições dos empregadores e dos trabalhadores para a Seguridade Social (CETSS)	0,0%	1,5%	0,0%	0,0%	0,0%	0,0%	0,2%	—
2.2 Contribuição sobre o lucro (CSLL)	12,5%	2,1%	0,4%	2,5%	0,5%	2,3%	3,4%	-81,9%
2.3 Contribuição para financiamento da Seguridade Social (Cofins)	75,7%	87,2%	88,2%	77,9%	84,7%	61,0%	79,1%	-19,4%
3. Outras fontes	0,5%	7,7%	0,2%	0,5%	0,2%	0,2%	1,6%	-67,0%
4. Fundo de combate e erradicação à pobreza	0,0%	0,0%	2,0%	14,8%	13,2%	32,8%	10,5%	—
5. Fundo de estabilização fiscal (FEF)	6,9%	0,0%	0,0%	0,0%	0,0%	0,0%	1,2%	—
Total	100,0%	100,0%	100,0%	100,0%	100,0%	100,0%	100,0%	—
Total em R$ milhões correntes	3.231	4.442	5.298	6.513	8.416	13.863	—	—

Fonte: SIAFI/SIDOR.
Elaboração própria.

Tabela 5
Superávit Primário — 1999 a 2004, em % PIB

Descrição/Ano	1999	2000	2001	2002	2003	2004
Meta de superávit	2,60	2,80	3,00	3,50	4,25	4,50
Superávit primário	3,19	3,46	3,64	3,89	4,25	4,61
Juros	8,97	7,08	7,21	8,47	9,33	7,29
Déficit público	(5,78)	(3,62)	(3,57)	(4,58)	(5,08)	(2,68)

Fonte: Banco Central e Cartas de Intenção ao FMI.
Elaboração: FBO (2005).

dentes financeiros, principalmente o capital financeiro, o governo teve de comprometer parcela considerável dos recursos que arrecada, deixando de realizar os gastos necessários nas políticas sociais.

A estratégia de acumulação de capital por meio da dívida pública não chega a ser uma novidade na história do capitalismo. Marx (1987: 872-873), na sua análise da acumulação primitiva escrita há mais de cem anos, revela:

"A dívida pública converte-se numa das alavancas mais poderosas da acumulação primitiva. Como uma varinha de condão, ela dota o dinheiro de capacidade criadora, transformando-o assim, em capital, sem ser necessário que seu dono se exponha aos aborrecimentos e riscos inseparáveis das aplicações industriais e mesmo usuárias. Os credores do Estado nada dão na realidade, pois a soma emprestada converte-se em títulos de dívida pública facilmente transferíveis, que continuam a funcionar em suas mãos como se fossem dinheiro. A dívida pública criou uma classe de capitalistas ociosos, enriqueceu, de improviso, os agentes financeiros que servem de intermediários entre o governo e a nação. As parcelas de sua emissão adquiridas pelos arrematantes de impostos, (...) lhes proporcionam o serviço de um capital caído do céu. Mas, além de tudo isso, a dívida pública fez prosperar as sociedades anônimas, o comércio com títulos negociáveis de toda espécie, a agiotagem, em suma, o jogo de bolsa e a moderna bancocracia."

A "novidade" no processo atual de acumulação no capitalismo é a intensificação da financeirização da riqueza e do papel estratégico desempenhado pelo fundo público. A "financeirização é expressão geral das formas contemporâneas de definir, gerir e realizar riqueza no capitalismo"

(Braga, 2002: 26). No processo de financeirização da riqueza capitalista, há um entrelaçamento complexo entre moeda, crédito e patrimônio.

De acordo com Chesnais (1996), a nova dinâmica de acumulação de capital ocorre pelas formas de centralização de "gigantescos" capitais financeiros (fundos mútuos e fundos de pensão), cuja função é se valorizarem no interior da esfera financeira. Ele destaca que a esfera financeira passa a comandar, cada vez mais, a repartição e a destinação social da riqueza. A importância da esfera financeira na acumulação de capital, sobretudo a partir da década de 80, é revelada pelo crescimento em ritmos qualitativamente superiores ao dos índices de crescimento dos investimentos produtivos, do PIB e do comércio exterior. Um dos mecanismos mais importantes na transferência de riqueza para a esfera financeira é "o serviço da dívida pública e as políticas monetárias associadas a este. Trata-se de 20% do orçamento dos principais países e vários pontos dos seus PIBs, que são transferidos anualmente (...). Parte disso assume então a forma de rendimentos financeiros, dos quais vivem camadas sociais de rentistas" (Chesnais, 1996: 15).

O fundo público exerce uma função relevante para a manutenção do capitalismo, tanto na esfera econômica como na garantia do contrato social. No conceito desenvolvido por Francisco de Oliveira (1998) não significa apenas o montante de recursos públicos destinados a financiar a acumulação de capital: ele é um mix que se forma dialeticamente e representa, na mesma unidade, no mesmo movimento, a razão do Estado, que é pública, e a dos capitais, que é privada. O processo, como o autor conceitua o fundo público, é o de luta de classes, no âmbito do orçamento do Estado. Sendo o fundo público estrutural para explicar a sustentação e o financiamento da acumulação de capital, por meio de uma apropriação de parcelas crescentes da riqueza pública, ou mais especificamente, dos recursos públicos extraídos da sociedade (Oliveira, 1998).

Considerações finais

A Carga Tributária do financiamento da Seguridade Social revela uma característica de regressividade, pois é arrecadada, em grande parte, por tributos indiretos, que oneram proporcionalmente mais os cidadãos de menor renda. Essa regressividade evidencia que, em grande medida, a seguridade social é financiada indiretamente por seus próprios beneficiários e diretamente pelos contribuintes da previdência social. A tributação sobre a renda e patrimônio, apesar de serem bases de incidência de maior progressividade, são fontes de financiamento com baixa ou nenhuma expressão no custeio da Seguridade Social.

No capitalismo contemporâneo, particularmente no caso brasileiro, ocorre uma apropriação do Fundo Público da seguridade social, para valoração e acumulação do capital vinculado à dívida pública. Em outras palavras, parcelas consideráveis dos recursos da seguridade social acabam sendo desvirtuadas das suas finalidades. A arrecadação dos recursos da seguridade social acaba se constituindo, no atual quadro fiscal e tributário do Brasil, em importante fonte de composição do superávit primário. Em última instância, destinam-se recursos, que deveriam ser aplicados em políticas sociais, para o pagamento de juros da dívida pública brasileira, cujos credores são os rentistas do capital financeiro.

O desenho da estrutura do financiamento da seguridade social ajuda a compreender a configuração do fundo público no Brasil. A partir da análise dos recursos que financiaram as políticas da seguridade social, no período de 1999 a 2004, é possível tirar algumas conclusões, de como a estrutura do fundo público caracteriza o "Estado Social" no Brasil: o financiamento é regressivo — quem sustenta são os trabalhadores e os mais pobres —, que não faz, portanto, redistribuição de renda; a distribuição dos recursos é desigual no âmbito das políticas da Seguridade Social; e ocorre a transferência de verbas do Orçamento da Seguridade Social para o Orçamento Fiscal. Os recursos transferidos, por meio da DRU, para composição do Superávit Primário, revelam que o Estado brasileiro age como um Robin Hood às avessas, retirando recursos dos mais pobres para os mais ricos, sobretudo para a classe dos rentistas. A baixa carga de impostos diretos no Brasil revela que as elites querem ser sócias do fundo público, mas não querem ser tributadas.

Referências

ABOP. *Revista da Associação Brasileira de Orçamento Público*. Brasília, v. 2, n. 41, set. 98/abr. 99. Edição especial.

AFONSO, J. e ARAÚJO, E. *2003: uma análise da carga tributária global estimada*. Rio de Janeiro: BNDES, 2004. Disponível em: <http://www.federativo.bndes.gov.br>. Acesso em: 20 dezembro 2004.

ANFIP. *Análise da seguridade social em 2004*. Brasília: Fundação Anfip de Estudos da Seguridade Social, 2005.

ANUÁRIO ESTATÍSTICO DA PREVIDÊNCIA SOCIAL de 2003. Brasília: MPAS, 2004.

ARAUJO, E. *CARGA TRIBUTÁRIA — Evolução histórica*: uma tendência crescente. Rio de Janeiro: BNDES, 2001. Disponível em: <http://www.federativo.bndes.gov.br>. Acesso em: 15 março 2002.

BEHRING, E. *Brasil em contra-reforma*: desestruturação do Estado e perda de direitos. São Paulo: Cortez, 2003.

BELTRÃO, K. et al. Fontes de financiamento da seguridade social no Brasil. In Ministério da Previdência Social (org.). *A previdência social e a revisão constitucional*. Brasília: Cepal Escritório no Brasil, v. 2, 1993, pp. 131-190. Pesquisas.

BOSCHETTI, I. *A seguridade social dilapidada*: Elementos determinantes de sua fragmentação no Brasil. Brasília: Departamento de Serviço Social da UnB, 2002. Projeto de Pesquisa CNPq.

_____. *Assistência Social no Brasil*: Um direito entre originalidade e conservadorismo. 2. ed. Brasília: GESST/SER/UnB, 2003.

BRAGA, J. A financeirização da riqueza: a macroestrutura financeira e a nova dinâmica dos capitalismos centrais. *Economia e Sociedade*. Campinas, 2002, pp. 25-57.

BRASIL. *Constituição da República Federativa do Brasil de 1988*. Brasília: Senado Federal, 2004.

CACCIAMALI, M. Expansão do mercado de trabalho não-regulamentado e setor informal no Brasil. *Estudos Econômicos*, v. 19, número especial, 1989.

CARDOSO JR., J. C. *Crise e desregulação do trabalho no Brasil*. Rio de Janeiro: IPEA, ago. 2001. Texto para discussão n. 814.

CARDOSO JR., J. e CASTRO, J. Economia política das finanças sociais brasileiras no período 1995/2002. In Encontro Nacional de Economia Política, *Anais...* Campinas: Sociedade Brasileira de Economia Política, maio 2005.

CHESNAIS, F. *A mundialização do capital*. São Paulo: Xamã, 1996.

DAIN, S. e SOARES, L. T. Reforma do Estado e políticas públicas: relações intergovernamentais e descentralização desde 1988. In OLIVEIRA, M. A. (org.). *Reforma do Estado e política de emprego no Brasil*. Campinas: UNICAMP, 1998, pp. 31-72.

DAIN, S.; TAVARES, L. e CASTILHO, M. O financiamento da previdência social no contexto de uma nova reforma tributária. In Ministério da Previdência Social (Org.). *A previdência social e a revisão constitucional*. Brasília: Cepal-escritório no Brasil, 1993, v. 2. pesquisas, pp. 19-130.

DELGADO, G. O orçamento da seguridade social precisa ser recuperado. *Políticas Sociais*. Brasília: IPEA, n. 5, ago. 2002, pp. 111-114.

FRAGA, E. A DRU e as receitas sociais vinculadas. *Revista de Conjuntura*, Brasília, jan.-mar. 2000.

GARCIA, R. *Iniqüidade social no Brasil*: Uma aproximação e uma tentativa de dimensionamento. Brasília: Ipea, ago. 2003. Texto para discussão n. 971.

IPEA. *Boletim de políticas sociais*. Brasília: Ipea, n. 6, fev. 2003.

_____. *Boletim de políticas sociais*. Brasília: Ipea, n. 8, fev. 2004.

MARX, K. *O Capital*. 11. ed., v. 2, São Paulo: Difel, 1987.

MOTA, A. E. Sobre a crise da seguridade social no Brasil. *Cadernos da Adufrj*. Rio de Janeiro, n. 4, maio 2000, pp. 4-7.

OIT. *Segurança Social*: um novo consenso. Lisboa: Departamento de Cooperação do Ministério da Segurança Social e do Trabalho de Portugal, 2002.

OLIVEIRA, F. *Economia e política das finanças públicas*: uma abordagem crítica da teórica convencional, à luz da economia brasileira. Belo Horizonte, 2001. (Mimeo.)

OLIVEIRA, F. *Os direitos do antivalor*: a economia política da hegemonia imperfeita. Petrópolis: Vozes, 1998.

PISCITELLI, R.; TIMBÓ, M. e ROSA, M. *Contabilidade pública*. 7. ed. São Paulo: Atlas, 2002.

POCHMANN, M. *O emprego na globalização*. São Paulo: Boitempo, 2001.

_____. *O trabalho sob fogo cruzado*. São Paulo: Contexto, 1999.

RIBEIRO, J. A.; SERVO, L. e PIOLA, S. *Financiamento da saúde*. Brasília: IPEA, 2005.

SALVADOR, E. *As implicações da reforma da previdência social de 1998 sobre o mercado de trabalho no Brasil*. Dissertação (Mestrado em Política Social) — Universidade de Brasília, Brasília, 2003.

SALVADOR, E. e BOSCHETTI, I. A reforma da previdência social no Brasil e os impactos sobre o mercado de trabalho. *Serviço Social e Sociedade*. São Paulo: Cortez, jul. 2002, pp. 114-139.

THEODORO, M. *As bases da política de apoio ao setor informal no Brasil*. Brasília: Ipea, set. 2000. Texto para discussão n. 762.

VIANNA, M. L. T. W. Reforma da previdência: missão ou oportunidade perdida? In: MORHY, L. (org.). *Reforma da previdência em questão*. Brasília: UnB, 2003, pp. 317-336.

Capítulo 4

Democratizar a Gestão das Políticas Sociais — Um Desafio a ser Enfrentado pela Sociedade Civil*

Raquel Raichelis**

Introdução

Nas últimas décadas ampliou-se o debate sobre as políticas sociais, no contexto das lutas pela democratização do Estado e da sociedade no Brasil. Desde os anos 80 é possível observar mudanças decorrentes da atuação de novos interlocutores no campo das políticas sociais. O cenário político da década de 90 introduz inflexões importantes nesse movimento, relacionadas à participação de segmentos organizados da sociedade civil na formulação, gestão e controle social das políticas públicas. Vai ganhando força a idéia de constituição de espaços públicos que possibilitem a participação de novos sujeitos sociais.

Os objetivos deste texto centram-se na análise das possibilidades de construção da esfera pública no âmbito das políticas sociais, que envolva a participação ativa da sociedade civil na sua definição e implementação.

---

* Este texto é uma versão revista do trabalho publicado em 2000, sob o título *Desafios da Gestão Democrática das Políticas Sociais,* no Módulo 3 — Política Social — do Programa de Capacitação Continuada para Assistentes Sociais — Capacitação em Serviço Social e Política Social, promovido pelo CFESS e ABEPSS.

** Professora do Programa de Estudos Pós-Graduados em Serviço Social da mesma universidade. Pesquisadora do Instituto de Estudos Especiais da PUC-SP no campo das políticas sociais e de gestão social. Assistente Social, doutora em Serviço Social pela Pontifícia Universidade Católica de São Paulo.

O conjunto de idéias que fundamentam essas novas relações será desenvolvido ao longo do texto, mas cabe destacar três princípios norteadores:

1. analisar a gestão das políticas sociais implica referir-se a *ações públicas* como resposta a necessidades sociais que têm origem na sociedade e são incorporadas e processadas pelo Estado em suas diferentes esferas de poder (federal, estadual e municipal);
2. na formulação, gestão e financiamento das políticas sociais deve ser considerada a primazia do Estado, a quem cabe a competência pela condução das políticas públicas;[1] e
3. esta primazia, contudo, não pode ser entendida como responsabilidade exclusiva do Estado, mas implica a participação ativa da sociedade civil nos processos de formulação e controle social da execução, o que aponta para a importância da análise dos conceitos de *público* e de *esfera pública*, que serão objeto de nossa reflexão.

Por que o interesse pelo tema da gestão das políticas sociais?

É preciso entender por que, principalmente nestas últimas duas décadas, tem-se debatido mais intensamente o tema da gestão das políticas sociais.

A importância que vem sendo atribuída ao debate sobre a organização e gestão das políticas sociais pode ser apreendida por meio de diferentes ângulos de análise, mas certamente relaciona-se às profundas transformações que se processam velozmente na sociedade capitalista contemporânea, e cujas interpretações desafiam intelectuais, pesquisadores, profissionais, gestores e todos os sujeitos investidos de algum nível de *responsabilidade pública*.

As peculiares e históricas relações entre Estado, mercado e sociedade civil que consolidaram as diferentes formas de realização do Estado de Bem-Estar Social em várias partes do mundo, resultaram em conquistas sociais

---

1. Adotamos a concepção de política pública tal como Potyara Pereira (1996: 130) a define, ou seja, como "linha de ação coletiva que concretiza direitos sociais declarados e garantidos em lei". As políticas públicas, embora sejam de competência do Estado, não representam decisões autoritárias do governo para a sociedade, mas envolvem relações de reciprocidade e antagonismo entre essas duas esferas. É mediante as políticas públicas que são distribuídos ou redistribuídos bens e serviços sociais em resposta às demandas da sociedade e, por isso, o direito que as fundamenta é um direito coletivo e não individual.

e democráticas que buscaram compatibilizar as desigualdades sociais criadas pelo capitalismo com eqüidade e redistribuição da riqueza social.

Em meados da década de 70, este modo de regulação social do capitalismo, que estruturou o chamado *Welfare State*,[2] entrou em crise, colocando em xeque as bases históricas e as conquistas sociais consolidadas a partir da II Guerra Mundial, no contexto do que ficou conhecido como "os 30 anos de ouro do capitalismo".

Assim, a crise do capitalismo contemporâneo somada à derrocada do Leste Europeu nos anos 80 acabaram por abrir o caminho para a emergência das teses neoliberais de desmontagem do Estado enquanto instância mediadora da universalização dos direitos e da cidadania.

Este quadro societário atualiza os dilemas frente à *questão social*[3] e as novas configurações que assume na sociedade capitalista atual, em decorrência da imposição de uma agenda de ajustes econômicos aos requisitos ditados pela globalização dos mercados e do capital em nível planetário.

No entanto, as repercussões dessa crise precisam ser analisadas considerando-se as realidades particulares de cada país. Certamente, os desafios derivados deste contexto são diferenciados em função do estágio de desenvolvimento dos Estados e das economias nacionais, e se agravam nas sociedades que, a exemplo do Brasil, têm uma longa história de dependência e subordinação à ordem capitalista internacional.

As conseqüências da incorporação do ideário neoliberal nas sociedades que, como a brasileira, vivem os impasses da consolidação democrática, do frágil enraizamento da cidadania e das dificuldades históricas de

---

2. Este modo de regulação capitalista, que se realizou de distintas formas nos vários países da Europa e nos Estados Unidos, dá origem a um conjunto de instituições de bem-estar social que vão compor amplo e diversificado sistema de proteção social, cujos pilares se assentam na política de pleno emprego, nas políticas sociais universais, na estruturação de redes de proteção contra riscos sociais, nas quais se destacam o seguro-desemprego e a previdência social. Para aprofundamento, consultar Esping-Andersen (1991), entre outros.

3. Não é o caso de aprofundar as concepções sobre o termo "questão social", mas vale registrar que o estamos empregando não como sinônimo de problema social ou situação social problema, como foi amplamente utilizado nas análises derivadas do estrutural-funcionalismo no Serviço Social, mas no sentido de que a *questão social* está na base dos movimentos sociais da sociedade brasileira, como produto e condição da ordem burguesa. Nesses termos, diz respeito à sociedade de classes e é, portanto, expressão das lutas dos trabalhadores urbanos e rurais pela apropriação da riqueza socialmente produzida, articulando suas demandas ao Estado e patronato que, no enfrentamento da *questão social*, constituem políticas sociais.

sua universalização, expressam-se pelo acirramento das desigualdades sociais, encolhimento dos direitos sociais e trabalhistas, aprofundamento dos níveis de pobreza e exclusão social,[4] aumento da violência urbana e da criminalidade, agravamento sem precedentes da crise social que, iniciada nos anos 80, aprofunda-se continuadamente na primeira década do século XXI.

Em tal contexto, o debate sobre as políticas sociais ganha relevância pelo seu caráter de mediação entre as demandas sociais e as respostas organizadas pelo aparato governamental para implementá-las.

A crise social dos anos 80 e o movimento de democratização das políticas sociais

No Brasil, o debate sobre as políticas sociais na perspectiva de sua democratização tem origem no quadro político dos anos 80, quando emergem com vigor as lutas contra a ditadura militar e os esforços pela construção democrática do Estado e da sociedade civil.

Essa dinâmica relaciona-se à *crise brasileira dos anos 80*,[5] quando se observa a interpenetração de duas dinâmicas societárias: um elemento po-

---

4. O conceito de exclusão social vem se generalizando amplamente na literatura e no discurso de diferentes atores sociais, mas é um termo que se presta a variadas interpretações. Por vezes é utilizado como um eufemismo de exploração, sem que sejam indicados os nexos entre a situação de exclusão e os processos estruturais responsáveis pela instauração dessa condição. É comum, também, sua adoção para evidenciar a situação daqueles que "estão fora" da sociedade, e que supostamente não têm nenhuma "utilidade social". Castel (1997), em suas análises sobre a questão social na França, adverte para as armadilhas contidas no uso do conceito, empregado para definir todas as modalidades de miséria do mundo, o que dificulta a análise sobre as "dinâmicas sociais globais" geradoras da exclusão social. O uso do termo neste texto parte do suposto que, embora a exclusão social expresse um conjunto de carecimentos materiais, culturais e morais, seus elementos constitutivos só são desvelados quando remetidos à análise "no coração mesmo dos processos de produção e da repartição das riquezas sociais", como bem assinala Castel e, nesse sentido, mantém estreita relação com os processos sociais responsáveis pela produção da questão social.

5. Incorporamos a expressão de Motta (1995), para quem a crise brasileira dos anos 80 pode ser compreendida como expressão particular de um processo de proporções mais amplas que atinge o capitalismo contemporâneo, e assume características peculiares no Brasil em função da sua integração subordinada à ordem internacional. É importante esclarecer também que o termo crise não é utilizado como sinônimo de colapso ou falência, mas na perspectiva de apreender as transformações por que passam o Estado e a sociedade, e as novas relações que se estabelecem entre essas esferas.

lítico vinculado à crise do autoritarismo e à transição negociada "pelo alto" que marcou a democratização em nosso país, e determinantes econômico-sociais derivados dos processos de reorganização mundial do capitalismo, já indicados anteriormente.

No quadro de redefinições das relações entre Estado e sociedade civil, um amplo e heterogêneo conjunto de forças sociais foi protagonista do debate e das propostas para fazer frente à crise social, que desaguaram no processo constituinte do qual resultou a Constituição Federal de 1988.

Diante da crise do Estado autoritário, do agravamento da questão social na década de 80 — a chamada *década perdida* em função do aumento da pobreza e da miséria —, e da luta pela democratização do Estado e da sociedade, intensifica-se o debate sobre as políticas públicas, especialmente as de corte social.

Este movimento põe em discussão não apenas o padrão histórico que tem caracterizado a realização das políticas sociais em nosso país — seletivo, fragmentado, excludente e setorizado — mas também a necessidade de democratização dos processos decisórios responsáveis pela definição de prioridades e modos de gestão de políticas e programas sociais.

Esta conjuntura favorece a redefinição das relações entre democratização e representação dos interesses populares nas decisões políticas. É importante notar que, embora os anos 80 sejam um período de aprofundamento das desigualdades sociais, é, simultânea e contraditoriamente, palco de avanços democráticos dos mais significativos na história política brasileira.

Especialmente para o que nos interessa, cabe salientar a luta que se travou na Constituinte em torno da definição de novos processos e regras políticas capazes de redefinir as relações do Estado com a sociedade, no sentido de criar uma nova institucionalidade democrática.

Instrumentos de democracia direta como plebiscito, referendo e projetos de iniciativa popular foram instituídos como mecanismos de ampliação da participação popular nas decisões políticas. Nessa mesma perspectiva, a Constituição Federal de 1988 estabeleceu os Conselhos gestores de políticas públicas, que constituem uma das principais inovações democráticas neste campo.

Pela sua composição paritária entre representantes da sociedade civil e do governo, pela natureza deliberativa de suas funções e como mecanismo de controle social sobre as ações estatais, pode-se considerar que os Conselhos aparecem como um *constructo* institucional que se opõe à histórica tendência clientelista, patrimonialista e autoritária do Estado brasileiro.[6]

É essa dinâmica societária que fortalece a idéia de que os espaços de representação social na organização e gestão das políticas sociais devem ser alargados para permitir a participação de novos e diversificados sujeitos sociais, principalmente os tradicionalmente excluídos do acesso às decisões do poder político.

As diferentes experiências de organização dos Conselhos atualmente em curso nas áreas da saúde, criança e adolescente, assistência social, cidade, meio ambiente, cultura e tantas outras, são expressões da busca de novos canais de participação da sociedade civil na *coisa pública*, rumo à constituição de esferas públicas democráticas, embora estejam na contra-corrente da reforma neoliberal que tende a deslocar os espaços de representação coletiva e de controle socializado sobre o Estado para a ação dos grupos de pressão e de *lobbies,* desqualificando e despolitizando a força da organização coletiva.

Este contexto vem estimulando uma revisão do significado do termo *público* em direção à construção de um processo que alguns autores vêm denominando *publicização*.

A *publicização* como mediação das novas relações entre Estado e sociedade civil

O debate atual sobre os termos público, *publicização*, público não-estatal vem despertando polêmica e há atualmente uma luta teórica e político-ideológica pela apropriação do seu significado, que remete ao caráter das relações entre o Estado e a sociedade na constituição da chamada esfera pública.

Estas categorias têm sido largamente incorporadas pelo discurso de uma multiplicidade de atores sociais — governos, movimentos sociais, pro-

---

6. É preciso esclarecer que, embora os conselhos sejam concebidos como um dos instrumentos de concretização do controle social sobre as ações do Estado, nem todos assumem um caráter deliberativo, ou seja, têm garantido, inclusive do ponto de vista legal, o direito de interferir efetivamente nos processos decisórios em relação aos atos governamentais no campo das políticas públicas.

fissionais, ONGs, organizações diversas da sociedade civil —, criando a imagem de um suposto consenso universal em torno do seu significado.[7]

O conceito de *publicização*, como estamos adotando, funda-se numa visão ampliada de democracia, tanto do Estado quanto da sociedade civil, e pela incorporação de novos mecanismos e formas de atuação, dentro e fora do Estado, que dinamizem a participação social de modo que ela seja cada vez mais representativa dos segmentos organizados da sociedade, especialmente das classes dominadas.

A *publicização* como movimento de sujeitos sociais requer um *locus* para consolidar-se. Este *locus* é a esfera pública, entendida como parte integrante do processo de democratização, por meio do fortalecimento do Estado e da sociedade civil, expressa pela inscrição dos interesses das maiorias nos processos de decisão política.

Inerente a esse movimento encontra-se o desafio de construir espaços de interlocução entre sujeitos sociais que imprimam níveis crescentes de *publicização* no âmbito da sociedade política e da sociedade civil,[8] na direção da universalização dos direitos de cidadania.

---

7. As concepções de *publicização* e de público comportam variadas e divergentes leituras, com conseqüências teóricas e políticas ponderáveis que incidem no debate e nos projetos de reforma do Estado. Por exemplo, a noção de público não-estatal que informa o projeto de reforma do Estado brasileiro elaborado por Bresser Pereira, reduz consideravelmente seu alcance e conteúdo quando deriva daí a necessidade de implantar no Brasil um "Estado-gerencial". Para ele, a esfera pública não-estatal não se situa no campo da representação de interesses da sociedade, mas é composta pelas organizações sem fins lucrativos, definidas pelo autor como uma terceira forma de propriedade estratégica no capitalismo contemporâneo, ao lado da propriedade privada e da estatal. Esta concepção caminha na direção oposta da posição que estamos adotando acerca da esfera pública como espaço de explicitação de interesses em conflito, de confronto entre projetos sociais e de luta pela hegemonia. Para nós, um elemento constitutivo e inerente à esfera pública é sua ocupação por sujeitos sociais investidos de representação, que será tanto mais legítima quanto forem capazes de exercê-la com autonomia e a partir dos interesses sociais que se propõem a representar.

8. As concepções de Estado e de sociedade civil aqui adotadas baseiam-se nas elaborações de Antonio Gramsci, que enriquece a teoria marxista clássica de Estado, considerado em sentido estrito como organismo de coerção e dominação pela classe dominante. Para Gramsci, o Estado comporta duas esferas: a sociedade política ou Estado no sentido estrito de coerção, e a sociedade civil, constituída pelo conjunto de organizações responsáveis pela elaboração e/ou difusão das ideologias, como os sindicatos, partidos, igrejas, o sistema escolar, a organização material da cultura (imprensa, meios de comunicação de massa) e as organizações profissionais. São estas duas esferas que formam em conjunto o Estado no sentido amplo, ou, nos termos de Gramsci, sociedade política mais sociedade civil.

A partir desta perspectiva, o processo de *publicização* pretende alterar a tendência histórica de subordinação da sociedade civil frente ao Estado, pela via do fortalecimento das formas democráticas de relação entre as esferas estatal e privada.

Trata-se de uma dinâmica sociopolítica que envolve a organização e a representação de interesses coletivos na cena pública, que possam ser confrontados e negociados a partir do enfrentamento dos conflitos que regem as relações sociais na sociedade de classes.

Tendo como referência autores como Habermas (1984), Hannah Arendt (1991) e Vera Telles (1990), a esfera pública constitui um espaço essencialmente político, de aparecimento e visibilidade, onde tudo que vem a público pode ser visto e ouvido por todos. Nesta esfera, os sujeitos sociais estabelecem uma interlocução pública, que não é apenas discursiva, mas implica na ação e na deliberação sobre questões que dizem respeito a um destino comum/coletivo.

É neste sentido que se inscreve a dimensão propriamente política da esfera pública, baseada no reconhecimento do direito de todos à participação na vida pública.

Mas falar em destino comum e interesses coletivos não significa ignorar a presença do conflito no processo de *publicização*. Ao contrário, o conflito social é inerente ao movimento de *publicização*, pois é direcionado pela correlação de forças políticas presentes na sociedade.

Contudo, para que esses conflitos sejam explicitados, é necessário torná-los visíveis no espaço público, que é o lugar por excelência onde os projetos sociais podem se confrontar e se diferenciar, as pactuações podem ocorrer, as alianças estratégicas podem ser estabelecidas.

Nesses termos, a *publicização* é um processo construído por sujeitos sociais que passam a disputar lugares de reconhecimento social e político, e adquire assim um caráter de estratégia política.

Por isso, quando falamos da construção da esfera pública, nos referimos a uma nova arquitetura na relação entre o Estado e a sociedade civil que transcende as formas estatais e privadas, para constituir uma nova esfera, onde o público não pode ser associado automaticamente ao Estado, nem o privado se confunde com o mercado, ainda que transitem nesta esfera interesses de sujeitos privados.[9]

---

9. Para aprofundamento desta análise, consultar Raichelis (1998a).

Na perspectiva de explicitar a concepção de esfera pública como totalidade dinâmica e articulada, indicamos alguns dos seus elementos constitutivos:

- *Visibilidade social, no sentido de que* as ações dos sujeitos devem expressar-se com transparência, não apenas para os diretamente envolvidos, mas também para todos os implicados nas decisões políticas. A visibilidade social supõe publicidade e fidedignidade das informações que orientam as deliberações nos espaços públicos de representação.
- *Controle social, que implica o* acesso aos processos que informam decisões da sociedade política, viabilizando a participação da sociedade civil organizada na formulação e na revisão das regras que conduzem as negociações e arbitragens sobre os interesses em jogo, além da fiscalização daquelas decisões, segundo critérios pactuados.
- *Representação de interesses coletivos, que envolve a constituição de sujeitos* políticos ativos, que se apresentam na cena pública a partir da qualificação de demandas coletivas, em relação às quais exercem papel de mediadores.
- *Democratização, que remete à* ampliação dos fóruns de decisão política que, alargando os condutos tradicionais de representação, permita incorporar novos sujeitos sociais como portadores de direitos legítimos. Implica a dialética entre conflito e consenso, de modo que interesses divergentes possam ser qualificados e confrontados, derivando daí o embate público capaz de gerar adesão em torno das posições hegemônicas.
- *Cultura pública, que supõe o* enfrentamento do autoritarismo social e da cultura privatista de apropriação do público pelo privado, remetendo à construção de mediações sociopolíticas dos interesses a serem reconhecidos, representados e negociados na cena visível da esfera pública.

Os conselhos como estratégia de *publicização*

Como é de amplo conhecimento, a privatização do Estado no Brasil não é um fenômeno recente, mas é intrínseca ao desenvolvimento do capitalismo em nosso país. Apesar dos novos contornos que esse processo assume hoje, no contexto da globalização neoliberal, a ausência de dimensão pública nas ações do Estado, em seus diferentes níveis e esferas, tem marcado o seu desempenho na regulação da vida social.

Na sociedade brasileira, consagrou-se um estilo de capitalismo que manipula os fundos públicos *sem esfera pública*, ou seja, sem regras abrangentes pactuadas em fóruns democráticos com representação das diferentes forças sociais em disputa (cf. Oliveira, 1988).

É possível constatar uma verdadeira simbiose entre interesses públicos e privados, consolidando-se a *cultura de apropriação do público pelo privado* (Martins, 1994: 29). O que temos no Brasil é uma forma híbrida de Estado, que Sader (1996: 13) chamou de *mini-max*, ou seja, mínimo para atender as necessidades do trabalho e do trabalhador, e máximo na realização dos objetivos de centralização e acumulação do capital.

Nesses termos, a busca por novos espaços de participação da sociedade civil consubstanciou-se, entre outros aspectos, pela definição no texto constitucional de instrumentos ativadores da *publicização* das políticas sociais. Estimulou-se, assim, a construção de mecanismos de transferência de parcelas de poder do Estado para a sociedade civil organizada, e os Conselhos foram a estratégia privilegiada.

Estes Conselhos significam o desenho de uma nova institucionalidade nas ações públicas, que envolvem distintos sujeitos nos âmbitos estatal e societal. A constituição de tais espaços tornou-se possível, também, em virtude das mudanças que se processavam nos movimentos populares que, de "costas para o Estado" no contexto da ditadura, redefiniram estratégias e práticas, passando a considerar a participação institucional como espaço a ser ocupado pela representação popular.

Sob diferentes ângulos é possível reconhecer a importância desse fenômeno, o que não quer dizer que se desenvolva sem ambigüidades e contradições. Ao contrário, a polêmica em torno do significado político dos Conselhos e as conseqüências da sua institucionalização continua despertando questionamento quanto à oportunidade e efeitos políticos da participação popular nesses espaços.

Até que ponto as experiências conselhistas em curso podem contribuir para a *publicização* das políticas sociais? Até onde a prática dos Conselhos é capaz de impulsionar a construção da esfera pública como campo de alargamento dos direitos sociais e da cidadania?[10]

Os Conselhos são canais importantes de participação coletiva e de criação de novas relações políticas entre governos e cidadãos e, principalmente, de construção de um processo continuado de interlocução pública.

Por meio desta interlocução objetiva-se propor alternativas de políticas públicas, criar espaços de debate, estabelecer mecanismos de negociação e pactuação, penetrar a lógica burocrática estatal para transformá-la e exercer o controle socializado das ações e deliberações governamentais.

Neste processo, a sociedade civil também é interpelada a modificar-se, a construir alianças em torno de pautas coletivas, a transcender a realização de interesses particularistas e corporativistas, convocada ao exercício de mediações sociais e políticas para o atendimento de demandas populares.

Trata-se, portanto, de um movimento que pretende modificar tanto o Estado quanto a sociedade em direção à construção de esferas públicas autônomas e democráticas no campo das decisões políticas.

A implantação de inúmeros Conselhos em diferentes setores revela que está em funcionamento um certo "modelo" de participação da sociedade na gestão pública, forjado na dinâmica das lutas sociais das últimas décadas, que busca redefinir os laços entre espaço institucional e práticas societárias, não como polaridades que se excluem, mas como processos conflituosos que se antagonizam e se complementam, pondo em relevo a luta pela inscrição de conquistas sociais na institucionalidade democrática.

São espaços que estão sendo construídos pela ação coletiva de inúmeros sujeitos sociais, especialmente no âmbito dos municípios, que buscam a ampliação e o fortalecimento do poder local. Os Conselhos representam, dessa forma, uma conquista da sociedade civil.

No entanto, não podemos supor que a participação popular seja reduzida apenas ao espaço dos conselhos. Ao contrário, o balanço das experiências de mais de uma década revela que os Conselhos não podem ser considerados como únicos condutos da participação política e nem exemplos modelares de uma sociedade civil organizada. Esta é *uma* das formas que o

---

10. Para o exame mais ampliado destas questões no âmbito dos Conselhos de Assistência Social, consultar Raichelis (1998a, b).

movimento social conseguiu conquistar, que precisa ser acompanhada e avaliada atentamente, e combinada com outras modalidades de organização e mediação políticas.[11]

O acompanhamento das práticas dos Conselhos, nas diferentes políticas sociais e nos vários níveis governamentais, revela o controle do Estado sobre a produção das políticas públicas, e aponta os riscos de burocratização, cooptação e rotinização do seu funcionamento. A centralização do poder nas mãos do executivo fragiliza, em muitos casos, a autonomia dos Conselhos diante das condições que os governos reúnem para interferir, neutralizar ou mesmo minar suas ações e decisões.

São inúmeros os exemplos que expressam essa interferência em todos os níveis, que vai desde a sonegação de informações, principalmente as relativas ao orçamento, e das decisões governamentais que passam ao largo dessa instância coletiva, até a nomeação dos representantes da sociedade civil sem a mediação de processo eleitoral democrático, mudanças unilaterais e manipulação nas regras da eleição, cooptação de conselheiros, presidências impostas etc.

No campo da sociedade civil é preciso repensar também a própria dinâmica da participação e da representação nos conselhos, a heterogeneidade dos atores e das concepções ídeo-políticas, a fragmentação de interesses e demandas, o deslocamento do debate substantivo da política social para a luta por interesses corporativistas, o que torna ainda mais difícil a construção de alianças estratégicas e processos de pactuação em torno de pautas coletivas.

Mas, como os conselhos não são espaços únicos e exclusivos de participação política, mesmo que limitados como instâncias de radicalização democrática do Estado e das políticas públicas, "podem provocar mudanças substantivas na relação Estado-sociedade (....) e contribuir com a construção/consolidação de uma cultura política contra-hegemônica, por meio da prática da socialização da política e da distribuição de poder" (Moroni e Ciconello, 2005: 39).

Para isso, é preciso enfrentar com maior determinação o desafio da qualificação dos conselheiros, especialmente da sociedade civil, que preci-

---

11. Há inúmeros estudos e pesquisas que vêm produzindo avaliações sobre a prática dos conselhos de políticas públicas em várias áreas e diferentes níveis de governo. Entre outros, consultar Moroni e Ciconello (2005) e Raichelis (2006).

sam incorporar novas competências políticas, éticas e técnicas para desempenhar o papel de representação política no espaço público.

Permanece o grande desafio de repensar a representação dos usuários e investir nas articulações com os movimentos e associações populares, colaborar para estimular sua auto-organização e auto-representação, considerando que os usuários permanecem sub-representados em grande parte dos Conselhos.

De fato, há um vazio de representação própria dos usuários, das suas associações e formas autônomas de organização. A pobreza é relação social que se expressa também pela ausência nos espaços públicos. Todos falam em nome dos usuários, mas eles comparecem no espaço público através da carência e de uma espécie de *substituísmo* por entidades e organizações que lhe roubam a fala e a presença autônoma.

Neste contexto, ganha destaque a participação dos assistentes sociais que, como é sabido, tem sido uma das categorias com maior presença nos Conselhos em suas diferentes áreas. A contribuição dos assistentes sociais para fazer avançar a esfera pública no campo das políticas sociais é irrecusável. Mas, impõe-se à profissão e aos profissionais a colaboração cada vez mais qualificada, tanto do ponto de vista teórico-metodológico como sobretudo ético-político, para atuar nos Conselhos e Fóruns, em seus vários níveis, notadamente no plano municipal, onde a força das elites locais se faz mais presente.

Para tanto, é fundamental a ação do Serviço Social em dupla direção:
- impulsionar e ampliar o movimento que se organiza em torno da defesa de direitos e das políticas sociais, propondo novas estratégias para o enfrentamento das demandas sociais, no interior do aparato institucional onde os assistentes sociais são cada vez mais requisitados a transcender funções executivas para desempenhar papéis de formulação e gestão de políticas e programas sociais;[12]
- ao mesmo tempo, colaborar para o adensamento da pesquisa e da produção teórica no âmbito das políticas sociais, articulada à análise das tendências macrossocietárias que iluminem estrategicamente os rumos a ser perseguidos.

---

12. Para o aprofundamento da abordagem sobre o mercado de trabalho do Assistente Social e as novas demandas à profissão, consultar Iamamoto (1998).

Diante desta dinâmica sociopolítica, é fundamental estimular a organização de fóruns mais amplos de representação e participação social e política, não-institucionalizados, menos formalizados e burocratizados, por isso, mais permeáveis à participação popular, como instrumentos dinamizadores e ativadores dos Conselhos no sentido de garantir que estes possam ganhar maior representatividade e legitimidade social.[13]

Para finalizar, indicamos uma pauta de questões, que entre outras, possam integrar uma agenda estratégica que vise o fortalecimento democrático dos espaços públicos de decisão e gestão das políticas sociais:

- ampliar os fóruns da sociedade civil, estimulando a participação dos movimentos sociais e das organizações populares, especialmente dos usuários das políticas sociais públicas, ainda fragilmente representados nos Conselhos e demais espaços públicos de deliberação;

- contrapor-se à tendência de despolitização da sociedade civil a partir de uma intervenção pública que conduza à explicitação das diferenças entre os projetos políticos em disputa;

- estabelecer um processo de interlocução ente sociedade civil e Estado, que possa fortalecer iniciativas democratizantes no interior dos aparatos governamentais, favorecendo a construção de alianças em direção a uma nova institucionalidade pública;

- desencadear ações nos espaços públicos que estimulem o desenvolvimento da sociabilidade pública, capaz de refundar a política como espaço de criação e generalização de direitos.

Referências

ARENDT, Hannah. *A condição humana*. Rio de Janeiro: Forense, 1991.

CASTEL, Robert. As armadilhas da exclusão. In: CASTEL, Robert et al. (orgs.). *Desigualdade e a questão social*. São Paulo: Educ, 1997, p. 15-48.

_____. As metamorfoses da questão social — uma crônica do salário. Rio de Janeiro: Vozes, 1998.

---

13. A exemplo do Fórum Nacional de Defesa dos Direitos da Criança e do Adolescente (Fórum DCA), do Fórum Nacional de Assistência Social, do Fórum Nacional de Reforma Urbana e tantos outros.

ESPING-ANDERSEN, Gosta. As três economias políticas do *Welfare State*. *Lua Nova*. São Paulo, Cedec, n. 24, 1991, pp. 85-116.

HABERMAS, Jürgen. *Mudança estrutural da esfera pública*. Rio de Janeiro: Tempo Brasileiro, 1984.

IAMAMOTO, Marilda V. *O Serviço Social na contemporaneidade: Trabalho e formação profissional*. São Paulo: Cortez, 1998.

MARTINS, José de Souza. *O poder do atraso*: ensaios de sociologia da história lenta. São Paulo: Hucitec, 1994.

MORONI, José Antonio e CICONELLO, Alexandre. Participação social no Governo Lula. Avançamos? In: *A Abong nas Conferências 2005 — Criança e Adolescente — Assistência Social*. Brasília: Abong, nov. 2005.

MOTA, Ana Elizabete. *Cultura da crise e Seguridade Social*: um estudo sobre as tendências da previdência e da assistência social brasileira nos anos 80 e 90. São Paulo: Cortez, 1995.

OLIVEIRA, Francisco de. O Surgimento do antivalor: capital, força de trabalho e fundo público. *Novos Estudos*. São Paulo: Cebrap, n. 22, out. 1988.

PEREIRA, Potyara A. P. *A assistência na perspectiva dos direitos*: crítica aos padrões dominantes de proteção aos pobres no Brasil. Brasília: Thesaurus, 1996.

RAICHELIS, Raquel. Esfera Pública e Conselhos de Assistência Social — caminhos da construção democrática. São Paulo: Cortez, 1998a.

_____. *Assistência Social e esfera pública*: os conselhos no exercício do controle social. *Serviço Social & Sociedade*. São Paulo: Cortez, ano XIX, n. 56, mar. 1998b.

_____. Desafios da gestão democrática das políticas sociais. Política Social. *Módulo 3*. Capacitação em Serviço Social e Política Social. Programa de Capacitação Continuada para Assistentes Sociais. Brasília: CFESS, ABEPSS, CEAD/NED-UnB, 2000.

_____. Articulação entre os conselhos de políticas públicas — uma pauta a ser enfrentada pela sociedade civil. In Serviço Social & Sociedade. São Paulo: Cortez, ano XXVII, n. 85, mar. 2006.

SADER, Emir. Estado e hegemonia. In SADER, Emir et al. *O Brasil do real*. Rio de Janeiro: UERJ, 1996.

TELLES, Vera da Silva. Espaço público e espaço privado na constituição do social: Notas sobre o pensamento de Hannah Arendt. *Tempo Social*. São Paulo, v. 1, n. 1, 1º sem. 1990.

Capítulo 5

Política de Saúde no Brasil*

*Maria Inês Souza Bravo**

Apresentação

Este texto tem por objetivo apresentar a trajetória da Política de Saúde no Brasil, dos antecedentes da ação estatal aos dias atuais, articulando-a às determinações sócio-históricas.

Enfocar-se-á o início da intervenção do Estado no setor, mais efetivamente na década de 1930; as alterações ocorridas com o golpe militar de 64 que instaurou a ditadura do grande capital e, na saúde, o modelo de "privilegiamento do produtor privado"; as modificações da década de 80, que culminam com a promulgação da Constituição de 1988, que inaugura um novo sistema de proteção social pautado na concepção de Seguridade Social, que *universaliza os direitos sociais*, concebendo a Saúde, a Assistência Social e a Previdência como questão pública, de responsabilidade do Estado.

Dando prosseguimento, será analisada a Política de Saúde na década de 90 e a tensão entre os dois projetos em disputa: Reforma Sanitária e Saúde vinculada ao Mercado ou Privatista.

---

* Este texto é uma versão revista e ampliada dos artigos: "As políticas Brasileiras de Seguridade Social-Saúde". In: *CFESS/CEAD. Capacitação em Serviço Social e Política Social. Módulo III: Política Social*. Brasília: UnB-CEAD/CFESS, 2000 e "A política de saúde no Brasil: trajetória histórica". In *Capacitação para Conselheiros de Saúde — textos de apoio*. Rio de Janeiro: UERJ/DEPEXT/NAPE, 2001.

** Professora Adjunta da Faculdade de Serviço Social da Universidade do Estado do Rio de Janeiro (UERJ). Coordenadora do projeto "Políticas públicas de saúde: o potencial dos conselhos do Rio de Janeiro". Assistente Social. Doutora em Serviço Social (PUC-SP). Professora aposentada da UFRJ.

Para finalizar, serão apresentadas algumas considerações com relação à Política de Saúde no Governo Lula da Silva.

1. A questão saúde no Brasil: da prática liberal à intervenção do Estado[1]

Nesse item, vai se caracterizar a Saúde nos séculos XVIII, XIX e início do século XX considerada como antecedentes da ação estatal. Em seguida, enfocar-se-á a intervenção do Estado na saúde, abrangendo o período de 1930 a 1964. Para finalizar, serão explicitadas as características da Política de Saúde na ditadura militar (1964-1974) e na distensão política, período de modificação gradual da relação do Estado com a sociedade, que vai repercutir na saúde através de crises e reformas do sistema previdenciário.

1.1. Antecedentes da ação estatal

A assistência à saúde dos trabalhadores, com a industrialização nos países centrais, foi sendo assumida pelo Estado, aliado ao nascimento da *medicina social* na Alemanha, França e Inglaterra. A conquista de alguns direitos sociais pelas classes trabalhadoras foi mediada pela interferência estatal, no seu papel de manutenção da ordem social capitalista e de mediação das relações entre as classes sociais. No século XX, esta interferência será aprofundada, com a elaboração de políticas para o setor e o surgimento de diversas propostas.

No Brasil, a intervenção estatal só vai ocorrer no século XX, mais efetivamente na década de 30. No século XVIII, a assistência médica era pautada na filantropia e na prática liberal. No século XIX, em decorrência das transformações econômicas e políticas, algumas iniciativas surgiram no campo da saúde pública, como a *vigilância do exercício profissional* e a realização de *campanhas limitadas*. Nos últimos anos do século, a questão saúde já aparece como reivindicação no nascente movimento operário. No início

---

1. Este item e o seguinte estão baseados no 1º Capítulo da Tese de Doutorado da autora, apresentada à PUC-SP, em 1991, com o Título "Questão da Saúde e Serviço Social: as práticas profissionais e as lutas do setor".

do século XX, surgem algumas iniciativas de organização do setor saúde, que serão aprofundadas a partir de 30.

Concorda-se com Braga quando afirma (Braga e Paula, 1986: 41-42) que a Saúde emerge como "questão social" no Brasil no início do século XX, no bojo da economia capitalista exportadora cafeeira, refletindo o avanço da divisão do trabalho, ou seja, a emergência do trabalho assalariado.

A saúde pública, na década de 1920, adquire novo relevo no discurso do poder. Há tentativas de extensão dos seus serviços por todo o país. *A reforma Carlos Chagas*, de 1923, tenta ampliar o atendimento à saúde por parte do poder central, constituindo uma das estratégias da União de ampliação do poder nacional no interior da crise política em curso, sinalizada pelos tenentes, a partir de 1922.

Neste período, também foram colocadas as questões de higiene e saúde do trabalhador, sendo tomadas algumas medidas que se constituíram no embrião do esquema previdenciário brasileiro, sendo a mais importante a *criação das Caixas de Aposentadoria e Pensões* (CAPs) em 1923, conhecida como Lei Elói Chaves. As CAPs eram financiadas pela União, pelas empresas empregadoras e pelos empregados. Elas eram organizadas por empresas, de modo que só os grandes estabelecimentos tinham condições de mantê-las. O presidente das mesmas era nomeado pelo presidente da República e os patrões e empregados participavam paritariamente da administração. Os benefícios eram proporcionais às contribuições e foram previstos: assistência médica-curativa e fornecimento de medicamentos; aposentadoria por tempo de serviço, velhice e invalidez, pensão para os dependentes e auxílio-funeral.

Os trabalhadores vinculados ao setor urbano do complexo exportador foram os mais combativos politicamente e que primeiro lutaram pela organização das Caixas em suas empresas: os ferroviários em 1923, os estivadores e os marítimos em 1926. Os demais só o conseguiram após 1930.

1.2. A intervenção do Estado na saúde: 1930 a 1964

As alterações ocorridas na sociedade brasileira a partir da década de 30 têm como indicadores mais visíveis o processo de industrialização, a redefinição do papel do Estado, o surgimento das políticas sociais, além de outras respostas às reivindicações dos trabalhadores.

A conjuntura de 30, com suas características econômicas e políticas, possibilitou o surgimento de políticas sociais nacionais que respondessem às questões sociais de forma orgânica e sistemática. As questões sociais em geral e as de saúde em particular, já colocadas na década de 20, precisavam ser enfrentadas de forma mais sofisticada. Necessitavam transformar-se em questão política, com a intervenção estatal e a criação de novos aparelhos que contemplassem, de algum modo, os assalariados urbanos, que se caracterizavam como sujeitos sociais importantes no cenário político nacional, em decorrência da nova dinâmica da acumulação. Este processo, sob domínio do capital industrial, teve como características principais a aceleração da urbanização e a ampliação da massa trabalhadora, em precárias condições de higiene, saúde e habitação.

A *política de saúde* formulada nesse período era de caráter nacional, organizada em dois subsetores: o de saúde pública e o de medicina previdenciária. O subsetor de saúde pública será predominante até meados de 60 e se centralizará na criação de condições sanitárias mínimas para as populações urbanas e, restritamente, para as do campo. O subsetor de medicina previdenciária só virá sobrepujar o de saúde pública a partir de 1966.

As principais alternativas adotadas para a saúde pública, no período de 1930 a 1940, foram, segundo Braga e Paula (1986):

- Ênfase nas campanhas sanitárias;
- Coordenação dos serviços estaduais de saúde dos estados de fraco poder político e econômico, em 1937, pelo Departamento Nacional de Saúde;
- Interiorização das ações para as áreas de endemias rurais, a partir de 1937, em decorrência dos fluxos migratórios de mão-de-obra para as cidades;
- Criação de serviços de combate às endemias (Serviço Nacional de Febre Amarela, 1937; Serviço de Malária do Nordeste, 1939; Serviço de Malária da Baixada Fluminense, 1940, financiados, os dois primeiros, pela Fundação Rockefeller — de origem norte-americana);
- Reorganização do Departamento Nacional de Saúde, em 1941, que incorporou vários serviços de combate às endemias e assumiu o controle da formação de técnicos em saúde pública.

A medicina previdenciária, que surgiu na década de 30, com a criação dos Institutos de Aposentadorias e Pensões (IAPs), pretendeu estender para um número maior de categorias de assalariados urbanos os seus benefícios como forma de "antecipar" as reivindicações destas categorias e não proceder uma cobertura mais ampla.

Para Oliveira e Teixeira (1986: 61-65), o modelo de previdência que norteou os anos 30 a 45 no Brasil foi de *orientação contencionista*, ao contrário do modelo abrangente que dominou o período anterior (1923-1930). Para os autores, um dos determinantes para a diminuição dos gastos foi, sem dúvida, o efeito produzido pelo rápido crescimento da massa de trabalhadores inseridos. A previdência preocupou-se mais efetivamente com a acumulação de reservas financeiras do que com a ampla prestação de serviços. A legislação do período, que se inicia em 30, procurou demarcar a diferença entre "previdência" e "assistência social", que antes não havia. Foram definidos limites orçamentários máximos para as despesas com "assistência médico-hospitalar e farmacêutica".

A Política Nacional de Saúde, que se esboçava desde 1930, foi consolidada no período de 1945-1950. O Serviço Especial de Saúde Pública (SESP) foi criado durante a 2ª Guerra Mundial, em convênio com órgãos do governo americano e sob o patrocínio da Fundação Rockefeller. No final dos anos 40, com o Plano Salte, de 1948, que envolvia as áreas de Saúde, Alimentação, Transporte e Energia, a Saúde foi posta como uma de suas finalidades principais. O plano apresentava previsões de investimentos de 1949 a 1953, mas não foi implementado.

A situação da Saúde da população, no período de *1945 a 1964* (com algumas variações identificadas principalmente nos anos de 50, 56 e 63, em que os gastos com saúde pública foram mais favoráveis, havendo melhoria das condições sanitárias), não conseguiu eliminar o quadro de doenças infecciosas e parasitárias e as elevadas taxas de morbidade e mortalidade infantil, como também a mortalidade geral.

A estrutura de atendimento hospitalar de natureza privada, com fins lucrativos, já estava montada a partir dos anos 50 e apontava na direção da formação das empresas médicas. A corporação médica ligada aos interesses capitalistas do setor era, no momento, a mais organizada, e pressionava o financiamento através do Estado, da produção privada, defendendo claramente a privatização. Entretanto, apesar das pressões, a assistência médica previdenciária, até 1964, era fornecida basicamente pelos serviços próprios dos Institutos. As formas de compra dos serviços médicos a terceiros aparecem como minoritárias e pouco expressivas no quadro geral da prestação da assistência médica pelos institutos. Esta situação vai ser completamente diferente no regime que se instalou no país após 1964, que será abordado a seguir.

1.3. A política de saúde na ditadura militar: modelo de privilegiamento do produtor privado[2]

A ditadura significou, para a totalidade da sociedade brasileira, a afirmação de uma tendência de desenvolvimento econômico-social e político que modelou um país novo. Os grandes problemas estruturais não foram resolvidos, mas aprofundados, tornando-se mais complexos e com uma dimensão ampla e dramática.

Em face da "questão social" no período 64/74, o Estado utilizou para sua intervenção o binômio repressão-assistência, sendo a política assistencial ampliada, burocratizada e modernizada pela máquina estatal com a finalidade de aumentar o poder de regulação sobre a sociedade, suavizar as tensões sociais e conseguir legitimidade para o regime, como também servir de mecanismo de acumulação do capital.

A unificação da Previdência Social, com a junção dos IAPs em 1966, se deu atendendo a duas características fundamentais: o crescente papel interventivo do Estado na sociedade e o alijamento dos trabalhadores do jogo político, com sua exclusão na gestão da previdência, ficando-lhes reservado apenas o papel de financiadores.[3]

A medicalização da vida social foi imposta, tanto na Saúde Pública quanto na Previdência Social. O setor saúde precisava assumir as características capitalistas, com a incorporação das modificações tecnológicas

---

2. Este item e o seguinte estão fundamentados no livro da autora intitulado *Serviço Social e Reforma Sanitária: lutas sociais e práticas profissionais*, publicado pela São Paulo: Cortez, Rio de Janeiro: UFRJ, 1996.

3. A criação do INPS, em 1966, ao unificar os antigos IAPS, constitui-se na modernização da máquina estatal, aumentando o seu poder regulatório sobre a sociedade, além de representar um esforço de desmobilização das forças políticas estimuladas no período "populista". Trata-se, portanto, de uma reorientação das relações entre Estado e classes trabalhadoras.

ocorridas no exterior. A saúde pública teve no período um declínio e a medicina previdenciária cresceu, principalmente após a reestruturação do setor, em 1966.

Segundo Oliveira e Teixeira Fleury (1986: 207) foi implantado no país, nessa conjuntura, o modelo de privilegiamento do produtor privado com as seguintes características:

- Extensão da cobertura previdenciária de forma a abranger a quase totalidade da população urbana, incluindo, após 1973, os trabalhadores rurais, empregadas domésticas e trabalhadores autônomos;
- Ênfase na prática médica curativa, individual, assistencialista e especializada, e articulação do Estado com os interesses do capital internacional, via indústrias farmacêuticas e de equipamento hospitalar;
- Criação do complexo médico-industrial, responsável pelas elevadas taxas de acumulação de capital das grandes empresas monopolistas internacionais na área de produção de medicamentos e de equipamentos médicos;
- Interferência estatal na previdência, desenvolvendo um padrão de organização da prática médica orientada para a lucratividade do setor saúde, propiciando a capitalização da medicina e privilegiando o produtor privado desses serviços;
- Organização da prática médica em moldes compatíveis com a expansão do capitalismo no Brasil, com a diferenciação do atendimento em relação à clientela e das finalidades que esta prática cumpre em cada uma das formas de organização da atenção médica.

O bloco de poder instalado no aparelho estatal em 1964, não conseguindo, ao longo de dez anos, consolidar a sua hegemonia, precisou gradualmente modificar a sua relação com a sociedade civil. Houve a necessidade de estabelecer novos canais de mediação, que legitimassem a dominação burguesa e suas conseqüências políticas, econômicas e sociais.

A política social, no período de *1974 a 1979*, teve por objetivo obter maior efetividade no enfrentamento da "questão social", a fim de canalizar as reivindicações e pressões populares.

A política nacional de saúde enfrentou permanente tensão entre a ampliação dos serviços, a disponibilidade de recursos financeiros, os interesses advindos das conexões burocráticas entre os setores estatal e empresarial médico e a emergência do movimento sanitário. As reformas realizadas na estrutura organizacional não conseguiram reverter a ênfase da política de saúde, caracterizada pela predominância da participação da Previdência Social, através de ações curativas, comandadas pelo setor privado. O Ministério da Saúde, entretanto, retomou as medidas de saúde pública, que, embora de forma limitada, aumentaram as contradições no Sistema Nacional de Saúde.[4]

2. A política de saúde na década de 1980: construção do projeto de reforma sanitária

Nos anos 80, a sociedade brasileira, ao mesmo tempo em que vivenciou um processo de democratização política, superando o regime ditatorial instaurado em 64, experimentou uma profunda e prolongada crise econômica que persiste até os dias atuais. As decepções com a transição democrática ocorreram, principalmente, com seu giro conservador após 1988, não se traduzindo em ganhos materiais para a massa da população.

A saúde, nessa década, contou com a participação de novos sujeitos sociais na discussão das condições de vida da população brasileira e das propostas governamentais apresentadas para o setor, contribuindo para um amplo debate que permeou a sociedade civil. Saúde deixou de ser interesse apenas dos técnicos para assumir uma dimensão política, estando estreitamente vinculada à democracia. Dos personagens que entraram em cena nesta conjuntura, destacam-se: os profissionais de saúde, representados pelas suas entidades, que ultrapassaram o corporativismo, defendendo questões mais gerais como a melhoria da situação saúde e o fortalecimento do setor público; o movimento sanitário, tendo o Centro Brasileiro de Estudo de Saúde (CEBES) como veículo de difusão e ampliação do debate em torno da Saúde e Democracia e elaboração de contrapropostas; os partidos políticos de oposição, que começaram a colocar nos seus programas a te-

---

4. Como exemplo de medidas nessa direção destaca-se a interiorização dos serviços de saúde, a implantação de estrutura básica de saúde pública e o aumento de cobertura, viabilizadas por programas-piloto.

mática e viabilizaram debates no Congresso para discussão da política do setor, e os movimentos sociais urbanos, que realizaram eventos em articulação com outras entidades da sociedade civil.

As principais propostas debatidas por esses sujeitos coletivos foram a universalização do acesso; a concepção de saúde como direito social e dever do Estado; a reestruturação do setor através da estratégia do Sistema Unificado de Saúde, visando um profundo reordenamento setorial com um novo olhar sobre a saúde individual e coletiva; a descentralização do processo decisório para as esferas estadual e municipal, o financiamento efetivo e a democratização do poder local através de novos mecanismos de gestão — os Conselhos de Saúde.

O fato marcante e fundamental para a discussão da questão Saúde no Brasil ocorreu na preparação e realização da *8ª Conferência Nacional de Saúde*, realizada em março de 1986, em Brasília, Distrito Federal. O temário central versou sobre: I — A Saúde como direito inerente à personalidade e à cidadania; II — Reformulação do Sistema Nacional de Saúde, III — Financiamento setorial.[5]

A 8ª Conferência, numa articulação bem diversa das anteriores, contou com a participação de cerca de quatro mil e quinhentas pessoas, dentre as quais mil delegados. Representou, inegavelmente, um marco, pois introduziu no cenário da discussão da saúde a sociedade. Os debates saíram dos seus fóruns específicos (Associação Brasileira de Pós-Graduação em Saúde Coletiva, Centro Brasileiro de Estudos de Saúde, Medicina Preventiva, Saúde Pública) e assumiram outra dimensão com a participação das entidades representativas da população: moradores, sindicatos, partidos políticos, associações de profissionais e parlamento. A questão da Saúde ultrapassou a análise setorial, referindo-se à sociedade como um todo, propondo-se não somente o Sistema Único, mas a Reforma Sanitária.

O processo constituinte e a promulgação da Constituição de 1988 representou, no plano jurídico, a promessa de afirmação e extensão dos direitos sociais em nosso país frente à grave crise e às demandas de enfrentamento dos enormes índices de desigualdade social. A Constituição Federal introduziu avanços que buscaram corrigir as históricas injustiças sociais

---

5. Como estratégia de preparação e mobilização para o evento foram realizadas Pré-Conferências em quase todos os estados brasileiros, seguindo temário pré-estabelecido.

acumuladas secularmente, incapaz de universalizar direitos, tendo em vista a longa tradição de privatizar a coisa pública pelas classes dominantes.

A Assembléia Constituinte, com relação à Saúde, transformou-se numa arena política em que os interesses se organizaram em dois blocos polares: os grupos empresariais, sob a liderança da Federação Brasileira de Hospitais (setor privado) e da Associação de Indústrias Farmacêuticas (Multinacionais), e as forças propugnadoras da Reforma Sanitária, representadas pela Plenária Nacional pela Saúde na Constituinte, órgão que passou a congregar cerca de duas centenas de entidades representativas do setor.[6] A eficácia da Plenária das Entidades, para atingir seus objetivos, foi resultado do uso adequado de três instrumentos de luta: a capacidade técnica de formular com antecipação um projeto de texto constitucional claro e consistente; a pressão constante sobre os constituintes; a mobilização da sociedade. A proposta de emenda popular apresentada por Sérgio Arouca, indicado pela plenária de Saúde para defendê-la no Plenário da Constituinte, foi assinada por mais de 50 mil eleitores, representando 167 entidades.

O texto constitucional, com relação à Saúde, após vários acordos políticos e pressão popular, atende em grande parte às reivindicações do movimento sanitário, prejudica os interesses empresariais do setor hospitalar e não altera a situação da indústria farmacêutica. Para Teixeira (1989: 50-51), os principais aspectos aprovados na nova Constituição foram:

- O direito universal à Saúde e o dever do Estado, acabando com discriminações existentes entre segurado/não-segurado, rural/urbano;
- As ações e Serviços de Saúde passaram a ser considerados de relevância pública, cabendo ao poder público sua regulamentação, fiscalização e controle;
- Constituição do Sistema Único de Saúde, integrando todos os serviços públicos em uma rede hierarquizada, regionalizada, descentralizada e de atendimento integral, com participação da comunidade;
- A participação do setor privado no sistema de saúde deverá ser complementar, preferencialmente com as entidades filantrópicas, sendo vedada a destinação de recursos públicos para subvenção às ins-

---

6. As entidades que participaram da Plenária foram: sindicatos e centrais sindicais, associações profissionais e culturais, partidos políticos progressistas, movimentos populares, associações de usuários, entre outros.

tituições com fins lucrativos. Os contratos com entidades privadas prestadoras de serviços far-se-ão mediante contrato de direito público, garantindo ao Estado o poder de intervir nas entidades que não estiverem seguindo os termos contratuais;
- Proibição da comercialização de sangue e seus derivados.

O texto constitucional inspira-se nas proposições defendidas durante vários anos pelo movimento sanitário, embora não tenha sido possível atender todas as demandas quando elas se confrontavam com interesses empresariais ou de setores do próprio governo. As questões centrais sobre financiamento do novo sistema ficaram pouco definidas, não tendo sido estabelecido um percentual sobre os orçamentos dos quais se origina. Com relação aos medicamentos, há apenas uma alusão à competência do sistema de saúde para fiscalizar sua produção. A saúde do trabalhador não contemplou propostas como o direito do trabalhador recusar-se a trabalhar em locais comprovadamente insalubres, bem como de ter informações sobre toxidade dos produtos manipulados.

A análise da política de saúde na década de 1980 tem como aspectos centrais, segundo Teixeira (1989: 50-53): a politização da questão saúde, a alteração da norma constitucional e a mudança do arcabouço e das práticas institucionais.

A politização da saúde foi uma das primeiras metas a serem implementadas com o objetivo de aprofundar o nível da consciência sanitária, alcançar visibilidade necessária para inclusão de suas demandas na agenda governamental e garantir o apoio político à implementação das mudanças necessárias. A 8ª Conferência foi o acontecimento mais importante nesta direção.

A alteração da norma constitucional ocorreu no processo constituinte com toda a articulação e mobilização efetuada, tendo como resultado um texto bom para a saúde, que incorpora grande parte das reivindicações do movimento sanitário. Ao analisar o processo, muitos autores e lideranças de entidades consideram que nenhum outro setor teve o desempenho e uma proposta clara como a Saúde.

A mudança do arcabouço e das práticas institucionais foi realizada através de algumas medidas que visaram o fortalecimento do setor público e a universalização do atendimento; a redução do papel do setor privado na prestação de serviços à Saúde; a descentralização política e administração do processo decisório da política de saúde e a execução dos serviços ao nível local, que culminou com a criação do Sistema Unificado e Descentralizado de Saúde (SUDS) em 1987 e depois, em 1988, SUS (Sistema Único de Saúde), passo mais avançado na reformulação administrativa no setor. Estas medidas tiveram, no entanto, pouco impacto na melhoria das condições de saúde da população, pois era necessária a sua operacionalização, que não ocorreu. Além dos limites estruturais que envolvem um processo de tal ordem, as forças progressistas comprometidas com a Reforma Sanitária passaram, a partir de 1988, a perder espaços na coalisão governante e, conseqüentemente, no interior dos aparelhos institucionais. O retrocesso político do governo da transição democrática repercute na saúde, tanto no aspecto econômico quanto no político.

No final da década de 80, já havia algumas dúvidas e incertezas com relação à implementação do Projeto de Reforma Sanitária, cabendo destacar: a fragilidade das medidas reformadoras em curso, a ineficácia do setor público, as tensões com os profissionais de saúde, a redução do apoio popular face à ausência de resultados concretos na melhoria da atenção à saúde da população brasileira e a reorganização dos setores conservadores contrários à reforma, que passam a dar a direção no setor a partir de 1988.

A burocratização da reforma sanitária, segundo Teixeira Fleury (1989), afasta a população da cena política, despolitizando o processo. A concretização da reforma tem dois elementos em tensão: o *reformador*, imprescindível para transformar instituições e processos, e o *revolucionário*, que é a questão sanitária, só superada com a mudança efetiva nas práticas e na qualidade de saúde da população. Considera-se que a construção democrática é a única via para se conseguir a Reforma Sanitária e a mobilização política uma de suas estratégias, sendo o desafio colocado para os setores progressistas da Saúde que deveria ser viabilizado na década de 90.

3. A consolidação do projeto de saúde voltado para o mercado

Nos anos 90, assiste-se ao redirecionamento do papel do Estado, influenciado pela Política de Ajuste Neoliberal.

Nesse contexto, apesar de o texto constitucional conter avanços, houve um forte ataque por parte do grande capital, aliado aos grupos dirigentes. A Reforma Constitucional, notadamente da Previdência Social, e das regras que regulamentam as relações de trabalho no Brasil, é um dos exemplos dessa aliança. Ao agendar a reforma da previdência, e não da seguridade, o governo teve como intenção desmontar a proposta de Seguridade Social contida na Constituição de 1988. Seguridade virou previdência e previdência é considerada seguro.

A Reforma do Estado ou Contra-Reforma é outra estratégia e parte do suposto de que o Estado desviou-se de suas funções básicas ao ampliar sua presença no setor produtivo, colocando em cheque o modelo econômico vigente. O seu Plano Diretor considera que há o esgotamento da estratégia estatizante e a necessidade de superação de um estilo de administração pública burocrática, a favor de um *modelo gerencial* que tem como principais características a descentralização, a eficiência, o controle dos resultados, a redução dos custos e a produtividade. O Estado deve deixar de ser o responsável direto pelo desenvolvimento econômico e social para se tornar o promotor e regulador, transferindo para o setor privado as atividades que antes eram suas. O referido Plano propôs como principal inovação a criação de uma esfera pública não-estatal que, embora exercendo funções públicas, devem fazê-lo obedecendo as leis do mercado (Bresser Pereira, 1995).

A afirmação da hegemonia neoliberal no Brasil tem sido responsável pela redução dos direitos sociais e trabalhistas, desemprego estrutural, precarização do trabalho, desmonte da previdência pública, sucateamento da saúde e educação.

A proposta de Política de Saúde construída na década de 80 tem sido desconstruída. A Saúde fica vinculada ao mercado, enfatizando-se as parcerias com a sociedade civil, responsabilizando a mesma para assumir os custos da crise. A refilantropização é uma de suas manifestações com a utilização de agentes comunitários e cuidadores para realizarem atividades profissionais, com o objetivo de reduzir os custos.

Com relação ao Sistema Único de Saúde (SUS), apesar das declarações oficiais de adesão a ele, verificou-se o descumprimento dos dispositivos constitucionais e legais e uma omissão do governo federal na regulamentação e fiscalização das ações de saúde em geral.

Algumas questões comprometeram a possibilidade de avanço do SUS como política social, cabendo destacar: o desrespeito ao princípio da eqüidade na alocação dos recursos públicos pela não unificação dos orçamentos federal, estaduais e municipais; afastamento do princípio da integralidade, ou seja, indissolubilidade entre prevenção e atenção curativa, havendo prioridade para a assistência médico-hospitalar em detrimento das ações de promoção e proteção da saúde. A proposta de Reforma do Estado para o setor saúde, ou contra-reforma, era de dividir o SUS em dois — o hospitalar e o básico.

Outro aspecto a ser considerado refere-se à remuneração por produção, denunciada há vinte anos como "fator incontrolável de corrupção". Constata-se que, além de se gastar mal, também se gasta pouco em saúde, comparando-se com os parâmetros internacionais.

Nesse quadro, dois projetos convivem em tensão: o projeto de reforma sanitária, construído na década de 80 e inscrito na Constituição Brasileira de 1988, e o projeto de saúde articulada ao mercado ou privatista, hegemônico na segunda metade da década de 90 (Bravo, 1999).

O Projeto de Reforma Sanitária, explicitado no item 2 deste texto, tem como uma de suas estratégias o Sistema Único de Saúde (SUS) e foi fruto de lutas e mobilização dos profissionais de saúde, articulados ao movimento popular. Sua preocupação central é assegurar que o Estado atue em função da sociedade, pautando-se na concepção de Estado democrático e de direito, responsável pelas políticas sociais e, por conseguinte, pela saúde.

O projeto saúde, articulado ao mercado, ou a reatualização do modelo médico assistencial privatista, está pautado na Política de Ajuste, que tem como principais tendências a contenção dos gastos com racionalização da oferta e a descentralização com isenção de responsabilidade do poder central. A tarefa do Estado, nesse projeto, consiste em garantir um mínimo aos que não podem pagar, ficando para o setor privado o atendimento dos que têm acesso ao mercado. Suas principais propostas são: caráter focalizado para atender às populações vulneráveis através do pacote básico para a saúde, ampliação da privatização, estímulo ao seguro privado, descentralização dos serviços ao nível local, eliminação da vinculação de fonte com relação ao financiamento (Costa, 1997).

A universalidade do direito — um dos fundamentos centrais do SUS e contido no projeto de Reforma Sanitária — foi um dos aspectos que têm provocado resistência dos formuladores do projeto saúde voltado para o mercado. Esse projeto tem como premissa concepções individualistas e fragmentadoras da realidade, em contraposição às concepções coletivas e universais do projeto contra-hegemônico.

No próximo item, serão levantadas algumas considerações com referência à Política de Saúde no governo Lula.

4. A saúde no governo Lula da Silva: algumas reflexões[7]

A análise que se faz do governo Lula é que a política macroeconômica do antigo governo foi mantida e as políticas sociais estão fragmentadas e subordinadas à lógica econômica. Nessa setorização, a concepção de seguridade social não foi valorizada, mantendo a segmentação das três políticas: saúde, assistência social e previdência social.

Com relação à saúde, havia uma expectativa de que o governo Lula fortalecesse o projeto de reforma sanitária que foi questionado nos anos 90, havendo, no período, a consolidação do projeto de saúde articulado ao mercado ou privatista.

O atual governo, entretanto, apesar de explicitar como desafio a incorporação da agenda ético-política da reforma sanitária, pelas suas ações, tem mantido a polarização entre os dois projetos. Em algumas proposições, procura fortalecer o primeiro projeto e, em outras, mantém o segundo projeto, quando as ações enfatizam a focalização e o desfinanciamento.

Para tornar mais claras estas afirmações, serão explicitados alguns aspectos de inovação e outros de continuidade do atual governo que têm relação com os dois projetos em disputa.

Como *aspectos de inovação* da política de saúde do atual governo cabe ressaltar o retorno da concepção de Reforma Sanitária que, nos anos 90, foi totalmente abandonada; a escolha de profissionais comprometidos com a luta pela Reforma Sanitária para ocupar o segundo escalão do Ministério; as alterações na estrutura organizativa do Ministério da Saúde, sendo criadas quatro secretarias e extintas três; a convocação extraordinária da 12ª Conferência Nacional de Saúde e a sua realização em dezembro de 2003; a participação do ministro da saúde nas reuniões do Conselho Nacional de

---

7. Este item está baseado no texto escrito pela autora publicado pela Revista *Inscrita*, em 2004.

Saúde e a escolha do representante da CUT para assumir a secretaria executiva do Conselho Nacional de Saúde.

Com relação à estrutura do Ministério, destaca-se a criação da Secretaria de Gestão do Trabalho em Saúde, que tem como função formar recursos humanos para a saúde e regulamentar as profissões e o mercado de trabalho na área. A criação desta secretaria busca enfrentar a questão de recursos humanos para o SUS, que é um grande problema de estrangulamento do sistema. Ressalta-se, entretanto, que uma das medidas fundamentais para a questão de recursos humanos refere-se à Norma Operacional Básica (NOB) de Recursos Humanos e esta ainda não foi implementada, apesar de aprovada pelo Conselho Nacional de Saúde desde 2002.

Outro aspecto inovador na estrutura do Ministério refere-se à criação da Secretaria de Atenção à Saúde, que visou unificar as ações de atenção básica, ambulatorial e hospitalar, integrando as atribuições das extintas secretarias de Política de Saúde e de Assistência à Saúde.

Foi criada também a Secretaria de Gestão Participativa, que tem como função fortalecer o controle social, organizar as conferências de saúde e estabelecer a comunicação do ministério da saúde com outros níveis de governo e com a sociedade.

A 12ª Conferência Nacional de Saúde (CNS) teve como objetivo definir orientações para o plano plurianual de saúde do governo e as principais diretrizes a serem incorporadas ao sistema de saúde. Como estratégia central da mesma, foi ressaltada a necessidade de equacionar os graves problemas do SUS com destaque para a área de recursos humanos e qualidade dos serviços. Como instrumento de mobilização da conferência, foi elaborado um documento preliminar a ser discutido nas conferências municipais e estaduais contendo 10 (dez) eixos temáticos: Direito à Saúde; A Seguridade Social e a Saúde; A Intersetorialidade das Ações de Saúde; As Três Esferas de Governo e a Construção do SUS; A Organização da Atenção à Saúde; O Trabalho na Saúde; Gestão Participativa; Ciência e Tecnologia e a Saúde; O Financiamento do SUS e Informações, Informática e Comunicação.

Merece reflexão alguns aspectos observados na realização da conferência. Esta não ampliou o número de participantes e nem avançou no fortalecimento da Reforma Sanitária. A expectativa em torno da 12ª CNS era de que ela fosse um marco significativo com relação às anteriores e tivesse a mesma importância da 8ª CNS, ocorrida em 1986.

Tal fato não ocorreu, apesar de alguns esforços de membros do ministério da saúde e de algumas entidades.[8] A inovação fundamental da Conferência poderia ter sido com relação à concepção de Seguridade Social. Na mesma data ocorreu, em Brasília, a Conferência Nacional de Assistência Social. Algumas propostas foram feitas de modo unificado entre as duas Conferências, para fortalecer a concepção de Seguridade Social. Esta sugestão não foi acatada pelas comissões organizadoras das duas conferências. Outro aspecto refere-se à fragilidade na condução das plenárias, que teve como conseqüência não conseguir aprovar o relatório final na conferência. A alternativa encontrada pela organização foi enviar as propostas para os delegados a fim de que votassem individualmente.

Esse fato tem sérias conseqüências como, por exemplo, a falta de debate para a votação das propostas e, principalmente, a não influência das deliberações da conferência na elaboração das diretrizes a serem seguidas na política de saúde. A convocação da conferência, a partir do exposto, não conseguiu ser um mecanismo de democratização da política de saúde.

Como *aspectos de continuidade* da política de saúde dos anos 90, ressalta-se no atual governo a ênfase na focalização, na precarização, na terceirização dos recursos humanos, no desfinanciamento e a falta de vontade política para viabilizar a concepção de Seguridade Social, como já foi sinalizado. Como exemplos de focalização, podem ser destacados a centralidade do programa saúde da família (PSF), sem alterá-lo significativamente para que se transforme em estratégia de reorganização da atenção básica em vez de ser um programa de extensão de cobertura para as populações carentes. O programa precisa ter sua direção modificada na perspectiva de prover atenção básica em saúde para toda a população de acordo com os princípios da universalidade. Para garantir a integralidade, o programa precisa ter como meta a (re)organização do sistema como um todo, prevendo a articulação da atenção básica com os demais níveis de assistência.

---

8. No ano de 2003, foram realizados três eventos importantes que tiveram um papel de pré-conferência, a saber: o 5° Congresso Nacional da Rede Unida, o 7° Congresso Brasileiro de Saúde Coletiva e o 41° Congresso Brasileiro de Educação Médica. No mesmo ano também ocorreram as Conferências Nacionais de Medicamentos e Assistência Farmacêutica. Em 2004, foram realizadas as Conferências Nacionais de Saúde Bucal e Ciência e Tecnologia na Saúde. Em 2005, ocorreu a Conferência de Saúde do Trabalhador e, em 2006, a Conferência de Gestão do Trabalho e Educação na Saúde.

Outro aspecto que está relacionado mais diretamente com a precarização e a terceirização dos recursos humanos refere-se à ampliação da contratação de agentes comunitários de saúde e a inserção de outras categorias que não são regulamentadas: auxiliar e técnico de saneamento, agente de vigilância sanitária, agentes de saúde mental. A incorporação dos agentes comunitários de saúde na equipe do PSF já foi polêmica, gerando diversos debates centrados na ausência de regulamentação da profissão como também da imprecisão de suas funções, da precarização das contratações e da falta de concurso público para a seleção dos mesmos, que têm sido realizada, na maioria dos casos, com base em indicações político-partidárias. Uma primeira questão relativa a esse debate já foi resolvida, ou seja, a profissão já teve sua regulamentação mas as demais não. A contratação dessas outras categorias sem equalizar as questões referentes aos agentes comunitários é inaceitável.

A não-viabilização da concepção da Seguridade Social está patente quando não há menção nas ações à articulação necessária com as políticas de assistência social e previdência social. Outro aspecto desta questão refere-se a não-rearticulação do Conselho de Seguridade Social.

A questão do desfinanciamento é a mais séria pois está diretamente articulada ao gasto social do governo e é a determinante para a manutenção da política focal, de precarização e terceirização dos recursos humanos.

O financiamento do SUS tem vivido nesses anos alguns problemas tais como: proposta de desvinculação da CPMF da receita do setor saúde; utilização sistemática dos recursos do orçamento da Seguridade Social para garantir o *superávit* primário das contas públicas; decisão do Presidente da República, orientado pelos Ministros do Planejamento e da Fazenda, de ampliar o conteúdo das "ações de serviços de saúde", incluindo gastos com saneamento e segurança alimentar, o que ocasionou a redução de 5 bilhões dos recursos destinados ao SUS.

A ameaça maior ao financiamento, entretanto, está para acontecer. O governo se comprometeu com o FMI em estudar a desvinculação de recursos para a saúde e educação, o que significa eliminar da Constituição Federal os preceitos que obrigam União, Estado e Municípios a gastarem um percentual de todo o dinheiro arrecadado para os setores de educação e saúde. Segundo Carvalho (2004), o argumento utilizado pelos economistas do governo é que a vinculação da saúde e educação inibem, de maneira significativa, uma alocação mais justa e eficiente de se usar os recursos públicos. As vinculações que o governo quer derrubar são as da Educação, que tem vinculado o percentual de 18% de receitas da União e 25% dos Estados e Municípios, e da Saúde, que tem vinculado a ela o gasto do Ministério da Saúde no ano anterior, corrigido a cada ano pelo percentual do crescimento nominal do PIB do ano anterior. Estados devem vincular 12% e os Municípios 15% das receitas próprias para ações e serviços de saúde. Esta proposta tem que ser regulamentada pela Emenda Constitucional n. 29, que tem sido postergada pelo governo.

A desvinculação das fontes acarretará um desfinanciamento ainda maior da saúde. O Brasil já tem um gasto pequeno, o que corresponde a 3,4% do PIB, sendo significativamente inferior ao de países como Uruguai (5,1%), Panamá (4,8%) e Argentina (4,7%) para não compararmos com França (7,2%) e Alemanha (8,0%).

Para finalizar, comentaremos os resultados divulgados pelo governo federal com relação à saúde em 6 de julho de 2004, no "Em questão".[9]

O documento ressalta as seguintes ações: 3.200 novas equipes no Programa Saúde da Família; contratação de 13.040 novos agentes comunitários de saúde; aumento do repasse de atenção básica para as prefeituras de 10 para 12 reais por habitante; aumento de 68% das equipes de saúde bucal; implantação de 17 farmácias populares; implantação de 132 unidades do SAMU em 1.200 municípios e entregues 252 ambulâncias.

Os dados apresentados servem para confirmar as questões já levantadas com relação à política de saúde. A ênfase das ações está em programas "focais". As grandes questões do SUS não estão sendo enfrentadas, como a universalização das ações, o financiamento efetivo, a política de recursos humanos e a política nacional de medicamentos.

Considerações finais

O SUS completou 15 anos de existência e, não obstante ter conseguido alguns avanços, o SUS real está muito longe do SUS constitucional. Há uma

---

9. Documento editado pela Secretaria de Comunicação de Governo e Gestão Estratégica da Presidência da República.

enorme distância entre a proposta do movimento sanitário e a prática social do sistema público de saúde vigente. O SUS foi se consolidando como espaço destinado aos que não têm acesso aos subsistemas privados, como parte de um sistema segmentado. A proposição do SUS inscrita na Constituição de 1988 de um sistema público universal não se efetivou.

A expectativa que se colocava para o governo Lula era a de fortalecer o SUS constitucional. Entretanto, no debate interno que ocorre no governo entre os universalistas e os focalistas, esses últimos estão sendo cada vez mais fortificados. A defesa do papel do Estado na saúde para o atendimento dos segmentos mais pobres da população tem sido fortalecida, pois com a pressão do desfinanciamento, a perspectiva universalista está cada dia mais longe de ser atingida. Considera-se que a proposição de políticas focalizadas é a "anti-política" social, na medida em que permite a "inclusão" não por direito de cidadania, mas por grau de pobreza, não garantindo a base de igualdade necessária a uma verdadeira política social (Soares, 2004).

O Projeto de Reforma Sanitária está perdendo a disputa para o Projeto voltado para o mercado. Os valores solidários que pautaram as formulações da concepção de Seguridade Social, inscrita na Constituição de 1988, estão sendo substituídos pelos valores individualistas que fortalecem a consolidação do SUS para os pobres e a segmentação do sistema.

Medidas como o Programa de Farmácia Popular, permitindo o co-pagamento de medicamentos, fere o princípio da eqüidade e abre a possibilidade de se utilizar outras práticas de compartilhamento de custos no SUS.

Para culminar, se a tentativa de eliminação das vinculações dos recursos da saúde se concretizar, a política pública de saúde estará seriamente ameaçada e o SUS se voltará apenas para os segmentos mais pauperizados da população.

O desafio posto na atual conjuntura, que tenha por objetivo superar as profundas desigualdades sociais existentes em nosso país, e que foram aprofundadas no governo Lula, é um amplo movimento de massas que retoma as propostas de superação da crise herdada e avança em propostas concretas.

Na saúde, a grande bandeira é a luta pelo fortalecimento do Projeto de Reforma Sanitária. Nesta direção, é fundamental a defesa das propostas aprovadas no 8° Simpósio sobre Política Nacional de Saúde ocorrido em Brasília, em junho de 2005. Neste texto, destacamos:

- *Definição de uma Política Nacional de Desenvolvimento*, que garanta uma redistribuição de renda de cunho social;
- *Defesa da Seguridade Social* como política de proteção social universal;
- *Defesa intransigente dos princípios e diretrizes do SUS*: universalidade, eqüidade, integralidade, participação social e descentralização;
- *Retomada dos princípios que regem o Orçamento da Seguridade Social*, mas, imediatamente, regulamentar a Emenda Constitucional n. 29;
- *Cumprimento da deliberação do Conselho Nacional de Saúde*, "contrária a terceirização da gerência e gestão de serviços e de pessoal do setor saúde, assim como da administração gerenciada de ações e serviços, a exemplo da Organização da Sociedade Civil de Interesse Público (OSCIP) ou outros mecanismos com objetivos idênticos;
- *Avançar no desenvolvimento de uma política de recursos humanos em saúde*, com eliminação de vínculos precários.

Referências

ANTUNES, Ricardo. *Adeus ao trabalho?* São Paulo: Cortez, 1995.

BENJAMIN, Cesar. Economia Brasileira e Política Econômica. *Universidade e Sociedade*. Brasília: Andes, ano XIII, n. 31, out. 2003.

BRAGA, José C. S.; PAULA, Sérgio G. *Saúde e Previdência. Estudos de Política Social*. São Paulo: Hucitec, 1986.

BRAVO, Maria Inês Souza. *Questão da saúde e Serviço Social: As práticas profissionais e as lutas no setor.* Tese de Doutorado. Departamento de Serviço Social PUC/SP. 1991.

_____. *Serviço Social e Reforma Sanitária. Lutas sociais e práticas profissionais*. São Paulo e Rio de Janeiro: Cortez e Ed. UFRJ, 1996.

_____. A política de saúde na década de 90: Projetos em disputa. In *Superando Desafios* — Cadernos do Serviço Social do Hospital Universitário Pedro Ernesto, v. 4. Rio de Janeiro: UERJ, HUPE. Serviço Social, 1999.

_____. As políticas brasileiras de Seguridade Social — Saúde. In *CFESS/CEAD. Capacitação em Serviço Social e Política Social. Módulo III: Política Social*. Brasília: UnB-CEAD/CFESS, 2000.

_____. A Política de Saúde no Brasil: trajetória histórica. In BRAVO, Maria Inês Souza; MATOS, Maurílio Castro de e ARAÚJO, Patrícia Simone Xavier de (orgs.). *Capacitação para Conselheiros de Saúde- textos de apoio*. Rio de Janeiro: UERJ/DEPEXT/NAPE, 2001.

_____. A Política de Saúde no Governo Lula: algumas reflexões. In *Revista INSCRITA* n. 9. Brasília: CFESS, 2004.

BRAVO, Maria Inês Souza & MATOS, Maurílio Castro de. Reforma Sanitária e Projeto Ético-Político do Serviço Social: Elementos para o Debate. In *Saúde e Serviço Social*. BRAVO, Maria Inês Souza et al. (orgs.). São Paulo: Cortez; Rio de Janeiro: UERJ, 2004.

BRAZ, Marcelo. O Governo Lula e o Projeto Ético-Político do Serviço Social. In *Serviço Social & Sociedade*, n. 78, São Paulo: Cortez, ano XXV, julho 2004.

BRESSER PEREIRA, Luiz Carlos. *A Reforma do Aparelho de Estado e a Constituição Brasileira*. Brasília: MARE/ENAP, 1995.

CARVALHO, Gilson. O governo do PT e a Desvinculação dos Recursos da Saúde e Educação. In: *Abrasco Divulga — Boletim Informativo*, 12 a 16 de julho de 2004.

CERQUEIRA FILHO, Gisálio. *A "questão social" no Brasil*. Crítica do discurso político. Rio de Janeiro: Civilização Brasileira, 1982.

COSTA, Nilson de Rosário. O Banco Mundial e a Política Social nos Anos 90; Agenda para reforma do setor saúde no Brasil. In *Política de Saúde e Inovação Institucional*: Uma agenda Para os anos 90 — Rio de Janeiro: ENSP, 1997.

EM QUESTÃO. *O Brasil em números Principais realizações em 18 meses*. Editado pela Secretaria de Comunicação de Governo e Gestão Estratégica da Presidência da República, n. 206. Brasília, 6 de julho de 2004.

FLEURY, Sônia. *Saúde e democracia: a luta do CEBES* (org.) São Paulo: Lemos Editorial, 1997.

GUIMARÃES, Reinaldo; TAVARES, R. (org.) *Saúde e Sociedade no Brasil: os anos 80*. Rio de Janeiro: Relumé-Dumará. IMS/UERJ, Abrasco, 1994.

MENDES, Eugênio Villaça. *Uma Agenda para a Saúde*. São Paulo: Hucitec, 1996.

OLIVEIRA, Jaime A. A.; TEIXEIRA FLEURY, Sônia M. *(Im) Previdência Social: 60 anos de história da Previdência no Brasil*. Rio de Janeiro: Vozes/Abrasco, 1986.

PALOCCI FILHO, Antônio (Coord.). A Política de Saúde — Um Brasil para Todos. *Revista Saúde em Debate*, n° 62. Rio de Janeiro: ano XX 01, 026, set./dez. 2002a.

_____. *PROGRAMA DE GOVERNO. Coligação Lula Presidente*. São Paulo, 2002b.

SADER, Emir. Política Nacional. In *Governo Lula — decifrando o enigma*. SOARES, L. T.; SADER, E.; GENTILI, R. e BENJAMIN, C. (orgs.). São Paulo: Viramundo, 2004.

SANTOS, Wanderley G. *Cidadania e Justiça*. Rio de Janeiro: Campus, 1979.

SOARES, Laura Tavares. O Debate sobre o Gasto Social do Governo Federal. In: *Governo Lula- decifrando o enigma*. SOARES, L. T.; SADER, E.; GENTILI, R.; BENJAMIN, C. (orgs.). São Paulo: Viramundo, 2004.

TEIXEIRA FLEURY, Sônia. O Dilema da Reforma Sanitária Brasileira. In *Reforma Sanitária Itália e Brasil*. Berlinguer; Teixeira Fleury e Campos (orgs.). São Paulo: Hucitec — CEBES, 1988.

_____. Reflexões Teóricas sobre Democracia e Reforma Sanitária. In *Reforma Sanitária em Busca de uma Teoria*. Teixeira, S. F. (org.). São Paulo: Cortez; Rio de Janeiro: Associação Brasileira de Pós-Graduação em Saúde Coletiva, 1989.

_____. *Estado sem Cidadãos*: Seguridade Social na América Latina. Rio de Janeiro: FIOCRUZ, 1994.

Capítulo 6

Controle Social na Saúde

*Maria Valéria Costa Correia**

Introdução

A expressão *controle social* tem sido alvo das discussões e práticas recentes de diversos segmentos da sociedade como sinônimo de participação social nas políticas públicas.

A temática do controle social tomou vulto no Brasil a partir do processo de democratização na década de 80 e, principalmente, com a institucionalização dos mecanismos de participação nas políticas públicas na Constituição de 1988 e nas leis orgânicas posteriores: os Conselhos e as Conferências. Esta participação foi concebida na perspectiva de controle social exercido pelos setores progressistas da sociedade civil sobre as ações do Estado, no sentido desse atender, cada vez mais, aos interesses da maioria da população.

A área da saúde foi pioneira neste processo devido à efervescência política que a caracterizou desde o final da década de 70 e à organização do Movimento da Reforma Sanitária, que congregou movimentos sociais, intelectuais e partidos de esquerda na luta contra a ditadura com vistas à mudança do modelo "médico-assistencial privatista"[1] para um Sistema Na-

---

* Professora da Faculdade de Serviço Social da Universidade Federal de Alagoas (UFAL), doutora em Serviço Social pela UFPE.

1. Termo usado por Mendes (1994) para caracterizar o modelo de saúde implementado durante a década de 70 no Brasil. In Mendes, E. V. *Distrito Sanitário: o processo social de mudança das práticas sanitárias do Sistema Único de Saúde.* 2. ed. São Paulo/Rio de Janeiro: Hucitec/Abrasco, 1994.

cional de Saúde universal, público, participativo, descentralizado e de qualidade. Hoje existem aproximadamente 5.537 Conselhos de Saúde atingindo quase a totalidade dos municípios brasileiros (5.560), e implicando em cerca de 87.212 conselheiros (798 estaduais e 86.414 municipais), novos sujeitos políticos no Sistema Único de Saúde (SUS). Nas demais áreas, a exemplo da Assistência Social e da Criança e Adolescente, os conselhos vêm se multiplicando. Daí a importância de qualificar o controle social a que se propõe a prática desses conselhos e dos movimentos sociais neles representados.

Para o aprofundamento da compreensão do controle social pressupõe-se uma concepção de Estado e de sociedade civil, pois ele acontece neste eixo. Elegemos a concepção de Gramsci, a qual desenvolveremos resumidamente a seguir, para subsidiar teoricamente o debate a respeito do controle social. Abordaremos os conceitos de controle social em alguns autores que têm tratado desta temática. Em seguida, contextualizaremos o controle social na política de saúde brasileira, abordando as Conferências e os Conselhos enquanto mecanismos de tal controle e os limites para a efetivação do mesmo. Por fim, apresentaremos as resistências do Conselho Nacional de Saúde ao giro neoliberal da política de saúde nos anos 90, mostrando a importância das lutas políticas em torno da consolidação do Sistema Único de Saúde.

1. A relação entre Estado e sociedade civil em Gramsci e o controle social

É com base na complexificação das relações entre Estado e sociedade, observada na conjuntura de sua época, que Gramsci formula o conceito de Estado, não rompendo com o marxismo, mas considerando as novas configurações do capitalismo neste novo contexto histórico.[2]

---

2. Como militante do Partido Comunista da Itália, Gramsci vivenciou uma época de profundas mudanças econômicas e políticas: a Primeira Guerra Mundial, a Revolução Russa, as mobilizações operárias na Europa, a consolidação dos regimes totalitários, a depressão econômica de 1929, a ascensão dos Estados Unidos a potência hegemônica mundial (cf. Semeraro, 1999: 17). Mas foi, principalmente, o crescimento do fascismo na Itália e as involuções políticas na URSS que levaram Gramsci a considerar a cultura e a sociedade civil como elementos fundamentais na construção da nova hegemonia política (idem, ibidem: 25). "Gramsci atribuiu aos aspectos históricos e culturais e

Para Gramsci (2000: 244), "na noção geral de Estado entram elementos que devem ser remetidos à noção de sociedade civil (no sentido, seria possível dizer, de que o Estado = sociedade política + sociedade civil. Isto é, a hegemonia couraçada de coerção)".

Assim, o Estado abrange a sociedade política e a sociedade civil, para manter a hegemonia de uma determinada classe sobre a outra. Portanto, o Estado em Gramsci congrega, além da sociedade política, a sociedade civil, com seus aparelhos de hegemonia, que mantêm o consenso, ou seja, "Estado é todo o complexo de atividades práticas e teóricas com as quais a classe dirigente não só justifica e mantém seu domínio, mas consegue obter o consenso ativo dos governados [...]" (Gramsci, 2000: 331). E, para manter o consenso, o Estado, incorpora demandas das classes subalternas. No Estado estas buscam ganhar espaços na sociedade civil[3] na tentativa de criar uma nova hegemonia através da "guerra de posição".[4] A história das classes subalternas "está entrelaçada à sociedade civil, é uma função 'desagregada' e descontínua da história da sociedade civil e, por este caminho, da história dos Estados ou grupos de Estados"[5] (Gramsci, 2002: 139-140).

Em Gramsci, não existe uma distinção entre Estado e sociedade civil, mas uma unidade orgânica: "por 'Estado' deve-se entender, além do aparelho de governo, também o aparelho 'privado' de hegemonia ou sociedade civil" (Gramsci, 2000: 254-255). Na perspectiva gramsciana, sociedade

---

aos movimentos políticos da sociedade civil uma função decisiva na constituição duma nova hegemonia" (idem, ibidem: 32).

3. Gramsci concebe a superação do Estado pela "sociedade regulada": "Numa doutrina do Estado que conceba este como tendencialmente capaz de esgotamento e dissolução na sociedade regulada, o tema é fundamental. Pode-se imaginar o elemento Estado-coerção em processo de esgotamento à medida que se afirmam elementos cada vez mais conspícuos de sociedade regulada (ou Estado ético, ou sociedade civil)" (Gramsci, 2000: 244). Entretanto, "enquanto existir o Estado-classe não pode existir a sociedade regulada" (idem, ibidem: 223).

4. Gramsci (2000: 262), a partir da análise do formato da sociedade civil no Oriente, em que o "Estado era tudo, a sociedade civil era primitiva e gelatinosa", e no Ocidente, em que "havia entre o Estado e a sociedade civil uma justa relação" e essa tinha "uma robusta estrutura", aborda a mudança da "guerra manobrada" aplicada no "Oriente em 1917, para a guerra de posição, que era a única possível no Ocidente". Baseia-se na idéia de sitiar o aparelho de Estado com uma contra-hegemonia, criada pela organização de massa da classe trabalhadora e pelo desenvolvimento das instituições e da cultura da classe operária. É a luta pela consciência da classe operária (cf. Carnoy, 1990: 110-111).

5. No Caderno 25 Gramsci trata da "história dos grupos sociais subalternos".

civil e sociedade política são distinções metodológicas do conceito de Estado (Gramsci, 2000: 47).

A concepção de sociedade civil, que tem prevalecido no debate contemporâneo, é de inspiração liberal.[6] O que caracteriza essa concepção é uma dicotomia entre Estado e sociedade civil, que tem como eixo a mistificação da relação entre estrutura econômica e a superestrutura política, cortando os nexos estruturais que as interligam e atribuindo um véu ilusório de isenção classista ao Estado, colocando-o como árbitro imparcial da sociedade. A sociedade civil é tratada por um viés predominantemente político sem articulação alguma com a base econômica, constituindo-se em um espaço homogêneo sem contradição de classe. Os interesses que nela circulam apresentam-se como universais, abstraindo-lhes o caráter de classe.

O conceito de sociedade civil em Gramsci tem uma dimensão claramente política, enquanto espaço de luta de classe pela hegemonia e pela conquista do poder político por parte das classes subalternas (cf. Coutinho, 2002). As interpretações equivocadas do conceito de sociedade civil em Gramsci têm sido atribuídas, por alguns autores,[7] às leituras das obras de Bobbio, que identifica uma dicotomia[8] entre sociedade civil e Estado no pensamento gramsciano. Segundo Liguori (2000: 11), Bobbio coloca esta dicotomia no centro do pensamento de Gramsci, "negando assim justamente aquilo que em Gramsci é mais importante: a *não-separação*, a unidade dialética entre política e sociedade, entre economia e Estado" (idem, ibidem).

O pensamento de Gramsci tem como eixo de análise da realidade o princípio da totalidade em que subverte os princípios do determinismo econômico, do politicismo, do individualismo e do ideologismo, e estabe-

---

6. Nesta perspectiva, o Estado corresponde ao espaço público e aparece como instância neutra de manutenção da ordem através do uso das leis e como árbitro dos conflitos sociais, garantindo assim as condições para o livre mercado, aprovisionando apenas os serviços que não interessam ao mesmo. A sociedade civil corresponde ao espaço privado e tem como centro a propriedade privada, "aparece como um conjunto de relações sociais diversificadas entre classes e grupos sociais (...) Nela existem as relações econômicas de produção, distribuição, acumulação de riqueza e consumo de produtos que circulam através do mercado" (Chaui, 1995: 405). O centro do Estado é a garantia da referida propriedade (*idem, ibidem*). Esta função do Estado tem suas raízes em Locke: preservar o direito natural à propriedade.

7. Semeraro (1999), Liguori (2000), Montaño (2001), Durante (2001) e Bianchi (2002).

8. Ver Bobbio (1997: 49).

lece uma articulação dialética entre estrutura e superestrutura — economia, política e cultura — concebendo a realidade como síntese de múltiplas determinações.

A partir desta articulação, pode-se afirmar que, na perspectiva de Gramsci, não existe neutralidade no Estado, pois "a unidade histórica das classes dirigentes acontece no Estado e a história delas é, essencialmente, a história dos grupos de Estados" (Gramsci, 2002: 139). A articulação dialética entre estrutura e superestrutura se expressa na sua afirmação "de que não pode existir igualdade política completa e perfeita sem igualdade econômica...", e que "o Estado-classe não podia ser a sociedade regulada"[9] (Gramsci, 2000: 224).

A sociedade civil é o lugar onde se processa a articulação institucional das ideologias e dos projetos classistas. Ela expressa a luta, os conflitos e articula, contraditoriamente, interesses estruturalmente desiguais.[10] Por isso, concebê-la sem o corte classista, como não-contraditória, homogênea e articuladora de instituições indiferenciadas, "tende a minimizar a percepção dos conflitos sociais e do seu papel na transformação social" (Dias, 1996: 114). Segundo Dias, essa visão[11] só é correta do ponto de vista liberal; pensá-la na perspectiva dos trabalhadores requer sua articulação com os movimentos sociais organizados, apreendendo toda a sua contradição. E, ao colocá-los no centro da luta social, percebe-se o alcance real da sociedade civil. Dias (1996: 115) afirma que a sociedade civil desmistificada "se revela espaço de luta e não mais cenário de pactos sociais. Ela se apresenta agora no pleno das suas contradições. Não cabe mais a ilusão de que ela é necessariamente progressista [...] Também não se está autorizado a falar em debilidade da sociedade civil. Débeis, erráticos e fragmentários são os instrumentos de intervenção classista das classes subalternas nela".

Montaño chama a atenção para a diferenciação da noção ideológica da expressão "lutas da sociedade civil" — em que essa é considerada como

---

9. Gramsci (2000: 224) faz estas afirmações ao analisar a crítica que os utopistas faziam da sociedade existente em seu tempo, colocando que "nisto eles não eram utopistas, mas cientistas concretos da política e críticos coerentes".

10. Ver Dias (1996: 114).

11. Dias (1996) ressalta que essa interpretação e a identificação redutiva de hegemonia e domínio ideológico são correspondentes.

sujeito das lutas, representante do trabalhador, oponente ao Estado e ao mercado — da conceituação do real processo de "lutas na sociedade civil", em que essa é considerada como espaço de lutas. Os defensores dessa primeira expressão incorrem no erro de homogeneizar os setores diversos e antagônicos presentes na sociedade civil como as "organizações tanto dos trabalhadores, de 'excluídos', das chamadas 'minorias', dos defensores de direitos humanos, da mulher, da criança e do adolescente, do meio ambiente" como as "organizações representantes do capital (SESC, SESI, Fundação Bradesco) e, ainda mais, organizações fascistóides (Tradição, Família e Propriedade, grupos neonazistas, por exemplo) instituições fanático-religiosas (diversas seitas que pregam o 'fim do mundo', entre outras) ou até fundamentalistas" (Montaño, 2001: 304).

A sociedade civil não é homogênea, mas espaço de lutas de interesses contraditórios. As lutas não são da sociedade civil contra o Estado, mas de setores que representam os interesses do capital e do trabalho (ou de desdobramentos desta contradição, como a exclusão de gênero, etnia, religião, a defesa de direitos, da preservação do meio ambiente, entre outras lutas específicas) na sociedade civil e no Estado em busca da hegemonia. A sociedade civil enquanto integrante da totalidade social tem um potencial transformador, pois nela também se processa a organização dos movimentos sociais que representam os interesses das classes subalternas na busca da "direção político-ideológica".

A partir da análise da relação Estado/sociedade civil em Gramsci, pode-se afirmar que o controle social não é do Estado ou da sociedade civil, mas das classes sociais. Por isso é contraditório, pode ser de uma classe ou de outra, pois a sociedade civil, enquanto momento do Estado, é um espaço de luta de classes pela disputa de poder. É a partir desta concepção de Estado — com a função de manter o consenso além da sua função coercitiva — quando incorpora as demandas das classes subalternas, que se abre a possibilidade de o Estado ser controlado por essas classes, a depender da correlação de forças existentes entre os segmentos sociais organizados na sociedade civil.

Nesta concepção, conclui-se que o controle social, poderá acontecer via políticas públicas. Desta forma, o controle social, na perspectiva das classes subalternas, envolve a capacidade destas, em luta na sociedade civil, de interferir na gestão pública, orientando as ações do Estado e os gastos estatais na direção dos seus interesses, tendo em vista a construção de sua hegemonia.

A partir do referencial teórico de Gramsci em que não existe uma oposição entre Estado e sociedade civil, mas uma relação orgânica, pois a oposição real se dá entre as classes sociais, o controle social acontece na disputa entre essas classes pela hegemonia na sociedade civil e no Estado. Somente a devida análise da correlação de forças entre as mesmas, em cada momento histórico, é que vai avaliar que classe obtém o controle social sobre o conjunto da sociedade. Assim, o controle social é contraditório — ora é de uma classe, ora é de outra —, está balizado pela referida correlação de forças. Na perspectiva das classes subalternas, o controle social deve se dar no sentido destas formarem cada vez mais consensos na sociedade civil em torno do seu projeto de classe, passando do momento "econômico-corporativo" ao "ético-político", superando a racionalidade capitalista e tornando-se protagonista da história, efetivando uma "reforma intelectual e moral" vinculada às transformações econômicas. Esta classe deve ter como estratégia o controle das ações do Estado para que esse incorpore seus interesses, na medida em que tem representado predominantemente os interesses da classe dominante.

Perante a conjuntura de crise do capital em que a classe dominante, para o seu enfrentamento, tem buscado o "consentimento ativo" das classes subalternas através da propagação da "cultura política da crise",[12] se faz necessário resgatar o conceito original de sociedade civil em Gramsci, para subsidiar o debate e as práticas sociais e políticas em torno do controle social — principalmente no Brasil, após a institucionalização de mecanismos de controle social sobre as políticas públicas e sobre os recursos a elas destinados, para que esses não se tornem mecanismos de formação de "consentimento ativo" das classes subalternas em torno da conservação das relações vigentes de domínio da classe dominante. O controle social das classes subalternas sobre as ações do Estado e sobre o destino dos recursos públicos torna-se um desafio importante na realidade brasileira para que se criem resistências à redução das políticas sociais, à sua privatização e mercantilização.

---

12. Ver Mota (1995).

2. Controle social nos autores contemporâneos[13]

Vários autores brasileiros vêm trabalhando este tema no eixo das políticas sociais. Para Carvalho (1995: 8),[14] "Controle social é expressão de uso recente e corresponde a uma moderna compreensão de relação Estado-sociedade, onde a esta cabe estabelecer práticas de vigilância e controle sobre aquele". Para este autor, a idéia de controle social inspira os Conselhos de Saúde para que, com a presença de segmentos sociais tradicionalmente excluídos, possam controlar o Estado, "assegurando políticas de saúde pautadas pelas necessidades do conjunto social, e não somente pelos desígnios de seus setores mais privilegiados" (Carvalho, 1995: 28). Ao analisar os Conselhos, considera que eles "têm uma representatividade muito mais política do que social, expressando uma coerência entre a sua composição e o projeto político que o (referindo-se ao Conselho) inspirou" (p. 108). Para ele, os Conselhos se apropriam de parcela do poder de governo e devem usá-lo a favor da proposta de reforma democrática do sistema e da ampliação de seu espaço político. Pela possibilidade que os Conselhos apresentam de exercer poderes governamentais ou estatais, ele os caracteriza como "espaços contra-hegemônicos [...], distinguindo-os de outros organismos de natureza estritamente civil" (Carvalho, 1995: 111). E os vê como "uma proposta contextualizada em um projeto de reforma democrática do Estado" (idem, ibidem). Também do ponto de vista da democratização, Valla (1993: 73) inscreveu o controle social dos serviços de saúde em um Estado democrático que vem passando por mudanças no modo de planejar e gerenciar recursos. Com base nas idéias de Poulantzas,[15] afirma que "a proposta de controle social dos serviços contida na criação do Sistema Único

---

13. Estes conceitos foram abordados no texto de minha autoria "Que controle social na saúde?". In "Desafios para o controle social: subsídios para a capacitação de conselheiros de saúde". Rio de Janeiro: Fiocruz, 2005.

14. Carvalho (1995) na primeira parte do seu livro *Conselhos de Saúde no Brasil: participação cidadã e controle social*, apresenta quatro momentos históricos da participação e controle social: o controle social do Estado sobre a sociedade; a sociedade complementando o Estado através da participação comunitária; a sociedade combatendo o Estado através da participação popular; e a sociedade controlando o Estado através da participação social.

15. Poulantzas escreveu dois importantes trabalhos sobre o Estado: *As Classes Sociais no Capitalismo de Hoje*, em que aborda o Estado numa perspectiva estruturalista, e *O Estado, o Poder e o Socialismo*, em que confere ao Estado um caráter de classe.

de Saúde (SUS) implica o reconhecimento de que o Estado [...] é a condensação material das relações de forças sociais".

Na mesma direção, Barros (1998) trata o controle social sobre a ação estatal dentro da perspectiva da democratização dos processos decisórios com vistas à construção da cidadania. Destaca que "ao longo de décadas, os governos submeteram os objetivos de sua ação aos interesses particulares de alguns grupos dominantes, sem qualquer compromisso com o interesse da coletividade" (Barros, 1998: 31). Neste sentido é que houve a "privatização do Estado". Em contraponto a esta realidade, afirma que a concepção de gestão pública do SUS é essencialmente democrática, devendo ser submetida ao controle da sociedade.

Raichelis (2000) considera controle social como um dos elementos constitutivos da estratégia política da esfera pública. Ele "implica o acesso aos processos que informam decisões da sociedade política, que devem viabilizar a participação da sociedade civil organizada na formulação e na revisão das regras que conduzem as negociações e arbitragens sobre os interesses em jogo, além da fiscalização daquelas decisões, segundo critérios pactuados".

A mesma autora defende a possibilidade de construção da esfera pública — espaço de explicitação de interesses em conflito, de confronto de projetos sociais e de luta pela hegemonia — no âmbito das políticas sociais, que envolve a participação ativa da sociedade civil na sua definição, implementação e controle. Para esta autora, os "Conselhos de gestão setorial" são novos mecanismos que dinamizam a participação social. Insere o debate sobre "as relações entre democratização e representação dos interesses populares na esfera das decisões políticas" (Raichelis, 1998).[16]

Cohn (2000)[17] afirma que a expressão "controle social" vem sendo utilizada para designar a participação da sociedade prevista na legislação do

---

16. Raichelis (1998) desenvolve uma análise das possibilidades de construção da esfera pública no âmbito da Assistência Social, através de um estudo do Conselho Nacional de Assistência Social, enquanto espaço de representação da sociedade política e da sociedade civil, na definição e no controle social da política de assistência social.

17. Para esta autora, o conceito de "controle social" se refere "ao conjunto dos recursos materiais e simbólicos de uma sociedade para assegurar exatamente a conformidade do comportamento de seus membros a um conjunto de regras e princípios prescritos e aprovados pela própria sociedade [...] traz consigo exatamente a idéia de 'fiscalização' e 'punição' dos indivíduos quando não se comportam segundo as normas vigentes prescritas e sancionadas" (p. 45).

SUS. Seu exercício caberia aos Conselhos de Saúde através da deliberação "sobre a definição das políticas de saúde a serem implementadas, bem como o monitoramento de sua implementação" (Cohn, 2000: 45).

Bravo (2002: 45), igualmente partindo do aspecto legal, coloca que o sentido do controle social inscrito na Constituição de 1988 "é o da participação da população na elaboração, implementação e fiscalização das políticas sociais". Considera os Conselhos de Saúde "como inovações ao nível da gestão das políticas sociais que procuram estabelecer novas bases de relação Estado-Sociedade com a introdução de novos sujeitos políticos na construção da esfera pública democrática" (Bravo, 2000). Inscreve o controle social dentro do processo de democratização do Estado via participação na gestão das políticas públicas, e considera os Conselhos como espaços de tensão entre interesses contraditórios.[18]

Em outro trabalho, Bravo e Souza (2002) fazem uma análise das quatro posições teóricas e políticas que têm embasado o debate sobre os Conselhos de Saúde e o controle social. A primeira, baseada no aparato teórico de Gramsci, parte da contradição de classe, visualizando os conselhos como arena de conflitos, em que grupos diferentes estão em disputa. Nesta perspectiva, o consenso implica em dissenso e contradição. A segunda baseia-se na concepção de consenso de Habermas e dos neo-habermasianos, e considera os conselhos como espaço consensual, em que grupos com diferentes interesses convergem, através de pactuações, para o interesse de todos. A terceira é influenciada pela visão estruturalista althusseriana do marxismo, que nega a historicidade e a dimensão objetiva do real, analisando o Estado e as instituições como aparelhos repressivos da dominação burguesa. Nesta perspectiva, os conselhos são concebidos como espaço de cooptação dos movimentos sociais pelo poder público, e a saída das entidades deste espaço é recomendada. A quarta posição é a representada pela tendência neoconservadora da política que questiona a democracia participativa, defendendo apenas a democracia representativa. Rejeita os conselhos, por considerá-los canais de participação incompatíveis com esta última.

---

18. Trabalha com a categoria democracia de massas — baseada em Netto, José Paulo. *Democracia e transição socialista: escritos de teoria e política*. Belo Horizonte: Oficina de Livros, 1990, e Ingrao, Pietro. *As massas e o poder*. Rio de Janeiro: Civilização Brasileira, 1980 — na perspectiva de sua ampliação, articulando a democracia direta com a representativa.

Abreu (1999) analisa, a partir da categoria gramsciana de Estado ampliado (relação orgânica entre sociedade política e sociedade civil), a dimensão política dos "Conselhos de Direitos",[19] e tem como hipótese central que com o formato atual, "se identificam muito mais com as estratégias do controle do capital do que com a luta da classe trabalhadora no sentido da transformação da correlação das forças, tendo em vista a sua emancipação econômica, política e social". Destaca a contraditoriedade dos interesses de classes que os conformam, em que, por um lado, "apresentam-se como possibilidade de se constituir espaços de expressão política da classe trabalhadora, na luta pela garantia de meios à própria reprodução material e subjetiva" e, por outro lado, "podem desenvolver-se como mecanismos privilegiados de manifestação dos interesses dominantes, e do exercício do controle social do capital". Entretanto, entende que a participação da classe trabalhadora na construção dos "Conselhos de Direitos" supõe uma postura de contraposição aos interesses dominantes, no sentido de transformar estes espaços em instância de defesa e conquista de direitos e de pressão política e controle social por essa classe. Apresenta como o desafio para estes Conselhos se tornarem mecanismos "de formulação de novos princípios éticos para a gestão e controle dos recursos públicos, para além da institucionalidade estatal burguesa", a condução da participação da classe trabalhadora nesses Conselhos no sentido da utilização do fundo público para o atendimento das suas necessidades sociais, podendo assim "constituir-se em instâncias de luta pela democratização das relações sociais e transformação da práxis, supondo, para tanto, a inscrição desta luta no horizonte societário da citada classe" (Abreu, 1999: 72).

Correia (2002) também parte do conceito gramsciano de Estado, e considera o campo das políticas sociais como contraditório, pois, através delas o Estado controla a sociedade, ao tempo que apreende algumas de suas demandas. É neste campo contraditório das políticas sociais que nasce um novo conceito para o controle social: atuação de setores organizados da sociedade civil na gestão das políticas públicas no sentido de controlá-las

---

19. Abreu (1999: 68) situa os Conselhos de Direitos como conquistas no campo da democratização do Estado e da sociedade civil, considerando-as como "prevalência dos interesses e necessidades da classe trabalhadora nas decisões políticas e encaminhamentos dos processos práticos". Ressalta, porém, os desafios para o avanço desse movimento frente às estratégias do capital de passivização no contexto atual de ofensiva neoliberal e reestruturação produtiva.

para que estas atendam, cada vez mais, às demandas sociais e aos interesses das classes subalternas. Neste sentido, o controle social envolve a capacidade que os movimentos sociais organizados na sociedade civil têm de interferir na gestão pública, orientando as ações do Estado e os gastos estatais na direção dos interesses da maioria da população. Conseqüentemente, implica o controle social sobre o fundo público (Correia, 2003). É neste espaço contraditório que se inserem os Conselhos gestores — instâncias de participação institucionalizada[20] — projetando a possibilidade de as classes subalternas, neles representadas, defenderem seus interesses no sentido de influenciar e controlar, de alguma forma, os rumos das políticas estatais. Afirma que, contraditoriamente, estes Conselhos podem se constituir em mecanismos de consenso em torno das mudanças nas políticas públicas, de acordo com as orientações neoliberais, na direção de realizar cortes nos gastos sociais e privatizar e focalizar tais políticas.

Observa-se que os autores supracitados, apesar de utilizarem referenciais teóricos diferentes nas suas análises, têm em comum tratar o controle social dentro da relação Estado e sociedade civil, apresentando os Conselhos "gestores", ou "de gestão setorial", ou "de direitos", como instâncias participativas, resultado do processo de democratização do Estado brasileiro. As três últimas autoras deixam clara a opção por uma análise desta temática a partir de um nítido viés classista, problematizando o controle social dentro das contradições da sociedade de classes.

3. História do controle social na saúde

Na segunda metade da década de 70, com o fim do milagre econômico e o agravamento das crises cíclicas do capitalismo, ressurgem os movimentos populares como o movimento de mulheres, o movimento pela anistia e o movimento contra a carestia, além das greves no ABC,[21] o novo sindicalismo e o fim do bipartidarismo. Estes movimentos tinham uma característica antiestatal, ou seja, uma postura de "autonomismo e independên-

---

20. De acordo com Carvalho (1995: 26) a participação institucionalizada é o "processo de inclusão no arcabouço institucional do Estado de estruturas de representação direta da sociedade, investidas de algum nível de responsabilidades de governo".

21. Abreviação das cidades operárias paulistas: Santo André, São Bernardo e São Caetano.

cia popular" (Costa, 1989) ou de "de costas para o Estado",[22] em que este é considerado um instrumento da classe dominante e suas instituições como instrumentos de repressão, de cooptação e de controle dos movimentos sociais (cf. Correia, 2003).

A relação do Estado com os movimentos sociais vai mudando na década de 80.[23] De um lado, o Estado passa a reconhecer os movimentos sociais como interlocutores coletivos, respondendo a algumas de suas demandas, e, de outro lado, os movimentos sociais presentes na sociedade civil admitem negociar com o Estado, rompendo com a posição "de costas para o Estado". Nesta perspectiva dos movimentos populares que admitem uma interação com o Estado, este é considerado permeado por contradições das lutas políticas entre as classes sociais, podendo incorporar, assim, as demandas das classes populares ao implementar políticas públicas.

Durante o período da ditadura militar, o controle social da classe dominante foi exercido através do Estado autoritário sobre o conjunto da sociedade, por meio de Decretos Secretos, Atos Institucionais e repressão. Na realidade, durante esse período, a ausência de interlocução com os setores organizados da sociedade, ou mesmo a proibição da organização ou expressão dos mesmos foi a forma que a classe dominante encontrou para exercer o seu domínio, promovendo o fortalecimento do capitalismo na sua forma monopolista. Com o processo de democratização e efervescência política e o ressurgimento dos movimentos sociais contrários aos governos autoritários, criou-se um contraponto entre um Estado ditatorial e uma sociedade civil sedenta por mudanças. Este contexto caracterizou uma pseudodicotomia entre Estado e sociedade civil e uma pseudo-homogeneização dessa última como se ela fosse composta unicamente por setores progressistas, ou pelas classes subalternas. A sociedade civil era tratada como a condensação dos setores progressistas contra um Estado autoritá-

---

22. Expressão de Ruth Cardoso (1983).

23. Configura-se uma nova relação dos movimentos populares com o Estado que se expressa nas experiências do Movimento da Saúde da Zona Leste de São Paulo, através de demandas em torno de melhorias das condições da saúde, e dos governos municipais do Partido dos Trabalhadores na década de 80, quando os Conselhos foram criados como parte da estratégia de democratizar as gestões municipais, abrindo "espaços para que as decisões sobre a vida do município passassem pela discussão e pelo controle da população" (Azevedo, 1988: 22).

rio e ditatorial, tornando-se comum falar da necessidade do controle da sociedade civil sobre o Estado (Coutinho, 2002).[24]

Foi no período de democratização do país em uma conjuntura de efervescência política, principalmente na segunda metade da década de 80, que o debate sobre a participação social voltou à tona, com uma dimensão de controle de setores organizados na sociedade civil sobre o Estado.

O Movimento de Reforma Sanitária com a proposta do Sistema Único de Saúde como alternativa ao Sistema de Saúde em vigor, foi legitimado em nível nacional na VIII Conferência Nacional de Saúde, em 1986. Nesta Conferência, houve uma ampla participação dos setores organizados na sociedade civil que, pela primeira vez, tinham uma presença efetiva, não existente nas Conferências Nacionais de Saúde anteriores.

A participação no Sistema Único de Saúde na perspectiva do Controle Social foi um dos eixos dos debates desta Conferência. A participação em Saúde é definida como "o conjunto de intervenções que as diferentes forças sociais realizam para influenciar a formulação, a execução e a avaliação das políticas públicas para o setor saúde" (Machado, 1986). O Controle Social do sistema é apontado como um dos princípios alimentadores da reformulação do Sistema Nacional de Saúde, e como via imprescindível para a sua democratização.

Em 1988, articulam-se no Movimento Nacional de Reforma Sanitária os movimentos sociais, sindicatos e parlamentares e fazem pressões na Assembléia Nacional Constituinte para inserir suas pretensões no texto constitucional: a conquista do SUS. Nesse processo, houve uma árdua batalha entre os setores progressistas e setores conservadores, até se garantir

---

24. Coutinho (2002) chama a atenção para o deslize conceitual de dicotomizar sociedade civil e Estado, que vem sendo apresentado como a verdadeira teoria gramsciana. Aponta como raiz deste equívoco, entre os intelectuais brasileiros, o contexto da ditadura em que sociedade civil tornou-se sinônimo de tudo aquilo que se contrapunha ao Estado ditatorial. O que era facilitado pelo fato do termo "civil" significar o contrário de "militar". Assim, tudo que vinha da sociedade civil era visto de forma positiva, e tudo que vinha do Estado era visto de forma negativa. Neste sentido, afirma Coutinho (2002) que nem tudo o que faz parte da sociedade civil é "bom", já que ela pode ser hegemonizada pela direita, e nem tudo que provém do Estado é "mau", já que ele pode expressar demandas universalistas que se originam nas lutas das classes subalternas. "Somente uma concreta análise histórica da correlação de forças presente em cada momento pode definir, do ângulo das classes subalternas, a função e as potencialidades positivas ou negativas da sociedade civil como do Estado" (Coutinho, 2002).

na Constituição Federal a Saúde como direito de todos e dever do Estado, a descentralização com direção única em cada esfera de governo, o atendimento integral com prioridade para as atividades preventivas, a universalização do atendimento, resolutividade, hierarquização, regionalização e participação.

A participação social na área da saúde foi concebida na perspectiva do controle social, no sentido de os setores organizados na sociedade civil participarem desde as suas formulações — planos, programas e projetos —, acompanhamento de suas execuções, até a definição da alocação de recursos para que estas atendam aos interesses da coletividade. Esta participação foi institucionalizada na Lei n. 8.142/90, através das Conferências, que têm como objetivo avaliar e propor diretrizes para a política de saúde nas três esferas de governo, e por meio dos Conselhos, que são instâncias colegiadas de caráter permanente e deliberativo, com composição paritária entre os representantes dos segmentos dos usuários, que congregam setores organizados na sociedade civil, e os demais segmentos (gestores públicos e privados e trabalhadores da saúde), e que objetivam tal controle.

4. Mecanismos de controle social: Conferências e Conselhos de Saúde

Vale destacar o aspecto contraditório desses mecanismos de participação institucionalizados na área da Saúde, pois, apesar de terem sido conquistados sobre pressão, podem se constituir em mecanismos de legitimação do poder dominante e cooptação dos movimentos sociais. Mas também podem ser espaços de participação e controle social dos segmentos populares na perspectiva de ampliação da democracia e de construção de uma nova hegemonia.

4.1 As Conferências Nacionais de Saúde

A história das Conferências Nacionais de Saúde da 8ª à 12ª, é a história de luta pela construção e conquista da consolidação do SUS. A participação efetiva dos segmentos da sociedade civil se deu a partir da 8ª CNS realizada em 1986, em pleno processo de democratização social brasileiro;

foi o marco para a legitimação das propostas do Movimento Sanitário em torno do Sistema Único de Saúde. A 9ª CNS aconteceu em agosto de 1992, numa conjuntura de insatisfação social com as medidas antipopulares do governo Collor e de boicote ao SUS, e foi palco de fortes manifestações pelo *impeachment* do então presidente. Adiada por quatro vezes, teve como tema *Saúde: municipalização é o caminho*, e suas propostas giraram em torno da exigência do cumprimento das Leis Orgânicas da Saúde e do fortalecimento da descentralização e do controle social.

A 10ª CNS foi realizada em setembro de 1996 com o tema *Construindo um Modelo de Atenção à Saúde para a Qualidade de Vida*. Nas suas mesas centrais, debateram-se os problemas e dificuldades na implementação do SUS, e apresentaram-se experiências concretas em que o SUS estava dando certo, com o objetivo de reafirmá-lo. A tônica dos debates foi o protesto contra a política neoliberal implementada pelo governo do então presidente Fernando Henrique Cardoso e o conseqüente desmoronamento do SUS. A ausência da equipe econômica e dos demais representantes do governo federal nas mesas programadas e a permanente presença do então Ministro da Saúde, Adib Jatene, evidenciou a luta que se travava entre a área econômica e o Ministério, em torno da alocação de mais recursos para a saúde.

A 11ª CNS, realizada em dezembro de 2000, teve como tema *Efetivando o SUS: acesso, qualidade e humanização na atenção à saúde, com controle social*. Relacionou o agravamento da falta de qualidade de vida e saúde da população ao projeto social e econômico do governo FHC, de rigoroso ajuste fiscal, que privilegiava a lógica econômica em detrimento das políticas sociais. Os participantes propuseram o combate à mercantilização da saúde e a promoção dos valores em defesa da vida. Reafirmaram a necessidade de fortalecer o caráter público das ações e serviços de saúde e a responsabilidade do Estado definida na Constituição Federal, e se colocaram contra a privatização do setor público, através das Agências Executivas e Organizações Sociais. O controle social foi um dos eixos centrais do debate, considerado a peça fundamental para a efetivação do SUS.

O tema da 12ª CNS foi *Saúde: um direito de todos e dever do Estado — A saúde que temos, o SUS que queremos*. Estava prevista para o ano de 2004, mas foi antecipada pelo Ministério da Saúde e pelo Plenário do Conselho Nacional de Saúde para dezembro de 2003, com o objetivo de discutir as propostas que orientariam a formulação do Plano Nacional de Saúde do novo governo, dando legitimidade ao mesmo pela participação social no processo. Uma das novidades desta Conferência foi o aproveitamento dos relatórios das Conferências estaduais na consolidação do relatório final, conferindo agilidade na organização das propostas dos grupos de trabalho. Outra novidade foi a votação dos delegados pós-conferência e em domicílio, de 81 questões pendentes. As propostas foram organizadas em dez eixos temáticos, os quais reafirmam princípios e definem diretrizes para o rumo do SUS.

4.2 Os Conselhos de Saúde

No processo de descentralização da política de saúde, a criação dos Conselhos de Saúde é uma exigência legal para o repasse de recursos da esfera federal para as esferas estaduais e municipais. Muitos desses foram criados apenas formalmente para cumprir o referido requisito legal, se constituindo em mecanismos de legitimação de gestões. São manipulados desde a sua composição, com a ingerência política dos gestores, até a sua atuação, reduzida à aprovação de documentos necessários para repasse de recursos.

O Conselho de Saúde é um espaço de lutas entre interesses contraditórios pela diversidade de segmentos da sociedade nele representados. Desta forma, constitui-se em espaço contraditório em que, de um lado, pode formar consenso contrarrestando os conflitos imanentes ao processo de acumulação do capital e, de outro, pode possibilitar aos segmentos organizados na sociedade civil que representam as classes subalternas, defenderem seus interesses em torno da política de saúde. Este espaço não é neutro, pois, nas tomadas de decisões manifestam-se conflitos em torno de projetos de sociedade contrapostos. Os interesses dos diversos segmentos sociais nele representados nem sempre são consensuais, pois nas entrelinhas revelam direções antagônicas para os caminhos da saúde nas esferas de governo correspondentes. Os representantes de setores organizados na sociedade civil que compõem um Conselho podem defender os interesses do capital ou do trabalho, em cada proposta apresentada ou aprovada em torno da direção da política de saúde. O segmento que representa as classes subalternas pode interferir para que o fundo público não seja mercantilizado.

Nos Conselhos existem tensões que se expressam na presença de diferentes interesses de classes que cada conselheiro representa, para dar o rumo das políticas públicas. Não são espaços neutros, nem homogêneos, pois neles existe o embate de propostas portadoras de interesses divergentes para dar o rumo da política específica na direção dos interesses dos segmentos das classes dominantes ou das classes subalternas, lá representados. Isso quer dizer que o controle social é uma possibilidade neste espaço, a depender da correlação de forças dentro dos mesmos que, por sua vez, é resultante da correlação de forças existente no conjunto da sociedade civil. Um fator determinante[25] para que, no âmbito dos Conselhos, haja algum controle social na perspectiva das classes subalternas é a articulação dos segmentos que a compõem em torno de um projeto comum para a sociedade a partir da construção de uma "vontade coletiva", obtendo desta forma um posicionamento em bloco mais efetivo dentro dos mesmos, ampliando seu poder de intervenção.

5. Limites para o controle social

O processo de democratização do Estado é importante para aprofundar o controle social na perspectiva de Gramsci, na direção deste apreender as demandas das classes subalternas, ao mesmo tempo em que este processo é fruto das lutas das classes.

Ao analisar historicamente a relação entre capitalismo e democracia, Borón (1994: 97) coloca que a progressiva democratização do Estado capitalista foi resultado da mobilização política das classes subalternas "sem as mobilizações populares e as lutas operárias, suas conquistas democráticas não teriam sido possíveis e o Estado burguês teria se cristalizado como simples dominação oligárquica, remoçada com certos traços formais de conteúdo liberalizante".

Situamos os Conselhos Setoriais das Políticas Sociais, especialmente o Conselho de Saúde, como resultado do processo de democratização da sociedade brasileira. Este foi concebido como espaço institucional de controle social sobre as ações do Estado na área da saúde, à medida que setores organizados na sociedade civil estão representados em sua composição e esse tem legalmente caráter deliberativo sobre a política de saúde e sobre seus recursos.

---

25. Ver em Correia (1996: 14).

Ressaltamos a importância de esclarecer de qual sociedade civil está se tratando, pois esta não é homogênea. Nela estão presentes interesses das classes antagônicas, a exemplo do Movimento dos Trabalhadores Sem Terra e da União Democrática Ruralista, que representam interesses opostos. Na concepção liberal de sociedade civil, esta é considerada homogênea e portadora de interesses universais, implicando em práticas sociais que visam superar os antagonismos de classes, estabelecendo-se negociações e parcerias entre Estado e sociedade para resolver problemas que se apresentam como universais, formando-se novas relações colaboracionistas baseadas em consensos interclasses. Foi nesta perspectiva que aconteceu o discurso participacionista e de controle social do governo FHC, na busca das parcerias com a sociedade para enfrentar os problemas sociais solidariamente, controlando os gastos que deveriam ser mínimos, racionalizados e eficazes, repassando serviços para um "terceiro setor" que estaria além do Estado e do mercado e "refilantropizando" a assistência. A sociedade civil toma vulto como produtora de bens e serviços, antes de responsabilidade do Estado. Este é o controle social máximo que interessa às classes dominantes e é funcional à preservação do seu domínio.

No entanto, o controle social interpretado a partir do conceito de sociedade civil em Gramsci requer desmistificar a aparente homogeneização desta como portadora de interesses universais, colocando como eixo de análise os antagonismos de classe que a atravessam e que são próprios das relações sociais de produção capitalista.

Em termos de concepção, estes canais institucionais de participação abrem à possibilidade de os setores organizados na sociedade civil, que representam os interesses das classes subalternas obterem algum controle sobre as políticas sociais, a depender do seu poder de organização, mobilização, informação e articulação. A transparência na gestão poderá ser exigida, e as deliberações poderão ser cobradas. O controle social, ou seja, o controle dos segmentos que representam as classes subalternas sobre as ações do Estado e sobre o destino dos recursos públicos, torna-se um desafio importante na realidade brasileira para que se criem resistências à redução das políticas sociais, à sua privatização e mercantilização.

A efetivação do controle social no campo dos Conselhos é limitada, do lado dos gestores e do lado dos usuários. Do lado dos primeiros, pela não-transparência das informações e da própria gestão, pela manipulação dos dados epidemiológicos, pelo uso de artifícios contábeis no manuseio dos recursos do Fundo de Saúde, pela ingerência política na escolha dos conselheiros, pela manipulação dos conselheiros na aprovação de propostas. E, do lado dos usuários, pela fragilidade política das entidades representadas, pela não-organicidade entre representantes e representados, pela não-articulação deste segmento na defesa de propostas em termos de um projeto comum, pelo corporativismo de cada conselheiro, defendendo os interesses somente de sua entidade, pelo não acesso às informações, pelo desconhecimento sobre seu papel e sobre a realidade da saúde na qual está inserido.

Os entraves para a efetividade do controle social sobre as políticas públicas também estão em nível macro-econômico e político, dada a pré-determinação das definições em torno dos orçamentos públicos, especialmente no que tange aos gastos sociais, resultantes das negociações com os organismos financeiros internacionais em torno das bases para o refinanciamento da dívida externa e da contratação de novos empréstimos. Este limite tem sido determinado pela dinâmica própria da sociedade do capital, que no seu estágio de crise atual, necessita que os recursos públicos subsidiem, cada vez mais, a reprodução ampliada do capital, em detrimento da reprodução do trabalho. É dentro deste limite maior da sociedade do capital que está situado o controle social em sua contraditoriedade — o controle da classe dominante para manter o seu domínio, e as estratégias de controle das classes subalternas na busca da construção de sua hegemonia.

6. As resistências do Conselho Nacional de Saúde ao giro neoliberal da política de saúde nos anos 90

Na década de 90, configurou-se legalmente a saúde universal, pública e de qualidade e a participação social como controle social, ao tempo em que se vem tentando implantar, na realidade, um processo de universalização excludente, mercantilização e privatização da saúde, decorrentes dos reflexos das mudanças do mundo econômico em nível global e das reformas sanitárias propostas pelos agentes financeiros internacionais, em especial pelo Banco Mundial (BM), que vem tendo proeminência nesta área desde a segunda metade da década de 80.

A política de saúde brasileira vem sendo tensionada por dois projetos que representam interesses antagônicos — o projeto do capital, que defende as reformas recomendadas pelo Banco Mundial, e o projeto de setores progressistas da sociedade civil, que defendem o SUS e seus princípios, integrantes da proposta da reforma sanitária. Este último projeto tem sido defendido por segmentos dos movimentos populares e sindicais, e instituições acadêmicas como o Centro Brasileiro de Estudos em Saúde (Cebes) e a Associação Brasileira de Pós-Graduação em Saúde Coletiva (Abrasco) que, articulados no Movimento de Reforma Sanitária nos anos 80 e 90, conseguiram incorporar formalmente parte de sua proposta na legislação do SUS.

O outro projeto é apoiado pelo setor privado, pelos donos de hospitais, diretores dos hospitais filantrópicos e beneficentes, grupos privados de saúde, indústrias farmacêuticas e de equipamentos nacionais e internacionais, organizados na Federação Brasileira dos Hospitais (FBH), na Confederação das Misericórdias do Brasil, na Associação Brasileira de Medicina de Grupo (Abramge), e no Sindicato Nacional das Empresas de Medicina de Grupo (Sinamge), com aliados no governo e na burocracia estatal, e tem conseguido influenciar a política de saúde, consubstancializando na prática o projeto neoliberal. Suas raízes estão no modelo assistencial privatista promovido pela Previdência Social nos governos da ditadura.

Contrapõem-se propostas de reafirmação do SUS e propostas para seu desmonte no sentido de abrir a saúde para o mercado, conforme o recomendado pelos organismos internacionais. Assim, embora paire a ameaça sobre o caráter público e universal do SUS, tem-se aglutinado setores progressistas da sociedade para sua defesa, nas seguintes instâncias de participação social: Conferências Nacionais, Estaduais e Municipais de Saúde, Plenárias Nacionais de Saúde,[26] Plenárias Nacionais de Conselheiros de Saúde e em alguns Conselhos de Saúde das três esferas de governo, em especial no Conselho Nacional de Saúde (CNS).[27]

O tensionamento entre o projeto do capital e dos setores progressistas da sociedade tem desenhado a política de saúde brasileira, pois existem resistências políticas ao primeiro projeto. Por força desses setores foi inscrito na Constituição de 88 e nas Leis Orgânicas da Saúde um arcabouço legal avançado que contempla um conjunto de reformas positivas, do ponto de

---

26. As Plenárias Nacionais de Saúde tiveram um papel importante na conquista legal do SUS, mas foram progressivamente se desarticulando na década de 90.

27. O CNS tem a atribuição formal de atuar na "formulação e controle da execução da política de saúde em âmbito federal" (Decreto n. 99.438/90).

vista da classe trabalhadora. Entretanto, sua efetivação prática tem sido boicotada pelo projeto do capital para a saúde, expresso, em parte, nas propostas de reforma do Banco Mundial para esta área, que têm se constituído em contra-reformas, pelo sentido regressivo aos direitos conquistados legalmente.

As reformas implementadas a partir da segunda metade da década de 90 em consonância com as orientações do BM, estão ancoradas na necessidade de limitação das funções do Estado, e vão demandar da política de saúde brasileira: o rompimento com o caráter universal do sistema público de saúde, ficando este encarregado apenas de prestar atendimento aos mais pobres, que não podem pagar pelos serviços no mercado, através de um modelo assistencial centrado na oferta da atenção básica e na racionalização da média e da alta complexidade; a flexibilização da gestão dentro da lógica custo/benefício, privatizando e terceirizando serviços de saúde e estimulando a criação das Organizações Sociais, com repasse de recursos públicos; o estímulo à ampliação do setor privado na oferta de serviços de saúde; e a transferência das funções do Ministério da Saúde para agências de regulação e organizações não-estatais. Algumas destas orientações geraram contradições frente à agenda de reformas progressistas defendida pelo Movimento de Reforma Sanitária, asseguradas na forma da lei.

Com base nos resultados da tese de doutorado *O Conselho Nacional de Saúde e os Rumos da política de saúde brasileira: mecanismo de controle social frente às condicionalidades dos organismos financeiros internacionais*,[28] que contém uma análise das tendências da política nacional de saúde e do posicionamento do CNS frente às orientações do Banco Mundial, no período de 1995 a 2002, podemos afirmar que a atuação do CNS[29] contribuiu efetivamente para inibir, ou mesmo evitar, a implementação de muitas das recomendações do BM para a política de saúde, tais como:

- A quebra do caráter universal do acesso aos serviços de saúde na forma da lei — Em 1995, o Conselho Nacional de Saúde contribuiu com as mobilizações contra a Proposta de Emenda Constitucional n. 32 que propunha a retirada da garantia legal do acesso universal

---

28. Correia (2005a).

29. Estas atuações foram impulsionadas e apoiadas pelas Conferências Nacionais de Saúde e pelos Encontros e Plenárias Nacionais de Conselhos de Saúde, nos quais o CNS esteve presente na mobilização e na organização.

à saúde, alterando o artigo 196 da Constituição de 1988, e aprovou uma Resolução contra estas alterações constitucionais, enviando-a para todos os parlamentares como forma de pressão.

- a propagação das experiências de flexibilização administrativas com o repasse da gestão da saúde para Organizações Sociais ou Cooperativas que tendem à privatização deste setor, e com o duplo acesso aos hospitais públicos — O CNS rejeitou as experiências do Plano de Assistência à Saúde de São Paulo, do Plano Assistencial Integral — Saúde de Roraima, das Organizações Sociais do Pará, da terceirização dos hospitais do Rio de Janeiro. Posicionou-se contrário ao duplo acesso aos Hospitais Públicos, aprovando uma deliberação contrária a um Projeto de Lei que alterava a Lei n. 8.080/90 e possibilitava aos Hospitais Universitários captar recursos advindos do atendimento a usuários de planos de saúde.

- as experiências de co-pagamento, quebrando o caráter público dos serviços de saúde estatais — O CNS esteve sempre atento à garantia deste caráter e às denúncias desta natureza. Através da Recomendação n. 3, de 28 de setembro de 1995, defendeu este caráter assegurado legalmente. Este Conselho também provocou uma discussão nos Conselhos Estaduais e Municipais sobre o tema a partir da solicitação de propostas do levantamento de situações reais de cobrança "por fora" no SUS e de alternativas de controle destas situações.

- a transformação da Fundação Nacional de Saúde (FUNASA) em Agência Executiva Autônoma, na Agência Federal de Prevenção e Controle de Doenças (APEC), que caracterizaria o repasse das funções executoras do Ministério da Saúde para uma esfera não-estatal — As articulações do CNS mobilizaram forças contrárias ao Projeto de Lei de criação dessa Agência, contribuindo para sua retirada da pauta da Câmara dos Deputados, em abril de 2002.

O CNS também se posicionou contrário:

- à Reforma do Estado e seu reflexo no setor saúde — Em 1996, o CNS aprovou uma Resolução solicitando ao Governo Federal a suspensão da aplicação da reforma neste setor. No âmbito do CNS foi formado um Grupo de Trabalho sobre Reforma do Estado e sua influência no SUS.

- ao modelo assistencial centrado na atenção básica — O Conselho empenhou-se para a efetivação da Norma Operacional Básica — NOB/SUS/96, e por mais recursos para a sua operacionalização, posicionando-se contrário ao remanejamento de recursos da média e da alta complexidade na implantação do Piso de Atenção Básica (PAB), defendendo a integralidade do SUS, em contraposição às orientações do BM de "racionalização" do acesso ao atendimento hospitalar e da expansão, apenas, da rede básica de saúde. Seu posicionamento também foi contrário ao processo de recentralização do sistema de saúde ocorrido, através da definição do PAB variável pelo nível federal. Os Conselheiros expressaram sua rejeição à "cesta básica de saúde" do Banco Mundial, e criticaram o Programa de Agentes Comunitários de Saúde (PACS) e o Programa Saúde da Família (PSF) por ainda possuírem características de programas. O CNS posicionou-se favorável à ampliação da atenção básica, mas defendendo sua articulação com a média e alta complexidade, dentro das diretrizes da Eqüidade, Integralidade e Universalidade, negando a focalização.

- aos contingenciamentos dos recursos da saúde — O CNS denunciou constantemente o desvio dos recursos da saúde e do Orçamento da Seguridade Social para o Fundo de Estabilização Fiscal (FEF), e, principalmente, os contingenciamentos realizados pela área econômica. Esses contingenciamentos foram relacionados diretamente com os Encargos Financeiros da União (EFU), ou seja, com a priorização do pagamento dos juros e amortização da dívida interna e externa por parte do Executivo, cumprindo as condicionalidades dos organismos financeiros internacionais, especialmente com as do Fundo Monetário Internacional (FMI). A intervenção do CNS foi na re-alocação dos recursos pré-definidos, não influenciando na definição do montante a ser aplicado na saúde. Esta definição ficou a cargo da equipe econômica e da sua política de ajuste econômico, em consonância com os acordos firmados com as agências internacionais de financiamento.

Estes fatos demonstram a importância das lutas políticas dos segmentos sociais que representam as classes subalternas na consolidação do SUS e na construção de resistências ao projeto do capital, sem as quais o cenário da política nacional de saúde poderia ser outro.

Não houve um automatismo das imposições econômicas dos organismos financeiros internacionais na política nacional de saúde, devido às resistências das forças políticas que representam os interesses das classes subalternas. Esses interesses se expressaram no CNS e deram o seu sentido político predominante em defesa da saúde pública universal, criando resistências às contra-reformas recomendadas pelo BM.

Apesar da importante atuação do CNS e do controle social exercido pelos setores progressistas da sociedade civil, influenciando a política de saúde em muitos aspectos, este teve limites, pois não conseguiu influenciar de forma incisiva o modelo de assistência à saúde implementado, o qual seguiu, em parte, as orientações do Banco Mundial, nem tão pouco influenciou a determinação do montante de recursos destinados à saúde. Esta determinação ficou por conta das condicionalidades inerentes aos acordos do governo com o FMI e o BM, apesar das inúmeras denúncias e resistência aos contingenciamentos resultantes destes acordos.

Ressaltamos que os mecanismos de controle social sobre as ações do Estado são mecanismos de democracia que têm limites. Podem denunciar a apropriação privada do que é público e/ou re-alocar recursos pré-determinados no Orçamento da União para atenderem necessidades reais da população, o que já é um grande avanço na atual conjuntura brasileira. Porém, este controle não é suficiente para se contrapor à ordem do capital. Estes mecanismos podem se constituir em instrumentos de gestão ou de resistência à reprodução ampliada da acumulação do capital quando denunciam a aplicação do fundo público no financiamento desta. É nesse sentido que estes devem ser fortalecidos e ampliados.

O acompanhamento e a participação da sociedade na definição da alocação dos recursos destinados às políticas sociais, que estão sendo descentralizados para os estados e municípios através de fundos específicos, são de grande importância para que estes sejam gastos com o atendimento às demandas reais da maioria da população e não fiquem à mercê dos interesses clientelistas, privatistas e/ou de "currais eleitorais". O Conselho pode ser um instrumento para este fim, já que planos, programas, projetos, relatórios financeiros, entre outros, têm que passar pela sua aprovação. É um espaço que não pode ser desprezado numa realidade como a brasileira, em que o que é público é tratado com descaso, os recursos para as políticas sociais são escassos e o controle sobre estes, em sua maioria, ainda está nas mãos dos gestores, tratando-os com sigilo como se fossem privados.

Referências

ABREU, Marina Maciel. A relação entre o Estado e a sociedade civil: a questão dos conselhos de direitos e a participação do Serviço Social. *Serviço Social & Movimento Social*. São Luís, v. 1, n. 1, p. 61-76, jul./dez. 1999.

AZEVEDO, R. Conselhos populares: uma varinha de condão? *Teoria e Debate*, São Paulo: Fundação Perseu Abramo, n. 4, set. 1988.

BARROS, Maria Elizabeth Diniz. O controle social e o processo de descentralização dos serviços de saúde. In *Incentivo à participação popular e controle social no SUS: textos técnicos para conselheiros de saúde*. Brasília: IEC, 1998.

BIANCHI, Álvaro. Retorno a Gramsci: para uma crítica das teorias contemporâneas da sociedade civil. In *XII Congresso Nacional dos Sociólogos*. GT Política e Poder: Teoria Política. UFPR, Curitiba, n. 12, abr. 2002. Disponível em: <http://planeta.terra.com.br/educação/politicon/index.htm > Acesso em: 20 jan. 2004.

BOBBIO, Norberto. *Estado, governo e sociedade: para uma teoria geral da política*. 6. ed. Rio de Janeiro: Paz e Terra, 1997.

BORÓN, Atilio. *Estado, capitalismo e democracia na América Latina*. São Paulo: Paz e Terra, 1994.

BRAVO, Maria Inês Souza. Gestão democrática na saúde: A experiência dos Conselhos na Região Metropolitana do Rio de Janeiro. In *Anais do VII Encontro Nacional de Pesquisadores em Serviço Social*. Brasília: ABEPSS, v. III, 2000.

_____. Gestão democrática na saúde: o potencial dos conselhos. In BRAVO, Maria Inês Souza e POTYARA, Amazoneida Pereira (orgs.). *Política social e democracia*. São Paulo/Rio de Janeiro: Cortez/UERJ, 2002.

BRAVO, Maria Inês Souza e SOUZA, Rodriane de Oliveira. Conselhos de Saúde e Serviço Social: luta política e trabalho profissional. *Ser Social*. Brasília: UnB, n. 10, 2002.

CARDOSO, Ruth. Movimentos sociais urbanos: balanço crítico. In: SORJ, B. e ALMEIDA, M. H. T. (orgs.). *Sociedade e política no Brasil pós-64*. São Paulo: Brasiliense, 1983.

CARNOY, Martin. *Estado e teoria política*. São Paulo: Papirus, 1990.

CARVALHO, Antônio Ivo de. *Conselhos de Saúde no Brasil: participação cidadã e controle social*. Rio de Janeiro: FASE/IBAM, 1995.

CHAUI, Marilena. *Convite à filosofia*. 3. ed. São Paulo: Ática, 1995.

COHN, Amélia. Cidadania e formas de responsabilização do poder público e do setor privado pelo acesso, eqüidade, qualidade e humanização na atenção à saúde. *Cadernos da 11ª Conferência Nacional de Saúde*. Brasília: Ministério da Saúde, 2000.

CORREIA, Maria Valéria Costa. Saúde: Descentralização e democratização. Textos Técnicos para Debates. *III Conferência Estadual de Saúde de Alagoas*. CES/SESAU/AL, 1996.

_____. Que controle social na política de Assistência Social? *Serviço Social & Sociedade*, ano XXIII, n. 72. São Paulo: Cortez, 2002.

_____. *Que controle social? Os conselhos de saúde como instrumento*. 1. reimpr. Rio de Janeiro: Fiocruz, 2003.

_____. A relação Estado e sociedade e o controle social: fundamentos para o debate. *Serviço Social & Sociedade*, ano XXIV n. 77. São Paulo: Cortez, 2004.

_____. Desafios para o controle social: subsídios para a capacitação de conselheiros de saúde. Rio de Janeiro: Fiocruz, 2005.

_____. O Conselho Nacional de Saúde e os rumos da política de saúde brasileira: mecanismo de controle social frente às condicionalidades dos organismos financeiros internacionais. Recife, 2005, 342f. Tese de Doutorado em Serviço Social — Pós-Graduação em Serviço Social da Universidade Federal de Pernambuco, 2005a.

COSTA, Nilson do Rosário et al. (orgs.). Demandas populares e políticas públicas de saúde. Petrópolis: Vozes/Abrasco, 1989.

COUTINHO, Carlos Nelson. (2002) Gramsci e a Sociedade Civil. Disponível em: < http//www.Gramsci.org/> Acesso em 20 nov. 2003.

DIAS, Edmundo Fernandes. Sobre a leitura dos textos gramscianos. In DIAS, Edmundo Fernandes et al. *O outro Gramsci*. São Paulo: Xamã, 1996.

DURANTE, Lea. Gramsci e os perigos do cosmopolitismo. *Revista Novos Rumos*, ano 16, n. 34, Instituto Astrogildo Pereira, 2001.

GRAMSCI, Antonio. Maquiavel — Notas sobre o Estado e a política. In COUTINHO, Carlos Nelson (ed. e trad.); HENRIQUES, Luiz Sérgio e NOGUEIRA, Marco Aurélio (co-eds.). *Cadernos do Cárcere*. Rio de Janeiro: Civilização Brasileira, v. 3, 2000.

_____. O Risorgimento — Notas sobre a História da Itália. In: HENRIQUES, Luiz Sérgio (ed. e trad.). COUTINHO, Carlos Nelson e NOGUEIRA, Marco Aurélio (co-ed.). *Cadernos do Cárcere*. Rio de Janeiro: Civilização Brasileira, v. 5, 2002.

INGRAO, P. *As massas e o poder*. Rio de Janeiro: Civilização Brasileira, 1980.

LIGUORI, Guido. O pensamento de Gramsci na época da mundialização. In *Revista Novos Rumos*. São Paulo: Instituto Astrogildo Pereira, ano 15, n. 32, 2000.

MACHADO, Francisco de Assis. Participação social em saúde. In: *Anais da 8ª Conferência Nacional de Saúde*. Ministério da Saúde, 1986.

MONTAÑO, Carlos Eduardo. *"Terceiro Setor" e "Questão Social" na reestruturação do capital: o Canto da Sereia*. Tese de Doutorado. Universidade Federal do Rio de Janeiro, 2001.

MOTA, Ana Elizabete. *Cultura da crise e seguridade social: um estudo sobre as tendências da previdência e da assistência social brasileira nos anos 80 e 90*. São Paulo: Cortez, 1995.

RAICHELIS, Raquel. *Esfera pública e os conselhos de assistência social: caminhos da construção democrática*. São Paulo: Cortez, 1998.

_____. Desafios da gestão democrática das políticas sociais. In: Capacitação em Serviço Social e política social. *Módulo 3*. Brasília: UnB, Centro de Educação Aberta, Continuada a Distância, 2000.

SEMERARO, Giovanni. *Gramsci e a sociedade civil: cultura e educação para a democracia*. Petrópolis: Vozes, 1999.

SIMIONATTO, Ivete. *Gramsci sua teoria, incidência no Brasil, influência no Serviço Social*. Florianópolis/São Paulo: Ed. da UFSC/Cortez, 1995.

VALLA, Víctor V. (org.) *Participação popular e os serviços de saúde: o controle social como exercício da cidadania*. Rio de Janeiro: Pares, 1993.

2ª PARTE
Serviço Social e Saúde

Capítulo 1

A Construção do Projeto Ético-Político do Serviço Social*

José Paulo Netto**

(para Júlia e Luís, distante e perto)

Introdução

É muito recente — datando da segunda metade dos anos 90 do século XX — o debate sobre o que vem sendo denominado de *projeto ético-político* do Serviço Social. O caráter relativamente novo desta discussão revela-se claramente na escassa documentação sobre o tema.[1]

No entanto, o objeto deste debate — e, sobretudo, a própria construção deste projeto no marco do Serviço Social no Brasil — tem uma história que não é tão recente, iniciada na transição da década de 70 à de 80. Este período marca um momento importante no desenvolvimento do Serviço Social no Brasil, vincado especialmente pelo enfrentamento e pela denún-

---

* Este texto, redigido em 1999 e originalmente publicado no módulo 1 de Capacitação em Serviço Social e Política Social (Brasília, CFESS/ABEPSS/CEAD/UnB, 1999), constituiu um dos primeiros materiais para a discussão acerca do "projeto ético-político do Serviço Social brasileiro", sendo posteriormente reeditado em Portugal — Henríquez (org.), 2001 — e difundido também na América Latina — Borgianni, Guerra e Montaño (orgs.), 2003. Para a presente edição, foram feitas pequenas alterações formais e uns poucos acréscimos bibliográficos.

** Professor titular da Escola de Serviço Social da Universidade Federal do Rio de Janeiro.

1. Entre os poucos títulos divulgados nacionalmente, veja-se especialmente Barroco (2004), Boschetti (2004) e Braz (2005).

cia do conservadorismo profissional. É neste processo de recusa e crítica do conservadorismo que se encontram as raízes de um projeto profissional novo, precisamente as bases do que se está denominando *projeto ético-político*.

O conciso texto que damos a público tem por objetivo oferecer elementos que contribuam para a compreensão e a implementação desse projeto.

1. Os projetos societários

A teoria social crítica (e, com esta designação, referimo-nos à tradição marxista) já demonstrou que a sociedade não é uma entidade de natureza intencional ou teleológica, isto é: a sociedade não tem objetivos nem finalidades; ela apenas dispõe de existência em si, puramente factual. No entanto, a mesma teoria sublinha que os membros da sociedade, homens e mulheres, *sempre atuam teleologicamente*, isto é: as ações humanas sempre são orientadas para objetivos, metas e fins.[2] A ação humana, seja individual, seja coletiva, tendo em sua base necessidades e interesses, implica sempre um *projeto* que, em poucas palavras, é uma antecipação ideal da *finalidade* que se pretende alcançar, com a invocação dos *valores* que a legitimam e a escolha dos *meios* para lográ-la.

Não nos interessa aqui a estrutura própria dos projetos individuais e dos projetos coletivos e, menos ainda, as complexas relações entre ambos.[3] Interessa-nos tão-somente um tipo de projeto coletivo, que designamos como *projetos societários*. Trata-se daqueles projetos que apresentam uma imagem de sociedade a ser construída, que reclamam determinados valores para justificá-la e que privilegiam certos meios (materiais e culturais) para concretizá-la.

Os projetos societários são projetos coletivos; mas seu traço peculiar reside no fato de se constituírem como projetos *macroscópicos*, como propostas para o *conjunto* da sociedade. Somente eles apresentam esta caracte-

---

2. Para esclarecer a estrutura teleológica da ação humana e o caráter não-teleológico da sociedade, cf. Holz et al. (1969) e Lukács (1997).

3. Um texto brilhante que, analisando o processo da reprodução social, se ocupa das relações entre os dois tipos de projetos, é o de Lessa (1995).

rística — os outros projetos coletivos (por exemplo, os projetos profissionais, de que trataremos adiante) não possuem este nível de amplitude e inclusividade.

Em sociedades como a nossa, os projetos societários são, necessária e simultaneamente, *projetos de classe*, ainda que refratem mais ou menos fortemente determinações de outra natureza (culturais, de gênero, étnicas etc.). Efetivamente, as transformações em curso na ordem capitalista não reduziram a ponderação das classes sociais e do seu antagonismo na dinâmica da sociedade, como constataram, entre outros, Harvey (1996) e, entre nós, Antunes (2001).

Por isto mesmo, nos projetos societários (como, aliás, em qualquer projeto coletivo) há necessariamente uma *dimensão política*, que envolve relações de poder. É claro que esta dimensão não pode ser diretamente identificada com *posicionamentos partidários*, ainda que se considere que os partidos políticos sejam instituições indispensáveis e insubstituíveis para a organização democrática da vida social no capitalismo contemporâneo.

A experiência histórica demonstra que, tendo sempre em seu núcleo a marca da classe social a cujos interesses essenciais respondem, os projetos societários constituem estruturas *flexíveis* e *cambiantes*: incorporam novas demandas e aspirações, transformam-se e se renovam conforme as conjunturas históricas e políticas.

Enfim, compreende-se, sem grandes dificuldades, que a concorrência entre diferentes projetos societários é um fenômeno próprio da democracia política. Num contexto ditatorial, a vontade política da classe social que exerce o poder político vale-se, para a implementação do seu projeto societário, de mecanismos e dispositivos especialmente coercitivos e repressivos. É somente quando se conquistam e se garantem as liberdades políticas fundamentais (de expressão e manifestação do pensamento, de associação, de votar e ser votado etc.) que distintos projetos societários podem confrontar-se e disputar a adesão dos membros da sociedade.

Todavia, também a experiência histórica demonstrou que, na ordem do capital, por razões econômico-sociais e culturais, mesmo num quadro de democracia política, *os projetos societários que respondem aos interesses das classes trabalhadoras e subalternas sempre dispõem de condições menos favoráveis para enfrentar os projetos das classes proprietárias e politicamente dominantes.*

2. Os projetos profissionais

Inscrevem-se no marco dos projetos coletivos aqueles relacionados às profissões — especificamente as profissões que, reguladas juridicamente, supõem uma formação teórica e/ou técnico-interventiva, em geral de nível acadêmico superior.[4]

Os projetos profissionais *apresentam a auto-imagem de uma profissão, elegem os valores que a legitimam socialmente, delimitam e priorizam seus objetivos e funções, formulam os requisitos (teóricos, práticos e institucionais) para o seu exercício, prescrevem normas para o comportamento dos profissionais e estabelecem as bases das suas relações com os usuários de seus serviços, com as outras profissões e com as organizações e instituições sociais privadas e públicas* (inclusive o Estado, a quem cabe o reconhecimento jurídico dos estatutos profissionais).

Tais projetos são construídos por um sujeito coletivo — o respectivo *corpo (ou categoria) profissional*, que inclui não apenas os profissionais "de campo" ou "da prática", mas que deve ser pensado como o conjunto dos membros que dão efetividade à profissão. É através da sua *organização* (envolvendo os profissionais, as instituições que os formam, os pesquisadores, os docentes e os estudantes da área, seus organismos corporativos, acadêmicos e sindicais etc.) que um corpo profissional elabora o seu projeto. Se considerarmos o Serviço Social no Brasil, tal organização compreende o sistema CFESS/CRESS, a ABEPSS, a ENESSO, os sindicatos e as demais associações de assistentes sociais.

Por outra parte, a experiência socioprofissional comprovou que, para que um projeto profissional se afirme na sociedade, ganhe solidez e respeito frente às outras profissões, às instituições privadas e públicas e frente aos usuários dos serviços oferecidos pela profissão, é necessário que ele tenha em sua base um corpo profissional fortemente organizado.

Os projetos profissionais também são *estruturas dinâmicas*, respondendo às alterações no sistema de necessidades sociais sobre o qual a profissão opera, às transformações econômicas, históricas e culturais, ao desenvolvimento teórico e prático da própria profissão e, ademais, às mudanças na composição social do corpo profissional. Por tudo isso, os projetos profissionais igualmente se renovam, se modificam.

---

4. Sobre o processo de constituição, institucionalização e/ou organização dessas profissões, cf., entre outros, Johnson (1972), Larson (1977), Friedson (1986) e Torstendhal e Burrage (eds.) (1990).

É importante ressaltar que os projetos profissionais também têm ineliminaveis *dimensões políticas*, seja no sentido amplo (no que se refere às suas relações com os projetos societários), seja em sentido estrito (no que se refere às perspectivas particulares da profissão). Porém, nem sempre tais dimensões são explicitadas, especialmente quando apontam para direções conservadoras ou reacionárias. Um dos traços mais característicos do conservadorismo consiste na negação das dimensões políticas e ideológicas. Não é por acaso que o conhecido pensador lusitano Antônio Sérgio, numa passagem notável, tenha observado que "aquele que diz não gostar de política adora praticar política conservadora".

2.1. Projetos profissionais e pluralismo

O sujeito coletivo que constrói o projeto profissional constitui um universo heterogêneo: os membros do corpo (categoria) profissional são necessariamente *indivíduos diferentes* — têm origens, situações, posições e expectativas sociais diversas, condições intelectuais distintas, comportamentos e preferências teóricas, ideológicas e políticas variadas etc. O corpo profissional é uma unidade não-homogênea, uma unidade de diversos; nele estão presentes projetos individuais e societários diversos e, portanto, configura um *espaço plural* do qual podem surgir projetos profissionais diferentes.

Mais exatamente, todo corpo profissional é um campo de tensões e de lutas. A afirmação e consolidação de um projeto profissional em seu próprio interior não suprime as divergências e contradições. Tal afirmação deve fazer-se mediante o debate, a discussão, a persuasão — enfim, pelo confronto de idéias e não por mecanismos coercitivos e excludentes. Contudo, sempre existirão segmentos profissionais que proporão projetos alternativos; por conseqüência, mesmo um projeto que conquiste hegemonia nunca será exclusivo.[5]

Por isso, a elaboração e a afirmação (ou, se se quiser, a construção e a consolidação) de um projeto profissional deve dar-se com a nítida cons-

---

5. Sabe-se que a categoria *hegemonia* foi especialmente elaborada pelo comunista sardo Antônio Gramsci (Coutinho, 1999); para um tratamento didático da categoria, cf. Simionatto (1995: 37-50).

ciência de que o *pluralismo* é um elemento factual da vida social e da própria profissão, que deve ser respeitado. Mas este respeito, que não deve ser confundido com uma tolerância liberal para com o ecletismo,[6] não pode inibir a luta de idéias. Pelo contrário, o verdadeiro debate de idéias só pode ter como terreno adequado o pluralismo que, por sua vez, supõe também o respeito às hegemonias legitimamente conquistadas.

A atenção a essas questões se mostra mais importante quando se leva em conta a relação dos projetos profissionais com os projetos societários. Embora seja freqüente a sintonia entre o projeto societário hegemônico e o projeto hegemônico de um determinado corpo profissional, podem ocorrer — e ocorrem — situações de conflito e mesmo de contradição entre eles. É possível que, em conjunturas precisas, o projeto societário hegemônico seja contestado por projetos profissionais que conquistem hegemonia em seus respectivos corpos (esta possibilidade é tanto maior quando tais corpos se tornam sensíveis aos interesses das classes trabalhadoras e subalternas e quanto mais estas classes se afirmem social e politicamente). Tais situações agudizam, no interior desses corpos profissionais, as diferenças e divergências entre os diversos segmentos profissionais que os compõem.

É evidente que estas divergências não podem ser resolvidas somente no marco do corpo profissional. Seu direcionamento positivo exige a análise do movimento social (que é o movimento das classes e camadas sociais) e o estabelecimento de relações e alianças com outros corpos profissionais e segmentos sociais (aqui incluídos os usuários dos serviços profissionais), principalmente aqueles vinculados às classes que dispõem de potencial para gestar um projeto societário alternativo ao das classes proprietárias e dominantes.

Há que se observar que esta colisão, este enfrentamento de projetos profissionais com o projeto societário hegemônico, tem limites numa sociedade capitalista. Exceto se se quiser esterilizar no *messianismo* (cuja antítese é o *fatalismo*),[7] até mesmo um projeto profissional crítico e avançado deve

---

6. A questão extremamente polêmica do pluralismo e sua degradação teórica (no ecletismo) e política (no liberalismo) foi abordada sob forma diferente por Coutinho, in Vv. Aa. (1991: 5-17) e por Tonet (1997: 203-237).

7. *Messianismo* e *fatalismo* foram estudados por Iamamoto (1992: 114-116).

ter em conta tais limites, cujas linhas mais evidentes se expressam nas condições institucionais do mercado de trabalho.[8]

2.2. Projeto profissional: diversidade de componentes e código de ética

Da caracterização de projeto profissional acima apresentada, infere-se que ele envolve uma série de componentes distintos: uma imagem ideal da profissão, os valores que a legitimam, sua função social e seus objetivos, conhecimentos teóricos, saberes interventivos, normas, práticas etc. São várias, portanto, as dimensões de um projeto profissional, que deve articulá-las coerentemente.

Esta articulação — imprescindível para a hegemonia de um projeto profissional — é complexa e não se realiza num curto espaço de tempo. Ela exige recursos político-organizativos (já vimos a importância da organização do corpo profissional), processos de debate e elaboração, investigações teórico-práticas (inclusive a análise da relação entre conhecimentos e formas de intervenção) etc.

Por outra parte, considerando o pluralismo profissional, o projeto hegemônico de um determinado corpo profissional supõe um *pacto* entre seus membros: uma espécie de acordo sobre aqueles aspectos que, no projeto, são imperativos e aqueles que são indicativos. *Imperativos* são os componentes compulsórios, obrigatórios para todos os que exercem a profissão (estes componentes, em geral, são objeto de regulação jurídico-estatal); *indicativos* são aqueles em torno dos quais não há um consenso mínimo que garanta seu cumprimento rigoroso e idêntico por todos os membros do corpo profissional. Se pensamos no Serviço Social no Brasil, recordamos como componentes imperativos a *formação acadêmica*, tal como reconhecida pelo Ministério da Educação (isto é, em instituições de nível superior credenciadas e segundo padrões curriculares minimamente determinados), e a *inscrição na respectiva organização profissional* (CRESS).

Entretanto, mesmo acerca de componentes reconhecidamente imperativos, registram-se divergências. Um exemplo eloqüente relaciona-se aos

---

8. Não é possível discutir aqui o *mercado de trabalho* dos assistentes sociais que, ultimamente, tem sido objeto de especial atenção; para aproximações distintas, cf. Netto (1996: 115-126) e Iamamoto (1998).

Códigos de Ética das profissões: apesar de serem um componente imperativo do exercício profissional (inclusive, na maioria dos casos, com força legal), são comuns os debates e as discrepâncias acerca de alguns de seus princípios e implicações — e isto constitui outro indicador das disputas e tensões que se processam no interior dos corpos profissionais (não nos referimos, aqui, às violações dos Códigos, mas às contestações de princípios e normas que eles consagram).

Esta remissão aos Códigos de Ética é importante no tratamento dos componentes dos projetos profissionais para esclarecer dois aspectos relevantes. O primeiro refere-se ao fato de que os projetos profissionais requerem sempre uma fundamentação de valores de natureza explicitamente ética — porém, esta fundamentação, sendo posta nos Códigos, não se esgota neles, isto é: a valoração ética *atravessa o projeto profissional como um todo, não constituindo um mero segmento particular dele*.

O segundo diz respeito a que os elementos éticos de um projeto profissional não se limitam a normativas morais e/ou prescrições de direitos e deveres: eles envolvem, ademais, as opções teóricas, ideológicas e políticas dos profissionais — por isto mesmo, a contemporânea designação de projetos profissionais como *ético-políticos* revela toda a sua razão de ser: uma indicação ética só adquire efetividade histórico-concreta quando se combina com uma direção político-profissional.

3. Condição política da construção do novo projeto profissional do Serviço Social e seus outros componentes

Na introdução deste texto assinalamos que se o debate acerca do *projeto ético-político* é, nestes termos, muito recente, a sua história remonta à transição dos anos 70 aos 80 do século passado. Com efeito, foi naqueles anos que a *primeira condição* para a construção deste novo projeto se viabilizou: a recusa e a crítica ao *conservadorismo* profissional.[9]

É claro que a denúncia do conservadorismo do Serviço Social não surgiu repentinamente — na verdade, desde a segunda metade dos anos 60,

---

9. Para uma análise detalhada desta recusa e desta crítica, cf. especialmente Netto (1998: 115-308) e Iamamoto (1992: 17-39).

(quando o Movimento de Reconceituação,[10] que fez estremecer o Serviço Social na América Latina, deu seus primeiros passos), aquele conservadorismo já era objeto de problematização. O trânsito dos anos 70 aos 80, porém, situou esta problematização num nível diferente na escala em que coincidiu com a crise da ditadura brasileira, exercida, desde 1º de abril de 1964, por uma tecnoburocracia civil sob tutela militar a serviço do grande capital.[11]

A resistência à ditadura, conduzida no plano legal por uma frente de oposição hegemonizada por segmentos burgueses descontentes, ganhou profundidade e qualidade novas quando, na segunda metade dos anos 70, a classe trabalhadora se reinseriu na cena política, por meio da mobilização dos operários métalo-mecânicos do cinturão industrial de São Paulo (o "ABC paulista"). A partir de então, a ditadura — que promovera a *modernização conservadora* do país contra os interesses da massa da população, valendo-se, inclusive, do terrorismo de Estado — foi levada, de derrota em derrota, à negociação com a qual, culminando na eleição indireta de Tancredo Neves (1985), concluiu seu ciclo desastroso.

A primeira metade dos anos 80 assistiu à irrupção, na superfície da vida social brasileira, de demandas democráticas e populares reprimidas por largo tempo. A mobilização dos trabalhadores urbanos, com o renascimento combativo da sua organização sindical; a tomada de consciência dos trabalhadores rurais e a revitalização das suas entidades representativas; o ingresso, também na cena política, de movimentos de cunho popular (por exemplo, associações de moradores) e democrático (estudantes, mulheres, "minorias" etc.); a dinâmica da vida cultural, com a reativação do protagonismo de setores intelectuais; a reafirmação de uma opção democrática por segmentos da Igreja católica e a consolidação do papel progressista desempenhado por instituições como a Ordem dos Advogados do Brasil (OAB) e a Associação Brasileira de Imprensa (ABI) — tudo isso pôs na agenda da sociedade brasileira a exigência de profundas transformações políticas e sociais.

---

10. Acerca do Movimento de Reconceituação, além do texto de Netto citado na nota 9, cf. também Faleiros (1987) e Silva e Silva. In: Silva e Silva (coord.) (1995: 71-96). Para um balanço da Reconceituação, quarenta anos depois de sua eclosão, cf. Alayón (org.) (2005); alguns dos textos aí coligidos foram publicados em *Serviço Social & Sociedade* (São Paulo: Cortez, n. 84, 2005).

11. Um estudo cuidadoso da ditadura é o de Ianni (1981); uma visão panorâmica do processo ditatorial encontra-se em Moreira Alves (1987); uma análise histórico-sistemática está resumida em Netto (1998: 15-112).

É neste contexto que o histórico *conservadorismo* do Serviço Social brasileiro,[12] tantas vezes reciclado e metamorfoseado, confrontou-se pela primeira vez com uma conjuntura em que a sua dominância no corpo profissional (que, sofrendo as incidências do "modelo econômico" da ditadura, começa a reconhecer-se como inserido no conjunto das camadas trabalhadoras) podia ser contestada — uma vez que, no corpo profissional, repercutiam as exigências políticas e sociais postas na ordem do dia pela ruptura do regime ditatorial.

A luta pela democracia na sociedade brasileira, encontrando eco no corpo profissional, criou o quadro necessário para romper com o quase monopólio do conservadorismo no Serviço Social: no processo da derrota da ditadura se inscreveu a primeira condição — a condição política — para a constituição de um novo projeto profissional.

Como todo universo heterogêneo, o corpo profissional não se comportou de modo idêntico. Mas as suas vanguardas, na efervescência democrática, mobilizaram-se ativamente na contestação política — desde o III Congresso Brasileiro de Assistentes Sociais (1979, conhecido como "o Congresso da virada"), os segmentos mais dinâmicos do corpo profissional vincularam-se ao movimento dos trabalhadores e, rompendo com a dominância do conservadorismo, conseguiram instaurar na profissão o *pluralismo político*, que acabou por redimensionar amplamente não só a organização profissional (dando vida nova, por exemplo, a entidades como a ABESS — depois renomeada ABEPSS — e, posteriormente, ao CFESS) como, sobretudo, conseguiram inseri-la, de modo inédito, no marco do movimento dos trabalhadores brasileiros, como ficou constatado na análise de Abramides e Cabral (1995).

---

12. Trata-se mesmo de um *histórico* conservadorismo, radicado na profissão desde o seu surgimento entre nós. Recorde-se o que escreveu o melhor analista do surgimento do Serviço Social no Brasil, resumindo a particularidade da relação da profissão com o *bloco católico*: a constituição do Serviço Social instaurou "uma forma de intervenção ideológica que se baseia no assistencialismo como suporte de uma atuação cujos efeitos são essencialmente políticos: o enquadramento das populações pobres e carentes, o que engloba o conjunto das classes exploradas. Não pode também ser desligado do contexto mais amplo em que se situa a posição política assumida e desenvolvida pelo conjunto do bloco católico: a estreita aliança com o 'fascismo nacional', o constituir-se num polarizador da opinião de direita através da defesa de um programa profundamente conservador, a luta constante e encarniçada contra o socialismo, a defesa intransigente das relações sociais vigentes" (Carvalho, A. M. P. In Iamamoto e Carvalho, 1983: 221-222).

A luta contra a ditadura e a conquista da democracia política possibilitaram o rebatimento, no interior do corpo profissional, da disputa entre projetos societários diferentes, que se confrontavam no movimento das classes sociais. As aspirações democráticas e populares, irradiadas a partir dos interesses dos trabalhadores, foram incorporadas e até intensificadas pelas vanguardas do Serviço Social. Pela primeira vez, no interior do corpo profissional, repercutiam projetos societários distintos daqueles que respondiam aos interesses das classes e setores dominantes. É desnecessário dizer que esta repercussão não foi idílica: envolveu fortes polêmicas e diferenciações no corpo profissional — o que, por outra parte, é uma saudável implicação da luta de idéias.

Tal repercussão foi favorecida, ademais, pelas modificações ocorridas no próprio corpo profissional (seu aumento quantitativo, a presença crescente de membros provenientes das novas camadas médias urbanas etc.). No entanto, para a constituição de um novo projeto profissional, a condição política, primeira e necessária, não é suficiente — outros componentes deveriam comparecer para que ele tomasse forma.

3.1. Outros componentes do novo projeto

Ainda nos anos 70, quando, como resultado da Reforma Universitária imposta pela ditadura, o Serviço Social legitimou-se no âmbito acadêmico, surgiram os cursos de pós-graduação (primeiro os mestrados e depois, nos anos oitenta, os doutorados; também foram fomentadas as especializações).

É nos espaços da pós-graduação, cujos primeiros frutos se recolhem no trânsito dos anos 70 aos 80, que, no Brasil, se inicia e, nos anos seguintes, se consolida a produção de conhecimentos a partir da área de Serviço Social — então, o corpo profissional começou a operar a sua acumulação teórica. Um balanço desta produção[13] mostra que, apesar de muito desigual, ela engendrou uma massa crítica considerável, que permitiu à profissão estabelecer uma interlocução fecunda com as ciências sociais e, sobre-

---

13. Para a produção até finais dos anos 90, cf. o trabalho de N. Kameyama. In: Cadernos Abess dedicado a "Diretrizes curriculares e pesquisa em Serviço Social" (1998). Dados mais recentes foram analisados por M. V. Iamamoto e apresentados durante conferência no Encontro Nacional de Pesquisadores em Serviço Social/ENPESS, realizado em Porto Alegre, em novembro de 2004.

tudo, revelar quadros intelectuais respeitados no conjunto do corpo profissional e, também, em outras áreas do saber.

Observe-se que a expressão *massa crítica* refere-se ao conjunto de conhecimentos produzidos e acumulados por uma determinada ciência, disciplina ou área do saber. O Serviço Social é uma *profissão* — uma especialização do trabalho coletivo, no marco da divisão sócio-técnica do trabalho —, com estatuto jurídico reconhecido (Lei n. 8.669, de 17 de junho de 1993); enquanto profissão, não é uma ciência nem dispõe de teoria própria; mas o fato de ser uma profissão não impede que seus agentes realizem estudos, investigações, pesquisas etc. e que produzam conhecimentos de natureza teórica, incorporáveis pelas ciências sociais e humanas. Assim, enquanto profissão, o Serviço Social pode se constituir, e se constituiu nos últimos anos, como uma área de produção de conhecimentos, apoiada inclusive por agências públicas de fomento à pesquisa (como, por exemplo, o Conselho Nacional de Desenvolvimento Científico e Tecnológico/CNPq).

Na acumulação teórica operada pelo Serviço Social é notável o fato de, naquilo que ela teve e tem de maior relevância, incorporar matrizes teóricas e metodológicas compatíveis com a ruptura com o conservadorismo profissional — nela se empregaram abertamente vertentes críticas, destacadamente as inspiradas na tradição marxista. Isto significa que, também no plano da produção de conhecimentos, instaurou-se um pluralismo que permitiu a incidência, nos referenciais cognitivos dos assistentes sociais, de concepções teóricas e metodológicas sintonizadas com os projetos societários das massas trabalhadoras (ou seja: de concepções teóricas e metodológicas capazes de propiciar a crítica radical das relações econômicas e sociais vigentes). À quebra do quase monopólio do conservadorismo político na profissão seguiu-se a quebra do quase monopólio do seu conservadorismo teórico e metodológico.

Concomitantemente — e este componente atravessará os anos 80 e permanecerá na agenda profissional ao largo da década seguinte —, ganhou peso o debate sobre a formação profissional: a reforma curricular de 1982 foi precedida e sucedida por amplas e produtivas discussões, fortemente estimuladas pela antiga ABESS.[14]

---

14. Recorde-se que a Associação Brasileira de Ensino de Serviço Social (ABESS), e seu organismo acadêmico, o Centro de Documentação e Pesquisa em Políticas Sociais e Serviço Social/CEDEPSS, criado em 1987, tiveram seu formato institucional redimensionado em 1998, surgindo então a Associação Brasileira de Ensino e Pesquisa em Serviço Social (ABEPSS).

Todos os esforços foram dirigidos no sentido de adequar a formação profissional, em nível de graduação, às novas condições postas seja pelo enfrentamento, num marco democrático, da "questão social" exponenciada pela ditadura, seja pelas exigências intelectuais que a massa crítica em crescimento poderia atender.

Em poucas palavras, entrou na agenda do Serviço Social a questão de redimensionar o ensino com vistas à formação de um profissional capaz de responder, com *eficácia e competência*, às demandas tradicionais e às demandas emergentes na sociedade brasileira — em suma, a construção de um novo *perfil profissional*. O exame da rica documentação produzida no período (por exemplo, Carvalho et al., 1984, e Carvalho. In ABESS, 1993) mostra a pertinência do debate então em curso para os dias atuais. Por outra parte, a verdade histórica exige que se assinale o papel de vanguarda que, à época, foi desempenhado pela Faculdade de Serviço Social da Pontifícia Universidade Católica de São Paulo, formulando uma pioneira e exitosa proposta de revisão curricular, que constituiu uma referência nacional (Yazbek, 1984).

É neste processo que foram ressignificadas modalidades prático-interventivas tradicionais e emergindo novas áreas e campos de intervenção, com o que se veio configurando, numa dinâmica que está em curso até hoje, um alargamento da prática profissional, crescentemente legitimado seja pela produção de conhecimentos que a partir dela se elaboram, seja pelo reconhecimento do exercício profissional por parte dos usuários.

Este movimento não se deve unicamente à requalificação da prática profissional (graças à acumulação de massa crítica e ao redimensionamento da formação), mas, também e sobretudo, à conquista de direitos cívicos e sociais que acompanhou a restauração democrática na sociedade brasileira — assim, por exemplo, práticas interventivas com determinadas categorias sociais (crianças, adolescentes, idosos etc.) só se puderam viabilizar institucionalmente porque receberam respaldo jurídico-legal.[15]

Em síntese, foram estes os principais componentes que, a partir da quebra do quase monopólio do conservadorismo na profissão, se conjugaram para propiciar a construção do *projeto ético-político do Serviço Social* no Brasil. Como se pode inferir desta argumentação, tais componentes foram se gestando ao longo dos anos 80 e estão em processamento até hoje.

---

15. Recorde-se o *Estatuto da Criança e do Adolescente* e a *Política Nacional do Idoso*.

Ainda nos anos 80, as vanguardas profissionais procuraram consolidar estas conquistas com a formulação de um novo Código de Ética Profissional, instituído em 1986.[16] Até então, o debate da ética no Serviço Social não era um tema privilegiado — é na seqüência do Código de 1986, e após a sua revisão, concluída em 1993, que este tema ganhará relevo significativo, de que será mostra expressiva a pesquisa de Barroco (2001), precedida de uma discussão cuja documentação foi relativamente parca (Bonetti et al., 1996; Iamamoto, 1998: 140-148).

A reduzida acumulação no terreno da reflexão ética comprometeu o Código de 1986.[17] Seus indiscutíveis avanços, que o tornaram um marco na história do Serviço Social no Brasil, se concretizaram no domínio da dimensão política (recorde-se, uma vez mais, que o *político* extrapola amplamente o *partidário*), coroando o rompimento com o conservadorismo na explicitação frontal do *compromisso profissional* com a massa da população brasileira, a classe trabalhadora. Entretanto, outras dimensões — éticas e profissionais — não foram suficientemente aclaradas, o que obrigou, em pouco tempo, à sua revisão.

Nesta revisão, que deu forma ao Código hoje vigente, as unilateralidades e limites de 1986 foram superados e, de fato, o novo Código incorporou tanto a acumulação teórica realizada nos últimos vinte anos pelo corpo profissional quanto os novos elementos trazidos ao debate ético pela urgência da própria revisão. Neste sentido, o Código de Ética Profissional de 1993 é um momento basilar do processo de construção do projeto ético-político do Serviço Social no Brasil.[18]

3.2. A estrutura básica do novo projeto profissional

É no trânsito dos anos 80 aos 90 do século XX que o projeto ético-político do Serviço Social no Brasil se configurou em sua estrutura básica[19]

---

16. Os códigos anteriores foram os de 1947, de 1965 e de 1975.

17. Para elementos críticos acerca do Código de 1986, cf. as observações de Barroco e Vinagre Silva. In Bonetti et al. (1996: 118-122 e 137-144).

18. Este código foi instituído pela Resolução do CFESS n. 273/93, de 13 de março de 1993, e publicado no Diário Oficial da União n. 60, de 30 de março de 1993, seção 1, 4.004-4.007.

19. Para sintetizar esta estrutura básica, recorreremos à documentação produzida pelo corpo profissional nos anos 80 e 90, citada parcialmente nas referências bibliográficas oferecidas ao final deste texto.

— e, qualificando-a como *básica*, queremos assinalar o seu caráter aberto: mantendo seus eixos fundamentais, ela é suficientemente flexível para, *sem se descaracterizar*, incorporar novas questões, assimilar problemáticas diversas, enfrentar novos desafios. Em suma, trata-se de um *projeto* que também é um *processo*, em contínuo desdobramento. Um exemplo do seu caráter aberto, com a manutenção dos seus eixos fundamentais, pode ser encontrado nas discussões acerca da formação profissional, produzidas com as modificações advindas da vigência da Lei de Diretrizes e Bases da Educação Nacional/LDBEN (Lei n. 9.394, de 20 de dezembro de 1996): as orientações propostas por representantes do corpo profissional (cf. ABESS, 1997, 1998) ratificam a direção da formação nos termos do projeto ético-político.

Esquematicamente, este projeto tem em seu núcleo o reconhecimento da *liberdade* como valor central — a liberdade concebida historicamente, como possibilidade de escolha entre alternativas concretas; daí um compromisso com a autonomia, a emancipação e a plena expansão dos indivíduos sociais. Conseqüentemente, *este projeto profissional se vincula a um projeto societário que propõe a construção de uma nova ordem social, sem exploração/dominação de classe, etnia e gênero*. A partir destas opções que o fundamentam, tal projeto afirma a defesa intransigente dos direitos humanos e o repúdio do arbítrio e dos preconceitos, contemplando positivamente o pluralismo, tanto na sociedade como no exercício profissional.

A dimensão política do projeto é claramente enunciada: ele se posiciona a favor da *eqüidade* e da *justiça social*, na perspectiva da *universalização* do acesso a bens e a serviços relativos às políticas e programas sociais; a *ampliação* e a *consolidação da cidadania* são explicitamente postas como *garantia dos direitos civis, políticos e sociais das classes trabalhadoras*. Correspondentemente, o projeto se declara radicalmente *democrático* — considerada a *democratização* como *socialização da participação política* e *socialização da riqueza socialmente produzida*.

Do ponto de vista estritamente profissional, o projeto implica o compromisso com a *competência*, que só pode ter como base o *aperfeiçoamento intelectual* do assistente social. Daí a ênfase numa *formação acadêmica* qualificada, fundada em concepções teórico-metodológicas críticas e sólidas, capazes de viabilizar uma análise concreta da realidade social — formação que deve abrir a via à preocupação com a *(auto)formação permanente* e estimular uma constante *preocupação investigativa*.

Em especial, o projeto prioriza uma *nova relação* com os usuários dos serviços oferecidos pelos assistentes sociais: é seu componente elementar o *compromisso com a qualidade dos serviços prestados à população*, aí incluída a *publicidade* dos recursos institucionais, instrumento indispensável para a sua democratização e universalização e, sobretudo, para abrir as decisões institucionais à *participação dos usuários*.

Enfim, o projeto assinala claramente que o desempenho ético-político dos assistentes sociais só se potencializará se o corpo profissional articular-se com os segmentos de *outras categorias profissionais* que compartilham de propostas similares e, notadamente, com os movimentos que se solidarizam com a luta geral dos trabalhadores.

4. A conquista da hegemonia

Pode-se afirmar que este projeto ético-político, fundamentado teórica e metodologicamente, conquistou hegemonia no Serviço Social, no Brasil, na década de 90 do século XX.

Esta constatação, no entanto, não significa afirmar que tal projeto esteja consumado ou que seja o único existente no corpo profissional. Por uma parte, ainda não se desenvolveram suficientemente as suas possibilidades — por exemplo, no domínio dos indicativos para a orientação de modalidades de práticas profissionais; neste terreno, ainda há muito por se fazer. Por outra parte, a ruptura com o quase monopólio do conservadorismo no Serviço Social não suprimiu tendências conservadoras ou neoconservadoras — e, como se viu anteriormente, a heterogeneidade própria dos corpos profissionais propicia, em condições de democracia política, a existência e a concorrência entre projetos diferentes.

Todavia, é inconteste que, na segunda metade dos anos 90, este projeto conquistou a hegemonia no interior do corpo profissional. Contribuíram para esta conquista dois elementos de ordem diversa, que a vontade político-organizativa das vanguardas profissionais soube articular numa definida *direção social estratégica*.

O primeiro foi o crescente envolvimento de segmentos cada vez maiores do corpo profissional nos fóruns, nos espaços de discussão e nos eventos profissionais — bem como a multiplicação e descentralização desses fóruns, espaços e eventos. Tal envolvimento se registrou nos vários Congressos Brasileiros de Assistentes Sociais e em seus encontros regionais preparatórios, nas convenções nacionais e nas "oficinas regionais" da ABESS, nos encontros de pesquisadores promovidos pelo CEDEPSS, nos encontros regionais e nos seminários nacionais patrocinados pelo sistema CFESS/CRESS etc.

O segundo consistiu no fato de que as linhas fundamentais deste projeto estão sintonizadas com tendências significativas do movimento da sociedade brasileira (do movimento das classes sociais). Estas linhas não derivaram do desejo ou da vontade subjetiva de meia dúzia de assistentes sociais envolvidos na militância cívica e/ou política; elas expressaram, processadas numa perspectiva profissional e refratadas no interior da categoria, demandas e aspirações da massa dos trabalhadores brasileiros. Numa palavra: este projeto profissional vinculou-se a um projeto societário que, antagônico ao das classes proprietárias e exploradoras, tem raízes efetivas na vida social.

Neste sentido, a construção deste projeto profissional acompanhou a curva ascendente do movimento democrático e popular que, progressista e positivamente, tensionou a sociedade brasileira entre a derrota da ditadura e a promulgação da Constituição de 1988 (à que Ulisses Guimarães chamou de *Constituição Cidadã*) — um movimento democrático e popular que, inclusive apresentando-se como alternativa nacional de governo nas eleições presidenciais de 1989, forçou uma rápida redefinição do projeto democrático das classes proprietárias.

4.1. A hegemonia ameaçada

Enquanto o movimento democrático e popular brasileiro avançava — e, vinculado a ele, o Serviço Social construía o seu projeto ético-político —, transformações substantivas marcavam a passagem do sistema capitalista a um novo estágio e, concomitantemente, uma crise social planetária irrompia no trânsito dos anos 80 aos 90.

Na sociedade brasileira, as incidências dessa crise operam fortemente nos anos 90. Especialmente a partir de 1995, quando os representantes do grande capital passaram a ocupar mais diretamente as instâncias de decisão política, as práticas político-econômicas inspiradas no neoliberalismo e a sua *cultura* viram-se amplamente disseminadas no conjunto da sociedade. No curso daquela década, a grande burguesia brasileira (que cresceu à sombra da proteção estatal da ditadura) reciclou rapidamente seu projeto societário, tornando-se, então, defensora do neoliberalismo.

É desnecessária qualquer argumentação detalhada para verificar o antagonismo entre o projeto ético-político que ganhou hegemonia no Serviço Social e a *ofensiva neoliberal* que, também no Brasil, em nome da racionalização, da modernidade, dos valores do Primeiro Mundo etc., vem promovendo (ao arrepio da Constituição de 1988) a liquidação de direitos sociais (denunciados como "privilégios"), a privatização do Estado, o sucateamento dos serviços públicos e a implementação sistemática de uma política macro-econômica que penaliza a massa da população.

Assim, a cruzada antidemocrática do grande capital, expressa na *cultura* do neoliberalismo — cruzada entre nós capitaneada por setores político-partidários auto-intitulados social-democratas e, mais recentemente, por setores que outrora se reivindicaram como de esquerda —, é uma ameaça real à implementação do projeto profissional do Serviço Social. Do ponto de vista neoliberal, defender e implementar este projeto ético-político é sinal de "atraso", de "andar na contra-mão da história".

É evidente que a preservação e o aprofundamento deste projeto, nas condições atuais, que parecem e são tão adversas, dependem da vontade majoritária do corpo profissional — porém não só dela: também dependem vitalmente do fortalecimento do movimento democrático e popular, tão pressionado e constrangido nos últimos anos.

Mas, na medida em que, no Brasil, tornam-se visíveis e sensíveis os resultados do projeto societário inspirado no neoliberalismo — privatização do Estado, desnacionalização da economia, desemprego, desproteção social, concentração exponenciada da riqueza etc. —, nesta mesma medida fica claro que o projeto ético-político do Serviço Social tem futuro. E tem futuro porque aponta precisamente ao combate — ético, teórico, ideológico, político e prático-social — ao neoliberalismo, de modo a preservar e atualizar os valores que, enquanto projeto profissional, o informam e o tornam solidário ao projeto de sociedade que interessa à massa da população.

Referências

ABESS. O processo de formação profissional do assistente social. *Cadernos Abess*. São Paulo: Abess/Cortez, n. 1, 1993.

_____. Formação profissional: trajetória e desafios. *Cadernos Abess*. São Paulo: Abess/Cortez, n. 7, 1997.

_____. Diretrizes curriculares e pesquisa em Serviço Social. *Cadernos Abess*. São Paulo: Abess/Cortez, n. 8, 1998.

ABRAMIDES, M. B. C. e CABRAL, M. S. R. *O novo sindicalismo e o Serviço Social*. São Paulo: Cortez, 1995.

ALAYÓN, N. (org.). *Trabajo social latinoamericano: a 40 años de la Reconceptualización*. Buenos Aires: Espacio Editorial, 2005.

ANTUNES, R. *Adeus ao trabalho?* São Paulo: Cortez, 2001.

BARROCO, M. L. S. *Ética e Serviço Social. Fundamentos ontológicos*. São Paulo: Cortez, 2001.

_____. A inscrição da ética e dos direitos humanos no projeto ético-político do Serviço Social. *Serviço Social & Sociedade*. São Paulo: Cortez, n. 79, 2004.

BONETTI, D. et al. *Serviço Social e ética*. São Paulo: CFESS/Cortez, 1996.

BORGIANNI, E.; GUERRA, Y. e MONTAÑO, C. (orgs.). *Servicio Social crítico: hacia la construcción del nuevo proyecto ético-político profesional*. São Paulo: Cortez, 2003.

BOSCHETTI, I. Seguridade social e projeto ético-político do Serviço Social: Que direitos para qual cidadania? *Serviço Social & Sociedade*. São Paulo: Cortez, n. 79, 2004.

_____. Notas sobre o projeto ético-político do Serviço Social. In: CRESS 7ª Região. *Assistente social: ética e direitos*. Rio de Janeiro: CRESS/7ª Região, 2005.

CARVALHO, A. M. P. et al. Projeto de investigação: a formação profissional do assistente social. *Serviço Social & Sociedade*. São Paulo: Cortez, n. 14, 1984.

COUTINHO, C. N. *Gramsci — um estudo sobre seu pensamento político*. Rio de Janeiro: Civilização Brasileira, 1999.

FALEIROS, V. P. Confrontos teóricos do movimento de reconceituação do Serviço Social na América Latina. *Serviço Social & Sociedade*. São Paulo: Cortez, n. 24, 1987.

FRIEDSON, E. *Profesional Powers. A study of the institucionalization of formal knowledge*. Chicago: University of Chicago Press, 1986.

HARVEY, D. *Condição pós-moderna*. São Paulo: Loyola, 1996.

HENRÍQUEZ, A. *Serviço Social. Ética, deontologia e projectos profissionais*. Lisboa: CPIHTS/Madri: Veras/São Paulo: ICSA, 2001.

HOLZ, H. H. et al. *Conversando com Lukács*. Rio de Janeiro: Paz e Terra, 1969.

IAMAMOTO, M. V. e CARVALHO, R. *Relações sociais e Serviço Social no Brasil*. São Paulo: Cortez/Celats, 1983.

IAMAMOTO, M. V. *Renovação e conservadorismo no Serviço Social*. São Paulo: Cortez, 1992.

_____. *O Serviço Social na contemporaneidade*. São Paulo: Cortez, 1998.

IANNI, O. *A ditadura do grande capital*. Rio de Janeiro: Civilização Brasileira, 1981.

JOHNSON, T. *Profesions and power*. London: MacMillan, 1972.

LARSON, M. S. *The rise of profesionalism*. A sociological analysis. Berkeley: University of California Press, 1977.

LESSA, S. *Sociabilidade e individuação*. Maceió: EDUFAL, 1995.

LUKÁCS, G. *As bases ontológicas da atividade humana: ontologia social, formação profissional e política*. São Paulo: Núcleo de Estudos e Aprofundamento Marxista/Programa de Estudos Pós-Graduados em Serviço Social/Pontifícia Universidade Católica de São Paulo, n. 1, maio 1997.

MOREIRA ALVES, M. H. *Estado e oposição no Brasil (1964-1984)*. Petrópolis: Vozes, 1987.

NETTO, J. P. Transformações societárias e Serviço Social. Notas para uma análise prospectiva da profissão no Brasil. *Serviço Social & Sociedade*. São Paulo: Cortez, n. 50, 1996.

_____. *Ditadura e Serviço Social*. São Paulo: Cortez, 1998.

_____. A conjuntura brasileira: o Serviço Social posto à prova. *Serviço Social & Sociedade*. São Paulo: Cortez, n. 79, 2004.

SILVA E SILVA, M. O. (coord.). *O Serviço Social e o popular: resgate teórico-metodológico do projeto profissional de ruptura*. São Paulo: Cortez, 1995.

SIMIONATTO, I. *Gramsci: sua teoria, incidência no Brasil, influência no Serviço Social*. São Paulo: Cortez/UFSC, 1995.

TONET, I. *Democracia ou liberdade?* Maceió: EDUFAL, 1997.

TORSTENDHAL, R. e BURRAGE, M. (eds.). *The formation of professions*. London: Sage, 1990.

YAZBEK, M. C. (org.). Projeto de revisão curricular da Faculdade de Serviço Social/PUC-SP. *Serviço Social & Sociedade*. São Paulo: Cortez, n. 14, 1984.

Capítulo 2

As Dimensões Ético-Políticas e Teórico-Metodológicas no Serviço Social Contemporâneo*

*Marilda Villela Iamamoto**

> *El tiempo*
> *Tiene color de noche*
> *De una noche quieta.*
> ...
> *Y el tiempo se ha dormido*
> *para sempre en su torre.*
> *Nos engañan*
> *Todos los relojes.*
> *El tiempo tiene ya horizontes*
>
> (Lorca)***

---

* Texto-base da conferência magistral do *XVIII Seminário Latinoamericano de Escuelas de Trabajo Social*. San José, Costa Rica, 12 de julio de 2004, originalmente publicado nos Anais do referido Seminário: Molina, M. L. M. (org.). *La cuestión social y la formación profesional en el contexto de las nuevas relaciones de poder y la diversidad latinoamericana*. San José, Costa Rica: ALAETS/Espacio Ed./ Escuela de Trabajo Social, 2004: 17-50.

** Assistente Social. Doutora em Ciências Sociais. Professora Titular aposentada da Escola de Serviço Social da Universidade Federal do Rio de Janeiro (UFRJ) e atualmente Professora Titular da Faculdade de Serviço Social da Universidade Estadual do Rio de Janeiro (UERJ). Publicou vários livros, entre os quais: *Renovação e Conservadorismo no Serviço Social* (São Paulo: Cortez, 1992), que atinge hoje a 8ª edição; *O Serviço Social na contemporaneidade: trabalho e formação profissional* (São Paulo: Cortez, 1998) atualmente na 10. edição; *Trabalho e indivíduo social* (São Paulo: Cortez, 2001), na 2ª edição; e, em co-autoria com Raul de Carvalho: *Relações Sociais e Serviço Social no Brasil* (São Paulo: Cortez, 1982), hoje na 18. edição.

*** Lorca, Federico Garcia. Meditación primera y última. In: *Obra poética completa*. São Paulo: Martins Fontes, 1966: 610.

Introdução

Vive-se uma época de regressão de direitos e destruição do legado de conquistas históricas dos trabalhadores em nome da defesa, quase religiosa, do mercado e do capital, cujo reino se pretende a personificação da democracia, das liberdades e da civilização. A mistificação inerente ao capital, enquanto relação social alienada que monopoliza os frutos do trabalho coletivo, obscurece a fonte criadora que anima o processo de acumulação em uma escala exponencial no cenário mundial: o universo do trabalho. Intensifica-se a investida contra a organização coletiva de todos aqueles que, destituídos de propriedade, dependem de um lugar nesse mercado, cada dia mais restrito e seletivo, que lhes permita produzir o equivalente de seus meios de vida. Crescem, com isso, as desigualdades e, com elas, o contingente de destituídos de direitos civis, políticos e sociais. Esse processo é potenciado pelas orientações (neo)liberais, que capturam os Estados nacionais, erigidas pelos poderes imperialistas como caminho único para animar o crescimento econômico, cujo ônus recai sobre as grandes maiorias.

Transformações históricas de monta alteraram a face do capitalismo nos países centrais e, em particular, na América Latina. Na contratendência de um longo período de crise da economia mundial, o capitalismo avançou em sua vocação de internacionalizar a produção e os mercados, requerendo políticas de "ajustes estruturais" por parte dos Estados nacionais. Preconizadas pelos países imperiais por intermédio dos organismos multilaterais, essas políticas dão livre curso ao capital especulativo financeiro destituído de regulamentações e à lucratividade dos grandes conglomerados multinacionais (Borón, 1995). Um mundo internacionalizado requer um *Estado dócil aos influxos neoliberais, mas ao mesmo tempo forte internamente* — ao contrário do que é propalado pelo ideário neoliberal da minimização do Estado — *para traduzir essas demandas em políticas nacionais e resistir à oposição e protestos de muitos, comprometendo a soberania das nações* (Petras, 2002).

O projeto neoliberal é expressão dessa reestruturação política e ideológica conservadora do capital em resposta à perda de rentabilidade e "governabilidade", que enfrentou durante a década de 1970 (Fiori, apud Soares, 2003), no marco de uma onda longa de crise capitalista (Mandel, 1985). O capital cria as condições históricas necessárias para a generalização de sua lógica de mercantilização universal, submetendo aos seus domínios e objetivos de acumulação o conjunto das relações sociais: a economia, a política, a cultura.

O caráter conservador do projeto neoliberal se expressa, de um lado, na *naturalização do ordenamento capitalista e das desigualdades sociais a ele inerentes tidas como inevitáveis, obscurecendo a presença viva dos sujeitos sociais coletivos e suas lutas na construção da história*; e, de outro lado, em um *retrocesso histórico* condensado no *desmonte das conquistas sociais acumuladas, resultantes de embates históricos das classes trabalhadoras*, consubstanciadas nos direitos sociais universais de cidadania, que têm no Estado uma mediação fundamental. As conquistas sociais acumuladas são transformadas em problemas ou dificuldades, causa de gastos sociais excedentes, que se encontrariam na raiz da crise fiscal dos Estados.

A contrapartida tem sido a difusão da idéia liberal de que o bem-estar social pertence ao foro privado dos indivíduos, famílias e comunidades. A intervenção do Estado no atendimento às necessidades sociais é pouco recomendada, transferida ao mercado e à filantropia, como alternativas aos direitos sociais.

Como lembra Yazbek (2001), o pensamento liberal estimula um vasto empreendimento de "refilantropização do social", já que não admite os direitos sociais, uma vez que os metamorfoseia em *dever moral*: opera, assim, uma profunda despolitização da "questão social", ao desqualificá-la "como *questão pública, questão política e questão nacional* (Yazbek, 2001: 36).

A atual desregulamentação das políticas públicas e dos direitos sociais desloca a atenção à pobreza para a iniciativa privada ou individual, impulsionada por motivações solidárias e benemerentes, submetidas *ao arbítrio do indivíduo isolado, e não à responsabilidade pública do Estado*.

As conseqüências de transitar *a atenção à pobreza da esfera pública dos direitos para a dimensão privada do dever moral são*: a ruptura da universalidade dos direitos e da possibilidade de sua reclamação judicial, a dissolução de continuidade da prestação dos serviços submetidos à decisão privada, tendentes a aprofundar o traço histórico assistencialista e a regressão dos direitos sociais.

O resultado no campo das políticas públicas na área social, na América Latina, tem sido o reforço de traços de improvisação e inoperância, o funcionamento ambíguo e sua impotência na universalização do acesso aos serviços dela derivados. Permanecem "políticas casuísticas e fragmentadas, sem regras estáveis e operando em redes públicas obsoletas e deterioradas" (Yazbek, 2001: 37). E reafirma Soares:

> A filantropia substitui o direito social. Os pobres substituem os cidadãos. A ajuda individual substitui a solidariedade coletiva. O emergencial e o provisório substituem o permanente. As micro-situações substituem as políticas públicas. O local substitui o regional e o nacional. É o reinado do minimalismo do social para enfrentar a globalização da economia. Globalização só para o grande capital. Do trabalho e da pobreza cada um cuida do seu como puder. De preferência, um Estado forte para sustentar o sistema financeiro e falido para cuidar do social (Soares, 2003: 12).

O resultado tem sido uma ampla radicalização da concentração de renda, da propriedade e do poder, na contrapartida de um violento empobrecimento da população; uma ampliação brutal do desemprego e do subemprego; o desmonte dos direitos conquistados e das políticas sociais universais, impondo um sacrifício forçado a toda a sociedade. À reestruturação da produção e dos mercados — apoiada mais em métodos de consumo intensivo da força de trabalho do que em inovações científicas e tecnológicas de última geração — somam-se mudanças regressivas na relação entre o Estado e sociedade quando a referência é a vida de todos e os direitos conquistados pelas grandes maiorias.

A cultura da "pós-modernidade", na sua versão neoconservadora, é produzida no lastro do atual estágio do que Harvey (1993) denomina de "acumulação flexível do capital". Ela é condizente com a mercantilização universal e sua indissociável descartabilidade, superficialidade e banalização da vida e gera tremores e cismas nas esferas dos valores e da ética orientados à emancipação humana. O pensamento pós-moderno contrapõe-se às teorias sociais que, apoiadas nas categorias da razão moderna, cultivam as "grandes narrativas". Assim, questiona, nivelando, os paradigmas positivista e marxista e dilacera projetos e utopias. Reitera, em contrapartida, a importância do fragmento, do efêmero, do intuitivo e do microsocial. Invade a arte, a cultura, os imaginários e suas crenças, os saberes cotidianos, as dimensões étnicas, raciais, religiosas e culturais na construção de identidades esvaziadas de história (Netto, 1996; Yazbek, 2001; Simionato, 1999).

Mas, ao mesmo tempo, essa sociedade apresenta um terreno minado de resistências e lutas travadas no dia a dia de uma conjuntura adversa para os trabalhadores, as quais carecem de maior organicidade para terem força na cena pública. Este cenário, avesso aos direitos, atesta, contraditoriamente, a urgência de seu debate e de sua afirmação na realidade latino-americana, em sua unidade de diversidades. Um debate que considere as particulares condições sócio-históricas e culturais que, no país, fundam a construção dos direitos enquanto conquistas e/ou concessões do poder, e os dilemas de sua efetivação na prática social. Esses são, também, dilemas do Serviço Social.

Um contexto sócio-histórico refratário aos influxos democráticos *exige, contraditoriamente, a construção de uma nova forma de fazer política — que impregne a formação e o trabalho dos assistentes sociais — capaz de acumular forças na construção de novas relações entre o Estado e a sociedade civil, que reduzam o fosso entre o desenvolvimento econômico e o desenvolvimento social, entre o desenvolvimento das forças produtivas e das relações sociais*. Requer, portanto, uma concepção de cidadania e de democracia para além dos marcos liberais. A cidadania entendida como capacidade de todos os indivíduos, no caso de uma democracia efetiva, de se apropriarem dos bens socialmente produzidos, de atualizarem as potencialidades de realização humana, abertas pela vida social em cada contexto historicamente determinado. Nessa concepção abrangente, a democracia inclui a socialização da economia, da política e da cultura na direção da emancipação humana, como sustenta Coutinho (2000).

A cena contemporânea reclama, com urgência, *um tempo de "política dos cidadãos"*, como qualifica Nogueira:

> concentrada no bem comum, no aproveitamento civilizado do conflito e da diferença, na valorização do diálogo, do consenso e da comunicação, na defesa da crítica e da participação, da transparência e da integridade numa operação que se volta para uma aposta na inesgotável capacidade criativa dos homens (Nogueira, 2001: 58).

É a *"política com muita política"*, em contraposição à *"pequena política"* e à *"política dos técnicos"*, a contrapolítica. Em outras palavras, *o novo que perseguimos* é o compromisso com a prevalência do debate público e da participação democrática, que abra caminhos para que cidadãos organizados interfiram e deliberem nas questões de interesse coletivo, na busca de consensos possíveis para resolver os conflitos, organizar e viver a vida (Nogueira, 2001).

Esse é o terreno que atualiza a *luta por direitos,* fundamental em uma época que descaracterizou a cidadania ao associá-la ao consumo, ao mundo do dinheiro e à posse das mercadorias. Um *projeto democrático* se constrói no jogo de poderes e contrapoderes, na receptividade às diferenças, na transparência das decisões, com publicização e controle constante dos atos de poder e na afirmação da soberania popular. Os assistentes sociais também são seus protagonistas sem abrir mão da crítica e do controle social do Estado. Este é o terreno em que um projeto ético-político profissional comprometido com a universalização dos direitos pode enraizar-se e expandir-se.

O Serviço Social latino-americano está reconstruindo uma *face acadêmica, profissional e social renovada*, cujas origens remontam ao movimento de reconceituação — voltada à *defesa dos direitos de cidadania e dos valores democráticos*, na perspectiva da liberdade, da eqüidade e da justiça social. Na contramão dos dogmas oficiais, segmentos dos assistentes sociais têm buscado um compromisso efetivo com os *interesses públicos, atuando na defesa dos direitos sociais dos cidadãos e cidadãs e na sua viabilização* junto aos segmentos majoritários da população, *o que coloca a centralidade da questão social para o trabalho e a formação profissional no contexto latino-americano.*

Poder-se-ia dizer que, na América Latina, os assistentes sociais há muito acenaram a *bandeira da esperança* — essa rebeldia que rejeita o conformismo e a derrota —, contradizendo a cultura da indiferença, do medo e da resignação que conduz à naturalização das desigualdades sociais, da violência, de preconceitos de gênero, raça e etnia. E conseguiram manter viva a *capacidade de indignação ante o desrespeito aos direitos humanos e sociais de homens e mulheres, crianças, jovens e idosos das classes subalternas com os quais trabalhamos cotidianamente.*

A categoria profissional desenvolve uma ação de cunho sócio-educativo na prestação de serviços sociais, viabilizando o acesso aos direitos e aos meios de exercê-los, contribuindo para que necessidades e interesses dos sujeitos de direitos adquiram visibilidade na cena pública e possam, de fato, serem reconhecidos. Esses profissionais afirmaram o compromisso com os direitos e interesses dos usuários, na defesa da qualidade dos serviços prestados, em contraposição à herança conservadora do passado. Importantes investimentos acadêmico-profissionais foram realizados no sentido de se construir *uma nova forma de pensar e fazer o Serviço Social, orientadas por uma perspectiva teórico-metodológica apoiada na teoria social crítica e em princípios éticos de um humanismo radicalmente histórico*, norteadores do projeto de profissão no Brasil.

A exposição, a seguir, considera: a) O Serviço Social contemporâneo: fundamentos históricos, teórico-metodológicos, e ético-políticos; b) o projeto profissional; c) Serviço Social e as estratégias para o enfrentamento da questão social: desafios para a formação e para o trabalho profissional.

1. O Serviço Social contemporâneo: fundamentos históricos, teórico-metodológicos e éticos-políticos

1.1. Perspectiva de análise

Para analisar a profissão como parte das transformações históricas da sociedade presente, é necessário transpor o universo estritamente profissional, isto é, romper com uma *visão endógena da profissão, prisioneira em seus muros internos*. E buscar entender como essas transformações atingem o conteúdo e direcionamento da própria atividade profissional; as condições e relações de trabalho nas quais se realiza; como afetam as atribuições, competências e requisitos da formação do assistente social.

Essa perspectiva exige alargar os horizontes para o movimento das classes sociais e do Estado em suas relações com a sociedade, não para perder ou diluir as particularidades profissionais, mas, ao contrário, para iluminá-las com maior nitidez; extrapolar o universo do Serviço Social para melhor apreendê-lo na história da sociedade da qual ele é parte e expressão.

O atual quadro sócio-histórico não se reduz, portanto, a *um pano de fundo* para que se possa, *depois*, discutir o trabalho profissional. Ele atravessa e conforma o cotidiano do exercício profissional do assistente social, afetando as suas condições e as relações em que se realiza o exercício profissional, assim como a vida da população usuária dos serviços sociais.

A análise crítica desse quadro requer um *diagnóstico não liberal sobre os processos sociais e a profissão neles inscrita*. Uma análise do Serviço Social que afirme a centralidade do trabalho na conformação da questão social e dos direitos sociais consubstanciados em políticas sociais universais, em contraposição às alternativas focalizadas e fragmentadas de combate à pobreza e à miséria, que trata as maiorias como residuais.

Como pensar o Serviço Social nesse contexto?

Desde a década de 80, vem sendo reiterado que a profissão de Serviço Social é uma *especialização do trabalho da sociedade, inscrita na divisão social e técnica do trabalho social*,[1] o que supõe afirmar o primado do trabalho na constituição dos indivíduos sociais.[2] Ao se indagar sobre *significado social do Serviço Social no processo de produção e reprodução das relações sociais, tem-se um ponto de partida e um norte*. Este não é a prioridade do mercado — ou da esfera da circulação —, tão cara aos liberais. Para eles, a esfera privilegiada na compreensão da vida social é a esfera da distribuição da riqueza, visto que as leis históricas que regem a sua produção são tidas como leis "naturais", isto é, assemelhadas àquelas da natureza, de difícil alteração por parte da ação humana.

A análise do Serviço Social no âmbito das relações sociais capitalistas visa superar os influxos liberais que grassam as análises sobre a chamada "prática profissional", vista como prática do indivíduo isolado, desvinculada da trama social que cria sua necessidade e condiciona seus efeitos na sociedade. Os processos históricos são reduzidos a um "contexto" distinto da prática profissional, que a condiciona "externamente". A "prática" é tida como uma relação singular entre o assistente social e o usuário de seus serviços —, seu "cliente" — desvinculada da "questão social" e das políticas sociais.

Essa visão a-histórica e focalista tende a subestimar o rigor teórico-metodológico para a análise da sociedade e da profissão — desqualificado como "teoricismo" — em favor das visões empiristas, pragmáticas e descritivas da sociedade e do exercício profissional, enraizadas em um positivismo camuflado sob um discurso progressista de esquerda. Nessa perspectiva, a formação profissional deve privilegiar a construção de estratégias, técnicas e formação de habilidades — centrando-se no "como fazer'

---

1. Essa perspectiva de análise foi introduzida no Serviço Social brasileiro, em 1982 (cf. Iamamoto e Carvalho, 1982; Iamamoto, 1992).

2. A centralidade do trabalho na constituição dos indivíduos sociais foi diluída nas interpretações do marxismo herdadas do movimento de reconceituação; um marxismo sem Marx, carregado de fortes marcas do estruturalismo francês de Althusser e do marxismo soviético e/ou de inspiração maoísta.

— a partir da justificativa que o Serviço Social é uma "profissão voltada à intervenção no social". Esse caminho está fadado a criar um profissional que *aparentemente sabe fazer, mas não consegue explicar as razões, o conteúdo, a direção social e os efeitos de seu trabalho na sociedade*. Corre-se o perigo do assistente social ser reduzido a um mero "técnico", delegando a outros — cientistas sociais, filósofos, historiadores, economistas etc. — a tarefa de pensar a sociedade. *O resultado é um profissional mistificado e que reproduz mistificações, dotado de uma frágil identidade com a profissão*. Certamente o Serviço Social é uma profissão que, como todas as demais, envolve uma atividade especializada — que dispõe de particularidades na divisão social e técnica do trabalho coletivo — e requer fundamentos teórico-metodológicos, a eleição de uma perspectiva ética e a formação de habilidades densas de política. A perspectiva de análise da profissão, ora apresentada, contrapõe-se às concepções liberais e (neo)conservadoras do exercício profissional.

A reprodução das relações sociais na sociedade capitalista, a partir da teoria social crítica, é entendida como reprodução *da totalidade concreta desta sociedade, em seu movimento e em suas contradições*. É reprodução de um modo de vida que envolve o cotidiano da vida social: um modo de viver e de trabalhar socialmente determinado.

O processo de reprodução das relações sociais não se reduz, pois, à reprodução da força viva de trabalho e dos meios materiais de produção, ainda que os abarque. Ele refere-se à reprodução das forças produtivas sociais do trabalho e das relações de produção na sua globalidade, envolvendo sujeitos e suas lutas sociais, as relações de poder e os antagonismos de classes. Envolve a reprodução da vida material e da vida espiritual, isto é, das formas de consciência social — jurídicas, religiosas, artísticas, filosóficas e científicas — através das quais os homens tomam consciência das mudanças ocorridas nas condições materiais de produção, pensam e se posicionam perante a vida em sociedade.

Esse modo de vida implica contradições básicas: por um lado, a igualdade jurídica dos cidadãos livres é inseparável da desigualdade econômica, derivada do caráter cada vez mais social da produção, contraposta à apropriação privada do trabalho alheio (quem produz não é quem se apropria da totalidade do produto do trabalho, da riqueza criada coletivamente). Por outro lado, ao crescimento do capital corresponde à crescente pauperização relativa do trabalhador. Esta é a lei geral da produção capitalista, que se encontra na raiz da "questão social" nessa sociedade.

Assim, o processo de reprodução das relações sociais não é mera repetição ou reposição do instituído. É, também, criação de novas necessidades, de novas forças produtivas sociais do trabalho em cujo processo se aprofundam as desigualdades e criam-se novas relações sociais entre os homens na luta pelo poder e pela hegemonia entre diferentes classes e grupos na sociedade. Essa é uma noção aberta ao vir-a-ser histórico, à criação do novo, que captura o movimento e a tensão das relações sociais entre as classes e sujeitos que as constituem, as formas mistificadas que as revestem, assim como as possibilidades de ruptura com a alienação por meio da ação criadora dos homens na construção da história.

Esse rumo da análise recusa visões unilaterais que apreendem dimensões isoladas da realidade, sejam elas de cunho *economicista, politicista ou culturalista*. A preocupação é afirmar a ótica da *totalidade na apreensão da dinâmica da vida social* e procurar identificar como o Serviço Social participa no processo de produção e reprodução das relações sociais.

As condições que peculiarizam o trabalho do assistente social são uma concretização da dinâmica das relações sociais vigentes na sociedade. Como as classes sociais só existem em relação, pela mútua mediação entre elas, o trabalho profissional é necessariamente polarizado pela trama de suas relações e interesses, tendendo a ser cooptado pelas que têm uma posição dominante. Reproduz, também, pela mesma atividade interesses contrapostos, que convivem em tensão. Responde tanto a demandas do capital e do trabalho, e só pode fortalecer um ou outro pólo pela mediação de seu oposto. Participa tanto dos mecanismos de exploração e dominação, quanto, ao mesmo tempo e pela mesma atividade, da resposta às necessidades de sobrevivência da classe trabalhadoras, da reprodução do antagonismo desses interesses sociais, reforçando as contradições que constituem o motor da história. A partir dessa compreensão é que se pode estabelecer uma estratégia profissional e política coletiva para fortalecer as metas do capital ou do trabalho, embora elas não possam ser excluídas do contexto do trabalho profissional.

Isso significa que o exercício profissional participa de um mesmo movimento que tanto permite a continuidade da sociedade de classes quanto cria as possibilidades de sua transformação. Como a sociedade na qual se inscreve o exercício profissional é atravessada por projetos sociais distintos — projeto de classes para a sociedade — tem-se um terreno sócio-histórico aberto à construção de projetos profissionais também diversos, indissociáveis dos projetos mais amplos para a sociedade. É essa presença de forças sociais e políticas reais — que não são mera ilusão —, que permite à categoria profissional estabelecer estratégias político-profissionais no sentido de reforçar interesses das classes subalternas, alvo prioritário das ações profissionais. Sendo a profissão atravessada por relações de poder, ela dispõe de um caráter essencialmente político, o que não decorre apenas das intenções pessoais do assistente social, mas dos condicionantes histórico-sociais dos contextos em que se insere e atua.

Em síntese, o Serviço Social situa-se no processo de reprodução das relações sociais como uma atividade auxiliar e subsidiária no exercício do controle social e da ideologia, isto é, na criação de bases políticas para a hegemonia das classes fundamentais. Intervém, ainda, através dos serviços sociais, na criação de condições favorecedoras da reprodução da força de trabalho. Por outro lado, se essas relações são antagônicas; se, apesar das iniciativas do Estado visando o controle e a atenuação dos conflitos, esses se reproduzem, o Serviço Social contribui, também, para a reprodução dessas mesmas contradições que caracterizam a sociedade capitalista.

A profissão *é tanto um dado histórico, indissociável das particularidades assumidas pela formação e desenvolvimento da sociedade brasileira quanto resultante dos sujeitos sociais que constroem sua trajetória e redirecionam seus rumos.* Considerando a historicidade da profissão — seu caráter transitório e socialmente condicionado — ela se configura e se recria no âmbito das relações entre o Estado e a sociedade, fruto de determinantes macro-sociais que estabelecem limites e possibilidades ao exercício profissional inscrito na divisão social e técnica do trabalho e apoiado nas relações de propriedade que a sustentam.

Pensar o projeto profissional supõe articular essa dupla dimensão: a) de um lado, as condições macro-societárias que tecem o terreno sócio-histórico em que se exerce a profissão, seus limites e possibilidades que vão além da vontade do sujeito individual; b) e, de outro lado, as respostas de caráter ético-político e técnico-operativo — apoiadas em fundamentos teóricos e metodológicos — de parte dos agentes profissionais a esse contexto. Elas traduzem como esses limites e possibilidades são apropriados, analisados e projetados pelos assistentes sociais. O exercício da profissão exige, portanto, um sujeito profissional que tem competência para propor, para negociar com a instituição os seus projetos, para defender o seu campo de trabalho, suas qualificações e atribuições profissionais. Requer ir além das rotinas institucionais para buscar apreender, no movimento da realidade, as tendências e possibilidades, ali presentes, passíveis de serem apropriadas pelo profissional, desenvolvidas e transformadas em projetos de trabalho.

1.2. Os fundamentos do processo de institucionalização e desenvolvimento da profissão: trajetória e desafios

É freqüente a afirmativa que o Serviço Social se torna profissão quando impõe *uma base técnico-científica às atividades de ajuda, à filantropia*. Ou, em outros termos, quando se processa uma *tecnificação da filantropia*. Essa é a tônica do discurso dos pioneiros e de grande parte da literatura especializada, abrangendo, inclusive, autores do movimento de reconceituação. Essa é uma visão de dentro e por dentro das fronteiras do Serviço Social, como se ele fosse fruto de uma evolução interna e autônoma dos sujeitos que a ele se dedicam.

A profissionalização do Serviço Social pressupõe a expansão da produção e de relações sociais capitalistas, impulsionadoras da industrialização e urbanização, que trazem, no seu verso, a "questão social". A luta dos trabalhadores por seus direitos invade a cena política, exigindo do Estado o seu reconhecimento público. O Estado amplia-se, nos termos de Gramsci (1978), e passa a administrar e gerir o conflito de classe não apenas via coerção, mas buscando construir um consenso favorável ao funcionamento da sociedade no enfrentamento da questão social.

O Estado, ao centralizar a política sócio-assistencial efetivada através da prestação de serviços sociais, cria as bases sociais que sustentam um mercado de trabalho para o assistente social. O Estado e os estratos burgueses tornam-se uma das molas propulsoras dessa qualificação profissional, legitimada pelo poder. O Serviço Social deixa de ser um mecanismo da distribuição da caridade privada das classes dominantes — rompendo com a tradicional filantropia — para transformar-se em uma das engrenagens da execução das políticas públicas e de setores empresariais, seus maiores empregadores.

O Serviço Social desenvolve-se dentro de um padrão de desenvolvimento do pós-guerra, nos "trinta anos gloriosos" que marcaram uma ampla expansão da economia capitalista sob a hegemonia do capital industrial.[3]

A expansão industrial, inspirada no padrão fordista-taylorista, voltada à produção em massa para o consumo de massa, dinamiza a acumulação de capital gerando excedentes, parcela dos quais é canalizada para o Estado no financiamento de políticas públicas, contribuindo para a socialização dos custos de reprodução da força de trabalho.

A política keynesiana, direcionada ao "pleno emprego" e à manutenção de um padrão salarial capaz de manter o poder de compra dos trabalhadores, implicou o reconhecimento do movimento sindical em sua luta por reivindicações políticas e econômicas. Permitiu, assim, que famílias pudessem aplicar sua renda monetária para consumir e dinamizar a economia. A prestação de serviços sociais públicos foi estimulada, criando condições para a constituição e desenvolvimento da profissão.

Esse padrão de acumulação entrou em crise em meados dos anos 70, a que se acresce, na década de 80, a *débâcle* do Leste Europeu e a queda do muro de Berlim, reorganizando o poder no cenário internacional.

Profundas alterações nas formas de produção e de gestão do trabalho têm sido introduzidas ante as novas exigências do mercado oligopolizado, em um contexto de internacionalização do capital orquestrada não mais pelo capital industrial, mas pela *financeirização da economia*.

As mudanças na produção de bens e serviços se complementam com novas relações entre o Estado e sociedade de classes, fundadas numa visão que atribui ao Estado a responsabilidade prioritária pelas desgraças e infortúnios que afetam a sociedade. A contrapartida é uma santificação do mercado e da iniciativa privada, esferas da eficiência, da probidade, da austeridade (Borón, 1995). O resultado é *um amplo processo de privatização da coisa pública:* um Estado cada vez mais submetido aos interesses econômicos e políticos dominantes no cenário internacional e nacional, renunciando a dimensões importantes da soberania da nação em nome das exigências do grande capital financeiro e dos compromissos com as dívidas interna e externa.

Tais processos atingem não só a economia e a política afetando, também, as formas de sociabilidade. Vive-se a "sociedade de mercado" (Lechner,

---

3. Recupero, a seguir, elementos analíticos presentes em Iamamoto (1998).

1999) e os critérios de racionalidade do mercado — tido como o eixo regulador da vida social —, invadem diferentes esferas da vida social. Essas passam a ser analisadas segundo uma lógica pragmática e produtivista que erige a competitividade, a rentabilidade, a eficácia e eficiência como critérios para referenciar as análises sobre a vida em sociedade.

Forja-se assim uma mentalidade utilitária, que reforça o individualismo, onde cada um é chamado a "se virar" no mercado. Ao lado da naturalização da sociedade — "é assim mesmo, não há como mudar" —, ativam-se os apelos morais à solidariedade, na contraface da crescente degradação das condições de vida das grandes maiorias.

Esse cenário, de nítido teor conservador, atinge as formas culturais, a subjetividade, a sociabilidade, as identidades coletivas, erodindo projetos e utopias. E estimula um clima de incertezas e desesperanças. O enfraquecimento das redes de sociabilidade e sua subordinação às leis mercantis estimulam atitudes e condutas centradas no indivíduo isolado, em que cada um "é livre" para assumir os riscos, as opções e responsabilidades por seus atos em uma sociedade de desiguais.

A competitividade internacional torna a qualidade dos produtos um requisito para enfrentar a concorrência, exigindo, ao mesmo tempo, reduzir custos e ampliar as taxas de lucratividade. Nessa lógica, o rebaixamento dos custos do chamado "fator trabalho" tem peso importante: envolve cortes de salário e de direitos conquistados. Surge o trabalhador polivalente, chamado a exercer várias funções no mesmo tempo e com o mesmo salário. Verifica-se um amplo enxugamento das empresas com a terceirização e a decorrente redução do quadro de pessoal, tanto nas empresas quanto no Estado.

Esse processo estimula um acelerado desenvolvimento científico e tecnológico para enfrentar a concorrência intercapitalista, contribuindo para a redução de custos e ampliação dos níveis de lucratividade; resulta em mudanças nas formas de organizar a produção e consumir a força de trabalho, envolvendo ampla redução dos postos de trabalho. Reduz-se a demanda de trabalho vivo ante o trabalho passado incorporado nos meios de produção, com elevação da composição técnica e de valor do capital. Apoiada na robótica, na micro-eletrônica, na informática — dentre outros avanços científicos —, a reestruturação produtiva afeta radicalmente a produção de bens e serviços, a organização e gestão do trabalho, as condições e relações de trabalho, assim como o conteúdo do próprio trabalho.

Complementam esse quadro radicais mudanças nas relações Estado/ sociedade civil orientadas pela terapêutica neoliberal, traduzida nas políticas de ajuste recomendadas pelo "Consenso de Washington" (Baptista, 1994). Por *meio de vigorosa intervenção estatal a serviço dos interesses privados articulados no bloco do poder, contraditoriamente, conclama-se, sob inspiração liberal, a necessidade de reduzir a ação do Estado na questão social mediante a restrição de gastos sociais, em decorrência da crise fiscal do Estad*o. O resultado é *um amplo processo de privatização da coisa pública:* um Estado cada vez mais submetido aos interesses econômicos e políticos dominantes no cenário internacional e nacional, renunciando a dimensões importantes da soberania da nação em nome dos interesses do grande capital financeiro e de honrar os compromissos morais com as dívidas interna e externa.

A crítica neoliberal sustenta que os serviços públicos, organizados à base de princípios de universalidade e gratuidade, superdimensionam o gasto estatal. Daí a proposta de reduzir despesas (e, em especial, os gastos sociais), diminuir atendimentos, restringir meios financeiros, materiais e humanos para implementação dos projetos. Programas focalizados e seletivos substituem as políticas sociais de acesso universal. Eles requerem *cadastro e comprovação da pobreza, como se ela fosse residual,* com todos os constrangimentos burocráticos e morais às vítimas de tais procedimentos. Dentre as características daqueles programas sociais, como sintetiza Soares (2003), tem-se a dependência de *recursos externos* para o seu financiamento; o *caráter transitório* que impede sua continuidade no espaço e no tempo, comprometendo seus impactos e a sua efetividade; o estímulo *ao autofinanciamento* — via pagamento direto — em detrimento de formas públicas e distributivas, típicas de regimes tributários mais justos; *a substituição de agentes públicos estatais por "organizações comunitárias" ou "não-governamentais", financiadas por recursos públicos* e que, nem sempre, preservam o caráter público de suas ações no acesso aos programas e nos contratos de trabalho de seus agentes. Estes são geralmente submetidos ao trabalho temporário, aos baixos salários e à precarização. Os *critérios de gestão empresarial* — custo-benefício, terceirização, produtividade etc. — passam a ser incorporados pelos organismos estatais, ao mesmo tempo em que é estimulada a *privatização,* com alto grau de mercantilização dos serviços sociais. A descentralização das políticas e programas sociais nem sempre é acompanhada de correspondente transferência de recursos.

Diante de tais características, o assistente social, que é chamado a implementar e viabilizar direitos sociais e os meios de exercê-los, se vê tolhido em suas ações que dependem de recursos, condições e meios de trabalho cada vez mais escassos para as políticas e serviços sociais públicos.

Esse novo momento de expansão capitalista altera a demanda de trabalho do assistente social, modifica o mercado de trabalho, altera os processos e as condições de trabalho nos quais os assistentes sociais ingressam enquanto profissionais assalariados. As relações de trabalho tendem a ser desregulamentadas e flexibilizadas. Verifica-se uma ampla retração dos recursos institucionais para acionar a defesa dos direitos e dos meios de acessá-los. Enfim, tem-se um redimensionamento das condições do exercício profissional que ele se efetiva pela mediação do trabalho assalariado.

1.3 Questão social e Serviço Social

O Serviço Social tem na *"questão social"* a base de sua fundação enquanto especialização do trabalho. "Questão social" apreendida enquanto *o conjunto das* expressões das desigualdades da sociedade capitalista que tem uma raiz comum: a produção social é cada vez mais social, enquanto a apropriação dos seus frutos mantém-se privada, monopolizada por uma parte da sociedade.

Os assistentes sociais, por meio da prestação de serviços sócio-assistenciais nas organizações públicas privadas, interferem nas relações sociais cotidianas no atendimento às mais variadas expressões da "questão social" vividas pelos indivíduos sociais no trabalho, na família, na luta pela moradia e pela terra, na saúde, na assistência social pública etc.

A "questão social" sendo desigualdade é, também, rebeldia, pois os sujeitos sociais, ao vivenciarem as desigualdades, a elas também resistem e expressam seu inconformismo. *É nesta tensão entre produção da desigualdade, da rebeldia e da resistência que trabalham os assistentes sociais, situados nesse terreno movido por interesses sociais distintos, os quais não é possível abstrair — ou deles fugir — porque tecem a trama da vida em sociedade.*

Por isso, decifrar as *novas mediações* através das quais se expressa a "questão social" na cena contemporânea é de fundamental importância para o Serviço Social em uma *dupla perspectiva*: para que se possa apreender as várias expressões que as desigualdades sociais assumem na atualidade e os processos de sua produção e reprodução ampliada; e para projetar e forjar *formas de resistência e de defesa da vida*. Formas de resistência já presentes, por vezes de forma parcialmente ocultas, no cotidiano dos segmentos majoritários da população que dependem do trabalho para a sua sobrevivência. Assim, apreender a "questão social" é também captar as múltiplas formas de pressão social, de invenção e de re-invenção da vida, construídas no cotidiano.

Na atualidade, a "questão social" diz respeito ao conjunto multifacetado das expressões das desigualdades sociais engendradas na sociedade capitalista madura, impensáveis sem a intermediação do Estado. A "questão social" expressa *desigualdades econômicas, políticas e culturais das classes sociais, mediadas por disparidades nas relações de gênero, características étnico-raciais e formações regionais,* colocando em causa amplos segmentos da sociedade civil no acesso aos bens da civilização.

Dispondo de uma dimensão estrutural, a "questão social" atinge visceralmente a vida dos sujeitos numa *luta aberta e surda pela cidadania* (Ianni, 1992), no embate pelo *respeito aos direitos civis, sociais e políticos* e *aos direitos humanos*. Esse processo é denso de *conformismos e rebeldias*, expressando a consciência e a luta pelo reconhecimento dos direitos de cada um e de todos os indivíduos sociais. É nesse terreno de disputas que trabalham os assistentes sociais.

Foram as lutas sociais que romperam o domínio privado nas relações entre capital e trabalho, extrapolando a "questão social" para a esfera pública, exigindo a interferência do Estado no reconhecimento e a legalização de direitos e deveres dos sujeitos sociais envolvidos, consubstanciados nas políticas e serviços sociais.

Atualmente, a "questão social" passa a ser objeto de um violento *processo de criminalização* que atinge as classes subalternas (Ianni, 1992; Guimarães, 1979). Recicla-se a noção de "classes perigosas" — não mais laboriosas —, sujeitas à repressão e extinção. A tendência de *naturalizar* a "questão social" é acompanhada da transformação de suas manifestações em *objeto de programas assistenciais focalizados de "combate à pobreza"* ou *em expressões da violência dos pobres, cuja resposta é a segurança e a repressão oficiais*. Evoca o passado, quando era concebida como "caso de polícia", em vez de ser objeto de uma ação sistemática do Estado no atendimento às necessidades básicas da classe operária e outros segmentos trabalhadores. Na atualidade, as propostas imediatas para enfrentar a "questão social", no Brasil, atualizam a articulação *assistência focalizada/repressão*, com o reforço do braço coercitivo do Estado em detrimento da construção do consenso necessário ao regime democrático, o que é motivo de inquietação.

Uma *dupla armadilha* pode envolver a análise da "questão social" quando suas múltiplas e diferenciadas expressões são desvinculadas de sua *gênese comum*, desconsiderando os processos sociais contraditórios — na sua dimensão de totalidade — que as criam e as transformam.

Corre-se o risco de cair na pulverização e fragmentação das questões sociais, atribuindo unilateralmente aos indivíduos e suas famílias a responsabilidade pelas dificuldades vividas, o que deriva na análise dos "problemas sociais" como problemas do indivíduo isolado e da família, perdendo-se a dimensão coletiva e isentando a sociedade de classes da responsabilidade na produção das desigualdades sociais.[4] Por uma artimanha ideológica, elimina-se, no nível da análise, a dimensão coletiva da questão social, reduzindo-a a uma dificuldade do indivíduo. A pulverização da "questão social", típica da ótica liberal, resulta na *autonomização de suas múltiplas expressões* — as várias "questões sociais" —, em detrimento da perspectiva de unidade. Impede-se, assim, o resgate da origem da "questão social" imanente à organização social capitalista, o que não elide a necessidade de apreender as múltiplas expressões e formas concretas que assume.

Outra armadilha é aprisionar a análise em um discurso genérico, que redunda em uma visão unívoca e indiferenciada da questão social, prisioneira das análises estruturais, segmentadas da dinâmica conjuntural e da vida dos sujeitos sociais. A "questão social" passa a ser esvaziada de suas particularidades, perdendo o movimento e a riqueza da vida, ao desconsiderar suas expressões específicas que desafiam a "pesquisa concreta de situações concretas" (como a violência, o trabalho infantil, a violação dos direitos humanos, os massacres indígenas etc.). Concluindo, constata-se hoje *uma renovação da velha "questão social"*, inscrita na própria natureza das relações sociais capitalistas, *sob outras roupagens e novas condições sócio-históricas na sociedade contemporânea*, aprofundando suas contradições. Nesse cenário, a "velha questão social" metamorfoseia-se, assumindo novas roupagens. Ela *evidencia hoje a imensa fratura entre o desenvolvimento das forças pro-*

---

4. A maioria dos programas focalizados de combate à fome e miséria tem, como alvo, a família.

dutivas do trabalho social e as relações sociais que o sustentam. Crescem as desigualdades e afirmam-se as lutas no dia a dia contra as mesmas — na sua maioria silenciada pelos meios de comunicação — no âmbito do trabalho, do acesso aos direitos e serviços no atendimento às necessidades básicas dos cidadãos, das diferenças étnico-raciais, religiosas, de gênero etc.

A *hipótese de análise* é a de que na raiz do atual perfil assumido pela "questão social" na América Latina encontram-se as políticas governamentais de favorecimento da esfera financeira e do grande capital produtivo — das instituições e mercados financeiros e empresas multinacionais —, como força que captura o Estado, as empresas nacionais, o conjunto das classes e grupos sociais que passam a assumir o ônus das "exigências dos mercados" (Salama, 1999; Chesnais, 1996). Estabelece-se uma estreita relação entre a responsabilidade dos governos no campo econômico e financeiro e a liberdade dada aos movimentos de capital concentrado para atuar, no país, sem regulamentações e controles, transferindo lucros e salários oriundos da produção para valorizar-se na esfera financeira e especulativa, que reconfiguram a "questão social" na cena contemporânea.

Nessa perspectiva, *a "questão social" não se identifica com a noção de exclusão social*, hoje generalizada, dotada de grande consenso nos meios acadêmicos e políticos. Ela torna-se uma palavra mágica, que tudo e nada explica, ocorrendo uma "fetichização conceitual" da noção de exclusão social (Martins, 1997).

Castel (1997) refere-se às "armadilhas da exclusão", denunciando a sua inconsistência teórica: uma "palavra valise", utilizada para definir todas as misérias do mundo. É uma noção que se afirma pela qualificação negativa — a falta de —, empregada com uma heterogeneidade de usos, sem dizer, com rigor, no que consiste e de onde vem. O amplo estudo desenvolvido por Castel (1998) sobre as metamorfoses da questão social parte de uma noção fortemente enraizada na escola sociológica francesa, na ótica da *integração social*: uma "dificuldade central a partir da qual uma sociedade se interroga sobre sua coesão social e tenta conjurar os riscos de sua fratura" (Castel, 1997, 1998). Todavia, sua pesquisa leva-o a afirmar a centralidade do trabalho assalariado na emergência e desenvolvimento da "questão social". Na atualidade, sua base encontra-se no questionamento da função integradora do trabalho assalariado, com a desmontagem do sistema de proteção e garantia do trabalho protegido e com *status*, ou seja, *da sociedade salarial*. Ela é fruto da "desestabilização dos estáveis", da instalação da precariedade, da cultura do aleatório — em que cada um é chamado a viver o dia a dia —, do crescimento dos "sobrantes", aqueles que não têm lugar nesta sociedade. E o caminho anunciado encontra-se na trilha da luta pelo direito ao trabalho.

Martins (1997, 2002) também questiona o rigor analítico e a novidade da noção de "exclusão". A sua novidade, a "sua velhice renovada", resultado de uma metamorfose de conceitos — passando pelas teorias da marginalidade social e da pobreza —, que procuravam explicar a ordenação social capitalista e o descompasso crônico que a caracteriza entre o desenvolvimento econômico e o desenvolvimento social. Em outros termos, o apelo à inclusão indica a necessidade de compreensão de uma antiga questão: as desigualdades sociais, um dos aspectos da crise da sociedade de classes. O chamamento à exclusão supõe a *insuficiência da teoria das classes*, diluindo a figura da classe trabalhadora na do excluído, que não é um sujeito de destino, destituído da possibilidade de fazer história. O protesto social e político em nome dos excluídos se resolve no horizonte da integração na sociedade que os exclui, na reprodução ampliada dessa mesma sociedade. O autor salienta que os "excluídos não protagonizam nem realizam uma contradição no interior do processo produtivo", mas são tidos como o resíduo crescente de um desenvolvimento econômico considerado 'anômalo'. Redunda em uma luta conformista e fala de um projeto de afirmação do capitalismo, dos que a ele aderiram. Segundo o autor, o discurso da exclusão é expressão ideológica de uma *praxis* limitada da classe média e não de um projeto um anticapitalista e crítico, cujo desafio é tornar a sociedade beneficiária da acumulação. Considera a exclusão social "um sintoma grave de uma transformação social, que vem, rapidamente, fazendo de todos seres humanos descartáveis, reduzidos à condição de coisa, *forma extrema da vivência da alienação e da coisificação da pessoa*, como já apontava Marx em seus estudos sobre o capitalismo" (Martins, 2002: 20).

1.4. O assistente social como trabalhador assalariado.

O Serviço Social é regulamentado como uma profissão liberal, dispondo de estatutos legais e éticos que atribuem uma autonomia teórico-metodológica, ético-política e técnico-operativa à condução do exercício profissional. Ao mesmo tempo, o exercício da profissão se realiza mediante um contrato de trabalho com organismos empregadores — públicos ou privados —, em que o assistente social afirma-se como trabalhador assalariado. *Estabelece-se uma tensão entre autonomia profissional e condição assalariada.*

Assim, assistente social é também um(a) trabalhador(a) assalariado(a), qualificado(a), que depende da venda de sua força de trabalho especializada para a obtenção de seus meios de vida. A objetivação dessa força de trabalho qualificada enquanto atividade (e/ou trabalho) ocorre no âmbito de processos e relações de trabalho, organizados por seus empregadores, que detêm o controle das condições necessárias à realização do trabalho profissional. Assim, as alterações que incidem no chamado "mundo do trabalho" e nas relações entre o Estado e a sociedade — que têm resultado em uma radicalização da questão social —, atingem diretamente o trabalho cotidiano do assistente social. O trabalho profissional é, pois, parte do trabalho coletivo produzido pelo conjunto da sociedade, operando a prestação de serviços sociais que atendem a necessidades sociais, e realizando, nesse processo, práticas sócio-educativas, de caráter político-ideológico, que interferem no processo de reprodução de condições de vida de grandes segmentos populacionais alvos das políticas sociais.

O Serviço Social reproduz-se como uma especialização do trabalho por ser socialmente necessário: o agente profissional produz serviços que têm um valor de uso, porque atendem as necessidades sociais. Por outro lado, os assistentes sociais também participam, enquanto trabalhadores assalariados, do processo de produção e/ou de redistribuição da riqueza social. Seu trabalho não resulta apenas em serviços úteis, mas ele tem um *efeito na produção — ou na redistribuição — do valor e/ou da mais-valia e nas relações de poder político e ideológico.* Assim, por exemplo, na empresa industrial, o assistente social, como parte de um trabalhador coletivo, participa do processo de reprodução da força de trabalho, essencial à produção da riqueza. Na esfera estatal, participa do processo de redistribuição da mais-valia, via fundo público. Aí seu trabalho se inscreve, também, no campo da defesa e/ou realização de direitos sociais de cidadania, na gestão da *coisa pública*. Pode contribuir para o partilha do poder e sua democratização — no processo de construção de uma "contra-hegemonia" no bojo das relações entre as classes — ou ainda, para o reforço das estruturas e relações de poder pré-existentes.

Em outros termos, passar da análise da profissão para o seu *processamento* no âmbito de condições de trabalho e relações sociais determinadas representa um avanço importante. Essa perspectiva incorpora os avanços teórico-metodológicos, ético-políticos e técnico-operativos acumulados nas últimas décadas e, ao mesmo tempo, *abre um leque de possibilidades, ainda não integralmente exploradas, no sentido de afinar, com maior rigor, as propostas analíticas sobre o Serviço Social com as provocações e desafios enfrentados no dia a dia do trabalho cotidiano*.

Embora o assistente social disponha de uma relativa autonomia na condução de seu trabalho — o que lhe permite atribuir uma direção social ao exercício profissional — os organismos empregadores também interferem no estabelecimento de metas a atingir. Detêm poder para normatizar as atribuições e competências específicas requeridas de seus funcionários, definem as relações de trabalho e as condições de sua realização — salário, jornada, ritmo e intensidade do trabalho, direitos e benefícios, oportunidades de capacitação e treinamento — o que incide no conteúdo e nos resultados do trabalho. E oferecem o *back-ground* de recursos materiais, financeiros, humanos e técnicos para a realização do trabalho no marco de sua organização coletiva. Portanto, articulam um conjunto de condições que informam o processamento da ação e condicionam a possibilidade de realização dos resultados projetados.[5]

Todavia, as atividades desenvolvidas sofrem outro vetor de demandas: as *necessidades dos usuários*, que, condicionadas pelas lutas sociais e pelas relações de poder, transformam-se em demandas profissionais, reelaboradas na ótica dos empregadores, no embate com os interesses dos

---

5. A análise do significado social do trabalho profissional, na ótica da totalidade, supõe decifrar as relações sociais nas quais se realiza em contextos determinados: as condições de trabalho, o conteúdo e direção social atribuídas ao trabalho profissional, as estratégias acionadas e os resultados obtidos, o que passa pela mediação do trabalho assalariado e pela correlação de forças econômica, política e cultural no nível societário. Articula, pois, um conjunto de determinantes a serem considerados: as particulares expressões da questão social na vida dos sujeitos, suas formas de organização e luta; o caráter dos organismos empregadores, seu quadro normativo, políticas e relações de poder que interferem na definição de competências e atribuições profissionais; os recursos materiais, humanos e financeiros disponíveis à viabilização do trabalho. Aliam-se a estes determinantes os compromissos firmados no contrato de trabalho (salário, jornada, benefícios etc.) e sua efetivação, envolvendo padrões de produtividade, formas de gestão, entre outras dimensões, que afetam o conteúdo do trabalho do assistente social. Certamente as respostas acionadas dependem do perfil social e profissional dos assistentes sociais e, em particular, da apropriação teórico-metodológica para leitura dos processos sociais, princípios éticos, a clareza quanto às competências, atribuições e o domínio de habilidades adequadas ao trabalho concreto realizado, o que condiciona a eleição das estratégias acionadas, à qualidade e resultados dos serviços prestados.

usuários dos serviços profissionais. É nesse terreno denso de tensões e contradições sociais que se situa a atividade profissional.

Portanto, as condições de trabalho e relações sociais em que se inscreve o assistente social articulam um conjunto de mediações que interferem no processamento da ação e nos resultados individual e coletivamente projetados, pois a história é o resultado de inúmeras vontades projetadas em diferentes direções que têm múltiplas influências sobre a vida social. Os objetivos e projetos propostos, que direcionam a ação, têm uma importância fundamental, na afirmação da condição dos indivíduos sociais como sujeitos da história. Como assinala Engels:

> "a vontade move-se pela reflexão e pela paixão. Mas a reflexão e a paixão têm também uma determinação social, porque são impulsionadas por forças propulsoras que agem por detrás dos objetivos. Se os objetivos visados, ao nível individual e coletivo, são produto da vontade, não o são os resultados que dela decorrem, que passam por múltiplos vínculos sociais no âmbito dos quais se realiza a ação" (Engels, 1977).

Logo, não há uma identidade imediata entre a intencionalidade do projeto profissional e resultados derivados de sua efetivação. Para decifrar esse processo é necessário entender as mediações sociais que atravessam o campo de trabalho do assistente social.

Concluindo, para atribuir densidade histórica ao projeto profissional é necessário reconhecer as *forças sociais* que o polarizam. E, concomitantemente, efetuar a análise *da organização dos processos de trabalho em que se inscreve o assistente social* para estabelecer uma base realista — sem perder o encanto do sonho e da utopia — às projeções profissionais e sua viabilização. Exige caminhar da análise da profissão ao seu efetivo exercício, o que supõe articular *projeto profissional* e *trabalho assalariado*.

2. O projeto profissional

Segundo Netto (1999: 95), os projetos profissionais, construídos coletivamente pela categoria, apresentam a auto-imagem da profissão; elegem valores que a legitimam socialmente; delimitam e priorizam seus objetivos e funções; formulam requisitos (técnicos, institucionais e práticos) para o seu exercício, prescrevem normas para o comportamento dos profissionais e estabelecem balizas de sua relação com os usuários dos seus serviços, com outras profissões e com as organizações e instituições, públicas e privadas (entre estes, também e destacadamente, com o Estado, ao qual coube historicamente o reconhecimento jurídico dos estatutos profissionais).

Os projetos profissionais são indissociáveis dos projetos societários que lhes oferecem matrizes e valores e expressam um processo de lutas pela hegemonia entre as forças sociais presentes na sociedade e na profissão. São, portanto, estruturas dinâmicas, que respondem tanto às alterações das necessidades sociais decorrentes de transformações econômicas, históricas e culturais da sociedade, quanto expressam o desenvolvimento teórico e prático da respectiva profissão e as transformações operadas no perfil de seus agentes (idem).

O Serviço Social brasileiro, nas últimas décadas, redimensionou-se e renovou-se no âmbito da sua interpretação teórico-metodológica no campo dos valores, da ética e da política. Realizou um forte embate com o tradicionalismo profissional e seu lastro conservador e buscou adequar criticamente a profissão às exigências do seu tempo, qualificando-a academicamente. E o Serviço Social fez um radical giro na sua dimensão ética e no debate nesse plano: constituiu democraticamente a sua base normativa, expressa na Lei da Regulamentação da Profissão, que estabelece as competências e as atribuições profissionais, e no Código de Ética do Assistente Social, de 1993. Este prescreve direitos e deveres do assistente social, segundo *princípios e valores humanistas guias para o exercício cotidiano*, dentre os quais destacam-se:

- o reconhecimento da liberdade como valor ético central, que requer o reconhecimento da autonomia, emancipação e plena expansão dos indivíduos sociais e de seus direitos;
- a defesa intransigente dos direitos humanos contra todo tipo de arbítrio e autoritarismo;
- a defesa, aprofundamento e consolidação da cidadania e da democracia — da socialização da participação política e da riqueza produzida;
- o posicionamento a favor da eqüidade e da justiça social, que implica a universalidade no acesso a bens e serviços e a gestão democrática;

— o empenho na eliminação de todas as formas de preconceito, e a garantia do pluralismo;

— o compromisso com a qualidade dos serviços prestados na articulação com outros profissionais e trabalhadores. (CRESS-7ª Região, 2000).

A efetivação desses princípios remete à luta, no campo democrático-popular, pela construção de uma nova ordem societária. E os princípios éticos ao impregnarem o exercício quotidiano, *indicam um novo modo de operar o exercício profissional. Aqueles princípios estabelecem balizas para a sua condução nas condições e relações de trabalho em que se realiza e para as expressões coletivas da categoria profissional na sociedade.*

É nos limites dos princípios assinalados, em que se move o pluralismo, que supõe o reconhecimento da presença de distintas orientações na arena profissional, assim como o embate respeitoso com as tendências regressivas do Serviço Social, cujos fundamentos liberais e conservadores legitimam o ordenamento social instituído. Porém, o pluralismo propugnado não se identifica com a sua versão liberal, em que todas as tendências profissionais são tidas como supostamente paritárias, mascarando os desiguais arcos de influência que exercem na profissão, os diferentes vínculos que estabelecem com projetos societários distintos e antagônicos, apoiados em forças sociais também diversas.

Os outros pilares em que se apóia o projeto profissional são: a legislação relativa à *regulamentação da profissão*,[6] que representa uma defesa da

---

6. A Lei da regulamentação da profissão de Serviço Social no Brasil estabelece as competências e atribuições privativas do assistente social, que expressam a capacidade de apreciar e dar resolutividade a determinados assuntos: 1) coordenar, elaborar, executar, supervisionar e avaliar estudos, pesquisas, planos, programas e projetos *na área de Serviço Social,* com a participação da sociedade civil; 2) planejar, organizar e administrar programas e projetos em *unidades de Serviço Social;* 3) prestar assessoria e consultoria a órgãos da administração pública direta e indireta, empresas privadas e outras entidades em *matéria do Serviço Social;* 4) realizar visitas, perícias técnicas, laudos periciais, informações e pareceres *em matéria* do Serviço Social; 5) encaminhar providências e prestar orientação social a indivíduos, grupos e população; 6) realizar estudos socioeconômicos com os usuários para fins de benefícios e serviços sociais, junto a órgãos da administração pública direta e indireta, a empresas privadas e outras entidades.

Considera-se que a *matéria* diz respeito ao objeto ou assunto sobre o que se exerce a força de um agente; *área* é o campo delimitado ou o âmbito de atuação do Serviço Social; e a *unidade* do profissão na sociedade e *as diretrizes curriculares para a formação em Serviço Social*, que vêm sendo construídas coletivamente no bojo do processo de renovação do Serviço Social nos vários países.

O desafio maior para a efetivação desse projeto na atualidade é torná-lo um *guia efetivo para o exercício profissional*, o que exige um radical esforço de integrar o *dever ser com sua implementação prática*, sob o risco de se deslizar para uma *proposta ideal*, abstraída da realidade histórica.

Assim considerado, o projeto profissional expressa uma condensação das dimensões ético-políticas, teórico-metodológicas e técnico-operativas no Serviço Social, englobando a formação e o exercício profissional.

3. O Serviço Social e as estratégias para o enfrentamento da "questão social"[7]

As estratégias para o enfrentamento da questão social têm sido tensionadas por projetos sociais distintos, que presidem a estruturação e a implementação das políticas sociais públicas e que convivem em luta no seu interior. Vive-se uma tensão entre a defesa dos direitos sociais e a mercantilização e re-filantropização do atendimento às necessidades sociais, com claras implicações nas condições e relações de trabalho do assistente social (Oliveira e Salles, 1998; Bravo, 1996; Pereira, 1998).

O *primeiro* projeto, de *caráter universalista e democrático* aposta no avanço da democracia, fundado nos princípios da participação e do controle popular, da universalização dos direitos, garantindo a gratuidade no acesso aos serviços, a integralidade das ações voltadas à defesa da cidadania de todos na perspectiva da eqüidade. Pensar a defesa dos direitos requer afirmar a primazia do Estado — enquanto instância fundamental à sua universalização — na condução das políticas públicas, o respeito ao pacto fe-

---

Serviço Social, mais do que uma unidade administrativa, pode ser interpretada como o conjunto de profissionais dentro da unidade de trabalho.

Atribuir contemporaneidade às funções e atribuições profissionais pressupõe, certamente, apreender e explicar o que o assistente social faz na realidade, elucidando os fundamentos do trabalho profissional e seu significado social no processo de reprodução das relações sociais (cf. Iamamoto, 2002; CRESS-7ª Região, 2000).

7. Recupero aqui extrato de trabalho publicado anteriormente (cf. Iamamoto, 2002).

derativo, estimulando a descentralização, e da democratização das políticas sociais no atendimento às necessidades das maiorias. Implica partilha e deslocamento de poder, combinando instrumentos de democracia representativa e democracia direta, o que ressalta a importância dos espaços públicos de representação e negociação. Supõe, portanto, politizar a participação, considerando a gestão como arena de interesses que devem ser reconhecidos e negociados.[8]

No Brasil, no âmbito governamental, é da maior importância o trabalho que vem sendo realizado na *Seguridade Social* e, em especial, junto aos Conselhos de Saúde e de Assistência Social nas esferas nacional, estadual e municipal. Somam-se os Conselhos Tutelares e Conselhos de Direitos, responsáveis pela formulação de políticas públicas para a criança e o adolescente, para a terceira idade e pessoas portadoras de necessidades especiais.[9]

O propósito é promover uma permanente articulação política no âmbito da sociedade civil organizada, para contribuir na definição de propostas e estratégias comuns ao campo democrático. Esse projeto requer ações voltadas ao fortalecimento dos sujeitos coletivos, dos direitos sociais e a necessidade de organização para a sua defesa, construindo alianças com os usuários dos serviços na sua efetivação. Nesse sentido, é fundamental *estimular inserções sociais que contenham potencialidades de democratizar a vida em sociedade, conclamando e viabilizando a ingerência de segmentos organizados da sociedade civil na coisa pública*. Ocupar esses espaços coletivos adquire maior importância quando o bloco do poder passa a difundir e empreender *o trabalho comunitário sob a sua direção*, tendo no *voluntariado* seu maior protagonista. Representa uma vigorosa ofensiva ideológica na construção e/ou consolidação da hegemonia das classes dominantes em um contexto econômico adverso, que passa a requisitar ampla investida ideológica e política para assegurar a direção intelectual e moral de seu projeto de classe em nome de toda a sociedade, ampliando suas bases de sustentação e legitimidade.

Nesse sentido, faz-se necessário reassumir o trabalho de base, de educação, mobilização e organização popular, que parece ter sido submerso do

---

8. Conforme pronunciamento de Marco Aurélio Nogueira no II Encontro Nacional de Serviço Social e Seguridade Social. Porto Alegre (RS), nov. de 2000.

9. Segundo dados do MPAS/SEAS, em fevereiro de 2000 existiam conselhos de assistência instalados em 4.383 municípios, dos 5.506 existentes no Brasil (cf. Demonstrativo dos Conselhos, Fundos e Planos de Assistência Social, fevereiro, 2000).

debate profissional ante o refluxo dos movimentos sociais.[10] É necessário ter a clareza que a qualidade da participação nesses espaços públicos não está definida a *priori*. Podem abrigar experiências democráticas, que propiciem a partilha do poder e a intervenção em processos decisórios, ou estimular vícios populistas e clientelistas no trato da coisa pública.

É de suma importância impulsionar *pesquisas e projetos que favoreçam o conhecimento do modo de vida e de trabalho — e correspondentes expressões culturais — dos segmentos populacionais atendidos*, criando um acervo de dados sobre as expressões da questão social nos diferentes espaços ocupacionais do assistente social. O conhecimento criterioso dos processos sociais e de sua vivência pelos indivíduos sociais poderá alimentar ações inovadoras, capazes de propiciar o atendimento às efetivas necessidades sociais dos segmentos subalternizados, alvos das ações institucionais. Aquele conhecimento é pré-requisito para impulsionar a consciência crítica e uma cultura pública democrática para além das mistificações difundidas pela mídia. Isso requer, também, estratégias técnicas e políticas no campo da comunicação social — no emprego da linguagem escrita, oral e midiática —, para o desencadeamento de ações coletivas que viabilizem propostas profissionais capazes para além das demandas instituídas.

Esse primeiro projeto é polarizado por um outro tipo de requisição, de inspiração neoliberal, que *subordina os direitos sociais à lógica orçamentária, a política social à política econômica, em especial às dotações orçamentárias e, no Brasil, subverte o preceito constitucional*. Observa-se uma inversão e uma subversão: ao invés do direito constitucional impor e orientar a distribuição das verbas orçamentárias, o dever legal passa a ser submetido à disponibilidade de recursos. *São as definições orçamentárias — vistas com um dado não passível de questionamento — que se tornam parâmetros para a implementação dos direitos sociais, justificando as prioridades governamentais*. A leitura dos orçamentos governamentais, apreendidos como uma peça técnica, silencia os critérios políticos que norteiam a eleição das prioridades nos gastos, estabelecidas pelo bloco do poder. A viabilização dos direitos sociais — e em especial aqueles atinentes à seguridade social — pauta-se segundo as regras de um livro-caixa, do balanço entre crédito e déficit no "cofre governamental".

---

10. Cardoso (1995), Abreu (2002) e Silva (1995) são partes de um grupo de intelectuais que vem mantendo vivo este debate no interior do projeto profissional de ruptura como o conservadorismo.

Conforme foi discutido *no II Encontro de Serviço Social e Seguridade Social*, realizado no Brasil, o orçamento público é a "caixa preta" das políticas sociais governamentais, em especial da Seguridade Social. *A elaboração e interpretação dos orçamentos passam a ser efetuadas segundo os parâmetros empresariais de custo/benefício, eficácia/inoperância, produtividade/rentabilidade. O resultado é a subordinação de respostas às necessidades sociais à mecânica técnica do orçamento público, orientada por uma racionalidade instrumental. A democracia vê-se reduzida a um "modelo de gestão", desaparecendo os sujeitos e a arena pública em que expressam e defendem seus interesses.*[11]

As condições de trabalho e relações sociais em que estão inscritos os assistentes sociais são indissociáveis da contra-reforma do Estado (Behring, 2003). Segundo a ótica oficial, verifica-se um esgotamento da "estratégia estatizante", afirmando-se a necessidade de ultrapassar a administração pública tradicional, centralizada e burocrática. Considera-se que o Estado deva deslocar-se da linha de frente do desenvolvimento econômico e social e permanecer na retaguarda, na condição de promotor e regulador desse desenvolvimento.

Observa-se uma clara tendência de deslocamento das ações governamentais públicas — de abrangência universal — no trato das necessidades sociais em favor de sua privatização, instituindo critérios de seletividade no atendimento aos direitos sociais. Esse *deslocamento da satisfação de necessidades da esfera pública para esfera privada ocorre em detrimento das lutas e de conquistas sociais e políticas extensivas a todos. É exatamente o legado de direitos conquistados nos últimos séculos que está sendo desmontado nos governos de orientação neoliberal, em uma nítida regressão da cidadania que tende a ser reduzida às suas dimensões civil e política, erodindo a cidadania social.* Transfere-se, para distintos segmentos da sociedade civil, significativa parcela da prestação de serviços sociais, afetando diretamente o espaço ocupacional de várias categorias profissionais, dentre as quais os assistentes sociais.

Esse processo expressa-se numa dupla via: *de um lado, na transferência de responsabilidades governamentais para "organizações da sociedade civil de interesse público"* e, de outro lado, em uma *crescente mercantilização do atendi-*

---

11. Essas considerações também desafiam as instâncias de formação universitária no sentido de capacitar os futuros assistentes sociais, mediante elementos teóricos e técnicos, para a leitura crítica dos orçamentos sociais, de modo a viabilizar estratégias voltadas à negociação de recursos para programas e projetos sociais que fortaleçam o projeto ético-político ora em construção.

mento às necessidades sociais, o que é evidente no campo da saúde, da educação, entre muitos outros.

O chamado *"terceiro setor"*, na interpretação governamental, é tido como distinto do Estado (primeiro setor) e do mercado (segundo setor). O chamado "terceiro setor" é considerado como um setor "não-governamental", "não-lucrativo" e voltado ao desenvolvimento social, e daria origem a uma "esfera pública não-estatal", constituída por "organizações da sociedade civil de interesse público". No marco legal do terceiro setor no Brasil são incluídas *entidades de natureza as mais variadas,* que estabelecem um termo de *parceria* entre entidades de fins públicos de origem diversa (estatal e social) e de natureza distinta (pública ou privada). Engloba, sob o mesmo título, as tradicionais *instituições filantrópicas; o voluntariado e Organizações Não-Governamentais*: desde aquelas combativas que emergiram no campo dos movimentos sociais àquelas com filiações político-ideológicas as mais distintas, além da denominada *"filantropia empresarial"*. Chama a atenção *a tendência de estabelecer uma identidade entre terceiro setor e sociedade civil*. Esta passa a ser reduzida a um conjunto de organizações — as chamadas *entidades civis sem fins lucrativos* —, sendo dela excluídos os órgãos de representação política, como sindicatos e partidos, dentro de um amplo processo de despolitização. A sociedade civil tende a ser interpretada como um conjunto de organizações distintas e "complementares", destituída dos conflitos e tensões de classe, na qual prevalecem os *laços de solidariedade*. Salienta-se a *coesão social e um forte apelo moral ao "bem comum"*, discurso esse que corre paralelo à reprodução ampliada das desigualdades, da pobreza e violência. Estas tendem a ser naturalizadas, em que o horizonte é a redução de seus índices mais alarmantes.

A universalidade no acesso aos programas e projetos sociais, abertos a todos os cidadãos, só é possível no âmbito do Estado, ainda que não dependam apenas do Estado. Sendo um Estado de classe expressa a sociedade politicamente organizada e condensa um campo de lutas e compromissos em que a sociedade civil joga um papel decisivo para democratizá-lo e controlá-lo. Ao mesmo tempo, é necessário que o Estado se expanda para a sociedade de modo a fazer prevalecer interesses mais coletivos e compartilhados, o que depende da luta *entre as forças sociais*.

Os projetos levados a efeito por organizações privadas apresentam uma característica básica, que os diferencia: não se movem pelo interesse público e sim pelo interesse privado de certos grupos e segmentos sociais, reforçando a seletividade no atendimento, segundo critérios estabelecidos pelos mantenedores. Portanto, ainda que o trabalho concreto[12] do assistente social seja idêntico — no seu conteúdo útil e formas de processamento — o sentido e resultados sociais desses trabalhos são inteiramente distintos, visto que presididos por lógicas diferentes: a do direito privado e do direito público, alterando-se, pois, o significado social do trabalho técnico-profissional e seu nível de abrangência.

Constata-se uma *progressiva mercantilização do atendimento às necessidades sociais,* decorrente da privatização das políticas sociais. Nesse quadro, os serviços sociais deixam de expressar direitos, metamorfoseando-se em atividade de *outra natureza,* inscrita no circuito de compra e venda de mercadorias. Estas substituem os direitos de cidadania, que, em sua necessária dimensão de universalidade, requerem a ingerência do Estado. O que passa a vigorar são *direitos atinentes à condição de consumidor* (Mota, 1995). Quem julga a pertinência e qualidade dos serviços prestados são aqueles que, através do consumo, renovam sua necessidade social. O dinheiro aparece em cena como meio de circulação, intermediando a compra e venda de serviços, em cujo âmbito se inscreve o assistente social. O grande capital, ao investir nos serviços sociais, passa a demonstrar uma "preocupação humanitária", coadjuvante da ampliação dos níveis de rentabilidade das empresas, moralizando sua imagem social. Trata-se de um reforço à necessidade de transformar propósitos de classes e grupos sociais específicos em propósitos de toda a sociedade: velha artimanha, historicamente assumida pelo Estado e que hoje tem na mídia importante aliada nesse empreendimento.

Os assistentes sociais trabalham com as mais diversas expressões da questão social, esclarecendo à população seus direitos sociais e os meios de ter acesso aos mesmos. O significado desse trabalho muda radicalmente ao voltar-se aos direitos e deveres referentes às operações de compra e de venda. Enquanto os direitos sociais são frutos de lutas sociais e negociações com o bloco do poder para o seu reconhecimento legal, a compra e venda de serviços no atendimento a necessidades sociais de educação, saúde, habitação, assistência social etc. pertencem a outro domínio — o do merca-

---

12. Trabalho concreto é aqui utilizado no sentido de Marx (1985), como trabalho de uma qualidade determinada que produz valores de uso voltados à satisfação de necessidades sociais de uma dada espécie.

do —, mediação necessária à realização do valor e eventualmente da mais-valia decorrentes da industrialização dos serviços.

Historicamente, os assistentes sociais dedicaram-se à implementação de políticas públicas, localizados na linha de frente das relações entre população e instituição ou, nos termos de Netto (1992), "executores terminais de políticas sociais". Embora este seja ainda o perfil predominante, não é mais exclusivo, sendo abertas outras possibilidades. O processo de descentralização das políticas sociais públicas — com ênfase na sua municipalização — requer dos assistentes sociais — como de outros profissionais — novas *funções e competências*. Estão sendo chamados a *atuar na esfera da formulação e avaliação de políticas e do planejamento e gestão, inscritos em equipes multiprofissionais*. Os assistentes sociais ampliam seu espaço ocupacional para atividades relacionadas à implantação e orientação de conselhos de políticas públicas, à capacitação de conselheiros, à elaboração de planos de assistência social, acompanhamento e avaliação de programas e projetos. Tais inserções são acompanhadas de novas exigências de qualificação, tais como o domínio de conhecimentos para realizar diagnósticos socioeconômicos de municípios, para a leitura e análise dos orçamentos públicos identificando recursos disponíveis para projetar ações; o domínio do processo de planejamento; a competência no gerenciamento e avaliação de programas e projetos sociais; a capacidade de negociação, o conhecimento e o *know-how* na área de recursos humanos e relações no trabalho, entre outros. Somam-se possibilidades de trabalho nos níveis de assessoria e consultoria para profissionais mais experientes e altamente qualificados em determinadas áreas de especialização. Registram-se ainda requisições no campo da pesquisa, de estudos e planejamento, dentre inúmeras outras funções.

Os assistentes sociais, articulados às forças sociais progressistas, vêm envidando esforços coletivos no reforço da esfera pública, de modo a inscrever os interesses das maiorias nas esferas de decisão política. O horizonte é a construção de uma "democracia de base" que amplie a democracia representativa, cultive e respeite a universalidade dos direitos do cidadão, sustentada na socialização da política, da economia e da cultura. Tais elementos adquirem especial importância em nossas sociedades latino-americanas, que se constroem no reverso do imaginário igualitário da modernidade; sociedades que repõem cotidianamente e de forma ampliada privilégios, violência, discriminações de renda, poder, gênero, etnias e gerações, alargando o fosso das desigualdades no panorama diversificado das manifestações da questão social.

É na dinâmica tensa da vida social que se ancoram a esperança e a possibilidade de defender, efetivar e aprofundar os preceitos democráticos e os direitos de cidadania — preservando inclusive a cidadania social, cada vez mais desqualificada. E para impulsionar a construção de um outro padrão de sociabilidade, regido por valores democráticos, o que requer a redefinição das relações entre o Estado e a sociedade — a economia e a sociedade, o que depende de uma crescente participação ativa da sociedade civil organizada.

Orientar o trabalho nos rumos aludidos requisita *um perfil profissional culto, crítico e capaz de formular, recriar e avaliar propostas que apontem para a progressiva democratização das relações sociais*. Exige-se, para tanto, *compromisso ético-político* com os valores democráticos e *competência teórico-metodológica* na teoria crítica em sua lógica de explicação da vida social. Estes elementos, aliados à *pesquisa da realidade*, possibilitam decifrar as situações particulares com que se defronta o assistente social no seu trabalho, de modo a conectá-las aos processos sociais macroscópicos que as geram e as modificam. Mas requisita, também, um *profissional versado no instrumental técnico-operativo*, capaz de potencializar as ações nos níveis de assessoria, planejamento, negociação, pesquisa e ação direta, estimuladora da participação dos sujeitos sociais nas decisões que lhes dizem respeito, na defesa de seus direitos e no acesso aos meios de exercê-los.

Para finalizar, a sugestão do poeta brasileiro Carlos Drummond de Andrade: *"Eu tropeço no possível, mas não desisto de fazer a descoberta que tem dentro da casca do impossível"*. Tropeçar no possível, mas sem desistir de fazer a descoberta que tem dentro da casca do impossível. O projeto ético-político do Serviço Social é certamente um desafio, mas não uma impossibilidade: o que se apresenta como obstáculo é apenas a casca do impossível, que encobre as possibilidades dos homens construírem sua própria história.

Referências

ABREU, M. *Serviço Social e a organização da cultura*. São Paulo: Cortez, 2002.

BAPTISTA, P. N. "O consenso de Washington. A visão neoliberal dos problemas latino-americanos". *Cadernos da Dívida Externa*. 2. ed. São Paulo: Programa Educativo da Dívida Externa — PEDEX, n. 3, 1994.

BEHRING, E. R. *Brasil em Contra-Reforma. Desestruturação do Estado e perda de direitos.* São Paulo: Cortez, 2003.

BORÓN, A. A sociedade civil depois do dilúvio neoliberal. In SADER. E. e GENTILI, P. (orgs.). *Pós-neoliberalismo. As políticas sociais e o Estado democrático.* Rio de Janeiro: Paz e Terra, 1995.

BRAVO, M. I. *Serviço Social e Reforma Sanitária: lutas sociais e práticas profissionais.* São Paulo/Rio de Janeiro: Cortez/UFRJ, 1996.

CARDOSO, F. G. *Organização das classes subalternas: um desafio para o Serviço Social.* São Paulo: Cortez/EDUFMA, 1995.

CASTEL, R. et al. *Desigualdade e a questão social.* São Paulo: EDUC, 1997.

_____. *As metamorfoses da questão social. Uma crônica do salário.* Petrópolis: Vozes, 1998.

CHESNAIS, F. *A mundialização do capital.* São Paulo, Xamã, 1996.

COUTINHO, C. N. *Contra a corrente. Ensaios sobre democracia e socialismo.* São Paulo: Cortez, 2000.

ENGELS, F. Ludwig Feuerbach e o fim da filosofia clássica alemã. In: MARX, K. e ENGELS, F. *Textos 1.* São Paulo, Ed. Sociais, 1977.

GRAMSCI, A. *Maquiavel, a política e o Estado Moderno.* 3. ed. Rio de Janeiro: Civilização Brasileira, 1978.

CRESS. 7ª Região-RJ. *Assistente Social: ética e direitos. Coletânea de Leis e Resoluções.* Rio de Janeiro: Ed. Lidador, maio de 2000.

GUIMARÃES, A. P. *A crise agrária.* Rio de Janeiro: Paz e Terra, 1979.

HARVEY, D. *A condição pós-moderna.* São Paulo: Loyola, 1993.

IAMAMOTO, M. *Renovação e conservadorismo no Serviço Social.* São Paulo: Cortez, 1992.

_____. *O Serviço Social na contemporaneidade. Trabalho e formação profissional.* São Paulo: Cortez, 1998.

_____. *Trabalho e indivíduo social.* São Paulo: Cortez, 2001.

_____. Projeto profissional, espaços ocupacionais e trabalho do(a) assistente social. In *CFESS/COFI. Atribuições privativas do(a) assistente social.* Brasília, COFI, 20002, pp. 13-50.

IAMAMOTO, M. V. e CARVALHO, R. *Relações sociais e Serviço Social no Brasil.* São Paulo: Cortez/Celats, 1982.

IANNI, O. A questão social. In *A idéia de Brasil moderno.* São Paulo: Brasiliense, 1992, pp. 87-109.

LECHNER, N. Los condicionantes de la governabilidad democrática en América Latina en fin de siglo. In FILMUS, D. (comp.). *Los noventa. Política, sociedad y cultura en América Latina y Argentina de fin de siglo*. Buenos Aires: FLACSO/EUDEBA, 1999.

LORCA, F. G. Meditación primera y última. In *Obra poética completa*. São Paulo: Martins Fontes, 1966.

MANDEL, E. *O capitalismo tardio*. São Paulo: Nova Cultural, 1985.

MARTINS, J. S. *A sociedade vista do abismo. Novos estudos sobre exclusão, pobreza e classes sociais*. Petrópolis: Vozes, 2002.

_____. O falso problema da exclusão social e o problema da inclusão marginal. In *Exclusão social e a nova desigualdade*. São Paulo: Ed. Paulus, 1997, pp. 24-38.

MARX, K. *O Capital*. Crítica da Economia Política. São Paulo: Nova Cultural, t. I, 1985.

MOLINA, M. L. M. (org.). *La cuestión social y la formación profesional en el contexto de las nuevas relaciones de poder y la diversidad latinoamericana*. San José, Costa Rica: ALAETS/Espacio Ed./Escuela de Trabajo Social, 2004.

MOTA, A. E. *Cultura da crise e seguridade social*. São Paulo: Cortez, 1995.

NETTO, J. P. *Capitalismo monopolista e Serviço Social*. São Paulo: Cortez, 1992.

_____. "Transformações societárias e Serviço Social: Notas para uma análise prospectiva do Serviço Social no Brasil". *Serviço Social e Sociedade*. São Paulo: Cortez, n. 50, 1996, pp. 87-132.

_____. A construção do projeto ético-político do Serviço Social frente à crise contemporânea. In: *Crise contemporânea, questão social e Serviço Social. Capacitação em Serviço Social e política social*. Brasília: CFESS/ABEPSS/CEAD/UnB, 1999.

NOGUEIRA, M. A. *Em defesa da política*. São Paulo: Ed. SENAC, 2001.

OLIVEIRA, H. C. e SALLES, M. A. (orgs.). *Relatório das sessões temáticas. IX Congresso Brasileiro de Assistentes Sociais. Trabalho e projeto ético-político profissional*. CFESS. Goiânia, julho de 1998.

PETRAS, J. *Império e políticas revolucionárias na América Latina*. São Paulo: Xamã, 2002.

PEREIRA, P. A política social no contexto da seguridade e do *Welfare State*: a particularidade da assistência social. In *Serviço Social e Sociedade*. São Paulo, Cortez, n. 56, 1998.

SALAMA, P. *Pobreza e exploração do trabalho na América Latina*. São Paulo: Ed. Boitempo, 1999.

SILVA, M. O. S. *O Serviço Social e o popular. Resgate teórico-metodológico do projeto profissional de ruptura*. São Paulo: Cortez, 1995.

SIMIONATO, I. As expressões ídeoculturais da crise contemporânea. In CFESS/ABEPSS e CEAD/UnB (orgs.). *Capacitação em Serviço Social e Política Social*. Crise contemporânea, questão social e Serviço Social. Módulo I. Brasília: CEAD, 1999, pp. 77-90.

SOARES, L. T. *O desastre social*. Rio de Janeiro: Record, 2003.

YAZBEK, M. C. *Classes subalternas e Assistência Social*. São Paulo: Cortez, 1993.

_____. Pobreza e exclusão social: expressões da questão social. *Revista Temporalis*, ABEPSS, ano III, n. 3, jan./jun. 2001, pp. 33-40.

Capítulo 3

Projeto Ético-Político do Serviço Social e sua Relação com a Reforma Sanitária: Elementos para o Debate*

Maria Inês Souza Bravo**
Maurílio Castro de Matos***

Apresentação

O artigo é fruto de reflexões sobre as características do Serviço Social brasileiro na saúde e sobre quais os desafios que a atualidade apresenta para os profissionais da área. Visa contribuir para o fortalecimento do projeto ético-político profissional do Serviço Social e da reforma sanitária. Está estruturado em quatro partes. Na primeira e segunda, são desenvolvidas análises panorâmicas sobre a trajetória histórica do Serviço Social, sendo que na primeira é abordado o período de 1930 a 1979 e, na segunda, os anos 80 e 90. A terceira parte tem por objetivo desenvolver uma reflexão sobre os desafios postos na atualidade para o Serviço Social na área da saúde e, para tanto, busca uma interlocução com alguns autores da área que refletiram

---

* Texto revisto e sintetizado, tendo por referência o artigo publicado pelos autores na coletânea *Saúde e Serviço Social*, Bravo, M. I. S. et al. (orgs.). São Paulo: Cortez/Rio de Janeiro: UERJ, 2004.

** Professora aposentada da UFRJ. Professora Adjunta da Faculdade de Serviço Social da Universidade do Estado do Rio de Janeiro (UERJ). Coordenadora do projeto "Políticas Públicas de Saúde: o Potencial dos Conselhos do Rio de Janeiro". Assistente Social. Doutora em Serviço Social (PUC-SP).

*** Professor Assistente da UERJ e Integrante do Projeto de Pesquisa e Extensão "Políticas Públicas de Saúde: o Potencial dos Conselhos do Rio de Janeiro". Assistente Social. Mestre em Serviço Social (UFRJ). Doutorando em Serviço Social (PUC-SP).

sobre o tema. Por fim, na última parte do artigo, são apresentadas algumas questões e proposições sobre o Serviço Social na Saúde, tomando como referência — e não por acaso — os princípios fundamentais do atual código de ética dos assistentes sociais.

1. Panorama do Serviço Social no período de 1930 a 1979

Neste item será enfocado o surgimento do Serviço Social a partir das influências sócio-históricas da época.

O surgimento e o desenvolvimento do Serviço Social no período de 30 a 64, bem como a ação profissional na área da saúde, mostram algumas evidências significativas.[1]

A *conjuntura de 30 a 45* caracteriza o surgimento da profissão no Brasil, com influência européia, e a área da saúde não foi a que concentrou maior quantitativo de profissionais, apesar de algumas Escolas terem surgido motivadas por demandas do setor. A formação profissional também se pautou, desde o seu início, em algumas disciplinas relacionadas à saúde.

A *expansão do Serviço Social* no país, entretanto, ocorre *a partir de 1945*, relacionada com as exigências e necessidades de aprofundamento do capitalismo no Brasil e às mudanças que ocorreram no panorama internacional, em função do término da 2ª Guerra Mundial. Nesta década, a ação profissional na saúde também se amplia, transformando-se no setor que mais vem absorvendo os assistentes sociais. A influência norte-americana na profissão substituiu a européia, que marcou a conjuntura anterior, tanto no nível da formação profissional — com alteração curricular — como nas instituições prestadoras de serviços. O marco desta mudança de influência situa-se no Congresso Interamericano de Serviço Social realizado em 1941, em Atlantic City (EUA). Posteriormente, foram criados diversos mecanismos de interação mais efetivas, como o oferecimento de bolsas aos profissionais brasileiros e a criação de entidades organizativas. Os assistentes sociais brasileiros começaram a defender que o ensino e a profissão nos Estados Unidos haviam atingido um grau mais elevado de sistematização; ademais, ali, na ação profissional, o julgamento moral com relação à população cliente é substituído por uma análise de cunho psicológico.

---

1. Serão utilizadas nesta análise as questões apontadas na Tese de Doutorado de Bravo (1991).

Uma indagação merece ser destacada em função do objeto deste artigo: Por que o Serviço Social na área de saúde transforma-se no principal campo de absorção profissional?

Além das condições gerais que determinaram a ampliação profissional nesta conjuntura, o "novo" conceito de saúde, elaborado em 1948, enfocando os aspectos biopsicossociais, determinou a requisição de outros profissionais para atuar no setor, entre eles o assistente social. Este conceito surge de organismos internacionais, vinculado ao agravamento das condições de saúde da população, principalmente dos países periféricos, e teve diversos desdobramentos. Um deles foi a ênfase no trabalho em equipe multidisciplinar — solução racionalizadora encontrada — que permitiu: suprir a falta de profissionais com a utilização de pessoal auxiliar em diversos níveis; ampliar a abordagem em saúde, introduzindo conteúdos preventivistas e educativos; e criar programas prioritários com segmentos da população, dada a inviabilidade de universalizar a atenção médica e social.

O assistente social consolidou uma tarefa educativa com intervenção normativa no modo de vida da "clientela", com relação aos hábitos de higiene e saúde, e atuou nos programas prioritários estabelecidos pelas normatizações da política de saúde.

Outro fator importante refere-se à consolidação da Política Nacional de Saúde no país, com ampliação dos gastos com a assistência médica, pela previdência social. Esta assistência, por não ser universal, gerou uma contradição entre a demanda e o seu caráter excludente e seletivo. O assistente social vai atuar nos hospitais, colocando-se entre a instituição e a população, a fim de viabilizar o acesso dos usuários aos serviços e benefícios. Para tanto, o profissional utiliza-se das seguintes ações: plantão, triagem ou seleção, encaminhamento, concessão de benefícios e orientação previdenciária.

Os benefícios passaram a ser custeados total ou parcialmente pelos próprios beneficiários. Na lógica da estruturação de tais serviços, não há o componente distributivista, mas existe a preocupação de favorecer o capital. O conceito que passa a reger os programas assistenciais é o salário social indireto, que incorpora ao salário vários serviços que a "coletividade paga" ao trabalhador, com vistas à utilização futura. O piso salarial é rebaixado à medida que engloba os demais benefícios e o trabalhador paga os serviços pelas deduções salariais diretas, pela elevação do custo de vida, com a contribuição dos empregadores transferida para os preços dos produtos e através dos impostos e taxas recolhidos pelo poder público (Iamamoto e Carvalho, 1982).

As propostas racionalizadoras na saúde, que surgem a partir da década de 50 — principalmente nos Estados Unidos, como a "medicina integral", a "medicina preventiva" e seus desdobramentos a partir de 60, como a "medicina comunitária" — não tiveram repercussão no trabalho dos assistentes sociais na saúde no Brasil. Os profissionais mantiveram como *locus* central de sua ação os hospitais e ambulatórios, apesar de os Centros de Saúde, segundo Costa (1986), serem criados a partir de meados da década de 20. Neles, os serviços básicos eram a higiene pré-natal, infantil, pré-escolar, tuberculose, verminose, laboratório e as atividades tinham como proposta fundamental introjetar na população educação sanitária por intermédio de educadores de higiene, professores instruídos em assuntos sanitários, como também testar formas específicas de descentralização do trabalho sanitário nas grandes cidades. Os centros de saúde contavam, para o desenvolvimento de suas atividades, com médicos, enfermeiros e visitadores. Os assistentes sociais não foram absorvidos neste espaço senão muito mais tarde, em 1975. A esta constatação cabe a pergunta: *Por que os assistentes sociais na saúde priorizaram suas ações no nível curativo e hospitalar?* Para responder a questão, levantam-se algumas hipóteses. A exigência do momento concentrava-se na ampliação da assistência médica hospitalar e os profissionais eram importantes para lidar com a contradição entre a demanda e o seu caráter excludente e seletivo. Nos centros de saúde, os visitadores conseguiam desenvolver as atividades que poderiam ser absorvidas pelo assistente social. Outro componente relaciona-se à pouca penetração da ideologia desenvolvimentista no trabalho profissional na saúde. Uma ação que se considera importante para os assistentes sociais é a viabilização da participação popular nas instituições e programas de saúde. Esta atividade entretanto, só teve maior repercussão na profissão nos trabalhos de Desenvolvimento de Comunidade (DC). O Serviço Social Médico, como era denominado, não atuava com procedimentos e técnicas do DC e sim, prioritariamente, com o Serviço Social de Casos, orientação inclusive da Associação Americana de Hospitais e da Associação Americana de Assistentes Médico-Sociais.[2] A participação só era visualizada na dimensão individual, ou seja, o engajamento do "cliente no tratamento".

O Serviço Social sofreu profundas transformações, no *pós-1964*, que tiveram rebatimento no trabalho do assistente social na área da saúde.

A profissão, do seu desenvolvimento até os anos 60, não teve polêmica de relevo que ameaçasse o bloco hegemônico conservador que dominou tanto a produção do conhecimento como as entidades organizativas[3] e o trabalho profissional. Alguns assistentes sociais com posições progressistas questionavam a direção do Serviço Social, mas não tiveram condição de alterá-la. Nos anos 60, esta situação começou a se modificar, surgindo um debate na profissão, questionando o seu conservadorismo. Essa discussão não surgiu de forma isolada, mas com respaldo das questões levantadas pelas ciências sociais e humanas, principalmente em torno da temática do "desenvolvimento" e de suas repercussões na América Latina.[4] Esse processo de crítica foi abortado pelo golpe militar de 1964, com a neutralização dos protagonistas sociopolíticos comprometidos com a democratização da sociedade e do Estado (Bravo, 1996).

A modernização conservadora implantada no país exigiu a renovação do Serviço Social, face às novas estratégias de controle e repressão da classe trabalhadora efetivadas pelo Estado e pelo grande capital, bem como para o atendimento das novas demandas submetidas à racionalidade burocrática.

O principal veículo responsável pela elaboração teórica do Serviço Social, no período de 1965 a 1975, foi o Centro Brasileiro de Cooperação e Intercâmbio em Serviços Sociais (CBCISS). Este difundiu a "perspectiva modernizadora" no sentido de adequar a profissão às exigências postas pelos processos sociopolíticos emergentes no pós-1964 (Netto, 1996). Esta perspectiva teve como núcleo central a tematização do Serviço Social como

---

2. Esta Associação publicou em 1949 algumas diretrizes a serem aplicadas pelos assistentes sociais nos hospitais, nas clínicas e nos sanatórios.

3. A primeira entidade da categoria dos assistentes sociais foi criada em 1940 e foi a Associação Brasileira de Assistentes Sociais (ABAS) que tinha seções em quase todos os estados brasileiros. A Associação de Ensino (ABESS) foi criada em 1946. As demais entidades surgiram a partir de meados dos anos 50 e 60 e foram: associações profissionais e sindicatos e o Conselho Federal de Assistentes Sociais, em 1962.

4. Na América Latina, a crítica ao Serviço Social se explicita com o "movimento de reconceituação" a partir de 1965, cujo eixo do debate centrava-se na contestação do Serviço Social importado com práticas assistenciais e ajustadoras.

integrador no processo de desenvolvimento, com aportes extraídos do estrutural-funcionalismo norte-americano, sem questionar a ordem sociopolítica e, sim, com a preocupação de inserir a profissão numa moldura teórica e metodológica.

O Serviço Social na saúde vai receber as influências da modernização que se operou no âmbito das políticas sociais, sedimentando sua ação na prática curativa, principalmente na assistência médica previdenciária — maior empregador dos profissionais. Foram enfatizadas as técnicas de intervenção, a burocratização das atividades, a psicologização das relações sociais e a concessão de benefícios. Foi utilizada uma terminologia mais sofisticada e coerente com o modelo político-econômico implantado no país (Bravo, 1996).

Na *distensão política*, 1974-1979, o Serviço Social na saúde não se alterou, apesar do processo organizativo da categoria, do aparecimento de outras direções para a profissão, do aprofundamento teórico dos docentes e do movimento mais geral da sociedade. O trabalho profissional continuou orientado pela vertente "modernizadora". As produções teóricas, apesar de restritas na área, também não romperam com essa direção. Ressalta-se como exceção à essa tendência um artigo publicado na Revista *Serviço Social & Sociedade*, por Nicoletti (1979), que enfoca a planificação em saúde e a participação comunitária,[5] abordando questões presentes no debate do movimento sanitário (Bravo, 1996).

2. As alterações no Serviço Social nos anos 80 e 90

A *década de 1980*, no Brasil, foi um período de grande mobilização política, como também de aprofundamento da crise econômica que se evidenciou na ditadura militar.[6] Nessa conjuntura, há um movimento signifi-

---

5. A Revista *Serviço Social & Sociedade* é uma publicação da Cortez Editora. Sua primeira edição é de 1979, e a seguinte já data de 1980.

6. Apesar de entre 1979 e 1985 o país ter sido presidido pelo General Figueiredo, esta gestão diferenciou-se dos governos militares anteriores, já que neste período ficou evidenciada a incapacidade da ditadura continuar como tal frente à articulação e mobilização de setores da sociedade civil, principalmente do movimento popular, e o acúmulo de forças da resistência democrática (Netto, 1996).

cativo na saúde coletiva, que também ocorre no Serviço Social, de ampliação do debate teórico e a incorporação de algumas temáticas como o Estado e as políticas sociais fundamentadas no marxismo.

O movimento sanitário, que vem sendo construído desde os meados dos anos 70, conseguiu avançar na elaboração de propostas de fortalecimento do setor público em oposição ao modelo de privilegiamento do produtor privado, tendo como marco a 8ª Conferência Nacional de Saúde, realizada em 1986, em Brasília.

No que tange ao modelo de proteção social, a Constituição Federal de 1988 é uma das mais progressistas, onde a saúde, conjuntamente com a Assistência Social e a Previdência Social, integra a Seguridade Social. À saúde coube cinco artigos (Arts. 196-200) e nestes está inscrito que ela é um direito de todos e dever do Estado, e a integração dos serviços de saúde de forma regionalizada e hierárquica, constituindo um sistema único.

É evidente que esta conquista não foi dada, na medida em que no processo constituinte foi visível a polarização da discussão da saúde em dois blocos antagônicos: um formado pela Federação Brasileira de Hospitais (FBH) e pela Associação das indústrias farmacêuticas (internacionais) que defendia a privatização dos serviços de saúde, e outro denominado Plenária Nacional da Saúde, que defendia os ideais da Reforma Sanitária, que podem ser resumidos como: a democratização do acesso, a universalidade das ações e a descentralização com controle social.[7] A premissa básica é a compreensão de que a saúde é um direito de todos e um dever do Estado. A vitória das proposições da reforma sanitária deveu-se à eficácia da Plenária, via sua capacidade técnica, pressão sobre os constituintes e mobilização da sociedade, e à Emenda Popular assinada por cinqüenta mil eleitores e cento e sessenta e sete entidades (Teixeira, 1989; Bravo, 1996).

Uma questão importante de ser clareada é identificar qual a preocupação da categoria dos assistentes sociais nesse momento.

Sem dúvida, o Serviço Social está recebendo influências desta conjuntura, (de crise do Estado brasileiro, de falência da atenção à saúde e do movimento de ruptura com a política de saúde vigente e construção de

---

7. A categoria controle social significa a participação da sociedade civil na elaboração, implantação e fiscalização das políticas públicas, onde se compreende que o público deve ser expressão do conjunto das necessidades apresentadas pelos diferentes segmentos da sociedade.

uma reforma sanitária brasileira) mas, por outro lado, está passando por um processo interno de revisão, de negação do Serviço Social Tradicional, havendo, assim, uma intensa disputa pela nova direção a ser dada à profissão.

O processo de renovação do Serviço Social no Brasil está articulado às questões colocadas pela realidade da época, mas por ter sido um movimento de revisão interna, não foi realizado um nexo direto com outros debates, também relevantes, que buscavam a construção de práticas democráticas, como o movimento pela reforma sanitária. Na nossa análise, esses são os sinalizadores para o descompasso da profissão com a luta pela assistência pública na saúde (Bravo, 1996).

No entanto, é importante identificar como se deu a relação do Serviço Social com o Movimento da Reforma Sanitária, na década de 1980.

É impossível falar do Serviço Social sem se referenciar aos anos 80. Esta década é fundamental para o entendimento da profissão hoje, pois significa o início da maturidade da tendência atualmente hegemônica na academia e nas entidades representativas da categoria — intenção de ruptura — e, com isso, a interlocução real com a tradição marxista. No entanto, os profissionais desta vertente se inserem, na sua maioria, nas Universidades, onde dentro do processo de renovação da profissão, pouco efetivamente intervêm nos serviços. (Netto, 1996; Bravo, 1996). Se o Serviço Social cresceu na busca de uma fundamentação e consolidação teórica, poucas mudanças consegue apresentar na intervenção. Sem dúvida, para se avançar hoje na profissão, se faz necessário recuperar as lacunas da década de 80. E a intervenção é uma prioridade, pois poucas alterações trouxeram os ventos da vertente intenção de ruptura para o cotidiano dos serviços. Este fato rebate na atuação do Serviço Social na área da saúde — o maior campo de trabalho.

Num balanço do Serviço Social na área da saúde dos anos 80, mesmo com todas essas lacunas no fazer profissional, observa-se uma mudança de posições, a saber: a postura crítica dos trabalhos em saúde apresentados nos Congressos Brasileiros de Assistentes Sociais de 85 e 89; a apresentação de alguns trabalhos nos Congressos Brasileiros de Saúde Coletiva; a proposta de intervenção formulada pela Associação Brasileira de Ensino de Serviço Social (ABESS), Associação Nacional dos Assistentes Sociais (ANAS) e Conselho Federal de Assistentes Sociais (CFAS) para o Serviço Social do

INAMPS; e a articulação do CFAS com outros conselhos federais da área da saúde[8] (Bravo, 1996).

Os avanços apontados são considerados insuficientes, pois o Serviço Social na área da saúde chega à década de 90 ainda com uma incipiente alteração da prática institucional; continua enquanto categoria desarticulado do Movimento da Reforma Sanitária e, com isso, sem nenhuma explícita e organizada ocupação na máquina do Estado pelos setores progressistas da profissão (como estava sendo o encaminhamento da Reforma Sanitária); e insuficiente produção sobre "as demandas postas à prática em saúde" (Bravo, 1996).

Para analisar o *Serviço Social nos anos 90*, faz-se necessário ter em mente ser este o período de implantação e êxito ideológico do projeto neoliberal no país, do qual o governo de Fernando Collor de Mello foi o primeiro a tentar implementá-lo. Numa análise que já realizamos desta década (Matos, 2000; Bravo e Matos, 2001) afirmamos que no Brasil existem duas inflexões que são fundamentais. A primeira é o plano real e a segunda é a contra-reforma do Estado defendida pelo governo FHC e seus intelectuais.

O projeto político econômico consolidado no Brasil, nos anos 90, projeto neoliberal, confronta-se com o projeto profissional hegemônico no Serviço Social,[9] tecido desde a década de 80 e com o projeto da reforma sanitária. A partir das contradições evidenciadas surgem algumas questões: como numa realidade político-conjuntural adversa, construir e concretizar uma prática que garanta um Estado participativo, formulador de políticas sociais equânimes, universais, não discriminatórias? Como ficam o Serviço Social e os defensores da reforma sanitária nesta trincheira?

Nas proposições referentes à política de saúde, o projeto da reforma sanitária é questionado e consolida-se na segunda metade dos anos 90, o projeto de saúde articulado ao mercado ou privatista. Este último, pautado na política de ajuste, tem como tendências a contenção dos gastos com a racionalização da oferta e a descentralização com isenção de responsabili-

---

8. ANAS — Associação Nacional dos Assistentes Sociais, entidade atualmente desativada, que congregava os Sindicatos de Assistentes Sociais do país. CFAS — Conselho Federal de Assistentes Sociais, denominado desde 1993 como Conselho Federal de Serviço Social (CFESS). ABESS — Associação Brasileira de Ensino de Serviço Social, designada desde 1997 como Associação Brasileira de Ensino e Pesquisa em Serviço Social (ABEPSS).

9. Pelo que já foi explicitado nesse texto, o projeto hegemônico profissional no Serviço Social em seus principais formuladores nas entidades da categoria e na academia.

dade do poder central. Ao Estado cabe garantir um mínimo aos que não podem pagar, ficando para o setor privado o atendimento aos cidadãos consumidores. Como principais características destaca-se: o caráter focalizado para atender as populações vulneráveis, a desconcentração dos serviços e o questionamento da universalidade do acesso.

A partir do exposto, identificou-se, já nos anos 90, que os dois projetos políticos em disputa na área da saúde, o projeto privatista e o projeto da reforma sanitária apresentaram diferentes requisições para o Serviço Social[10] (Bravo, 1998).

O projeto privatista requisitou, e vem requisitando, ao assistente social, entre outras demandas: seleção socioeconômica dos usuários, atuação psicossocial através de aconselhamento, ação fiscalizatória aos usuários dos planos de saúde, assistencialismo através da ideologia do favor e predomínio de práticas individuais.

Entretanto, o projeto da reforma sanitária vem apresentando, como demandas, que o assistente social trabalhe as seguintes questões: busca de democratização do acesso às unidades e aos serviços de saúde, atendimento humanizado, estratégias de interação da instituição de saúde com a realidade, interdisciplinaridade, ênfase nas abordagens grupais, acesso democrático às informações e estímulo à participação cidadã.

3. A recente produção do Serviço Social sobre a área da saúde[11]

Visando compreender de que maneira o Serviço Social vem buscando produzir conhecimento e estratégias sobre a área da saúde, é que neste item serão utilizadas referências bibliográficas que buscaram pensar e/ou intervir no Serviço Social na saúde, a partir da realidade do final dos anos 90. A análise vai partir de três dimensões da profissão: a acadêmica, a política e o trabalho profissional nas instituições.[12]

---

10. Como será afirmado adiante, tal disputa, e em conseqüência, as requisições para a profissão, continuam presentes.

11. Este item é resultado parcial de pesquisa desenvolvida pelos autores acerca da produção do conhecimento do Serviço Social sobre a área da saúde.

12. Tem-se por suposto que todas as dimensões da profissão têm relação com a política, pois não há neutralidade. Essa divisão é apenas didática.

No *aspecto acadêmico*, tomar-se-á como referência a Dissertação de Mestrado de Matos (2000).[13] A indagação consiste em identificar qual o raio de influência do projeto da reforma sanitária e do projeto ético-político do Serviço Social no trabalho dos assistentes sociais da saúde. A busca desta resposta poderia ser realizada por diferentes caminhos. Optou-se por investigar o *debate* profissional. Assim é que esse debate foi compreendido através da apreensão da reflexão escrita e, para tanto, foram pesquisados os artigos publicados na revista de maior circulação na área — *Serviço Social & Sociedade* —, bem como as comunicações apresentadas no mais importante congresso da categoria — os Congressos Brasileiros de Assistentes Sociais.

Pode-se afirmar que, na maioria, o debate do Serviço Social na saúde vem acompanhado de uma referência ao projeto da reforma sanitária e ao projeto ético-político profissional, por mais que, muitas das vezes, não explicitamente. Entretanto, ficou patente a dificuldade da maioria em realizar — pelo menos é o que está posto na sistematização escrita — um trabalho que no cotidiano esteja norteado pelo projeto ético-político profissional e o da reforma sanitária. Ao contrário, foram os trabalhos que não realizavam reflexões sobre o cotidiano, os que conseguiam obter tal articulação.

No *aspecto político*, será resgatada aqui a contribuição de Souza (2001),[14] em sua Dissertação de Mestrado sobre a contribuição política e profissional dos Assistentes Sociais aos Conselhos de Saúde,[15] bem como será realizada uma análise do relatório final da gestão 1999-2002 do CFESS (Conselho Federal de Serviço Social).

Souza (2001) estudou todo o material sobre controle social na saúde publicado no âmbito do Serviço Social, bem como as comunicações apresentadas nos congressos da categoria, na década de 90. Também aproveitou a realização do Encontro Estadual de Seguridade Social, realizado em 2000, no Rio de Janeiro, com uma presença de 800 participantes e aplicou um questionário para os assistentes sociais presentes.

---

13. Uma versão condensada da parte da dissertação aqui abordada foi publicada em forma de artigo. Ver Matos (2003).

14. Parte destas idéias está presente no artigo construído pela autora, em conjunto com Bravo. Ver Bravo e Souza (2002).

15. Os Conselhos de Saúde são fóruns deliberativos, compostos por gestores, trabalhadores e usuários, são regulamentados nacionalmente através da Lei n. 8.142/90 e pela Resolução n. 33 do Conselho Nacional de Saúde, 1993.

O resultado a que a autora chegou nos informa uma tendência otimista do Serviço Social, já que há uma preocupação com o controle social da política de saúde e o potencial de contribuição que a profissão pode proporcionar.

Sobre a concepção dos conselhos, presente nos trabalhos escritos pelos assistentes sociais ou no resultado dos questionários, a autora identificou duas tendências: o otimismo utópico e o pessimismo realista (com duas sub-tendências: conselho como espaço de cooptação ou conselho como um espaço tenso e contraditório, mas com potencial democratizante).

Apesar do resultado otimista, Souza (2001) apresenta algumas preocupações: poucos trabalhos de assessoria aos conselhos desenvolvidos por assistentes sociais, pouca participação dos assistentes sociais de unidades de saúde nos conselhos e uma incidência pequena (uma assistente social) participante de conselho com uma concepção de saúde voltada para o mercado.

O Conselho Federal de Serviço Social é sem dúvida a entidade nacional de representação desta categoria. Assim sendo, examinar as suas frentes de ação política é identificar qual tem sido a bandeira organizativa desta profissão. Um dos eixos de suas frentes foi "Trabalho, direitos e democracia: a resistência ao neoliberalismo", onde é reafirmada a defesa das políticas públicas, sendo o compromisso com a seguridade social pública uma estratégia central. Para tanto, essa luta não se dá de uma maneira endógena e sim, em articulação com outros trabalhadores, onde os espaços de controle social são fundamentais. Daí, pode-se observar que no período que o relatório cobre (1999-2002), o CFESS participou de diversos espaços: do Conselho Nacional de Saúde — CNS (representando o conjunto dos trabalhadores da saúde), bem como da 11ª Conferência Nacional de Saúde, do II Encontro Nacional de Conselheiros de Saúde, da Plenária Nacional de Saúde, da Plenária Nacional dos Conselhos de Saúde e das Conferências Nacionais de Vigilância Sanitária e de Saúde Mental.

O CFESS, na arena da saúde, tal qual nas outras áreas das políticas sociais públicas, possui reconhecimento enquanto entidade que tem como estratégia o fortalecimento da política pública, na perspectiva da democratização do Estado e da sociedade brasileira. Durante o período que o relatório abraça, cabe destacar a intervenção da entidade no debate sobre a Norma Operacional Básica sobre Recursos Humanos (NOB-RH); sobre o impacto dos cursos seqüenciais (que a Lei de Diretrizes e Bases da Educação propõe) na área da saúde; o aprofundamento da questão da humanização e acessibilidade no CNS; a intervenção, em conjunto com outras entidades, para a legalização dos cursos de residência para os profissionais não médicos; a discussão sobre a relevância do assistente social na composição das equipes do PSF (Programa de Saúde da Família), enquanto estratégia de melhoria da qualidade do atendimento e não por uma questão corporativista (o que culminou com a aprovação de uma moção sobre esse ponto na 11ª Conferência Nacional de Saúde) e o incentivo à qualificação da atuação do Assistente Social na área, no qual o documento "Assistente Social: trabalhador da saúde" é um exemplo.

Portanto, fazendo um paralelo entre as conclusões de Souza (2001) e o relatório do CFESS, pode-se considerar que, na atualidade, tem-se uma entidade forte e combativa na defesa das políticas públicas, incluso às da saúde. Entretanto, esta realidade e predisposição de luta nos espaços de controle social (no qual os Conselhos são estratégicos) ainda não foram apropriadas pelos assistentes sociais e nem incorporadas como atividade integrante do seu trabalho.

No aspecto do trabalho desenvolvido nos serviços é a Tese de Doutorado de Vasconcelos (1999)[16] e a Dissertação de Mestrado de Costa (1998)[17] que apresentam as ferramentas para análise. Vasconcelos (1999) entrevistou 78 assistentes sociais que trabalham na rede de saúde do município do Rio de Janeiro e concluiu que há uma diferença muito grande entre a intenção e o discurso dos assistentes sociais com o trabalho desenvolvido. Pois os assistentes sociais verbalizam um compromisso com a população usuária, mas não o conseguem transformá-lo em prática concreta. Assim, identificou que estes profissionais ainda reforçam os objetivos da instituição e não os do projeto ético-político da profissão.

Costa (1998) realizou um estudo com o objetivo de identificar o porquê de apesar do Serviço Social ser a quarta maior categoria no âmbito do SUS, os seus profissionais reiteram um discurso de imprecisão da profissão e de desqualificação técnica na área da saúde. Assim, tomou como universo de sua pesquisa os serviços públicos de saúde de Natal (RN). A autora

---

16. Publicado em forma de livro no ano de 2002. Ver Vasconcelos (2002).

17. Uma versão condensada da parte da dissertação aqui abordada foi publicada em forma de artigo. Ver Costa (2000).

parte do princípio de que só se pode pensar o trabalho dos assistentes sociais, tomando como marco de análise o trabalho coletivo em saúde. A partir daí, Costa (1998) afirma que a legitimidade do Serviço Social na saúde se dá pelo avesso, pois esta profissão vem tendo sua utilidade nas contradições fundamentais da política de saúde. Mas isto não vem sendo encarado pelos profissionais de Serviço Social como trabalho, daí a imprecisão discursada pelos mesmos. Obviamente, a autora acredita na possibilidade de uma outra ação do Serviço Social na área da saúde, mas considera que a superação do modelo médico hegemônico, com vistas à efetivação do projeto da reforma sanitária, é essencial para a reconstrução dos processos de trabalho em saúde, onde se insere o trabalho dos Assistentes Sociais.

Observa-se, tanto nas dissertações de Matos (2000), de Souza (2001) e de Costa (1998) e na Tese de Doutoramento de Vasconcelos (1999) que o desafio em comum identificado pelos autores é a necessidade de se consolidar a ruptura com o Serviço Social tradicional, para tanto se faz necessário fortalecer o projeto de "intenção de ruptura", responsável pela construção do atual projeto ético-político profissional e, em especial, avançá-lo para os serviços, para o cotidiano de trabalho do assistente social.

4. Desafios postos na atualidade para o Serviço Social na saúde

Ao analisar a trajetória do Serviço Social na área da saúde e, principalmente, nos anos 90, identifica-se que alguns desafios ainda estão postos na atualidade.

A eleição de Luiz Inácio Lula da Silva, em 2002, para a presidência da República, foi o resultado da reação da população brasileira às medidas implantadas no período anterior. No seu programa de governo, a saúde é entendida como um direito fundamental e há o compromisso em garantir o acesso universal, equânime e integral às ações e serviços de saúde. O Ministério da Saúde tem apontado como principais desafios: a incorporação da agenda ético-política da Reforma Sanitária; a construção de novos modelos de fazer saúde com base na integralidade, a intersetorialidade e a atuação em equipe; o estabelecimento da cooperação entre ensino-gestão-atenção; controle social e a supressão dos modelos assistenciais verticais e voltados somente para a assistência médica. Como principais diretrizes para a atual gestão são destacadas: a ampliação do atendimento no SUS, de modo especial na atenção básica; o combate às endemias; e a melhoria do acesso aos medicamentos.

Algumas estratégias também têm sido ressaltadas para viabilização dos objetivos e metas a serem alcançados, cabendo destacar: a política de educação para o SUS (mudança na prática e formação); a capacitação continuada de conselheiros de saúde; o acesso à informação; a ênfase na educação para saúde; a ampliação das contratações de agentes comunitários de saúde e a efetivação de outras contratações (auxiliar e técnico de saneamento, agentes de vigilância sanitária e agentes de saúde mental); e o fortalecimento do Programa de Saúde da Família, transformando os pólos de capacitação específicos em capacitação de recursos humanos.

A análise que se faz, por conseguinte, após esses anos de governo, é que a política macroeconômica do governo anterior foi mantida. As políticas sociais continuam fragmentadas e subordinadas à lógica econômica. Nessa setorização, a concepção de seguridade social não foi valorizada.

A partir do exposto, considera-se que, na atualidade, os dois projetos existentes na saúde, referidos anteriormente, ainda estão em disputa: o projeto da reforma sanitária x o projeto privatista. O atual governo ora fortalece o primeiro projeto e ora mantém a focalização e o desfinanciamento, características do segundo.

O Serviço Social não passa ao largo desta tensão. Ao mesmo tempo em que a década de 90 é marcada pela hegemonia da tendência de intenção de ruptura e, não por acaso, o Serviço Social é uma profissão, já em sua maioridade intelectual, é também, nesta mesma década, que se identifica a ofensiva conservadora a esta tendência. A crítica à tendência da intenção de ruptura não se apresenta como antimarxista e sim afirmando que o marxismo não apresenta respostas para o conjunto dos desafios postos à profissão pela contemporaneidade. Segundo Netto (1996a), as críticas apresentam em comum o fato de apontarem como problemas o dogmatismo, quando de fato trata-se de ortodoxia, e os equívocos da tradição marxista, quando na realidade tratar-se-ia de possíveis lacunas desta tradição no âmbito do Serviço Social.

Na saúde, onde esse embate claramente se expressa, a crítica ao projeto hegemônico da profissão passa pela reatualização do discurso da cisão entre o estudo teórico e a intervenção, pela descrença da possibilidade da existência de políticas públicas e, sobretudo, na suposta necessidade da construção de um saber específico na área da saúde, que caminha tanto para a negação da formação original em Serviço Social ou deslancha para um trato exclusivo de estudos na perspectiva da divisão clássica da prática médica.

Sobre o último eixo assinalado, cabe aqui apresentar três expressões. A primeira é a constatação de que ainda existe na categoria segmentos de profissionais que, ao realizarem a formação em saúde pública, passam a não se identificar mais como assistentes sociais, recuperando uma autoapresentação de sanitaristas. A segunda tendência, na atualidade com mais vigor, é a de resgatar no exercício profissional um privilegiamento da intervenção no âmbito das tensões produzidas subjetivamente pelos sujeitos e tem sido autodenominada pelos seus executores como Serviço Social Clínico. E por fim, percebe-se gradativamente o discurso da necessidade da criação de entidades ou da realização de fóruns de capacitação e debates dedicados à importância da produção do conhecimento sobre o Serviço Social nas diferentes áreas de especialização da prática médica.

Sobre esses pontos, cabem algumas reflexões. O problema não reside no fato de os profissionais de Serviço Social buscarem estudos na área da saúde. O dilema se faz presente é quando este profissional, devido aos méritos de sua competência, passa exercer outras atividades (direção de unidades de saúde, controle dos dados epidemiológicos etc.), e não mais as identifica como as de um Assistente Social. Assim, o profissional recupera — por vezes impensadamente — uma concepção de que fazer Serviço Social é exercer apenas o conjunto de ações que historicamente lhe é dirigido na divisão do trabalho coletivo em saúde. Este consiste apenas na ação direta com os usuários, o que Netto denomina de execução terminal da política social. As novas demandas colocadas como gestão, assessoria e a pesquisa como transversal ao trabalho profissional que estão explicitadas na Lei de Regulamentação da Profissão (1993) e nas Diretrizes Curriculares, aprovadas pela ABEPSS (1996), na maioria das vezes, não são consideradas.

Uma outra questão é a tentativa de obscurecer a função social da profissão na divisão social e técnica do trabalho, pois o problema não está no domínio de teorias que abordam o campo *psi* ou sobre doenças, mas sim quando este profissional se distancia, no cotidiano de seu trabalho profissional, do objetivo da profissão, que na área da saúde passa pela compreensão dos aspectos sociais, econômicos, culturais que interferem no processo saúde-doença e a busca de estratégias para o enfrentamento destas questões. O exercício profissional do assistente social não se reduz a ação exclusiva sobre as questões subjetivas vividas pelo usuário e nem pela defesa de uma suposta particularidade entre o trabalho desenvolvido pelos assistentes sociais nas diferentes especialidades da medicina. Esta última perspectiva fragmenta a ação do assistente social na saúde e reforça a concepção de especialização nas diversas patologias médicas, situação que tem sido colocada pelas demais profissões de saúde como necessária de superação. As novas diretrizes das diversas profissões têm ressaltado a importância de formar trabalhadores de saúde para o Sistema Único de Saúde com visão generalista e não fragmentada.

O trabalho do assistente social na saúde deve ter como eixo central a busca criativa e incessante da incorporação dos conhecimentos e das novas requisições à profissão, articulados aos princípios dos projetos da reforma sanitária e ético-político do Serviço Social. É sempre na referência a estes dois projetos que se poderá ter a compreensão se o profissional está de fato dando respostas qualificadas às necessidades apresentadas pelos usuários.

Assim, compreende-se que cabe ao Serviço Social — numa ação necessariamente articulada com outros segmentos que defendem o aprofundamento do Sistema Único de Saúde (SUS) — formular estratégias que busquem reforçar ou criar experiências nos serviços de saúde que efetivem o direito social à saúde, atentando que o trabalho do assistente social na saúde que queira ter como norte o projeto ético-político profissional tem que, necessariamente, estar articulado ao projeto da reforma sanitária (Matos, 2003). Considera-se que o nosso código de ética apresenta ferramentas fundantes para o trabalho dos assistentes sociais na saúde. Destacam-se, entre seus 11 (onze) princípios fundamentais:

- "Defesa intransigente dos direitos humanos e recusa do arbítrio e do autoritarismo";
- "Posicionamento em favor da eqüidade e justiça social, que assegure universalidade de acesso aos bens e serviços relativos aos programas e políticas sociais, bem como sua gestão democrática";
- "Articulação com os movimentos de outras categorias profissionais que partilhem dos princípios deste código e com a luta geral dos trabalhadores";
- "Compromisso com a qualidade dos serviços prestados à população e com o aprimoramento intelectual, na perspectiva da competência profissional".

Ou seja, pensar hoje uma atuação competente e crítica do Serviço Social na área da saúde, ao nosso ver, é:

- Estar articulado e sintonizado ao movimento dos trabalhadores e de usuários que lutam pela real efetivação do SUS;
- Facilitar o acesso de todo e qualquer usuário aos serviços de saúde da Instituição, bem como de forma compromissada e criativa não submeter a operacionalização de seu trabalho aos rearranjos propostos pelos governos que descaracterizam a proposta original do SUS de direito, ou seja, contido no projeto de Reforma Sanitária;
- Tentar construir e/ou efetivar, conjuntamente com outros trabalhadores da saúde, espaços nas unidades que garantam a participação popular e dos funcionários nas decisões a serem tomadas;
- Elaborar e participar de projetos de educação permanente, buscar assessoria técnica e sistematizar o trabalho desenvolvido, bem como estar atento sobre a possibilidade de investigações sobre temáticas relacionadas à saúde.

Enfim, não existem fórmulas prontas na construção de um projeto democrático e a sua defesa não deve ser exclusividade apenas de uma categoria profissional. Por outro lado, não se pode ficar acuado frente aos obstáculos que se apresentam na atualidade e nem desconsiderar que há um leque de pequenas, mas não menos importantes, atividades e alternativas a serem desenvolvidas pelos profissionais de Serviço Social. Mais do que nunca, os assistentes sociais estão desafiados a encarar a defesa da democracia, das políticas públicas e consubstanciar um trabalho — no cotidiano e na articulação com outros sujeitos que partilhem destes princípios — que faça frente ao projeto neoliberal, já que este macula direitos e conquistas defendidos pelos seus fóruns e pelas legislações normativas da profissão. É nas palavras leves da poesia que se encontra a dimensão do desafio: "Quebrando pedras, plantando flores" (Cora Coralina, 1985).

Referências

BONETTI, Dilséa. et alli. *Serviço Social e Ética: Convite a uma nova práxis*. São Paulo: Cortez, 1996.

BRASIL. *Constituição Federal de 1988*. Brasília, 1988.

BRAVO, Maria Inês Souza. *Questão da Saúde e Serviço Social. As práticas profissionais e as lutas no setor*. São Paulo: PUC-SP (Tese de doutoramento), 1991 (mimeo.).

_____. *Serviço Social e Reforma Sanitária: Lutas Sociais e Práticas Profissionais*. São Paulo/Rio de Janeiro: Cortez/UFRJ, 1996.

_____. Superando Desafios — O Serviço Social na Saúde na década de 90. In: *Superando Desafios — Cadernos do Serviço Social do HUPE* (03). Rio de Janeiro: UERJ, 1998.

BRAVO, Maria Inês Souza & MATOS, Maurílio. A Saúde no Brasil: Reforma Sanitária e Ofensiva Neoliberal. In BRAVO, Maria Inês e PEREIRA, Potyara. *Política Social e Democracia*. São Paulo/Rio de Janeiro: Cortez/UERJ, 2001.

BRAVO, Maria Inês Souza & SOUZA, Rodriane de Oliveira. Conselhos de Saúde e Serviço Social: luta política e trabalho profissional. In *Ser Social — Revista do Programa de Pós-graduação em política Social* (10). Brasília: UnB, 2002.

CERQUEIRA FILHO, Gisálio. *A "questão social" no Brasil. Crítica do discurso político*. Rio de Janeiro: Civilização Brasileira, 1982.

CFESS. *Código de Ética do Assistente Social*. (3ª edição revista e atualizada). Brasília: CFESS, 1997.

_____. *Brasil, mostra tua cara — Relatório final — gestão 1999-2002*. Rio de Janeiro/Brasília: CFESS, 2002.

CORALINA, Cora. *Meu livro de cordel*. Rio de Janeiro: Global, 1985.

COSTA, Maria Dalva H. *Os elos invisíveis do processo de trabalho em saúde: um estudo sobre as particularidades do trabalho dos assistentes sociais nos serviços públicos de saúde nos anos 90 em Natal (RN)*. Recife: UFPE (Dissertação de Mestrado), 1998 (mimeo.).

_____. O trabalho nos serviços de saúde e a inserção dos(as) assistentes sociais. In: *Revista Serviço Social & Sociedade* (62). São Paulo: Cortez, 2000.

COSTA, Nilson R. *Lutas urbanas e controle sanitário*. Rio de Janeiro, Vozes, 1986.

FERNANDES, Florestan. *Nova república?* Rio de Janeiro: Zahar, 1986.

GUIMARÃES, R. e TAVARES, R. (orgs.). *Saúde e Sociedade no Brasil: Anos 80*. Rio de Janeiro: Relume-Dumará, Abrasco, IMS-UERJ, 1994.

IAMAMOTO, M e CARVALHO, R. *Relações Sociais e Serviço Social no Brasil*. São Paulo: Cortez e Celats, 1982.

IAMAMOTO, M. *O Serviço Social na contemporaneidade: Trabalho e formação profissional*. São Paulo: Cortez, 1998.

LUZ, Madel Therezinha. Notas sobre as políticas de saúde no Brasil de "transição democrática" — anos 80. In *Revista Physis* (01). Rio de Janeiro: Relume Dumará e IMS-UERJ, 1991.

MATOS, Maurílio Castro. *O Debate do Serviço Social na Saúde na Década de 90: sua relação com o projeto ético-político profissional e com o projeto da reforma sanitária*. Rio de Janeiro: ESS-UFRJ (Dissertação de Mestrado), 2000 (Mimeo.).

_____. O Debate do Serviço Social na Saúde na Década de 90. In: *Revista Serviço Social e Sociedade* (74). São Paulo: Cortez, 2003.

MENDES, Eugênio Vilaça. As políticas de saúde no Brasil nos anos 80: A conformação da reforma sanitária e a construção da hegemonia do projeto neoliberal. In: MENDES, Eugênio Vilaça (org.). *Distrito Sanitário — O processo social de mudança das práticas do Sistema Único de Saúde*. São Paulo — Rio de Janeiro: Hucitec — Abrasco, 1999. (4. ed.).

NETO, Eleutério Rodrigues. A Reforma Sanitária e o Sistema Único de Saúde: suas origens, suas propostas, sua implantação, suas dificuldades e suas perspectivas. In *Incentivo à participação popular e o controle social no SUS*. Brasília: Miiistério da Saúde/Brasil, 1994.

NETTO, José Paulo. *Ditadura e Serviço Social — Uma análise do Serviço Social no Brasil pós-64*. São Paulo: Cortez, 3. ed., 1996.

_____. Transformações societárias e Serviço Social — notas para uma análise prospectiva da profissão no Brasil. In: *Serviço Social* (50). São Paulo: Cortez, 1996a.

NICOLETTI, Lenita. Planificação em saúde e participação comunitária. In *Revista Serviço Social e Sociedade* (01). São Paulo: Cortez, 1979.

OLIVEIRA, Jaime A e TEIXEIRA, Sônia. M. F. *(Im) previdência social: 60 anos de história da previdência no Brasil*. Rio de Janeiro: Vozes/Abrasco, 1986.

PALOCCI FILHO, Antônio. (Coord.). *Programa de Governo. Coligação Lula Presidente*. São Paulo: 2002.

_____. A Política de Saúde — Um Brasil para todos. In: *Revista Saúde em Debate* (62). Rio de Janeiro: CEBES, set./dez., 2002.

SADER, E e GENTILI, P. (orgs.). *Pós-neoliberalismo — As Políticas Sociais e o Estado Democrático*. Rio de Janeiro: Paz e Terra, 3. ed., 1996.

SANTOS, Wanderley Guilherme. *Cidadania e Justiça*. Rio de Janeiro: Campus, 1979.

SOUZA, Rodriane de Oliveira. *Serviço Social na Saúde: Contribuições políticas e profissionais ao exercício do controle social*. Rio de Janeiro: ESS-UFRJ (Dissertação de Mestrado), 2001 (Mimeo.).

TEIXEIRA, Sônia Fleury. *A política de saúde na transição conservadora*. Saúde em debate, n. 26. Londrina: Cebes, 1989.

VASCONCELOS, Ana Maria. *Tendências da prática profissional do Assistente Social na atenção à Saúde no município do Rio de Janeiro*. Rio de Janeiro: ESS-UFRJ (Tese de doutoramento), 1999. (Mimeo.)

_____. *A prática do Serviço Social. Cotidiano, formação e alternativas na área da saúde*. São Paulo: Cortez, 2002.

Capítulo 4

Desafios Atuais do Sistema Único de Saúde — SUS e as Exigências para os Assistentes Sociais

*Vera Maria Ribeiro Nogueira**
*Regina Célia Tamaso Mioto***

Introdução

O processo de implantação do Sistema Único de Saúde — SUS — tem sido marcado por intensos debates que refletem a presença de interesses antagônicos em relação a sua consolidação, tanto como política pública calcada na universalidade, eqüidade, integralidade, participação da população e dever do Estado, quanto às dificuldades para construir modelos assistenciais ancorados na concepção ampliada de saúde, que foi a base do processo de proposição do próprio SUS.

Essa discussão está presente no Serviço Social através de produções bibliográficas que podem ser apreendidas sob duas perspectivas. Uma que pauta o debate de forma mais intensa no eixo ético-político e outra que direciona a análise para a prática profissional no âmbito do SUS.

Os estudos referentes ao eixo ético-político, dentre os quais se destacam o de Bravo (1996) e de Nogueira (2002a, 2002b, 2004), relacionam os riscos quanto às possibilidades da ação profissional no sentido da garantia

---

* Professora da Escola de Serviço Social da Universidade Católica de Pelotas. Professora colaboradora do Departamento de Serviço Social/Mestrado em Serviço Social da Universidade Federal de Santa Catarina.

** Professora do Departamento de Serviço Social da Universidade Federal de Santa Catarina e do II Curso de Especialização Multiprofissional em Saúde da Família/Modalidade Residência — UFSC/PMF/MS.

de direitos universais ao analisarem o cenário atual, apontando as ameaças presentes no confronto entre o projeto privatista de cuidados de saúde e o projeto da reforma sanitária. As produções direcionadas à ação profissional, em meio às quais se salientam as de Costa (2000), Matos (2003), Vasconcelos (2002), Wiese (2002), Mioto (2004b) e Nogueira (2003), têm pautado em suas análises os desafios para a materialização do atual projeto ético-político da profissão e do próprio SUS.

Este texto busca debater a inserção do Serviço Social no campo da saúde, articulando a ação profissional às diretrizes do SUS, o que sinaliza para um estatuto diferenciado da profissão no campo da saúde. Nessa perspectiva, a argumentação está ancorada em três pontos que sustentam esta abordagem. O primeiro está relacionado à concepção ampliada de saúde e a um novo modelo de atenção dela decorrente, incluindo-se a atenção à saúde como um dos pilares estruturantes dos sistemas públicos de bem-estar construídos no século passado (Campos e Albuquerque, 1999). A preocupação com a resolutividade dos sistemas públicos nacionais de saúde amplia as pesquisas sobre modalidades de atenção inovadoras, sedimentando uma nova visão analítica sobre o processo saúde-doença, a partir do reconhecimento dos determinantes sociais neste processo. Nessa linha de pensamento, além dos tradicionais esquemas de prevenção e cura, vem ocupando um lugar de destaque, e se constituindo como um campo abrangente de práticas de distintas disciplinas, a promoção da saúde, acrescida de adensamentos conceituais que dão conta de responder ao modelo de atenção à saúde proposto pelo SUS.

O segundo é que, atualmente, ocorre um movimento de reorganização e de atualização das práticas em saúde através dos Pólos de Capacitação Permanente e dos Programas de Capacitação e Atualização Profissional em vários níveis, para distintas categorias profissionais e para programas específicos, instituídos pelo Ministério da Saúde (MS). Tal movimento, vinculado à Política Nacional de Educação Permanente do MS tem buscado qualificar recursos humanos para atuação nos moldes preconizados pelos princípios e diretrizes do SUS. Por essa razão amplia-se a preocupação com a especificidade do Serviço Social à medida que se observam outras profissões alargando suas ações em direção ao social. Fica evidente a força que a temática do social, e do trabalho com o social, vem ganhando no âmbito da saúde, através das diferentes profissões (Mioto, 2004a).

O terceiro é, paradoxalmente, a desqualificação pela qual vem passando os aspectos relacionados ao *social*, desvelado a partir da análise do formato de alguns dos programas de saúde, em andamento, de âmbito nacional. Podemos citar como exemplo o Programa de Agentes Comunitários de Saúde, no qual, dentre suas atribuições estão previstas ações referentes ao social, altamente complexas e, portanto, incompatíveis com o nível de habilitação dos agentes comunitários. Merece também destaque a própria supervisão do Programa, atribuída ao enfermeiro. Reforçando a escassa preocupação com uma ação técnica mais competente e sinalizando para uma visão reducionista da área contrapõe-se à concepção ampliada de saúde presente na Constituição Federal. Isso tudo sem dizer que os objetivos do programa sinalizam para ações que são competências históricas do Serviço Social, exigindo o domínio de técnicas e conhecimentos próprios da formação do assistente social. Assim, não é por acaso que os resultados das ações, dentre outros motivos, são precários, de baixa resolutividade e, na análise de muitos, de alta irresponsabilidade (Mioto, 2004a; Nogueira, 2003).

No quadro das pontuações efetuadas, no decorrer desse texto serão abordadas três questões centrais intrinsecamente relacionadas entre si. A primeira se refere a uma análise do Sistema Único de Saúde (SUS) no Brasil, em sua perspectiva peculiar e inovadora em termos éticos, políticos, institucionais e técnico-assistenciais, relacionando-o com os princípios éticos e políticos do contidos no Código de Ética Profissional do Assistente Social e reiterados no Projeto Ético-Político adotado pela categoria nos últimos quinze anos.

A segunda questão busca evidenciar como o novo modelo de atenção à saúde, incluindo essencialmente a concepção adotada sobre o processo saúde-doença incide na ampliação do espaço sócio-ocupacional dos assistentes sociais. Observa-se, preliminarmente, que essa incidência não decorre apenas da ampliação da demanda reprimida e tampouco da expansão das funções desempenhadas tradicionalmente pelos profissionais no campo da saúde. Pelo contrário, quer se destacar que as ações profissionais passam a ter uma nova funcionalidade decorrente da adoção dos determinantes sociais como estruturantes dos processos saúde-doença.

Um terceiro e último tópico mapeia os desafios atuais do próprio sistema de proteção à saúde em decorrência das reformas estruturais pelas quais passou o Estado brasileiro nos últimos quinze anos.

O SUS e o projeto ético-político profissional — Convergências e concretizações[1]

Como fruto das lutas populares e sindicais, a área da saúde foi a que mais obteve sucesso no que diz respeito ao fortalecimento dos direitos sociais, fato refletido na Constituição de 1988. Com perfil bastante programático em diversos aspectos, a nova carta constitucional propôs um novo ordenamento ao setor saúde, propiciando um desenho particular em aspectos ético-políticos fundamentais. Universalizou-se o direito à saúde, apontando para a garantia do pleno acesso aos serviços sem quaisquer critérios de exclusão ou discriminação. Abriram-se espaços para decisões políticas no campo sanitário compartilhadas com os usuários e para a gestão democrática dos serviços de saúde através da participação popular, possibilitando o controle social, por diferentes sujeitos coletivos, que interagem entre si e com o Estado. Esse avanço foi reiterado, em 1990, com a aprovação das Leis ns. 8.080 e 8.142.

Entretanto, a aprovação da legislação complementar, que instituiu e regulamentou o sistema nacional de saúde brasileiro foi permeada por confrontos e negociações intensas, refletindo a posição antagônica dos grupos de interesses ligados ao setor. Da mesma forma, os embates seqüentes agravados pelos processos de reforma do Estado tornaram as contradições entre as duas propostas mais acirradas.

De um lado, no período da implantação da proposta constitucional, da aprovação da legislação complementar e infraconstitucional, as forças conservadoras retornaram com vigor e retardaram a inclusão da saúde na agenda governamental. Cabe notar, ainda, que as inovações mais radicais relativas ao modelo de atenção proposto pela legislação do SUS somente tem seu início com a Norma Operacional Básica n. 96, em 1996.

Por outro lado o relativo refluxo dos movimentos populares, nas décadas que se seguiram à aprovação da Constituição, foi um fato marcante. A desqualificação das ações coletivas, denominadas pejorativamente de *comportamentos jurássicos,* durante o Governo Fernando Henrique Cardoso

---

1. Agradecemos a contribuição da Professora Maria Geusina da Silva, da Faculdade União das Américas e Prefeitura Municipal de Foz do Iguaçu, na construção dos itens sobre integralidade e promoção à saúde.

contribuiu para a desmobilização de grupos ligados ao setor saúde, retardando e favorecendo a atuação dos grupos vinculados ao ideal privatista.

Mesmo assim, o núcleo duro da proposição aprovada, tanto em termos constitucionais como infraconstitucionais, apresenta características peculiares que devem ser analisadas em maior profundidade por duas razões. A primeira é por expressar, no Brasil, uma perspectiva inovadora em relação aos direitos sociais significando a inserção política de atores sociais até o momento excluídos na conformação das agendas públicas, rompendo com a sujeição histórica dos direitos sociais ao trabalho formal, e sinalizando para a atenção às necessidades integrais de saúde de todo cidadão. A segunda é a convergência de tais inovações com o Código de Ética Profissional e a Lei da Regulamentação da Profissão, aprovados em 1993.

A expansão dos direitos de cidadania, a preocupação com a universalidade, com a justiça social e o papel do Estado na provisão da atenção social são pontos comuns que merecem destaque.

Sobressai, como um primeiro rompimento com a situação anterior, em relação ao plano jurídico e político, a idéia de *universalidade*. Ou seja, o direito de todo cidadão brasileiro ter acesso *universal e igualitário* aos serviços e ações de saúde, quebrando com uma desigualdade histórica que classificava os brasileiros em cidadãos de primeira e segunda classe. Os de primeira classe eram os que integravam o mercado de trabalho, tendo acesso à medicina previdenciária. Os de segunda classe tinham suas necessidades de saúde atendidas unicamente através de um precário sistema constituído pelas Santas Casas de Misericórdia, pela boa vontade da classe médica e pelos raros serviços mantidos pelo Ministério e Secretarias Estaduais de Saúde. No plano da relação Estado-sociedade, essa indicação significou o reconhecimento que a atenção às necessidades de saúde não pode ser atribuída ao mercado. Nesse sentido, aponta Luz (1991: 29), coloca no debate a "visão desmedicalizada da saúde", na medida em que subentende uma definição *afirmativa* (positiva) de saúde, diferente da visão tradicional que identifica saúde com ausência relativa de doença, típica das instituições médicas.

Destaca-se que, além de prever o acesso universal e igualitário como dever do Estado, os determinantes das condições de saúde incorporados no texto constitucional articulam dois setores: o social e o econômico. Ultrapassam uma visão de direito e política social, que tem prevalecido no país, de se pensar a distribuição de bens e serviços autonomizada em relação à esfera da produção.

A concepção ampliada de saúde como "o *efeito real de um conjunto de condições coletivas de existência*, como a expressão ativa — e participativa — do exercício de direitos de cidadania, entre os quais o direito ao trabalho, ao salário justo, à participação nas decisões e gestões de políticas institucionais" (Luz, 1991: 29) impõe reconhecer a intrínseca relação entre direitos sociais e econômicos, entendendo, também, que a intervenção estatal, na esfera das políticas sociais, não pode ser vista como independente dos interesses econômicos. Estes, por sua vez, moldam e incluem na agenda política e governamental os itens que lhes são relevantes, segundo determinações históricas particulares que envolvem o ambiente sistêmico e o ambiente programático (Nogueira, 2002).

O discurso do reconhecimento da saúde como um direito social e a apreensão de sua garantia como um dever do Estado ultrapassa uma abordagem limitada e centrada em um discurso acrítico e normativo. Supera uma perspectiva analítica que atribui às políticas sociais o papel de reduzir as injustiças sociais, resgatando, de "maneira anacrônica, princípios, dogmas e valores que surgem da superação do romantismo" (Menezes, 1993: 28), da velha escola humanitária e filantrópica que anula e obscurece o discurso das classes sociais e de interesses em conflito. Define ainda, de maneira radical que, enquanto direito, a pretensão do dever de cumpri-lo é do Estado, sendo reconhecido que a saúde não poder ser um bem ou serviço factível de troca no mercado. "A pura operação das forças de mercado não é uma receita adequada para o funcionamento do setor, como reconhece o recente Relatório do Banco Mundial. [...] As instituições do Estado de bem-estar (*Welfare State*) podem ser estudadas como uma expressão acabada das tentativas sociais de superação das falhas de mercado generalizadas no setor saúde" (Campos, Barros e Castro, 2004). Como um bem não mercantil, supõe a sua desmercadorização para sua garantia, com as conseqüentes implicações na esfera da política e da economia.

Confirmando os pressupostos contidos no artigo 196 da Constituição Federal, o art. 198, através das diretrizes, delineia outros pontos que sedimentam o direito social à saúde, encaminhando níveis programáticos aos mesmos, como se depreende da leitura das mesmas:

> "As ações e serviços públicos de saúde integram uma rede regionalizada e hierarquizada e constituem um sistema único, organizado de acordo com as seguintes diretrizes:

I — descentralização, com direção única em cada esfera de governo;

II — atendimento integral, com prioridade para as atividades preventivas, sem prejuízo dos serviços assistenciais;

III — participação da comunidade" (Constituição Brasileira, 1988: 81).

O item constitucional acima, ratificado integralmente na Lei n. 8.089, trata de aspectos bastante polêmicos, tanto para o setor mais progressista como especialmente para as instituições médicas tradicionais, visto que veio alterar situações institucionais consolidadas em termos de *poder político* e *poder técnico*.

O artigo 198 da Constituição Brasileira (1988: 81), complementado pela Lei n. 8.080, ao enfatizar o atendimento integral, indica outro aspecto central para o trânsito do direito real à saúde. A afirmação do "atendimento integral, com prioridade para as atividades preventivas, sem prejuízo dos serviços assistenciais", que traduz a radicalidade da proposta face ao modelo de atenção à saúde, implantado até então no Brasil, baseado, de modo inequívoco, na medicina curativa e na atenção à doença.

Um dos mais conhecidos sentidos atribuídos ao atendimento integral se refere ao reconhecimento do todo indivisível que cada pessoa representa, trazendo como conseqüência a não-fragmentação da atenção, reconhecendo os fatores socioeconômicos e culturais como determinantes da saúde, e, principalmente, sugerindo um modelo integral de atenção que não tem como suposto a cura da doença, mas alarga os horizontes do mundo da vida espiritual e material (Pinheiro e Matos, 2001).

Cecílio (2004) amplia o debate indicando que se pode traduzir a integralidade em diferentes dimensões. Uma delas é a *integralidade focalizada*, que é realizada e praticada nos diversos serviços de saúde, fruto de esforços de diferentes equipes multiprofissionais que buscam realizar ações interdisciplinares. Nesses espaços sócio-institucionais, a integralidade se realiza pelo compromisso ético-político e competência técnica dos profissionais a partir da relação com o usuário. Ou seja, ouvir cuidadosamente, apreender, compreender e analisar para identificar as necessidades de saúde da população. A outra dimensão é a que o autor denomina de integralidade ampliada. Para Cecílio (2004), a integralidade nessa dimensão deve ser visualizada como resultado da articulação de cada serviço com a rede complexa composta por todos os outros serviços e instituições. Nesta acepção, fica evidente que a integralidade não é atributo específico de uma determinada profissão e nem de um serviço, mas compreende distintas práticas profissionais interdisciplinares que se articulam no campo da promoção da saúde, através de diferentes serviços e instituições.

Além disso, o princípio da integralidade, garantido constitucionalmente e na legislação complementar, permite identificar outros componentes relativos a um novo enfoque para o direito à saúde. A integralidade, tendo como pilares básicos a interdisciplinaridade e a intersetorialidade, possibilita uma inserção diferenciada do assistente social na área da saúde, superando o estatuto de profissão paramédica, típico do modelo biomédico.

A participação da comunidade, igualmente um princípio constitucional e eixo organizador do Sistema Único de Saúde, é um outro ponto a ser destacado na relação entre as práticas dos assistentes sociais que se pautam no Código de Ética e no projeto ético-político e o SUS. É um aspecto fundamental para o processo de construção da esfera pública para o setor à medida que indica as possibilidades de redução dos mecanismos de cooptação e clientelismo, tão comuns no contexto da cultura política nacional, em que a oferta de ações de caráter curativo em saúde exercem atração exacerbada tanto entre prestadores de serviços, como nos usuários do sistema.

De acordo com Carvalho (1997), a participação da sociedade é a expressão institucional do "núcleo duro" da Reforma Sanitária. Ao longo do tempo, teve significados diversos, evidenciando constantemente a preocupação em associar o social e o político. Expressa ainda a *face democrática ampla* dessa Reforma, ao ter como horizonte não unicamente o acesso igualitário aos bens e serviços de saúde, mas o acesso ao poder. Mostra as arenas de definição da agenda governamental, traduzindo uma preocupação com os mecanismos redistributivos contidos nas políticas de saúde, com as formas organizacionais de como redistribuir ou favorecer uma atenção de qualidade para todos os brasileiros.

A concepção de democracia participativa que vigorou no período pré-constitucional entendia a participação como um valor estratégico e não intrínseco, ou, como aquele em que a participação política interessa em si mesma, como condição de cidadania. A participação comunitária não foi um tema *inventado* a partir da Reforma Sanitária. Entretanto, foi ressignificado, perdendo o caráter adesista com o qual havia sido adensado durante a ditadura militar. Esse adensamento teve um objetivo bem preciso, no marco dos novos direitos sociais, apontando um horizonte distinto para a cidadania, então em construção.

Nesse contexto, a participação da comunidade foi organizada de forma articulada aos demais grupos de interesse. A participação dos grupos comunitários tinha, em última análise, a finalidade de inscrever a idéia da democracia participativa nas novas práticas sanitárias, condizente com a posição conquistada de novos atores, influenciando rumos e definindo as políticas setoriais.

O conteúdo da participação, posteriormente nomeada como *controle social*, sofreu uma alteração semântica, como bem marca Carvalho (1997), entre outros autores. O termo "Controle Social" teve origem na sociologia, significando o controle do Estado sobre a sociedade ou do empresariado sobre as massas. Na saúde, essa concepção esteve presente no século XX até meados dos anos de 60 e sua expressão máxima ocorreu no "sanitarismo campanhista", que promovia amplos programas de combate às endemias (malária, febre amarela, tuberculose etc.), de forma autoritária e discriminatória, e tratava as resistências como delito.

Após alguns anos, esse conceito se inverteu, tendo como marco o processo de redemocratização da sociedade brasileira com o aprofundamento do debate referente à democracia e, na saúde com o movimento de reforma sanitária. Assim, *controle social* passou a significar o controle da sociedade organizada sobre o Estado, exercido por meio de instrumentos democráticos, tais como os Conselhos e as Conferências de Saúde e outros mais.

Porém, pode-se dizer que ao longo dos anos o termo *participação* adquiriu forte conotação ideológica, obscurecendo o fato de que ela encerra relações sociais diferenciadas e em constante construção. Assim, depende dos arranjos políticos, factuais ou mais ideologizados, nos quais os atores definem os movimentos do intrincado "jogo de xadrez".[2] Nessa direção vale dizer que muito se tem debatido sobre essa questão e muitas críticas têm sido realizadas sobre o processo de incorporação formal dos movimentos populares aos segmentos mais institucionalizados. Com isso, aponta-se o risco que a conformação de tais institucionalidades possa representar como uma nova forma de cooptação política e um mecanismo para a redução de conflitos. No entanto, vale reafirmar que a idéia inscrita através do projeto

---

2. Verificar a alegoria do jogo de xadrez utilizada por Francisco de Oliveira (1988).

da Reforma Sanitária na concepção do SUS é que o controle social é o processo pelo qual a sociedade interfere na gestão pública, no direcionamento das ações do Estado para com os interesses da coletividade, estabelecendo assim a capacidade de participação e mudança (Carvalho, 1997).

Por esse ângulo pode-se também observar a intrínseca relação do *controle social* com os pressupostos contidos no Código de Ética, Lei da Regulamentação da Profissão e o Projeto Ético-Político. O Código de Ética explicita essa vinculação tanto através de seus princípios concernentes à ampliação e consolidação da cidadania e à gestão democrática de serviços, programas e políticas sociais, à defesa do aprofundamento da democracia enquanto socialização da participação política, como em relação ao dever do assistente social com os usuários de contribuir para a viabilização da participação efetiva da população usuária nas decisões institucionais (CFESS, 1993).

Diante do quadro apresentado, reafirma-se o trânsito existente entre os princípios contidos tanto na Constituição Federal e legislação relativa ao campo da saúde como no Código de Ética dos assistentes sociais, profissionais que na prática cotidiana buscam continuamente ampliar e garantir direitos quanto aos serviços e ações de saúde à população. Nessa direção ganha significado a afirmativa de Minayo (2005: 67) "que a concepção de direito está diretamente relacionada às condições concretas de sua fruição, refletindo idéias concretas, finalidades concretas, alternativas concretas". Ou seja, os princípios e propostas podem se tornar vazios sem uma materialidade que os adense e possibilite superar situações de iniqüidade e desigualdade no acesso aos bens necessários a uma vida saudável. Assim, é importante ressaltar que os aspectos éticos "não se esgotam na afirmação do compromisso ético-político, é preciso que esse compromisso seja mediado por estratégias concretas, articulados à competência teórica/técnica e à capacidade de objetivá-las praticamente por meio da realização dos direitos sociais" (Barroco, 2004: 31).

A concepção ampliada de saúde e a ação profissional do assistente social

Conforme apontado anteriormente, a proposta do SUS dentro dos princípios elencados veio alicerçada na concepção ampliada de saúde. Ou seja, quando se aceita que a doença ou a saúde não são situações estáticas, mas dinâmicas, impossíveis de serem explicadas unicamente pela interação mecânica de partes do organismo humano, é que acontece a revisão do paradigma *mecanicista*. Segundo Merhy, Campos e Queiroz (1989), esse paradigma centraliza o processo de trabalho na medicina à medida que o processo de cura (das doenças) é a sua finalidade. Portanto, ao se reconhecer a influência da cultura, das relações sociais e econômicas, das condições de vida e existência nos processos de saúde-doença, altera-se o objeto do conhecimento e a sua forma de abordagem.

A reversão do paradigma mecanicista tem suas raízes na constatação da insuficiência do modelo biológico, da tecnologia médica e do foco exclusivo do risco individual para responder aos processos de saúde-doença próprios da vida moderna. Dessa forma, consolidou-se uma nova posição entre amplos setores da comunidade científica e profissional, a despeito de toda resistência oferecida pelo complexo médico-industrial. Tal fato ocorreu pela evidência de que fatores socioeconômicos, culturais e ambientais são determinantes das condições de vida e saúde, levando à afirmação de que não existe correlação entre o aumento do nível de atividades médicas e o aumento do nível de saúde da população (Merhy, Campos e Queiroz, 1989). Passou-se a falar em determinação social do processo saúde-doença, por se reconhecer que as necessidades de saúde não residem unicamente em não estar doente. A OPAS (Organização Pan-Americana da Saúde), em seu informe anual de 1998, afirma:

> "El pensamiento actual en el campo de la salud pública se ha desplazado más allá del simple reconocimiento de las causas biológicas y conductuales de la enfermedad para incluir un examen de las relaciones entre el contexto sanitario y el social, es decir, la forma en que obran la pobreza, el género y el origen étnico, entre otras cosas, como factores determinantes de la salud" (OPAS, 2001).

Nesse sentido, Cecílio (2004: 28) aponta que os fatores determinantes da saúde se traduzem em necessidades de saúde, classificando-as em quatro grandes conjuntos:

> "O primeiro são as boas condições de vida, entendendo-se que o modo como se vive se traduz em diferentes necessidades. O segundo diz respeito ao aces-

so às grandes tecnologias que melhoram ou prolongam a vida. É importante destacar que, nesse caso, o valor do uso de cada tecnologia é determinado pela necessidade de cada pessoa, em cada momento. O terceiro bloco refere-se à criação de vínculos efetivos entre usuários e o profissional ou equipe dos sistemas de saúdes. Vínculo deve ser entendido, nesse contexto, como uma relação contínua, pessoal e calorosa. Por fim, necessidades de saúde estão ligadas também aos graus de crescente autonomia que cada pessoa tem no seu modo de conduzir a vida, o que vai além da informação e da educação."

A partir do exposto, postula-se que não é possível compreender ou definir as necessidades de saúde sem levar em conta que elas são produtos das relações sociais e destas com o meio físico, social e cultural. Dentre os diversos fatores determinantes das condições de saúde incluem-se os condicionantes biológicos (idade, sexo, características herdadas pela herança genética), o meio físico (que inclui condições geográficas, características da ocupação humana, disponibilidade e qualidade de alimento, condições de habitação), assim como os meios socioeconômico e cultural, que expressam os níveis de ocupação, renda, acesso à educação formal e ao lazer, os graus de liberdade, hábitos e formas de relacionamentos interpessoais, a possibilidade de acesso aos serviços voltados para a promoção e recuperação da saúde e a qualidade de atenção pelo sistema prestado.

Como se vê, a definição de necessidades de saúde ultrapassa o nível de acesso a serviços e tratamentos médicos, levando em conta as transformações societárias vividas ao longo do século XX e já no XXI, com a emergência do consumismo exacerbado, a ampliação da miséria e da degradação social e das perversas formas de inserção de parcelas da população no mundo do trabalho. Mais que isso, envolve aspectos éticos relacionados ao direito à vida e à saúde, direitos e deveres. Nesse sentido é necessário apreender a saúde como produto e parte do estilo de vida e das condições de existência, sendo que a situação saúde/doença é uma representação da inserção humana na sociedade.

A concepção abrangente de saúde assumida na Constituição de 1988, através da determinação da implantação do SUS, foi um importante passo para uma mudança significativa no modelo assistencial e na tradução das necessidades de saúde da população brasileira. Ao suprimir, ainda que inicialmente em termos discursivos, a existência de um modelo centrado na doença, deu margem para a construção de um modelo de atenção integral à saúde, pautada em princípios doutrinários jurídico-legais asseguradores de práticas de saúde que respondam não às relações de mercado, mas a direitos humanos. Tal concepção prevê a incorporação de ações de proteção e recuperação da saúde como referenciais capazes de suprir as necessidades de saúde do povo brasileiro, entendendo que:

> "a promoção de saúde se faz por meio de educação, da adoção de estilos de vida saudáveis, do desenvolvimento de aptidões e capacidades individuais, da produção em ambientes saudáveis. Está estreitamente vinculada, portanto, à eficácia da sociedade em garantir a implantação de políticas públicas voltadas para a qualidade de vida e ao desenvolvimento da capacidade de analisar criticamente a realidade e promover a transformação positiva dos fatores determinantes da condição de saúde" (Mattos, 2005: 221).

Verifica-se que o atendimento das necessidades de saúde remete ao atendimento das necessidades humanas elementares, dentre as quais se destacam a alimentação, a habitação, o acesso à água potável e saudável, aos cuidados primários de saúde e à educação. Atender as necessidades de saúde da população requer um salto qualitativo nas condições de vida que não é automático e nem garantido ao longo dos anos, mas depende da interlocução de um conjunto de fatores, dentre os quais a educação para a saúde associada à integralidade tem merecido destaque. Destaque por permitir a articulação das equipes profissionais e dos serviços, dentro de uma rede complexa, favorecendo a consciência do direito à saúde e instrumentalizando para a intervenção individual e coletiva sobre os determinantes do processo saúde/doença, ao reconhecer a pessoa como um todo indivisível que vive em um espaço local, em um Estado Nacional e em um mundo pretensamente globalizado.

O Ministério da Saúde, considerando os eixos transversais da universalidade, integralidade e eqüidade, em um cenário de descentralização e controle social, indica um conjunto de prioridades políticas pretendendo superar a antiga proposição de caráter exclusivamente centrado na doença, desenvolvendo-se por meio de práticas gerenciais e sanitárias, democráticas e participativas, sob a forma de trabalho em equipes, dirigidas às populações de territórios delimitados, pelos quais assumem responsabilidade (Brasil, 2006a). A portaria GM n. 648, de 28 de março de 2006 (Brasil, 2006b), reorienta a atenção básica, mantendo a Saúde da Família como o núcleo estratégico para mudança do modelo técnico-assistencial.[3]

Reafirma a concepção da atenção básica, entendendo-a como:

"um conjunto de ações de saúde, no âmbito individual e coletivo, que abrangem a promoção e a proteção da saúde, a prevenção de agravos, o diagnóstico, o tratamento, a reabilitação e a manutenção da saúde. É desenvolvida por meio do exercício de práticas gerenciais e sanitárias democráticas e participativas, sob forma de trabalho em equipe, dirigidas a populações de territórios bem delimitados, pelas quais assume a responsabilidade sanitária, considerando a dinamicidade existente no território em que vivem essas populações. Utiliza tecnologias de elevada complexidade e baixa densidade, que devem resolver os problemas de saúde de maior freqüência e relevância em seu território" (Brasil, 2006b).

Reafirma, portanto a atenção básica como uma das políticas que integram e concretizam o Pacto de Gestão, compromisso pactuado e assumido pelos gestores de saúde nas três esferas para qualificar o SUS.

Dentro da perspectiva anteriormente abordada, ou seja, da adoção dos determinantes sociais como estruturantes dos processos saúde-doença, é que as ações profissionais dos assistentes sociais podem ter maior centralidade, assinalando um novo estatuto ao Serviço Social no campo da saúde. Confirmando essa afirmação pode-se apresentar como evidência a exigência do uso e indicadores sociais, além dos epidemiológicos, para o planejamento das ações relacionadas à atenção básica (Brasil, 2006a).

A preocupação com a inclusão social é outro item que vem sendo debatido pela OPAS, tendo sido reforçada no III Seminário Internacional de Engenharia de Saúde Pública, promovido pela Fundação Nacional de Saúde (FUNASA), em Fortaleza (CE), entre os dias 26 e 31 de março de 2006. Nesse seminário foi apresentado como um dos desafios para o sistema de saúde, tanto dos países desenvolvidos como em desenvolvimento, a integração entre a inclusão social, a sustentabilidade e a saúde ambiental (Brasil, 2006a).

---

3. Complementam as orientações sobre o pacto de gestão as portarias n. GM 649, de 28/03/2006, Portaria GM n. 650, de 28/03/2006, Portaria GM n. 675, de 30/03/2006, Portaria GM n. 687, de 30/03/2006 e Portaria GM n. 822, de 18/04/2006 (Ministério da Saúde, 2006a).

À medida que a promoção da saúde passa a ser essencial nesse processo, incluindo no conceito a intersetorialização da saúde com as demais políticas sociais, além do controle social (Campos, Barros e Castro, 2004), ganham projeção as ações dos assistentes sociais. Reconhece-se, ainda, que a compreensão da saúde como um processo, priorizando a vida com qualidade em vez da ausência de doença, a promoção da saúde situa-se em oposição crítica à medicalização da vida social, enfatizando o aspecto político que induziria a relações sociais mais igualitárias (Marcondes, 2004).

SUS — Os caminhos percorridos e os desafios atuais

Tendo como referência os aspectos anteriormente discutidos, nesta última parte do texto discutimos brevemente a trajetória percorrida em relação ao SUS com base nos princípios propostos pela Reforma Sanitária brasileira e das exigências que integram a agenda profissional do Serviço Social na perspectiva aqui adotada, ou seja, de uma funcionalidade essencial na garantia da atenção às necessidades de saúde e tendo como foco de prática a promoção da saúde.

Inegavelmente, a maior conquista do SUS foi quanto ao direito legal de acesso universal e igualitário às ações e serviços de saúde em todos os níveis de complexidade. Muitos aspectos desse acesso estão por se concretizar e incidem, de forma muito especial, em questões relacionadas à exclusão social em saúde. Estamos ainda distantes do que a OPAS (2001) conceitua como proteção social em saúde:

> "La protección social en salud puede definirse como la garantía que los poderes públicos otorgan para que un individuo o grupo de individuos pueda satisfacer sus demandas de salud, obteniendo acceso a los servicios en forma oportuna y de una manera adecuada. Es importante notar que la definición no sólo se refiere a garantizar acceso, sino también calidad y oportunidad de la atención."

O SUS, em seus quase dezesseis anos, continua com seus radicais defensores e radicais opositores. Feuerwerker (2005) interpreta que essa capacidade de mobilização decorre de ter sido o campo da saúde "constituído por atores sociais comprometidos com a derrota da ditadura, capazes de fazer críticas e apresentar propostas alternativas com modos de fazer política compatíveis com a radicalidade da proposta em questão". Aponta ainda, no mesmo artigo, a possibilidade de que a proposta desejada e construída pelo movimento de reforma sanitária seja desqualificada face às fragilidades atuais do sistema, colocando em risco sua legitimidade política e social. Tal se deve à permanente disputa sobre o alcance da saúde como direito, em relação à própria concepção de saúde e às maneiras para viabilizar seu acesso e sua garantia.

Há que se considerar nessa breve apreciação a situação adversa às propostas de democracia social, decorrentes dos ajustes macroeconômicos da década de 90, no Brasil. As políticas de redução do Estado, as privatizações e o novo papel desempenhado pelo mercado como provedor das necessidades de saúde foram a pedra de toque para as dificuldades que ora se apresentam. Há que se reconhecer, no entanto, que o SUS vem superando grandes entraves em seu processo de implantação.

A referência ao direito universal à saúde, primeiro ponto a ser discutido, impõe pensar que tipo de acesso se disponibilizou para a população, ou seja, qual foi o modelo de assistência à saúde implementado e em que medida as demais políticas vêm contribuindo para garantir a sustentação necessária para o atendimento das necessidades sociais de saúde.

Efetivamente, as condições concretas para o início da universalização do acesso se iniciam com a Norma Operacional Básica de 1996, realmente implantada em 1998, na gestão do Ministro José Serra. Essa afirmação parte do entendimento de que apenas quando se cumpre o artigo 35 da Lei n. 8.080, financiando as ações e serviços necessários não por produtividade, mas por programas relacionados à promoção e prevenção da saúde, se asseguraria uma alteração no modelo de atenção à saúde e no próprio sistema. Entretanto, a estratégia utilizada pelo governo nacional, de forte incentivo ao Programa de Saúde da Família (PSF), não somente retirou a autonomia dos gestores municipais e estaduais na organização dos sistemas locais de saúde, dificultando programar as ações de saúde com bases epidemiológicas territoriais, como implicou em sérias conseqüências para a integralidade.

Ao afirmar a atenção básica como porta de entrada do sistema, o PSF busca hierarquizar a demanda. Ou, no entendimento de Feuerwerker (2005), disciplinar a demanda. Ao Programa Saúde da Família é atribuída a responsabilidade de estruturar um modelo tecno-assistencial inovador de atenção à saúde, o que parece ser bastante utópico, dado o reduzido potencial de mudança que a equipe pode oferecer. Como estratégia de expansão de cobertura dos serviços básicos, tem realmente validade operacional, sendo questionáveis, entretanto, os demais objetivos do programa. É um desafio para o PSF a sua implementação em grandes centros urbanos, onde o diagnóstico epidemiológico é bastante diverso dos realizados nas localidades onde o programa está implementado. A crítica que vem sendo feita por diversos autores é a incapacidade resolutiva de grande parte das equipes de PFS, devido a vários motivos, sendo apontado como aspecto crucial o despreparo profissional para intervenção no novo modelo de atenção (Bueno e Merhy, 2001; Feuerwerker, 2005).

Bueno e Merhy (2001) alertam para a convergência das propostas contidas na NOB n. 1/96, em direção à reforma do Estado no campo das políticas sociais, notadamente na proposta de gestão e na construção de um novo modelo médico-sanitário. Entendem que o documento de regulação contém ainda outras antinomias:

> "ao mesmo tempo que aponta as relações de independência do município como gestor pleno do sistema, coloca projetos de incentivos de financiamento das ações de saúde de modo verticalizado, sem respeitar as distintas realidades sociais e sanitárias de cada região, e dentro de certas modalidades assistenciais específicas, como o programa de saúde da família. Além disso, dá poderes efetivos para organismos burocrático-administrativos, como a Secretaria de Assistência à Saúde (SAS) do Ministério da Saúde, sobre fóruns mais democráticos do sistema, como os Conselhos de Saúde, na definição sobre os programas que serão incentivados" (Bueno e Merhy, 2001).

Efetivamente, a transformação do valor do financiamento do Piso de Atenção Básica — PAB, em fixo e variável, através do incentivo à implantação do PSF, induz a uma série de questionamentos de ordem política, técnica, organizacional e trabalhista. Indo além: algumas modalidades de financiamento, entre eles o Piso de Atenção Básica, vêm sendo apontados como desvios das diretrizes do SUS, na medida em que selecionam os usuários e garantem apenas uma cesta básica de atenção à saúde, colocando por terra o princípio da universalidade e a diretriz da integralidade (Rizzotto, 2000). A forma adotada de priorização da atenção básica, não levando em conta as desigualdades regionais tanto em relação à rede física instalada como as necessidades de saúde, dificulta a equidade em saúde, especialmente porque, na ocasião da definição dos incentivos para a atenção básica, decidido entre as três esferas de gestão, portarias ministeriais excluíram, do que havia sido pactuado, diversos procedimentos característicos desse tipo de atenção.

O artigo 35 da Lei n. 8.080/90 define uma série de critérios para a alocação de recursos financeiros, entre os quais se sobressaem o número de habitantes, a situação epidemiológica e a rede instalada. Assim, o patamar mínimo de um piso básico seria calculado com base no número de habitantes, com acréscimo variável a partir de critérios legais, ouvido o Conselho de Saúde. A delimitação estreita do novo Piso de Atenção Básica de certo modo fere a autonomia municipal, transformando os Secretários Municipais de Saúde em simples gestores do sistema nacionalmente implantado. A afirmação anterior não desconsidera o despreparo de muitos gestores para conduzir a política sanitária, nem o intrincado emaranhado de relações pessoais que interferem, no plano municipal, nas definições do setor. Para resolver os problemas de despreparo gerencial e opções equivocadas ou personalistas dos Secretários de Saúde, o Ministério da Saúde poderia acionar outras estratégias, como o fortalecimento de um Conselho Municipal mais representativo, entre outras ações.

Por outro lado, é reconhecido o estrangulamento do sistema nacional de saúde no que diz respeito ao acesso aos demais níveis de atenção. Os mecanismos tentados como possibilidades de estabelecer a articulação entre os mesmos têm obtido resultados que não impactam positivamente a população. Tal situação leva a um descrédito no sistema, apoiado ideologicamente pelos atores sociais interessados em reduzir a confiança na eficácia do sistema público. Entre os mecanismos se incluem as "centrais de marcação de consultas" que, teoricamente, deveriam conferir agilidade e dinamismo ao sistema, garantindo um atendimento integral baseado em referências e contra-referências. A experiência recente é a do Cartão SUS que, também, reduziria as dificuldades no acesso à média e alta complexidade.

Almeida (2003) afirma que o SUS enfrenta "tanto o problema da necessidade de garantir um mínimo básico, quanto de hierarquizar o sistema, assegurando a atenção integral — preventiva e curativa". O tema *integralidade* voltou a fazer parte dos debates e da agenda do Ministério da Saúde nos últimos dois anos, sucedendo, de certa maneira, as polêmicas que giravam em torno do financiamento e gestão. Diversas iniciativas ministeriais no atual governo federal tiveram como objetivo expandir a atenção integral, através da ampliação de incentivos programáticos e capacitação de profissionais, gestores e conselheiros de saúde.

Ainda persiste a questão originária quanto ao modelo mais adequado de atenção à saúde para se construir a integralidade. As dúvidas se intercalam entre incentivar um arranjo em rede hierarquizada com a atenção básica definida como porta de entrada *a priori* ou ser mais interessante um arranjo variável, onde o acesso se daria por qualquer ponto, uma órbita circular, onde se poderia entrar por qualquer ponto, ser acolhido e incluído nas ações de acompanhamento, a depender das necessidades de saúde (Cecílio, 2004). Qual a melhor maneira de assegurar a integralidade: os mecanismos de referência e contra referência (eternamente propostos e raramente concretizados) ou a constituição (mais flexível) de equipes de apoio matricial e de mecanismos de educação permanente em saúde de acordo com as necessidades dos trabalhadores da atenção básica? (Feuerwerker, 2005).

O baixo impacto resolutivo do sistema tem sido explicado por diversas razões, que se sobrepõem e se perpetuam, em círculos. A mais freqüente razão apresentada é a desarticulação entre a atenção básica e os demais serviços de saúde, motivada pela lógica de financiamento distinta. Enquanto a atenção básica é financiada por programas e *per capita*, que induzem a uma alteração no padrão de atenção, a média e alta complexidade é remunerada por procedimentos. Esta segunda forma de financiamento é difícil de ser avaliada em termos de eficiência, especialmente porque os serviços são contratados na rede privada. Uma outra razão explicativa é o baixo grau de resolutividade da atenção básica, *inchando* a demanda nos demais níveis de complexidade, que pela sua natureza de alta tecnologia e tipo de financiamento não absorvem os encaminhamentos realizados, criando os conhecidos *gargalos*. Têm sido apontadas ainda como causa da baixa resolutividade da atenção básica:

> "o perfil de formação profissional, particularmente os médicos, que enfrentam dificuldades para dar conta da complexidade dos problemas de saúde mais freqüentes (tanto em seus aspectos estritamente clínicos, como em sua relação com as questões sociais como as condições de vida e violência, por exemplo" (Feuerwerker, 2005).

Quando se volta para as questões sociais e para a necessária intersetorialização das políticas sociais na garantia da saúde é que, no nosso entendimento, aparecem as grandes discrepâncias da política nacional de saúde. As disparidades regionais foram reduzidas, mas ainda persistem índices preocupantes quanto às diferenças entre o norte e o sul do país. As iniciativas dos governos federais não têm apontado para uma política de saúde integrada às demais políticas sociais e econômicas que — ao lado de práticas de atenção e compromisso dos gestores, como seria necessário, conforme apontam Campos, Barros e Castro (2004) — garantiriam os pressupostos da reforma pretendida pelo movimento sanitário.

A forte regulação federal, a partir da indução contida nas Normas Operacionais do SUS: racionalidade sistêmica, financiamento intergovernamental e dos prestadores de serviço, e o modelo de atenção à saúde, segundo afirma Vianna et al. (2002) com base nos resultados da Pesquisa de Avaliação da Instituição da Gestão Plena do Sistema Municipal, concorreram para melhorar as condições institucionais, de autonomia gerencial, cobertura de serviços ambulatoriais e capacidade instalada, sem, no entanto, alterar os padrões de iniqüidade existentes nos municípios mais carentes. Ou seja, os mecanismos de indução estratégica utilizados pelas Normas Operacionais, iniciando-se com a NOB n. 91 até a Norma de Atenção à Saúde — NOAS, aliados ao descompasso de integração com as outras áreas sociais e econômicas, não deram conta de reduzir as grandes iniqüidades de saúde, persistentes e anunciadas com freqüência desde os tempos da ditadura militar.

Outro ponto fundamental a ser levantado é o relacionado ao controle social e diz respeito à democratização do sistema. Desde o início, sua regulamentação infraconstitucional foi problemática e os espaços de construção participativa e coletiva, gestores, profissionais e população usuária tem-se tornado cada vez mais desprestigiados (Almeida, 2003). Apesar de se reconhecer que "houve um avanço significativo no controle social do SUS nos últimos anos, como fruto de intensas mobilizações e lutas, o que contribuiu para a melhoria do acesso, da qualidade e da humanização na atenção à saúde" (Brasil. Ministério da Saúde, 2006b: 48), persistem impedimentos diversos à plena realização do controle social. Um dos pontos mais destacados na Conferência foi a falta de autonomia frente ao poder executivo, além de outros, como a falta de compromisso político dos gestores, a ausência de uma cultura de controle social, a desarticulação institucional dos Conselhos, as deficiências na representação e a dificuldade em manejar as informações em saúde.

No cenário em que se encontram as políticas nacionais de saúde repõem-se e acentuam-se as exigências para o Serviço Social. Retoma-se, aqui, a hipótese de que a ação profissional do assistente social se inscreve no campo da promoção da saúde, notadamente no eixo da intersetorialidade, tomando como evidência dessa afirmação as atividades e ações que vem desempenhando no sistema nacional de saúde. Lembrando Teixeira (2004: 39), o debate sobre a promoção da saúde pode, nesse momento,

> "adquirir um significado estratégico, na medida em que se constitua como um dos referenciais que ajudem a retomar e atualizar o conjunto de propostas do projeto da reforma sanitária, cujo escopo ultrapassa o processo de construção do SUS e pressupõe a formulação e a implementação de políticas econômicas e sociais que tenham como propósito a melhoria das condições de vida e saúde dos diversos grupos sociais, de modo a reduzir desigualdades sociais, promovendo a eqüidade e justiça no acesso às oportunidades de trabalho, melhoria dos níveis de renda e garantia das condições de segurança e acesso à moradia, educação, transporte, lazer e serviços de saúde."

Considerações finais

A abordagem proposta para discutir o tema inclui categorias intensamente debatidas no campo da saúde, como a eqüidade, integralidade, universalidade, descentralização, necessidades de saúde e participação social. São aspectos polêmicos na medida em que dizem respeito a uma questão crucial colocada como título de um artigo de Célia Almeida (2003): *O SUS que queremos: um sistema nacional de saúde ou subsetor público para os pobres*.

Reafirma-se a posição segundo a qual refletir a ação profissional do assistente social no campo da saúde importa em fazer opções sobre os recortes a serem abordados, uma vez que o caminho percorrido e os desdobramentos atuais da interface Serviço Social e saúde são amplos e diversificados. Reafirma-se, também, o entendimento de que as questões colocadas hoje unicamente são possíveis em face da trajetória histórica entre Serviço Social e saúde, por se considerar que as ações profissionais atuais incorporaram e aprimoram práticas realizadas ao longo do tempo, na maioria das vezes com persistência no eixo da prática clínica (Bravo, 1996), adequando-as às exigências atuais. Esse recorte permite reconhecer a tradição do

Serviço Social e a riqueza do arsenal teórico e técnico da experiência acumulada na interface com a área da saúde e, partindo desse patamar, contribuir para a densidade teórico-metodológica das ações desenvolvidas. Tal contribui para delimitar, de forma mais explícita, o espaço profissional do assistente social, inscrevendo a profissão igualmente no campo da saúde, face ao adensamento desse campo nos últimos anos.

A construção dessa abordagem no campo profissional pode encontrar resistências significativas e, portanto, a sua efetivação depende das respostas que os profissionais do campo da saúde possam dar para o avanço e consolidação do SUS. E, para concluir, enfatiza-se que:

> "As conclusões, prudentemente, são provisórias e cobram continuidade, como se espera de todo o trabalho científico responsável, em particular num campo conceitual e de prática novo, que, entretanto, vem se firmando como um espaço de esperança, diante de tantas iniqüidades e esforços muitas vezes vãos e caros para melhorar a saúde individual e coletiva nas sociedades contemporâneas" (Buss, 2003).

Referências

ALMEIDA, C. M. O SUS que queremos: Sistema nacional de saúde ou subsetor público para pobres? *Ciência & Saúde Coletiva*. Rio de Janeiro, v. 8, n. 2, 2003.

BARROCO, M. L. S. A inscrição da ética e dos direitos humanos no projeto ético-político do Serviço Social. *Serviço Social & Sociedade*. São Paulo: Cortez, n. 79, 2004.

BRASIL. Ministério da Saúde. *Portaria n. 648, de 28 de março de 2006*. Disponível em: <http://www.ministerio.saude.bvs.br/html/pt/colecoes.html.> Acesso em: 12 maio 2006a.

_____. Ministério da Saúde. *Biblioteca Virtual em Saúde*. Disponível em: <http://textocsp.bvs.br/metaiah/metaiah.php?lang=pt&topic=429&graphic=yes.> Acesso em: 15 maio 2006b.

_____. *Constituição da República Federativa do Brasil*: promulgada em 5 de outubro de 1988. Disponível em: <www.senado.gov.br>. Acesso em: 10 abril 2002.

BRAVO, M. I. S. Serviço Social e Reforma Sanitária: lutas sociais e práticas profissionais. São Paulo/Rio de Janeiro: Cortez/UFRJ, 1996.

BUENO, W. S. e MERHY, E. E. *Os equívocos da NOB 96: uma proposta em sintonia com os projetos neoliberalizantes*. 1997. Disponível em: <http://www.datasus.br/cns/>. Acesso em 12 dezembro 2001.

BUSS, P. M. Uma introdução ao conceito de Promoção à Saúde. In: CZERESNIA, D. e FREITAS, C. M. (orgs.). *Promoção da Saúde: conceitos, reflexões e tendências*. Rio de Janeiro: Fiocruz, 2004.

CAMPOS, F. E. e ALBUQUERQUE, E. As especificidades contemporâneas do trabalho no setor saúde: Notas introdutórias para uma discussão. *Revista Economia Contemporânea*. Rio de Janeiro, v. 3, n. 2, 1999.

CAMPOS, G. W.; BARROS, R. B. e CASTRO, A. M. Avaliação de política nacional de promoção da saúde. *Ciência & Saúde Coletiva*. Rio de Janeiro, v. 9, n. 3, 1999.

CARVALHO, A. I. Conselhos de Saúde, Responsabilidade Pública e Cidadania: a Reforma Sanitária como Reforma do Estado. In: FLEURY, S. (org.). *Saúde e democracia: a luta do CEBES*. São Paulo: Lemos, 1997.

CECÍLIO, L. C. O. As necessidades de saúde como conceito estruturante na luta pela integralidade e eqüidade na atenção à saúde. LAPPIS — Laboratório de Pesquisa sobre práticas de integralidade em saúde. Rio de Janeiro: ENSP, 2004. Disponível em: <www.lappis.org.br>. Acesso em: 7 julho 2005.

CONSELHO FEDERAL DE SERVIÇO SOCIAL. *Intervenção profissional do assistente social no campo da saúde*. Brasília: CFESS, 1993. (Mimeo.)

COSTA, M. D. H. O trabalho nos serviços de saúde e a inserção dos(as) assistentes sociais. *Serviço Social & Sociedade*. São Paulo: Cortez, n. 62, 2000.

FEUERWERKER, L. C. M. Modelos tecno-assistenciais, gestão e organização do trabalho em saúde: nada é indiferente no processo de luta para a consolidação do SUS. *Interface*. Botucatu, v. 9, n. 18, 2005.

LUZ, M. T. Notas sobre as políticas de saúde no Brasil de "Transição Democrática" — anos 80. *Saúde em Debate*. Londrina, n. 32, 1991.

MARCONDES, W. B. A convergência de referências na promoção da saúde. *Saúde & Sociedade*. São Paulo, v. 1, n. 1, 2004.

MATOS, M. C. O debate do Serviço Social na Saúde nos anos noventa. *Serviço Social & Sociedade*. São Paulo: Cortez, v. 74, 2003.

MATTOS, R. A. Os sentidos da integralidade. Algumas reflexões acerca de valores que merecem ser defendidos. *Ciência & Saúde Coletiva*. Rio de Janeiro, v. 9, n. 4, 2004.

MENEZES, M. T. C. G. Em busca da teoria: Políticas de Assistência Pública. São Paulo: Cortez, 1993.

MERHY, E. E.; CAMPOS, G. W. e QUEIROZ, M. S. Processo de trabalho e tecnologia na rede básica de serviços de saúde: alguns aspectos teóricos e históricos. *Cadernos de Pesquisa*. Campinas: *NEPP*, n. 6, 1989.

MINAYO, M. C. et al. *Avaliação por triangulação de métodos: abordagem de programas sociais*. Rio de Janeiro: Fiocruz, 2005.

MIOTO, R. C. T. Processo de construção do espaço profissional do assistente social em contexto multiprofissional: um estudo sobre o Serviço Social na Estratégia Saúde da Família. Florianópolis, 2004a. Projeto de Pesquisa UFSC/CNPq.

_____. O Assistente Social no espaço da Estratégia Saúde da Família. In: Encontro Nacional de Pesquisadores em Serviço Social, XI. *Anais do XI ENPESS*. Porto Alegre, 2004b.

NOGUEIRA, V. M. R. *O Direito na reforma do Estado brasileiro: construindo uma nova agenda*. Tese de Doutorado em Enfermagem — Faculdade de Enfermagem, UFSC. Florianópolis, 2002a.

_____. O direito à saúde na sociedade contemporânea. *Ser Social*. Brasília: UnB, v. 10, 2002b.

_____. A concepção de direito à saúde na sociedade contemporânea: articulando o político e o social. *Textos e Contextos*, 2003.

_____. Direito à saúde — convite à reflexão. *Cadernos de Saúde Pública*. Rio de Janeiro, v. 20, n. 3, 2004.

OLIVEIRA, F. de. O surgimento do antivalor. *Novos Estudos*. São Paulo, n. 22, 1988.

OPAS (Organização Pan-americana de Saúde). La salud y el desarrollo humano. *Informe Anual del Director — 1998*. Washington: Organização Pan-Americana de Saúde, 2001.

PINHEIRO, R. e MATTOS, R. A. *Os sentidos da integralidade na atenção e no cuidado de saúde*. Rio de Janeiro: IMS-UERJ/Abrasco, 2001.

RIZZOTTO, M. L. F. *O Banco Mundial e as políticas de saúde no Brasil nos anos 90: um projeto de desmonte do SUS*. Tese de Doutorado em Saúde Coletiva — Faculdade de Ciências Médicas, Universidade Estadual de Campinas. Campinas, 2000.

TEIXEIRA. C. F. Formulação e Implementação de Políticas Públicas Saudáveis: desafios para o planejamento e gestão das ações de promoção à saúde nas cidades. *Saúde & Sociedade*. São Paulo: USP, v. 13, n. 1, 2004.

VASCONCELOS, A. M. *A prática do Serviço Social: cotidiano, formação e alternativas na área da saúde*. São Paulo: Cortez, 2002.

VIANNA, A. L. A. et al. Mudanças significativas no processo de descentralização do sistema de saúde no Brasil. *Cadernos de Saúde Pública*. Rio de Janeiro, v. 18, 2002.

WIESE, M. L. Representação social do binômio saúde/doença e sua relevância para o Serviço Social. In Encontro Nacional de Pesquisadores em Serviço Social, VIII. *Anais do VIII ENPESS*. Juiz de Fora, v. 1, 2002.

Capítulo 5
Serviço Social e Práticas Democráticas na Saúde*

*Ana Maria de Vasconcelos***

Introdução

A partir de um estudo sobre a realidade do Serviço Social no cotidiano dos serviços de saúde na área municipal, destacamos a necessidade de qualificar ações que mobilizem e impulsionem novas maneiras de realizar a prática, em especial, o Serviço Social na área da saúde,[1] tendo como referência a saúde como direito universal e com controle social e o projeto ético-político do Serviço Social brasileiro.

Trata-se de buscar alternativas, frente ao contexto de aprofundamento da proposta neoliberal no Brasil. Uma proposta que, obedecendo ao receituário do governo americano, do FMI e do BM, na busca de realizar um amplo programa de abertura, liberalização e internacionalização da economia, tem se pautado: na privatização da coisa pública; na redução da presença do Estado na economia, com diminuição do investimento público e

---

* Algumas partes deste trabalho encontram-se publicadas em Vasconcelos, 2001.

** Professora da Universidade do Estado do Rio de Janeiro (UERJ). Assistente social/UFF-1972; professora adjunta da Faculdade de Serviço Social/UERJ; mestre (1983) e doutora (1999) em Serviço Social pela UFRJ; assistente social ex-INAMPS 1972/1994.

1. Ainda que o objeto de atenção neste texto seja a prática na saúde, as alternativas de ação que se colocam aos assistentes sociais e demais profissionais são as mesmas para qualquer área temática, guardando as diferenças relacionadas ao perfil profissional, à correlação de forças institucionais, a área temática do espaço profissional. Assim como não se enfrenta a questão social isolando as suas diferentes expressões não se realiza direitos de forma fragmentada. Cada direito social só é possível mediado e articulado aos demais direitos, numa perspectiva de seguridade social ampliada, o que exige do assistente social considerá-los sempre no seu conjunto, independente da área temática onde realiza suas ações.

combate ao déficit público com a diminuição e a não realização dos investimentos previstos; na priorização de exportações e na abertura do mercado interno às importações e liberalização de fluxos internacionais de capital. Desde o início dos anos 90, governos neoliberais, sustentados nesta proposta, prometem ao povo brasileiro e latino-americano, que este amplo programa de abertura e liberalização da economia nos traria justiça social. Mas uma proposta que acirra a exploração do trabalho pelo capital, infelizmente, ao diminuir recursos para o social e conseqüentemente agravar as expressões da questão social, aumenta o mercado de trabalho dos assistentes sociais.

Sob pena de permanecermos a reboque de acontecimentos resultantes de uma promessa impossível de ser concretizada, dado o caráter de concentração da propriedade e da riqueza socialmente produzida e de socialização da pobreza e da miséria, que esta proposta traz embutido, tal conjuntura impõe aos intelectuais discordantes dessa direção econômica e social a necessidade premente da sua *crítica radical*. E, para os assistentes sociais e demais profissionais, a necessidade de projetar e empreender uma prática, tendo em vista uma *participação consciente e de qualidade* no enfrentamento dessa orientação econômico-social na direção dos interesses históricos dos diferentes segmentos da classe trabalhadora.

Assim, aos assistentes sociais que objetivam romper com práticas conservadoras, não cabe reproduzir o processo de trabalho capitalista, alienante. Há que, historicamente, buscarmos romper — através do trabalho e das relações sociais —, com as formas capitalistas de pensar e agir para empreender ações que, além de possibilitar acesso a bens e serviços, resulte num processo educativo; resulte num bem e não num produto a ser consumido. Uma ação consciente, que exige a capacidade de antecipar, de projetar; capacidade que não está dada, mas é algo a construir, a alcançar.

O estudo realizado junto aos assistentes sociais partiu da necessidade de uma investigação de fundo cujos resultados pudessem contribuir para a explicitação da qualidade e das possibilidades de relação entre o *projeto profissional hegemônico na categoria dos assistentes sociais* e a prática efetivamente realizada por ela. Uma tarefa urgente, tendo em vista criticar práticas conservadoras e contraditórias e identificar, sugerir, revelar, analisar, veicular, apoiar e divulgar ações profissionais que realmente concretizem uma conexão orgânica da profissão com os setores progressistas da sociedade, para que se objetivem as intenções expressas no projeto ético-político: *compromisso com os interesses históricos da massa da população trabalhadora brasileira nos seus mais diferentes segmentos*, incluída direta ou indiretamente no processo de produção da riqueza nacional, preservando e fomentando os ganhos obtidos na busca de uma sociedade livre, justa e mais igualitária, ou seja, buscando a radicalização da democracia.

O estudo teve como objetivo empreender uma análise da prática dos assistentes sociais mediada pelo debate teórico da saúde — o qual tem sua gênese no movimento de Reforma Sanitária — e o debate teórico do Serviço Social,[2] que expressa o compromisso com o contingente de trabalhadores da população brasileira.

Referências teórico-metodológicas e ético-políticas

Como pressupostos ideopolíticos, destacamos o comprometimento com a garantia dos direitos civis, sociais e políticos dos segmentos populares, com a preocupação de análise dos serviços tendo em vista os direitos sociais, especialmente o direito à saúde, com vista a contribuir para qualidade do espaço público, para o controle social e, em última instância, para a construção de uma nova ordem social.

Diante da complexidade do quadro que a ordem capitalista não consegue mais ocultar — um quadro que, mesmo assim, não se desenrola com toda a transparência — a sustentação e encaminhamento de uma posição/ ação vinculada a um projeto social radicalmente democrático e compromissado com os trabalhadores não estão determinados, exclusivamente, pela posição e encaminhamentos ético-políticos. Também o estão pela postura teórico-metodológica, na medida, aqui, da capacidade dos sujeitos profissionais para captar a especificidade própria da realidade social objetivando uma prática consciente e crítica. Assim, recorremos à teoria social de Marx, para a qual o método é uma relação necessária entre sujeito que pesquisa/investigador e objeto pesquisado/realidade social, que permite ao sujeito reproduzir, idealmente, o movimento do objeto; relação necessária na medida em que é a única que permite ao sujeito conhecer realmente o que se passa com o objeto.

---

2. O debate do Serviço Social está contido, principalmente, no Código de Ética Profissional de 1993, na Lei n. 8.662/93 que regulamenta a profissão, nas pesquisas que suportam o Projeto de Formação Profissional da ABEPSS (Associação Brasileira de Ensino e Pesquisa no Serviço Social) e suas diretrizes curriculares e no processo de discussão e formulação profissional da Lei Orgânica da Assistência Social, respaldado pela Constituição Federal de 1988.

É pelo conjunto da prática dos assistentes sociais que a profissão de Serviço Social é reconhecida ou não, valorizada ou não, respeitada ou não, conquistando sua autonomia e espaços ou não. Nesse sentido é que o estudo inicia uma análise da viabilidade do projeto hegemônico no debate teórico da categoria profissional mediar, *de forma hegemônica, a prática dos assistentes sociais.*

Objetivamos dar visibilidade à organização e operacionalização da prática profissional dos assistentes sociais nas diferentes unidades de saúde — *apreensão da lógica da prática profissional* —, a partir de observação de campo e de entrevistas com os assistentes sociais, com resgate das possibilidades de prática explicitadas neste movimento.

Buscamos os determinantes do trabalho realizado pelos assistentes sociais, traçando um perfil socioeconômico, cultural, teórico e ético-político dos profissionais entrevistados a partir da apresentação das referências teóricas e éticas que sustentam o trabalho realizado.[3]

A pesquisa mostrou que *há uma desconexão, uma fratura entre a prática profissional realizada pelos assistentes sociais, os quais, direta ou indiretamente, tomam como referência o projeto ético-político e as possibilidades de prática contidas na realidade, objeto da ação profissional, as quais só podem ser apreendidas a partir de uma leitura crítica da realidade, fruto de uma conexão sistemática — ainda não existente — entre a prática profissional e o debate hegemônico na categoria.*

Assim, explicitamos o grave momento por que vem passando a prática profissional dos assistentes sociais, acúmulo de uma situação que começamos a vivenciar desde o início do Movimento de Reconceituação do Serviço Social no início da década de 60: a fratura entre *prática profissional realizada pelos assistentes sociais e as possibilidades de prática contidas na realidade objeto da ação profissional.*

Considerações sobre a prática dos Assistentes Sociais na saúde

Independente do tipo de unidade de saúde, independente das diferenças entre os usuários e das demandas dirigidas ao Serviço Social, os

---

3. Para maiores informações sobre a pesquisa realizada junto aos assistentes sociais da Secretaria Municipal de Saúde do Rio de Janeiro, consultar Vasconcelos, 2006.

assistentes sociais vêm seguindo uma *lógica de organização do seu trabalho* e estratégias de ação. O Serviço Social, como um todo, se organiza em *plantão* ou *plantão e programas*, enquanto os assistentes sociais, individualmente, podem se organizar desenvolvendo ações no *plantão, no plantão e em programas* ou somente em *programas e projetos*.

Esta forma de organização individual e coletiva do Serviço Social na saúde e a postura dos profissionais de se colocarem passivos, dependentes, submissos e subalternos ao movimento das unidades de saúde — às rotinas institucionais, às solicitações das direções de unidade, dos demais profissionais e dos serviços de saúde, aceitando ainda, como únicas, as demandas explícitas dos usuários — resultam numa recepção passiva das demandas explícitas dirigidas ao Serviço Social, o que determina a qualidade, quantidade, caráter, tipo e direção do trabalho realizado pelos assistentes sociais. Assim, vejamos:

- Independente das mudanças ocorridas no âmbito dos serviços de saúde e na qualidade de vida e saúde da população usuária — o que certamente ocasionaram mudanças nas demandas dirigidas ao Serviço Social e na própria dinâmica institucional — o Serviço Social tem mantido a estrutura de sua organização, por anos.

- A organização do Serviço Social toma relevância, não pelas atividades em si, mas pelo caráter das mesmas, estruturadas com base no Plantão. O Plantão se caracteriza por ser uma atividade receptora de qualquer demanda da unidade/usuários; funciona na maioria das vezes em locais precários quanto ao tamanho, localização e instalação. Assim, um ou mais assistentes sociais, num mesmo espaço físico, *aguardam serem procurados* — de forma passiva — por usuários que *buscam espontaneamente ou são encaminhados ao plantão do Serviço Social*; encaminhamentos realizados por profissionais, funcionários, serviços da unidade, serviços externos (médicos, enfermeiros, psicólogos, nutricionistas, guardas de segurança, atendentes, recepção, marcação de consultas, assistentes sociais de outras unidades etc.) ou pelos assistentes sociais que realizam outras atividades — geralmente relacionadas aos Programas — no interior da própria unidade de saúde.

O Plantão faz parte de qualquer unidade de saúde, sendo, não só nos hospitais e maternidades, o ponto de referência para realização do trabalho com os internados na emergência ou enfermarias e seus familiares, mas para o atendimento nas unidades de atenção básica e secundária. O trabalho com os internos nas enfermarias é realizado ao lado do leito e, como estas não contam com instalações próprias para o Serviço Social, as famílias são atendidas, com freqüência, nos espaços do plantão ou junto ao leito do próprio usuário. As atividades desenvolvidas pelo Serviço Social nas enfermarias são as mesmas do plantão.

No Plantão, independente da unidade, o usuário é *recebido, ouvido* ("procura-se esclarecer os motivos da procura ou do encaminhamento") e *encaminhado* para recursos externos e/ou recursos internos tendo como parâmetro o "bom" andamento da rotina institucional, os recursos disponíveis e as demandas explícitas dos usuários por orientações e inserção na rotina.

As demandas do Plantão são atendidas individualmente através de "orientações diversas", "encaminhamentos", "esclarecimentos", "informações", "providências", "apoio", "aconselhamento", atividades apontadas pela quase totalidade dos assistentes sociais. Quando, após esclarecimento dos motivos da procura do plantão, o usuário é orientado a procurar recursos externos, procura-se assegurar que volte e "dê retorno sobre o(s) encaminhamento(s) realizado(s) e/ou para novos encaminhamentos caso seja necessário". Quando é encaminhado para recursos internos da unidade, objetiva-se *inserir o usuário na rotina institucional* — consultas, exames, Programas — freqüentemente burlando a rotina e/ou ter sua circulação, no interior da unidade, acompanhada pelo assistente social. A maioria dos usuários que procura o Serviço Social, mas principalmente o plantão, é de mulheres demandando atendimento para si e/ou para algum familiar/conhecido.

Os usuários chegam ao plantão do Serviço Social através *de procura espontânea, encaminhamentos internos e encaminhamentos externos*. Os encaminhamentos diferem de unidade para unidade dependendo da procura maior ou menor por determinados serviços que são oferecidos. Enquanto, por exemplo, numa unidade a procura de idosos é maior, tendo em vista os programas destinados à terceira idade, em outra unidade a procura advinda da ortopedia é maior tendo em vista a procura maior dos usuários por esta especialidade, muito procurada, mas existente apenas em algumas unidades. Assim, os assistentes sociais não realizam estudos sobre as demandas dos usuários nem as demandas institucionais, realizando ações a partir de demandas espontâneas ou selecionadas e dirigidas ao Serviço Social pelos demais profissionais de saúde/serviços.

O plantão é a única atividade comum à maioria dos assistentes sociais, ainda que, em algumas unidades de saúde, esta atividade não seja reconhecida por este nome. O Plantão não se constitui assim, num serviço ou uma atividade pensada, planejada, organizada, reduzindo-se a ações isoladas desenvolvidas pelo assistente social para "resolver o(s) problema(s) do usuário".

De acordo com o tipo de procura, destacam-se as seguintes demandas dirigidas ao plantão pelos usuários:

- *Procura espontânea*: os usuários procuram espontaneamente o plantão do Serviço Social para obter acesso aos serviços da unidade, para orientações diversas ou para acesso aos serviços, orientações e reclamações;
- *Encaminhamentos internos*: encaminhamentos dos usuários para o plantão do Serviço Social — por assistentes sociais — para providenciar consultas médicas, orientação previdenciária, inserção na rotina da unidade, encaminhamentos, cadastro nos Programas; encaminhamentos internos realizados pelos profissionais de saúde e pelos demais serviços da unidade, para orientações diversas, "solução de problemas", encaminhamentos diversos, localização de familiares e de pacientes; acesso a recursos materiais, atendimento de "casos sociais", cartões de visita, requerimentos;
- *Encaminhamentos externos*: na procura do plantão pelos usuários através de encaminhamento externo à unidade os usuários demandam acesso aos recursos/serviços que a unidade oferece, orientações e informações diversas.

No plantão, em resposta a estas demandas, os assistentes sociais realizam *"encaminhamentos internos"* (para Programas, Projetos e/ou serviços da unidade), *"encaminhamentos externos"* (INSS, Defensoria Pública, outras unidades de saúde, recursos assistenciais etc.) e/ou *"orientações diversas"* (previdenciária, documentação, realização de exames etc.).

Assim, o atendimento do Plantão do Serviço Social assume, entre outras, as seguintes características:

- Atendimento individual, realizado através de uma única entrevista, sendo raros os retornos objetivando a continuidade ou acompanhamento da demanda apresentada;
- Atendimento à demanda espontânea/livre, à demanda encaminhada pelos demais profissionais e/ou serviços da unidade de saúde e encaminhada por outras instituições;
- O assistente social no plantão realiza basicamente *orientações* (previdenciária, acidente de trabalho, programas assistenciais), *encaminhamentos* (*para recursos internos da unidade* — inscrição nos programas, agilização de exames e/ou consultas médicas, para *recursos da comunidade/ou institucionais* — bolsas de alimento, passagem gratuita, recursos assistenciais, exames de alta complexidade, asilamento, casas de apoio) e em alguns casos *aconselhamento/apoio*. Estas ações resultam numa atenção que não tem continuidade nem interna nem externa à unidade de saúde;
- Algumas solicitações de recursos materiais são atendidas quando o assistente social "distribui/repassa" ou possibilita acesso a alguns recursos (medicamentos, preservativos, bolsas de alimento, órteses, próteses etc.), solicitações, em sua maioria, resultantes do atendimento nos Projetos ou Programas existentes na unidade de saúde. Em alguns casos, é o próprio assistente social que, voluntariamente, angaria recursos — com parentes, conhecidos e funcionários —, para serem distribuídos;
- O plantão não é planejado, sistematizado nem avaliado nas suas conseqüências; assim, não conta com quantificação estatística dos atendimentos, objetivando conhecer a variação da demanda, as solicitações por serviços e recursos materiais e a própria utilização do Serviço Social e dos serviços da unidade; conseqüentemente, não conta com observação, análise e avaliação sistemática do seu processo;
- Constitui-se em ações imediatas, isoladas e assistemáticas, que promovem encaminhamentos, orientações, aconselhamentos e apoio sobre a(s) doença(s). Ações como um fim em si mesmo, na medida em que, não estão articuladas a programas e projetos que atinjam e/ou absorvam os usuários de forma sistemática e continuada, no sentido de oferecer suporte contínuo às demandas explícitas, mas

principalmente às demandas implícitas por promoção e proteção da saúde e prevenção de doenças, danos, agravos e riscos;

- Não conta com profissionais qualificados para reconhecer a necessidade de considerar o perfil da população que procura o Serviço Social; conhecer o perfil dos que não chegam a receber atendimento na instituição — demanda reprimida — para que este quadro tenha visibilidade; reconhecer as demandas implícitas, explícitas e potenciais, para que se possa fazer levantamento dos recursos necessários para o planejamento da atenção na unidade e para a realização dos encaminhamentos, orientações e referências necessárias a partir dessas demandas e para projetar ações no interior da unidade que absorvam as demandas por saúde (prevenção, educação em saúde e tratamento, principalmente das doenças crônico-degenerativas e contagiosas) e por organização e participação no controle social dos recursos e serviços oferecidos pela unidade;

- Assim, sem interação com as ações desenvolvidas pelos assistentes sociais nos Programas/Projetos e com os demais serviços da unidade, *mas respondendo por suas deficiências*, o plantão não conta com atividades sistemáticas — desenvolvidas pelo Serviço Social ou por equipes multiprofissionais na/pela unidade — para onde os usuários possam ser referenciados, objetivando romper com o círculo vicioso de *encaminhamentos internos/encaminhamentos externos*. Estes encaminhamentos, buscando "resolver o mau funcionamento das rotinas das unidades" e/ou da falta de resolutibilidade de seus serviços, jogam o usuário para o próximo serviço e/ou para fora da unidade — empurrando o "problema" para frente —, sem que ali estivessem esgotadas todas as possibilidades de atendimento às demandas dos usuários: reais, potenciais, aparentes e ocultas, imediatas e mediatas, implícitas e explícitas.

Desse modo, a prática dos assistentes sociais no plantão reduz-se a uma *prática burocrática, não assistencial* (visto que prioriza respostas a demandas por informação e orientação pontuais e não por recursos materiais, capacitação, organização etc.). Uma prática profissional burocrática que segue mecanicamente normas impostas pelo regulamento da administração, autoridade ou seu representante, e que ao priorizar um atendimento de escuta, acolhimento, encaminhamento e/ou preenchimento moroso e mecânico de formulários, questionários, cadastros — que viabilizam acesso a benefícios ou inscrição em programas da instituição — referenda a complicação e morosidade da coisa pública burocratizada, que objetiva dificultar ou inviabilizar o acesso dos usuários a serviços e recursos enquanto direito social. Uma prática que, se atende a alguns dos interesses e necessidades imediatas dos usuários, relacionados à busca por apoio, respeito, consideração, auto-estima, como um fim em si mesmo, contribui para impedir e/ou dificultar a capacitação para uma participação consciente de usuários e profissionais envolvidos nesse processo; para impedir e/ou dificultar o controle social; para impedir e/ou dificultar a organização para a luta política; para impedir e/ou dificultar a democratização de informações e saber...

Nesse sentido, as *demandas que extrapolam o controle burocrático dos serviços institucionais*, ou seja, as demandas por educação em saúde, prevenção, participação no controle social dos serviços prestados, por organização para efetivar o controle social etc. ficam negligenciadas. Demandas que, contidas nas solicitações dos usuários, precisam de teoria para serem identificadas. Demandas implícitas, que não reconhecidas, conseqüentemente, não são consideradas, pelos assistentes sociais, como demandas para o Serviço Social. Sem condições de se abstrair do que está aparente, os assistentes sociais não têm condições de captar o que está oculto na "queixa" e/ou "problema", expresso e/ou manifestado pelos usuários.

As demandas atendidas pelos assistentes sociais, em sua maioria, recebidas através de encaminhamentos, estão relacionadas ao funcionamento dos serviços prestados pelas unidades de saúde e/ou à dinâmica da própria unidade e/ou à doença em si. Isso, independente da unidade de saúde, *subjuga o trabalho dos assistentes sociais ao movimento interno da unidade de saúde*, tornando suas ações *complementares às ações dos demais profissionais de saúde e/ou funcionais à dinâmica interna da unidade, em última instância, funcionais à ordem social vigente.*

Por outro lado, as demandas manifestadas por acesso aos serviços e por recursos são consideradas demandas individuais/particulares de usuários que, por diferentes motivos, não conseguem inserção na rotina institucional. Não são consideradas demandas coletivas porque são apresentadas individualmente. Na realidade, são demandas de segmentos majoritários da classe trabalhadora os quais não conseguem inserção nas rotinas institucionais, a partir dos seus interesses e necessidades de saúde, constituindo uma demanda reprimida, ou quando conseguem um atendimento, este não oferece resolutibilidade. Assim, os assistentes sociais *negam o caráter coletivo dessas demandas*, que são coletivas, não só porque vivenciadas pela maioria, mas, também porque, só coletivamente poderão ser enfrentadas, tendo em conta os interesses e necessidades dos usuários. Da mesma forma, é *negado o caráter institucional dessa demanda*, ou seja, não são reconhecidas como demandas dirigidas à unidade de saúde, ainda que indiretas/implícitas. Assim, estas demandas, ao serem negadas institucionalmente pelo Serviço Social, resultam em uma prestação de serviços institucionais aparentemente sem conflitos e/ou aborrecimentos que são causados pelas próprias rotinas institucionais; rotinas que não consideram, desde sua criação, planejamento e execução, quantitativa e qualitativamente, os interesses e necessidades individuais, sociais e de saúde dos cidadãos.

Ainda que cada tipo de unidade ofereça ações e serviços diferenciados e que o perfil dos usuários seja diverso — na atenção terciária e básica, por exemplo —, o Serviço Social segue uma mesma rotina: contato com o usuário para recebimento da demanda, a partir do atendimento médico recebido, para providenciar encaminhamentos e orientações necessários à complementação da consulta. As reuniões com os usuários, em sua maioria, voltam-se para a discussão e/ou o repasse de informações referentes à "doença tratada" (diabetes, hipertensão, hansen, tuberculose), excetuando as reuniões de "planejamento familiar".

Como as demandas pela participação nos Conselhos e pelo controle social não são requeridas de forma explícita pelos usuários nem pelos profissionais de saúde, *os assistentes sociais não têm considerado a ocupação dos espaços dos Conselhos, pelos usuários, pelos profissionais de saúde, como demanda*. Desse modo, a ocupação destes espaços pelos assistentes sociais, como profissional de saúde, e a democratização da informação a respeito da existência de um espaço legal a ser ocupado pelos usuários e pelos profissionais de saúde — o que requer uma preparação especial e de qualidade, tendo em vista seus interesses e necessidade —, *não tem sido considerado como demanda para o Serviço Social*. Desse modo, somente alguns pedidos esporádicos das direções de unidade, para que o Serviço Social, representado pela sua chefia, compareça às reuniões dos Conselhos, são atendidos e, neste caso, o assistente social está responsável por defender os interesses da instituição.

A prática na saúde e o Serviço Social

A pesquisa demonstrou que a prática da maioria dos assistentes sociais não se remete ao projeto hegemônico, mas está hipotecada aos condicionantes político-institucionais que limitam suas escolhas.

Se por um lado, a atenção prestada pelos assistentes sociais, em grande parte, permite aos usuários sentirem-se respeitados, apoiados, contando no interior das instituições com um lugar para aliviar suas tensões, em longo prazo estas ações, como um fim em si mesmo, acabam por contribuir para que os mesmos sejam impedidos de utilizar estes espaços na sua mobilização, organização e acesso a informações necessárias para preservar, ampliar e realizar seus direitos.

O que está em jogo para os assistentes sociais que objetivam uma ação profissional que rompa com o conservadorismo preponderante no domínio da prática é, partindo da definição clara e consciente de suas referências ético-políticas, a *apropriação de uma perspectiva teórico-metodológica* que, colocando referências concretas para a ação profissional, possibilite a reconstrução permanente do movimento da realidade objeto da ação profissional, enquanto expressão da totalidade social, gerando condições para um exercício profissional consciente, crítico, criativo e politizante, que só pode ser empreendido na *relação de unidade entre teoria e prática*. Como explicitado no Código de Ética, é uma direção que, colocando como valor central a liberdade, fundada numa ontologia do ser social assentada no trabalho, tomando como princípios fundamentais a *democracia* e o pluralismo e, posicionando-se em favor da *eqüidade* e da *justiça social*, elege um projeto profissional vinculado ao processo de construção de uma nova ordem societária, sem dominação-exploração de classe, etnia e gênero.

Se, a partir de qualquer questão, pode-se iniciar a discussão/enfrentamento da questão social com os usuários, não é de qualquer demanda dirigida para os assistentes sociais que é possível empreender ações que realmente articulem-se aos interesses e necessidades dos trabalhadores. Daí coloca-se a necessidade de identificar e priorizar as demandas de fundo, na maioria das vezes implícitas nas queixas dirigidas aos assistentes sociais.

Dentre as estratégias para enfrentamento deste quadro, indicamos os processos de Assessoria/Consultoria[4] — indicado como necessidade pela maioria dos assistentes sociais —, com o objetivo de projetar e analisar, permanentemente, a prática, o que significa contrapor a realidade dos espaços profissionais ocupados pelo Serviço Social com as análises, estratégias e ações realizadas no seu enfrentamento, no sentido de uma ação profissional pensada, consciente, dinâmica, articulada à realidade social. Esta proposta de Assessoria, diante do quadro da prática e da formação profissional no Serviço Social, é determinante da articulação entre áreas de prática (meio profissional) e espaços de formação (academia), na medida em que não há projeto de formação que prescinda da realidade, assim como não há projeto de profissão que prescinda da teoria.

A distância entre a prática profissional e os conteúdos teóricos da realidade da ação profissional, resultante da falta de leitura crítica do movimento da realidade, *revela um desperdício de oportunidades por parte dos assistentes sociais e demais profissionais de saúde[5] diante das possibilidades de prática a serem captadas na realidade em que realizam suas ações, quando se objetiva redirecionar as políticas públicas na direção dos interesses dos usuários.*

Os assistentes sociais atuam junto a sujeitos sociais que guardam, na sua história de vida, as dimensões universais e particulares da questão social. Questão social cujas expressões históricas e contemporâneas personificam o acirramento das desigualdades sociais e da pobreza na sociedade capitalista brasileira.

O Estado brasileiro tem papel central na reprodução da questão social, através de uma política econômica que privilegia uma minoria e de *políticas sociais* — forma de política pública — *regressivas*, no que se refere ao financiamento, aos benefícios e serviços, o que historicamente não vem contribuindo para a redução das desigualdades sociais.

---

4. Vide Vasconcelos, 1998.

5. Está em fase final a segunda fase da pesquisa — "A prática dos profissionais de saúde no município do Rio de Janeiro: Hospitais Universitários" — que objetiva estudar a prática na saúde a partir de entrevistas realizadas com profissionais de saúde de oito categorias de nível superior. A pesquisa indica que esta afirmação também pode ser observada na prática desenvolvida pelos demais profissionais de saúde.

É diante das políticas públicas entendidas como a possibilidade, não só de redistribuir riqueza, mas, sobretudo, de garantir a igualdade na oferta de bens e serviços públicos — em termos do acesso a um padrão mínimo de qualidade de vida para os cidadãos — que, diante do papel que vêm desempenhando historicamente na reprodução/manutenção das desigualdades sociais, pergunta-se aos assistentes sociais e demais profissionais[6] como realizar uma prática na saúde articulada aos interesses históricos dos trabalhadores.

Os assistentes sociais, reconhecidos pelos usuários como "seres humanos" interessados em "AJUDAR", ao se limitarem à ajuda ou transfigurando o direito em ajuda, a partir de ações como fim em si mesmo e independente dos objetivos almejados, contribuem na reprodução da organização social dominante. Desse modo, mesmo acolhendo com respeito e/ou "humanizando relações",[7] funcionamos como braço da elite econômica — para reprodução de sua ideologia (para que esta continue a ideologia dominante) o que resulta em perdas e não ganhos para os trabalhadores.

Ora, um assistente social crítico e propositivo exige um determinado perfil: profissional que atua nas expressões da questão social, formulando e implementando propostas para seu enfrentamento, por meio de políticas sociais públicas, empresariais, de organizações da sociedade civil e movimentos sociais, dotado de formação intelectual e cultural generalista e crítica, com capacidade de inserção criativa e propositiva, no conjunto das relações sociais e no mercado de trabalho (ABEPSS, 2003).

---

6. A partir dos princípios e diretrizes do SUS e reconhecendo a imprescindibilidade das ações realizadas pelos diferentes profissionais de nível superior, o Plenário do Conselho Nacional de Saúde reconheceu como profissionais de saúde de nível superior as categorias dos: assistentes sociais, biólogos, profissionais de educação física, enfermeiros, farmacêuticos, fisioterapeutas, fonoaudiólogos, médicos, veterinários, nutricionistas, odontólogos, psicólogos e terapeutas ocupacionais. Trata-se de profissões reguladas juridicamente as quais exige uma formação teórica e técnica de nível superior o que supõe a apropriação de conhecimentos produzidos historicamente, para a prestação de serviços à sociedade a partir de compromissos éticos, expressos nos seus Códigos de Ética, o que lhes garante uma relativa autonomia.

7. A busca de humanização das relações no capitalismo é improvável. O fato de, isoladamente, ser possível humanizar relações pessoais, não significa que isso pode resultar na humanização das relações sociais dominantes: relações que tem como base a exploração do homem pelo homem. Assim, uma prática que objetiva humanizar a organização social capitalista resulta numa prática conservadora visto que, em última instância, contribui para conservar a ordem vigente.

Este perfil coloca a exigência de uma capacitação teórico-metodológica, ético-política e técnico-operativa que possibilite ao assistente social:

- Apreensão crítica dos processos sociais numa perspectiva de totalidade;
- Análise do movimento histórico da sociedade brasileira, apreendendo as particularidades do desenvolvimento do capitalismo no país;
- Compreensão do significado social da profissão e de seu desenvolvimento sócio-histórico (nacional/internacional), desvelando as possibilidades de ação contidas na realidade;
- Identificação das demandas presentes na sociedade, visando formular respostas profissionais para o enfrentamento da questão social, considerando as novas articulações entre o público e o privado (IEM, 2003).

É neste sentido que do assistente social, que toma como referência o projeto ético-plítico, exige-se conhecimento sobre a realidade e não só boa vontade. Um profissional que compreenda a lógica e as leis fundamentais da organização social capitalista, sua complexidade e contradições na geração da *questão social* e como essa lógica impacta as relações sociais e os indivíduos apreendendo os mecanismos de exploração e de dominação. A categoria *central* é trabalho e não a esfera da subjetividade.[8]

A capacidade de apreender o movimento da realidade social, fruto de uma formação generalista e crítica, impõe a manutenção de um processo de formação profissional contínuo, com garantia da capacitação dos profissionais já formados. Um processo de formação contínuo, assentado no tripé dos conhecimentos constituídos pelos núcleos de fundamentação da

---

8. Para Ivo Tonet, afirmar o caráter fundante do trabalho não significa, desconhecer a existência de inúmeras outras dimensões que também fazem parte do ser social. A complexificação da sociedade, cuja origem está na capacidade do trabalho de produzir em escala cada vez mais ampliada, levou ao surgimento de problemas que já não poderiam ser resolvidos no âmbito do próprio trabalho. Daí a emergência de outras dimensões, com uma natureza e uma legalidade próprias, capazes de permitir à humanidade fazer frente a esses novos desafios. Assim, temos a política, o direito, a arte, a religião, a ciência, a filosofia, a educação etc. Mas, só o trabalho tem um caráter fundante. Todas as outras dimensões se originam a partir do trabalho. Portanto, todas elas guardam uma dependência *ontológica* em relação ao trabalho, mas, ao mesmo tempo, por força da própria realidade, uma autonomia relativa.

formação profissional indicados pela ABEPSS[9] que, a partir de uma graduação que assegure a qualificação para uma ação localizada com base na compreensão estrutural da problemática focalizada, possibilite uma prática planejada e avaliada nas suas conseqüências.

Ora, é na contramão da história, em plena hegemonia neoliberal na economia e na política, que se pergunta aos assistentes sociais qual o caráter de uma prática mediada pelo *Sistema Único de Saúde* e pelo *Projeto Ético-Político Serviço Social*. Ora, é no planejamento e na execução de *determinadas* estratégias e ações que o assistente social vai se formando e se transformando num *recurso vivo*, cada vez mais *qualificado*. Vai formando e consolidando a sistematização, a análise, a crítica e a avaliação das ações; vai fortalecendo suas referências, seus valores, seus compromissos, seus objetivos... Ao mesmo tempo, vai assegurando o acesso e a ampliação dos direitos e do controle social.

Para que possam utilizar a prerrogativa de determinar e priorizar as demandas dos usuários e, conseqüentemente, de organizar e planejar suas ações de forma que possam interferir nos determinantes sociais do processo saúde/doença no resgate da saúde enquanto direito social, a prática na

---

9. Como assegurado no projeto de formação da ABEPSS, são os seguintes os núcleos de fundamentação: 1) *Núcleo de fundamentos teórico-metodológicos da vida social*, que compreende um conjunto de fundamentos teórico-metodológicos e ético-políticos para conhecer o ser social enquanto totalidade histórica, fornecendo os componentes fundamentais para a compreensão da sociedade burguesa, em seu movimento contraditório; 2) *Núcleo de fundamentos da formação sócio-histórica da sociedade brasileira* que remete à compreensão dessa sociedade, resguardando as características históricas particulares que presidem a sua formação e desenvolvimento urbano e rural, em suas diversidades regionais e locais. Compreende ainda a análise do significado do Serviço Social em seu caráter contraditório, no bojo das relações entre as classes e destas com o Estado, abrangendo as dinâmicas institucionais nas esferas estatal e privada; 3) Núcleo de fundamentos do trabalho profissional, que compreende todos os elementos constitutivos do Serviço Social, como especialização do trabalho: sua trajetória histórica, teórica, metodológica e técnica, os componentes éticos que envolvem o exercício profissional, a pesquisa, o planejamento e a administração em Serviço Social e o estágio supervisionado. Tais elementos encontram-se articulados por meio da análise dos fundamentos do Serviço Social e dos processos de trabalho em que se insere, desdobrando-se em conteúdos necessários para capacitar os profissionais ao exercício de suas funções, resguardando as suas competências específicas normatizadas por lei. *É diante do caráter do perfil do assistente social — perfil de um intelectual — e das exigências para se forjar um assistente social nessa direção, que ainda que à elite econômica não interesse e os próprios assistentes sociais não percebam, a formação de um assistente social é tão ou mais difícil do que qualquer outro profissional.* Por outro lado, revela-se o imenso desafio da categoria, em assegurar este perfil, diante das condições ético-políticas e culturais da maioria dos segmentos da classe trabalhadora, de onde surgem os futuros assistentes sociais.

saúde, em contraposição a uma prática espontânea e/ou instintiva, exige toda uma complexa série de requisitos. A seguir, elencamos[10] estratégias e ações, que pensadas e realizadas, nas suas relações e conexões, possam fomentar uma prática na saúde[11] que, implicando assistentes sociais e demais profissionais em equipes multiprofissionais, possam resultar em planejamento, realização e avaliação de uma prática na saúde que contribua para ampliar, facilitar e realizar/radicalizar o acesso aos direitos. São *estratégias e ações necessárias que, nas suas relações e conexões, facilitem o acesso aos direitos e contribuam para o exercício do controle social e da organização*, diferentes para cada contexto (instituição, usuários, espaço do Serviço Social), para cada momento histórico.

- Planejamento: é no planejamento do Serviço Social e das ações que os assistentes sociais/equipes se preparam para trabalhar. O produto resultante do planejamento não é um simples documento a ser consultado. É um instrumento de luta, de negociação, de registro da prática. Se a formação profissional oferece os instrumentos teóricos para captar o movimento da realidade social é ao projetar suas ações que os profissionais se transformam em *"recurso vivo"*, podendo, assim, contribuir com os usuários na busca por *transformações das suas condições de vida e de trabalho*, ou seja, promover a saúde. É neste sentido que podemos identificar um profissional propositivo e não passivo.

São requisitos para planejar: realizar levantamentos, estudos e pesquisas sobre a *questão social* — objeto da ação profissional — potencializando a análise e crítica dos dados com a produção teórica acumulada sobre suas diferentes expressões para compreender a realidade trabalhada, contribuindo para a identificação e divulgação dos fatores condicionantes e determinantes da saúde, subsidiando e sendo subsidiado pelos serviços de vigilância sanitária (meio ambiente), vigilância epidemiológica (prevenção ou controle das doenças e agravos) e *saúde do trabalhador*. Como afirma Iamamoto, tomar um *"banho de realidade"*.

---

10. A partir das exigências deste texto, as estratégias são indicadas mas não discutidas como necessário. Faz-se necessário que cada indicação seja tomada, num ato reflexivo/crítico, pelo(s) assistente(s) social(is)/equipes no planejamento, realização e análise da prática.

11. Vide nota 2.

A legislação brasileira atual, no campo dos direitos, pode e deve ser utilizada por assistentes sociais e equipes na justificativa de projetos e ações.

- Organizar e realizar a atenção aos direitos e o acesso ao Serviço Social, a partir da demanda dos trabalhadores e não da oferta das instituições (públicas ou privadas), o que significa ter, como referência, partir e priorizar as necessidades e interesses dos usuários para pautar as políticas sociais.
- Realizar e publicizar estudos socioeconômicos, não só de quem solicita e acessa os recursos disponibilizados pelas políticas sociais, mas dos que não conseguem acesso, para que sejam analisados, divulgados e conhecidos, pelos usuários, planejadores e gestores, Conselhos.
- Identificar e priorizar as necessidades sociais de saúde e demandas dos usuários para além das demandas espontâneas, sem negar as requisições institucionais, historicamente, fruto do mau funcionamento da rede de saúde. Significa pensar a profissão, não para atuar junto a indivíduos isolados, mas junto a grupos e segmentos da classe trabalhadora que têm interesses e necessidades individuais que expressam interesses e necessidades coletivas que só serão de fato enfrentadas (diferente de resolvidas) se identificadas, publicizadas e submetidas à organização dos usuários e ao controle social.
- Mas, também, valorizar a demanda espontânea. Na saúde, investe-se na busca ativa de pacientes — com tuberculose, hansen, câncer, hipertensão —, mas não se dá a atenção devida à demanda espontânea que pode estar sinalizando algo, mas na medida que não é valorizada tem diagnóstico retardado ou não chega a ter diagnóstico.
- Priorizar, como assegurado na proposta do Sistema Único de Saúde, ações de promoção da saúde e de prevenção de doenças, danos, agravos e riscos, independente do tipo de unidade, sem prejuízo do tratamento e da reabilitação.

Assim, cabe aos assistentes sociais, a partir dos princípios e do objeto da ação profissional — a questão social — *planejar* e realizar ações assistenciais que contribuam para a promoção da saúde, a prevenção de doenças, danos agravos e riscos e o tratamento, priorizando o sofrimento social, para o fortalecimento da consciência sanitária e do controle social.

Enquanto nos sofrimentos psíquicos espera-se atingir as realidades internas dos indivíduos, cujo objeto central é o desejo, no sofrimento social — resultado das condições socioeconômica, política e cultural — objetiva-se mudanças coletivas e/ou construção, experiência e vivência de novas relações sociais sob bases democráticas, onde fluam informações, conhecimentos e experiências necessários à busca de realização dos direitos sociais, com difusão das idéias fundamentais à radicalização da democracia.

Destacam-se como direitos na saúde, para além do sofrimento físico e psíquico: direito ao acesso universal aos serviços de saúde nos diferentes níveis de complexidade, à atenção integral à saúde, à prevenção de doenças, danos, agravos e riscos, ao tratamento e à reabilitação, a um atendimento sem preconceitos e de qualidade, a informações a respeito do seu quadro de saúde e de seus familiares, a informações sobre as rotinas, funcionamento e recursos das unidades de saúde, à participação direta ou indireta no controle social dos serviços prestados, de ser ouvido (escuta individual e coletiva) e de ouvir na consulta médica e demais atendimentos na saúde, de ter acesso ao seu prontuário e exames e de ter acesso a medicamentos básicos e de uso contínuo.

- Assegurar uma relação sistemática e continuada entre espaços de prática e universidade através:
    - Do estágio supervisionado;
    - De cursos de aperfeiçoamento, especialização e pós-graduação (capacitação permanente);
    - De Assessoria e consultoria, à prática profissional, à apresentação de trabalhos em eventos, à realização de pesquisas (com indicação de temas relevantes e/ou pesquisas articuladas pelos assistentes sociais, a partir do cotidiano profissional).
- Organizar a prática do Serviço Social na saúde tendo como referência a seguridade social ampliada planejando as ações na unidade de saúde a partir:
    - Do conhecimento das políticas sociais da *seguridade social*, especialmente da saúde nos seus diferentes níveis — federal, estadual, municipal, e das políticas que abrangem os demais direitos;

— Do conhecimento da rede de serviços;

— Do perfil dos *usuários* (reais e potenciais da rede/unidade de saúde);

— Da identificação das demandas, requisições e exigências dos usuários, para a instituição e para o Serviço Social;

— Da identificação das requisições e exigências da instituição e dos demais profissionais de saúde para o Serviço Social.

- Empreender uma lógica de inserção dos profissionais e da operacionalização das ações em saúde que supere ações individualizadas, burocráticas, repetitivas, acríticas, "humanizadora" de relações pessoais, ou seja, instituir uma lógica de inserção e distribuição dos profissionais nas unidades de saúde tomando como critério as *necessidades sociais de saúde* e como prioridade as necessidades e interesses dos usuários.

Romper com inserção histórica dos assistentes sociais na saúde que se dá por opção pessoal e/ou pelo desejo de trabalhar com alguma temática específica — mulher, criança, idoso etc. em detrimento das prioridades determinadas pelas demandas dos usuários à instituição, aos profissionais e ao Serviço Social.

- Romper com as estratégias de organização/ação históricas na rede de saúde e no Serviço Social (centralização no Plantão x entrevista x demanda espontânea) priorizando: ações educativas e preventivas de maior alcance no âmbito institucional, a atenção coletiva e o trabalho em equipe (entre assistentes sociais e demais profissionais, mas principalmente, um trabalho em equipe entre os próprios assistentes sociais[12]), planejando, priorizando e realizando ações do Serviço Social que integrem a rotina das unidades.

- Viabilizar o trabalho em equipe, entre os próprios assistentes sociais, a partir de um projeto do Serviço Social para a unidade de saúde como um todo. Partindo da articulação do que há de comum

---

12. Os assistentes sociais têm mostrado mais facilidade em integrar equipes e realizar ações com outros profissionais do que compor uma equipe que represente o Serviço Social numa determinada instituição/unidade. Este fato tem dificultado a existência de um projeto do Serviço Social que seja referência para a inserção dos assistentes sociais nos diferentes programas/projetos institucionais.

entre os profissionais, construir uma referência para as inserções nos projetos, clínicas, plantões, programas, pesquisas etc.

- Participar do planejamento e gestão dos serviços através:

  — Estudos pesquisas, levantamentos, levados à direção e chefias de serviço pela chefia do Serviço Social, que, assim, assessora — direta (quando é chamada) ou indiretamente (quando toma a iniciativa de levar as produções do Serviço Social) — a direção e as chefias, a partir dos dados do Serviço Social;

  — Incentivar e/ou realizar ações com populações circunvizinhas à unidade de saúde — sem negligenciar o atendimento direto aos usuários (entrevistas, reuniões, VD) e a permanência do Plantão, enquanto porta aberta de acesso livre; um plantão articulado e que articule as demais ações do Serviço Social e da unidade.

- Realizar e publicizar estudos relativos à *saúde do trabalhador* destinados a publicizar e divulgar dados sobre acidentes e doenças do trabalho e referenciar ações de prevenção e tratamento, colaborando na proteção do ambiente de trabalho e do meio ambiente.

A saúde do trabalhador, juntamente com a Vigilância Sanitária e a Vigilância Epidemiológica e de assistência terapêutica integral, inclusive farmacêutica, está incluída no campo de atuação do Sistema Único de Saúde, como direito, no Art. 200/II da Constituição Federal/1988 e regulamentada na Lei n. 8.080/1990.

No que compete ao SUS, cabe aos assistentes sociais:

I — Participar da assistência ao trabalhador vítima de acidente de trabalho ou portador de doença profissional e do trabalho;

II — Participar em estudos, pesquisas, avaliação e controle dos riscos e agravos potenciais à saúde existentes no processo de trabalho;

IV — Tornar público o impacto que as tecnologias provocam à saúde;

V — Informar ao trabalhador e à sua respectiva entidade sindical e às empresas, a partir do estudo dos usuários atendidos, sobre os riscos de acidente de trabalho, doença profissional e do trabalho;

VI — Tornar público a ausência/deficiência de fiscalização e controle dos serviços de saúde do trabalhador nas instituições e empresas públicas e privadas;

VII — Participar da comunicação às instâncias competentes sobre doenças originadas no processo de trabalho, buscando a colaboração das entidades sindicais;

VIII — Publicizar dados que indiquem a necessidade de interdição de máquina, de setor de serviço ou de todo o ambiente de trabalho, que signifiquem exposição a risco iminente para a vida ou saúde dos trabalhadores.

Os profissionais de saúde, como os demais trabalhadores, estão, também, sujeitos aos riscos profissionais e, portanto, expostos aos acidentes do trabalho, às doenças profissionais e às doenças do trabalho.

— Doenças profissionais, ou seja, aquelas que são inerentes ao desempenho de suas atividades laborais, que se apresentam como síndrome típica em outros trabalhadores de mesma situação, que têm um fator etiológico conhecido;

— Doenças do trabalho, tidas como aquelas provenientes de certas condições especiais que determinado tipo de trabalho venha sendo realizado e, por isso, rotuladas de doenças "indiretamente profissionais".

Na prática, nem sempre é fácil fazer essa diferença.

As categorias profissionais podem ser atingidas, principalmente, por cinco tipos de doenças profissionais e do trabalho:

1. doenças infecciosas e parasitárias; 2. dermatites por contato; 3. enfermidades decorrentes de radiações ionizantes; 4. enfermidades por gases irrespiráveis e 5. enfermidades por vícios ergonômicos.

Os manuais não contemplam as doenças relacionadas ao estresse que acometem várias categorias profissionais na saúde e determinados profissionais: gerentes, policiais, inclusive os próprios assistentes sociais.

A sociedade incentiva o trabalhador na troca de sua saúde pelo pagamento de percentuais de insalubridade e periculosidade, como alternativa mais barata, o que desresponsabiliza os patrões de investimentos na melhoria das condições ambientais de trabalho. É uma premiação perniciosa do risco, lesiva aos interesses do próprio trabalhador que perde a sua saúde e lesiva ao interesse de todos porque o SUS e a Previdência Social arcam com as conseqüências dos danos à saúde dos trabalhadores — quando ele tem direito.

Os assistentes sociais têm um papel na democratização de informações aos trabalhadores sobre as condições de trabalho, as doenças mais comuns e sobre o controle de riscos de cada setor trabalho, esclarecendo o(s) trabalhador(es) sobre os determinantes sociais, ambientais ou profissionais de sua doença, para além dos diagnósticos de doenças e prescrições.

Enquanto os profissionais, por lei, têm o direito de recusar-se a exercer sua profissão em instituição pública ou privada onde as condições de trabalho não sejam dignas ou possam prejudicar o usuário, a maioria dos trabalhadores têm de se sujeitar a empregos que não apresentam as mínimas condições de trabalho. Para se conquistar a saúde não basta modificar a relação entre o homem e a natureza, mas, transformar as relações sociais e de trabalho.

- Divulgar o direito de participar e facilitar a participação dos usuários na elaboração do orçamento plurianual de investimentos, nas diretrizes orçamentárias, no orçamento anual e no processo de sua discussão (unidade de saúde/município). Assim como está assegurado em Lei, que cabe ao poder público organizar debates durante o processo de discussão e aprovação do orçamento, cabe ao Serviço Social[13] criar estratégias que possibilitem reflexão e facilitem a participação.

- Priorizar *ações coletivas*, sem prejuízo da atenção individual (necessária ou solicitada pelo usuário), assegurando o direito ao sigilo, potencializando espaços coletivos fruto do movimento social — associações etc. o que significa:

---

13. Aqui se pode perceber porque o Conselho Nacional de Saúde chama para compor a equipe de saúde o único profissional que tem uma formação cuja base não está nas ciências chamadas exatas.

- Criar e dinamizar espaços coletivos que contribuam para desenvolver uma correlação de forças favorável à *universalização real e à ampliação dos direitos sociais*, provocando uma interferência nas rotinas institucionais para que seja facilitado o *acesso à assistência* e assegurada a qualidade dos serviços prestados. Uma correlação de forças que seja produto de uma articulação e que articule os diferentes profissionais de saúde (incentivo ao trabalho de equipe) os usuários entre si e usuários e profissionais de saúde.
- Priorizar, como assegurado na proposta do Sistema Único de Saúde, ações de promoção da saúde e de prevenção de doenças, danos, agravos e riscos, independente do tipo de unidade, sem prejuízo do tratamento e da reabilitação. Como?
- Criar e dinamizar espaços coletivos para democratização de informações e conhecimentos necessários a esses processos e à promoção, manutenção da saúde e prevenção de doenças, danos agravos e riscos; espaços que, superando o acolhimento e o apoio, a partir de uma *prática reflexiva* e crítica, contribuam para transformação de informações em conhecimento.
- Criar espaços coletivos para democratização de informações e conhecimentos acessados e produzidos pelos diferentes profissionais e equipes, necessários aos usuários para o conhecimento de seu corpo e defesa de sua saúde e da vida (câncer de útero, diabetes, hipertensão, sedentarismo, obesidade, acidentes, saúde no trabalho...).
- Priorizar a reflexão, superando a simples divulgação de conhecimentos. Priorizar a lógica da *reflexão* em detrimento da lógica da palestra, na atenção individual e coletiva.

Na lógica da palestra, o espaço da reunião, em si, tem pouco valor como instrumento de trabalho. Mas, na lógica da reflexão, o espaço criado e coordenado pelo assistente social contém a possibilidade e capacidade de organizar, capacitar, fortalecer, democratizar, politizar. O centro deixa de ser o assistente social (autoridade), mas o usuário e seu cotidiano, o que envolve colocar em questão e ser tomado como objeto de atenção pelo assistente social, mas, principalmente, pelos próprios usuários, as condições de vida, de trabalho, o estilo de vida e a cultura dos envolvidos no processo e, conseqüentemente, dos segmentos aos quais pertencem. Desse modo, o usuário vai além de sua condição de passivo[14] de objeto, como se coloca na palestra e assume a condição de sujeito.[15]

A *Prática reflexiva*[16] é uma prática que, envolvendo dois sujeitos sociais — usuário/profissional —, politiza as demandas dirigidas ao Serviço Social, ao democratizar informações necessárias e fundamentais quando do acesso dos usuários a serviços e recursos — como direito social — na busca da superação da práxis cotidiana, a partir de sua *análise, desvendamento*, o que contribui para o fortalecimento dos envolvidos no processo, enquanto sujeitos políticos coletivos.

Ainda que possam resultar em condições psicológicas favoráveis para os participantes ou em ganhos materiais, o trabalho dos assistentes sociais tem por horizonte a promoção de uma participação efetiva dos envolvidos na luta pela construção de uma organização social sobre outras bases que não sejam a dominação e exploração de classe. Na luta pela universalização e ampliação dos direitos, enquanto caminho para outra ordenação social, busca-se assegurar *processos públicos de tomadas de decisão e exercício de poder coletivo que tomem o lugar da liderança pessoal, da competição, da concorrência, do anonimato*.

Os assistentes sociais, ainda que reconheçam a importância da ação coletiva, não priorizam a realização de reuniões com usuários. Reuniões catárticas, principalmente por meio de *aplicação de dinâmicas de grupo*, que atravessam a vida dos indivíduos, sem que eles tenham consciência e controle do que está ocorrendo, caminham na direção contrária aos interesses dos usuários. Assim como uma entrevista

---

14. O usuário, na condição de objeto, é considerado por assistentes sociais e demais profissionais como "cliente", "paciente", "ser humano", "indivíduo", "coletividade", atendido de forma particular e individualizante, considerado a partir da instituição/organização/serviço onde o profissional presta assistência. Os *clientes* são atores que atuam, que representam, os quais, inseridos no mercado e a partir de uma relação mercantilizada, consomem um artigo, um bem, recebem algo.

15. O *usuário, na condição de sujeito de direitos*: integrantes dos diferentes segmentos da classe trabalhadora, que enquanto sujeitos de direito, agem, empreendem ações, intervêm, lutam, reivindicam, exigem, implementam, no sentido de usufruir e/ou desfrutar de alguma coisa coletiva, ligada a um serviço público ou particular, dessa forma podendo pleitear os serviços prestados e exercer sua autonomia na busca de emancipação.

16. Vide Vasconcelos, 1997.

ou uma reunião que se resuma a uma conversa de perguntas e respostas, a relatos de histórias sem fim, a aconselhamentos ou à manipulação de comportamentos, não favorece o alcance de objetivos que incluam os interesses e necessidades dos usuários.

Ao democratizar informações e possibilitar o exercício de práticas democráticas, os assistentes sociais podem contribuir na apropriação, pelos usuários, de categorias de análise do patrimônio intelectual, para que possam, na medida do possível, se colocar criticamente frente ao seu cotidiano e participar da luta política na defesa de seus interesses.

O acolhimento, o apoio e a "humanização" como fins em si mesmo, não possibilitam a democratização de informações necessárias ao controle social e ao acesso a bens e serviços como direitos sociais, ainda que humanizem as relações pessoais.

- Criar e dinamizar diferentes espaços que facilitem a organização dos usuários e o exercício do controle social em cada tipo de unidade — Policlínicas, Hospitais, Postos de Saúde, envolvendo associações, escolas, sindicatos etc.). Incentivo à gestão colegiada.

- Incentivar e/ou criar espaços de capacitação de conselheiros: representantes dos usuários e de profissionais de saúde com criação de espaços nos locais de trabalho e/ou encaminhamento para cursos de capacitação etc. Para qualquer encaminhamento, exige-se a atualização dos dados sobre os recursos disponíveis.

- Dinamizar e ocupar os espaços dos Conselhos de Política e de Direitos assegurados aos profissionais de saúde na Constituição — nas suas diferentes instâncias — concebendo os Conselhos — um dos instrumentos de controle social — como espaços contraditórios de disputa e de negociação e não de reprodução de consenso e consentimento.

- Contribuir — com estrutura, capacitação e assessoria — para que os conselheiros — nos conselhos de política e de direitos — assumam seu papel de fiscalizador do sistema e mantenham sua autonomia frente ao executivo.

- Criar mecanismos e canais que facilitem o conhecimento e *acesso aos recursos disponíveis* e a organização dos usuários para *pleitear recursos em atenção às suas necessidades e interesses não atendidos* tornando públicos os dados a esse respeito (grupos de sala de espera; associações; comitês). É neste sentido que aos assistentes sociais podem apontar para além da lei, para além dos direitos garantidos na Constituição na busca de novos direitos.[17]

- Criar mecanismos e canais para a *democratização das informações* com planejadores, gestores, órgãos de representação dos usuários, profissionais, conselhos de política e de direitos e usuários (reuniões, cartilhas, folders, trabalhos em congressos, artigos, planos e programas).

- Incentivar e participar nas unidades de saúde de *Recepção Integrada* em detrimento de simples triagem para encaminhamentos e orientações, evitando empurrar o problema para frente. Espaço de promoção, prevenção e controle social.

- Estabelecer relação de referência e contra-referência, iniciando pelo próprio Serviço Social, entre os diferentes tipos de unidade de saúde e políticas públicas. Os órgãos de representação da categoria CFES/CRESS/ABEPSS, com nossa participação, têm um papel na criação de condições para que se concretizem canais e instrumentos que possibilitem, aos assistentes sociais, as relação e conexões necessárias entre as diferentes áreas de atuação.

A partir dessas e outras ações e estratégias, estarão sendo construídas as bases e as condições necessárias para o rompimento de papéis históricos do Serviço Social: na saúde, na complementação do tratamento de doenças, e nas outras áreas com a orientação, encaminhamento e aconselhamento.

A partir da ação da parte da categoria que escolher como referência o projeto ético-político do Serviço Social brasileiro, estarão sendo construídas as bases e as condições necessárias para o que os assistentes sociais rompam com seu papel histórico na complementação das ações dos de-

---

17. Luta pela transformação de políticas compensatórias em direito. A exemplo do Bolsa-família, buscar a transformação em direito a uma renda mínima. O que não deriva de direito pode ser extinto a qualquer momento, por qualquer governo de plantão. Por outro lado, com relação aos "cuidadores" — na atenção terciária e de reabilitação, na saúde mental —, os assistentes sociais têm participado mais em cursos que capacitam familiares e voluntários para o cuidado, o que vem desresponsabilizando o Estado de atenção a este direito, em detrimento da luta pelo *reconhecimento do cuidado como trabalho*, com garantias sociais.

mais profissionais de saúde; na complementação do tratamento de doenças; na viabilização burocrática de recursos compensatórios; na reprodução do consenso e do consentimento, enfim, na contribuição da categoria profissional na reprodução da ordem social capitalista. Estarão sendo construídas as condições *para que seja superada uma lógica de inserção dos profissionais* e da *operacionalização das ações baseada* em atenção individualizada, burocrática, repetitiva, acrítica, "humanizadora" de relações pessoais. Ações calcadas na orientação, no encaminhamento, no aconselhamento, no acolhimento, na humanização das relações pessoais.

É nesse sentido que ao Serviço Social cabe:

- Apreender — nas suas relações e conexões —, explicitar e dar respostas às *diferentes expressões da questão social presentes na área da saúde*, para além do sofrimento físico e psíquico;
- Criar condições para que a passagem pelo Serviço Social capacite, incentive e contribua na mobilização e organização dos usuários na luta pelos seus *direitos* — individuais e coletivos — conquistados e a serem ampliados, em todas as áreas; diferente do simples acesso a um recurso.

Ao contribuir para ampliar, facilitar e realizar o *acesso aos direitos, os assistentes sociais podem trazer ganhos para os usuários a partir de uma prática que*:

- Resgata o exercício de uma consciência social: consciência do direito do cidadão e do dever do Estado;
- Resgata o exercício de uma consciência social sobre a saúde: consciência da saúde como direito do cidadão e dever do Estado;
- Efetiva a atenção aos trabalhadores por intermédio de ações de *promoção, proteção e recuperação da saúde, com a realização integrada das ações assistenciais e das atividades preventivas*;
- Fortalece o *caráter público* das ações e serviços da seguridade social e dos direitos sociais e a responsabilidade do Estado, definida na Constituição Federal;
- Fortalece as ações e serviços de *atenção básica* — PSF/PACS/PSs — e seu papel como porta de entrada do sistema de saúde na oferta de atenção integral;

- Fortalece o desenvolvimento de ações integradas entre as políticas que asseguram os direitos sociais, ampliando a abrangência da seguridade social, na busca de uma seguridade social ampliada;
- Uma prática na saúde, que rompe com práticas individualizantes — nos moldes da prática clínica —, rompe com práticas de favor, de ajuste, de ajuda, de dominação, de controle. Rompe com práticas que favoreçam a ocultação de conflitos e a exploração do trabalho, de busca de consenso e consentimento, de disciplinarização dos "supérfluos". Ou seja, uma prática que rompe com práticas despolitizantes em favor do fortalecimento da luta dos segmentos majoritários das classes trabalhadoras porque quem tem força política não demanda: pleiteia, exige, passa a ter mais força nas negociações;
- Uma prática na saúde que garante a atenção prestada pelos assistentes sociais à questão social e não às suas diferentes expressões de forma fragmentada;
- Uma prática na saúde que contribui para a mudança de concepção — na profissão e na sociedade — com relação ao que é necessário para o enfrentamento da questão social e do sofrimento social: questão social que se enfrenta com *TEORIA* e não com trabalho voluntário; se enfrenta contribuindo para a mudança das condições de vida e de trabalho dos trabalhadores e não somente com acolhimento e humanização do atendimento; se enfrenta atuando sobre estruturas perversas e contraditórias e não sobre indivíduos isolados, comportamentos, conseqüências, idéias e representações sociais;
- Uma prática na saúde que contribui para a transformação dos espaços profissionais e das instituições em *espaços públicos* onde os usuários possam decidir sobre a gestão, exercer o controle social, controlar a utilização de recursos;
- Uma prática que, conseqüentemente, reforça os ganhos constitucionais e o projeto ético-político hegemônico do Serviço Social.

É frente a esta realidade, aparentemente desarticulada e fragmentada, que se faz necessária, para os assistentes sociais que têm como objetivo realizar uma prática articulada aos interesses e necessidades dos diferentes segmentos da classe trabalhadora, a clareza de que tais objetivos só serão alcançados colocando-se como fim último a *meta marxiana de apropriação dos meios de produção pelos próprios produtores, a única forma de se extinguir das relações humanas a exploração do homem pelo homem*, tendo como base uma organização social em que a produção esteja voltada para as necessidades dos trabalhadores e não para as do capital. Uma ação profissional a partir destas referências não condiz com uma prática que se reduza ao acolhimento e à humanização das relações sociais capitalistas. É nessa direção que o tempo dos usuários, nas unidades de saúde ou em qualquer espaço social, é um bem precioso, tanto para os usuários — que, usufruindo os conhecimentos e saberes que permeiam aqueles espaços, têm a possibilidade de exercer e exercitar seus direitos e suas lutas —, quanto para os profissionais — para dar vida aos conhecimentos que portam a partir de um atendimento de qualidade na direção dos objetivos propostos.

Caminhar na direção do projeto ético-político dos assistentes sociais possibilita aos assistentes sociais contribuir para enfrentar o grande desafio que coloca a luta contra o projeto capitalista neo-liberal: promover uma interlocução entre os setores organizados da sociedade que buscam a radicalização da democracia e superação da organização social capitalista e expressivos segmentos dos trabalhadores que não têm condições, num primeiro momento, de se organizarem.[18]

Quem não conhece está condenado à subalternidade, a menos que repetir; a ousadia nas proposições é interditada. Como diz o poeta:

"Os poderosos não podem deixar solto alguém que saiba da verdade, mesmo que seja sobre as estrelas mais distantes!" (Brecht).

Referências

ABEPSS. Diretrizes Curriculares para o curso de Serviço Social, 2002. In: CRESS, 7ª R-RJ. *Assistente social: ética e direitos*. Coletânea de Leis e Resoluções. 4ª ed., Rio de Janeiro, 06/2006, pp. 345-361.

ABEPSS. *Diretrizes Curriculares para o Curso de Serviço Social. Assistente Social: Ética e direitos*. Rio de Janeiro: CRESS 7ª Região, 2003. Coletânea de Leis e Resoluções.

---

18. Tomamos como base as afirmações de Coutinho, que assim se expressa: "promover uma interlocução entre os setores organizados da sociedade, interessados num projeto alternativo, e os setores excluídos que não têm condições, num primeiro momento, de se organizarem" (Coutinho, 2000: 128).

ANTUNES, R. *Adeus ao trabalho: Ensaio sobre as metamorfoses e a centralidade do mundo do trabalho*. São Paulo: Cortez/Campinas, Ed. da Unicamp, 1995.

BRASIL. *Constituição da República Federativa do Brasil*. 05/out/1988.

_____. *Lei nº 8.080*, de 19 de setembro de 1990 e Lei nº 8.742, de 7 de dezembro de 1993.

CARVALHO, A. I. *Conselhos de Saúde no Brasil: participação cidadã e controle social*. Rio de Janeiro: FASE/IBAM, 1995.

CFESS. *Código de Ética Profissional do assistente social/1993* e *Lei 8662/1993*, que regulamenta a profissão de Serviço Social. Brasília: 1993.

COUTINHO, C. N. *Contra a corrente: Ensaios sobre democracia e socialismo*. São Paulo: Cortez, 2000, p. 128.

FLEURY, S. (Org.). *Democracia e Saúde: A luta do CEBES*. São Paulo: Lemos, 1997.

MARX, K. *O Capital. Crítica da Economia Política*. São Paulo: Abril, 1983.

IAMAMOTO, M. V. *O Serviço Social na contemporaneidade*: trabalho e formação profissional. São Paulo: Cortez, 1998.

IAMAMOTO, M. V. e CARVALHO, R. *Relações Sociais e Serviço Social no Brasil*. São Paulo: Cortez/CELATS, 1983.

NETTO, J. P. *Democracia e transição socialista*. Belo Horizonte: Oficina de Livros, 1990.

VASCONCELOS, A. M. *Prática reflexiva e Serviço Social em pauta*. Rio de Janeiro: UERJ/FSS, 1997.

_____. Relação teoria-prática: os processos de Assessoria e Consultoria no Serviço Social. *Serviço Social & Sociedade*. São Paulo: Cortez, 1998.

_____. Serviço Social e práticas democráticas. In: BRAVO, M. I. e PEREIRA, P. A. *Política Social e Democracia*. São Paulo: Cortez/Rio de Janeiro: UERJ, 2001.

_____. *A prática do Serviço Social: cotidiano, formação e alternativas na área da saúde*. 3. ed. São Paulo: Cortez, 2006.

Capítulo 6

Sistematização, Planejamento e Avaliação das Ações dos Assistentes Sociais no Campo da Saúde

Regina Célia Tamaso Mioto*
Vera Maria Ribeiro Nogueira**

Introdução

No contexto das contribuições e dos desafios que vêm sendo reiteradamente colocados ao Serviço Social é que o presente artigo espera direcionar e ampliar o debate sobre a atuação profissional no campo da saúde. Dessa forma, objetiva-se contribuir para a materialização do projeto ético-político da categoria profissional, subsidiar a ação do assistente social junto às equipes interdisciplinares atuantes no Sistema Único de Saúde — SUS — e favorecer um atendimento de qualidade à população usuária do sistema nacional de saúde.

A partir da implantação do SUS, a adoção do paradigma da produção social da saúde[1] produziu uma rearticulação dos discursos e das práticas

---

* Professora do Departamento de Serviço Social da Universidade Federal de Santa Catarina e do II Curso de Especialização Multiprofissional em Saúde da Família/Modalidade Residência — UFSC/PMF/MS.

** Professora da Escola de Serviço Social da Universidade Católica de Pelotas. Professora colaboradora do Departamento de Serviço Social/Mestrado em Serviço Social da Universidade Federal de Santa Catarina.

1. A produção social da saúde concebe o processo saúde-doença como definido no "contexto histórico de uma determinada sociedade e num dado momento de seu desenvolvimento (...). Em seu sentido mais abrangente, a saúde é resultante das condições de alimentação, educação, renda, meio ambiente, trabalho, transporte, emprego, lazer, liberdade, acesso e posse da terra e acesso aos serviços de saúde. É assim, antes de tudo, o resultado das formas de organização social da produ-

profissionais tradicionais no campo da assistência à saúde, acarretando o que Mioto (2004: 12) afirma:

> "Não é por acaso que questões importantes como educação em saúde, trabalho comunitário, trabalho com redes, controle social, incluindo discussões sobre abordagens metodológicas, venham se estruturando como campo de conhecimentos em áreas como a enfermagem, a medicina, a psicologia, a nutrição, dentre outras."

Porém, se por um lado a expansão da preocupação com o social aumenta no âmbito das outras profissões, por outro o Serviço Social adquire um novo estatuto a partir da proposição do novo paradigma. É justamente através dessa apropriação que as ações profissionais encontram um novo espaço para sua discussão. Deve-se observar, no entanto, que construir essa nova posição do Serviço Social impõe colocá-lo no âmbito da discussão interdisciplinar que tem se realizado no campo de conhecimento da saúde coletiva. Tal procedimento permite dar concretude, direcionalidade e visibilidade à profissão, tanto a partir de seu projeto de formação profissional estruturado desde os anos 90, como de suas práticas profissionais, historicamente construídas, e re-visitadas sob a luz do projeto ético-político do Serviço Social. Essa discussão torna-se fundamental para impulsionar e assegurar a transformação das práticas profissionais no contexto da reforma sanitária. Como afirma Merhy (1997: 72):

> "Nestes muitos anos de militância e acumulação de experiências vivenciadas na busca da mudança do modo de produzir saúde no Brasil, aprendemos que: ou esta é uma tarefa coletiva do conjunto dos trabalhadores de saúde, no sentido de modificar o cotidiano do seu modo de operar o trabalho no interior dos serviços de saúde, ou os enormes esforços de reformas macroestruturais e organizacionais, nas quais nos temos metido, não servirão para quase nada."

Essa perspectiva possibilita superar a suposta dissonância existente entre a prática dos assistentes sociais e o projeto ético-político da profissão, entre a teoria e a prática e entre a intenção e a ação. Observa-se que os

---

ção, as quais podem gerar grandes desigualdades nos níveis de vida", conforme indicado na VIII Conferência Nacional de Saúde em 1986 (Ministério da Saúde, 2006c).

assistentes sociais, talvez por falta de clareza ou de conhecimento quanto aos projetos em confronto ou por opções ideológicas, têm se inserido no campo da saúde muitas vezes de forma acrítica, ou seduzidos pelo canto das sereias, que é o mercado, na direção oposta ao projeto ético-político.

Essa observação referenda as previsões de Netto (1996), segundo o qual haveria a "agudização da luta ideopolítica" entre diferentes projetos profissionais, considerando que as demandas profissionais imediatas estariam pressionadas pelas demandas do mercado de trabalho. Afirma, ainda, que as tendências de mudanças do espaço profissional estariam condicionadas pela redução da demanda de atividades e pelo imbricamento entre novas e tradicionais demandas dentro de um universo muito mais complexo e heterogêneo dos usuários.

Nessa perspectiva é que se envidam esforços para responder de forma ética e competente às novas demandas que são colocadas, considerando os projetos profissionais coexistentes no Serviço Social e no campo da saúde. Retornando as previsões de Netto (1996), o enfrentamento desse confronto e de suas derivações se faria através da construção de novas competências e não pela perspectiva corporativa e ignorando as demandas do mercado. Porém, tais respostas seriam diferentes, considerando os projetos profissionais coexistentes. Assim, o neoconservadorismo tenderia a incorporar as exigências do mercado como determinantes da formação profissional enquanto a direção social estratégica, construída no início dos anos 90, conectaria as sinalizações do mercado à análise macrossocial, aos valores e objetivos da profissão.

Dentre as projeções realizadas para a profissão, no quadro das transformações societárias típicas do capitalismo tardio, considerando as demandas do mercado de trabalho e a cultura profissional, está a indicação "da necessidade de elaborar respostas mais qualificadas (do ponto de vista operativo) e mais legitimadas (do ponto de vista sociopolítico) para as questões que caem no seu âmbito de intervenção institucional". Com isso sinaliza que "as possibilidades objetivas de ampliação e enriquecimento do espaço profissional [...] só serão convertidas em ganhos profissionais [...] se o Serviço Social puder antecipá-las". Indica ainda que tais possibilidades serão configuradas "por tensões e conflitos na definição de papéis e atribuições com outras categorias sócio-profissionais" (Netto, 1996: 124).

Nessa linha, o presente texto contempla três campos de discussão relacionados à competência na dimensão teórico-metodológica e técnico-operativo,[2] a saber: as referências teóricas que subsidiam as ações dos assistentes sociais, a sistematização de tais ações, os requisitos relacionados ao planejamento e avaliação das ações profissionais.

1. Aportes teóricos que subsidiam a ação profissional no campo da saúde

Este item tem a finalidade de aprofundar a discussão sobre promoção da saúde relacionando-a ao direcionamento das ações do assistente social, como profissional do campo da saúde.

É consensual que a proposta do SUS veio ancorada numa concepção ampliada de saúde e hoje se discute que as ações profissionais se viabilizam especialmente através do marco conceitual da promoção da saúde e de pautas programáticas expressas pelo Ministério da Saúde (2006a), dentre as quais se destacam:

- Valorização da dimensão subjetiva e social em todas as práticas de atenção e gestão no SUS, fortalecendo o compromisso com os direitos do cidadão, destacando-se o respeito às questões de gênero, etnia, raça, orientação sexual e às populações específicas (índios, quilombolas, ribeirinhos, assentados etc.);
- fortalecimento de trabalho em equipe multiprofissional, fomentando a transversalidade e a grupalidade;
- apoio à construção de redes cooperativas, solidárias e comprometidas com a produção de saúde e com a produção de sujeitos;
- construção de autonomia e protagonismo dos sujeitos e coletivos implicados na rede do SUS;
- co-responsabilidade desses sujeitos nos processos de gestão e atenção;
- fortalecimento do controle social com caráter participativo em todas as instâncias gestoras do SUS;

---

2. Observa-se que a dimensão ético-política foi abordada no texto *Desafios atuais do Sistema Único de Saúde — SUS e as exigências para os Assistentes Sociais*.

- compromisso com a democratização das relações de trabalho e valorização dos profissionais de saúde, estimulando processos de educação permanente.

Quanto à promoção da saúde, é importante assinalar que atualmente existem diferentes concepções sobre o tema, que remetem aos distintos paradigmas hoje em disputa, um deles vinculado ao denominado conceito moderno de promoção à saúde e outro referenciado no modelo da história natural da doença desenvolvido por Leavell e Clark em meados do século XX (Buss, 2003).

Para Buss (2003), o conceito moderno de promoção à saúde, assim como sua prática, é decorrente das discussões efetuadas nas grandes conferências internacionais de promoção à saúde. Estas, segundo o autor, contribuíram decisivamente para a construção de uma nova forma de entender a promoção da saúde como fator essencial para o desenvolvimento humano. Nessa perspectiva é que os documentos fundadores do movimento atual da promoção da saúde associam-se a valores tais como: vida, democracia, cidadania, participação, dentre outros. Associam-se também a um conjunto de estratégias envolvendo ações do Estado, da comunidade, de indivíduos, do sistema de saúde e de parcerias intersetoriais.

Em outra direção, ainda segundo o autor, a concepção de promoção da saúde atrelada ao modelo da história natural da doença pensa a saúde vinculada à idéia de ausência de doença, na perspectiva dos três níveis de prevenção, ou seja, prevenção primária, prevenção secundária e terciária. Nesse esquema, a promoção da saúde estaria acoplada no nível da prevenção primária, que deve ser desenvolvida no período de pré-patogênese. Assim, a promoção da saúde consiste em adotar medidas para aumentar a saúde e o bem-estar, não se dirigindo a uma doença ou desordem determinada, mas incluindo ações de educação e motivação sanitária, e estimulando determinadas condições para o desenvolvimento, como nutrição adequada e condições de moradia. Enfim, a promoção da saúde nesse modelo tem um enfoque centrado no indivíduo, extensivo às famílias e a outros grupos dentro de certos limites.

Constatada a insuficiência do modelo de Leavell e Clark para tratar as questões de saúde, incorporaram-se ao mesmo outros elementos, como medidas preventivas em relação ao ambiente e aos estilos de vida. Ainda assim, essa concepção está calcada em primeiro lugar na concepção de saúde como ausência de doença, e em segundo lugar enfatiza que os programas e ações praticados estão concentrados em:

> "componentes educativos primariamente relacionados com riscos comportamentais cambiáveis, que se encontrariam, pelo menos em parte, sob o controle dos próprios indivíduos, [...] e fugiriam do âmbito da promoção da saúde todos os fatores que estivessem fora do controle dos indivíduos" (Buss, 2003: 18-19).

A distinção acima apontada se constitui justamente como o divisor de águas entre uma concepção cuja finalidade da prevenção é a ausência de enfermidade e o moderno conceito de promoção da saúde, que se caracteriza pela constatação do protagonismo dos determinantes gerais nas condições de saúde da população e tem como objetivo contínuo "um nível ótimo de vida e de saúde... [e cuja]...ausência de doenças não é suficiente, já que perante qualquer nível de saúde registrado em um indivíduo sempre haverá algo a ser feito para promover um nível de saúde melhor e condições de vida mais satisfatória" (Buss, 2003: 21).

Como se vê, essa concepção perpassa os diferentes níveis de complexidade específicos da atenção à saúde — prevenção, promoção e cura — ou seja, não entende a promoção da saúde como uma etapa anterior à prevenção ou a cura. Portanto, envolve um campo de conhecimentos e práticas transversais a todas as ações e níveis de saúde, especialmente vinculando-os ao conjunto das políticas sociais. Possibilita concretizar a diretriz constitucional que preconiza a atenção integral à saúde.

Viabilizando concretizar os princípios da universalidade de acesso e equidade em relação aos direitos sociais, a ação cotidiana dos assistentes sociais tem papel fundamental na construção da integralidade em saúde. Uma integralidade entendida como princípio dotado de vários sentidos que consistem tanto na abordagem do indivíduo na sua totalidade como parte de um contexto social, econômico, histórico e político, quanto na organização de práticas de saúde que integrem ações de promoção, prevenção, cura e reabilitação. Além de garantir acesso aos diferentes níveis de complexidade da atenção em saúde, oferece respostas ao conjunto de necessidades de saúde de uma população e não unicamente a um recorte de problemas (Pinheiro e Matos, 2001).

Nessa perspectiva, a integralidade está calcada em dois pilares básicos que são a interdisciplinaridade e a intersetorialidade. A interdisciplinaridade é compreendida como um processo de desenvolvimento de uma postura profissional que viabilize um olhar ampliado das especificidades que se conjugam no âmbito das profissões, através de equipes multiprofissionais, visando integrar saberes e práticas voltados à construção de novas possibilidades de pensar e agir em saúde.

A intersetorialidade, como uma nova forma de trabalhar, de governar e de construir políticas públicas visando à superação da fragmentação dos conhecimentos e das estruturas institucionais para produzir efeitos significativos na saúde da população e exige a articulação entre sujeitos de diferentes setores sociais e, portanto, de saberes, poderes e vontades diversos, para enfrentar problemas complexos (Rede Unida, 2000; Junqueira, 2004).

Para Junqueira (2004), a intersetorialidade pode ser concebida também como um processo de aprendizagem e de determinação de sujeitos que, através de uma gestão integrada, respondam com eficácia aos problemas da população em um território determinado. A intersetorialidade atende justamente à necessidade de uma visão integrada dos problemas sociais, demandada pela idéia de qualidade de vida incorporada à concepção de promoção à saúde.

Como marco de referência, é importante assinalar que essa concepção de promoção à saúde se define dentro de sua ampla ramificação e presença na vida cotidiana e, por essa razão, é equivocadamente associada à idéia de saúde como qualidade de vida. Essa associação, contraditoriamente, tem dado margem a imprecisões e ao fortalecimento de ideologias que enfatizam a qualidade de vida como adoção de hábitos e estilos de vida "saudáveis", conceito fortemente vinculado ao desenvolvimento de consumo num mercado repleto de soluções mágicas para todos os problemas. Desloca-se mais vez, para os indivíduos a responsabilidade por estilos de vida saudáveis e, portanto, por sua própria saúde, acentuando os processos de culpabilização da vítima (Marcondes, 2004; Bydlowiski et al., 2004)

Para Teixeira (2004: 39), o debate sobre a promoção da saúde, no momento atual pode "adquirir um significado estratégico, na medida em que se constitua como um dos referenciais que ajudem a retomar e atualizar o conjunto de propostas do projeto da reforma sanitária, cujo escopo ultrapassa o processo de construção do SUS" e recoloca desafios para a saúde pública, que necessitam ser enfrentados. Nesse enfrentamento, segundo Marcondes (2004: 12), a participação social joga papel fundamental, pois, para o autor:

"provavelmente o que fará diferença para a promoção da saúde ser instrumento do neoliberalismo ou da igualdade social, de fato, seja a participação social. Com ela é que podemos enfrentar a polissemia da "qualidade de vida", a fim de removê-la da retórica vazia que atende os interesses privados na saúde."

Dentro dessa perspectiva é que cabe ao assistente social desenvolver um papel de protagonista de um novo modelo. A perversa desigualdade social e a falta de informação e conhecimento da população quanto aos seus direitos impõe de forma inequívoca ao assistente social ações no sentido da promoção da cidadania, da construção e do fortalecimento de redes sociais e de integração entre as ações e serviços de saúde.

No escopo dessa proposta sustenta-se a materialização do projeto ético-político da profissão, que se realiza através de ações profissionais nas quais o Serviço Social tem longa trajetória. O projeto profissional, nos termos de Iamamoto (1999), consiste justamente na articulação entre a dimensão macro-societária — que implica o reconhecimento do terreno sócio-histórico sobre o qual a profissão se movimenta considerando seus limites e possibilidades — e a dimensão profissional, que compreende as respostas técnico-profissionais dos assistentes sociais, respostas que expressam, por sua vez, como estão sendo apropriadas e redefinidas pela categoria profissional a realidade e as imposições macro-societárias. Nessa direção é que cabe ao assistente social um papel importante nos processos de construção da integralidade e da participação social, conferido pelo saber significativo que tem nesses âmbitos. É com essa perspectiva é que se discutem alguns indicativos de uma possível sistematização sobre o conjunto de ações profissionais no campo da saúde, particularmente relativas ao SUS.

2. A sistematização das ações profissionais no SUS

O tratamento da prática profissional, em qualquer campo, está permeado por problemas de naturezas diversas que tornam o seu debate um verdadeiro desafio para aqueles que se propõem a realizá-lo. Apesar dos inúmeros questionamentos que pairam sobre as possibilidades de responder a esse desafio, reafirma-se que o Serviço Social tem um conhecimento acumulado que o habilita a concretizar as ações demandadas na perspectiva da promoção à saúde, desde que se inscrevam de forma sistematizada e articulada aos marcos teóricos em curso.

Nesse contexto, a ação profissional é entendida pela ótica da totalidade que significa apreendê-la

> "em suas múltiplas relações com a esfera da produção/reprodução da vida social, com as instâncias de poder e com as representações culturais — científicas e ético-políticas — que influenciaram e incidiram nas sistematizações da prática e ações profissionais, ao longo do tempo" (Iamamoto, 1999: 191).

Com base nessa concepção é que se enfrenta o desafio de tratar a prática profissional a partir de sua categoria básica que é a ação profissional. As ações profissionais, segundo Mioto (2006), se estruturam sustentadas no conhecimento da realidade e dos sujeitos para as quais são destinadas, na definição de objetivos considerando o espaço dentro do qual se realiza, na escolha de abordagens adequadas para aproximar-se dos sujeitos destinatários da ação e compatíveis com os objetivos. Finalmente implica na escolha de instrumentos apropriados às abordagens definidas e também de recursos auxiliares para a sua implementação. Todo esse processo se opera com base no planejamento, na documentação e num apurado senso investigativo.[3] Parte-se da premissa que toda ação profissional se constrói como processo, não existindo *a priori*, pois é parte integrante do processo histórico, estando em jogo distintos determinantes sociais. Porém, de forma geral ela pode ser definida como o:

> "conjunto de procedimentos, atos, atividades pertinentes a uma determinada profissão e realizadas por sujeitos/profissionais de forma responsável, consciente. Portanto, contém tanto uma dimensão operativa quanto uma dimensão ética, e expressa no momento em que se realiza o processo de apropriação dos profissionais quanto fundamentos teórico-metodológico e ético-políticos da profissão em determinado momento histórico. São as ações profissionais que colocam em movimento, no âmbito da realidade social, determinados projetos de profissão. Estes, por sua vez, implicam em diferentes concepções de homem, de sociedade e de relações sociais" (Mioto, 2001 apud Lima, 2004).

---

3. Uma discussão mais completa sobre ações profissionais consultar Lima (2004) e Mioto (2006).

As ações profissionais do assistente social no campo da saúde, assim como em outros, não ocorrem de forma isolada, mas se articulam em eixos/ processos à medida que se diferenciam ou se aproximam entre si, e particularmente na saúde integram o processo coletivo do trabalho em saúde.[4] Não seria demais repetir que estão pautadas na lógica do Direito e da Cidadania, mais, ainda, na lógica do direito a ter direitos, o que, na área da saúde, reflete uma visão de cidadania estratégica, baseada na organização em torno das necessidades de saúde, que, no caso, não estão reduzidas unicamente à atenção médica — paradigma que dominou muito tempo o setor. A organização abarca os fatores de ordem política, econômica e social que condicionam o direito a ter acesso aos bens e serviços necessários para se garantir a saúde, bem como exige uma consciência sanitária que se traduz em ações operativas na concretização do direito.

Nessa perspectiva, a construção da integralidade e da participação social em saúde, pelo Serviço Social, está atrelada a três processos básicos, dialeticamente articulados, a saber: os processos político-organizativos, os processos de planejamento e gestão e aos processos sócio-assistenciais. A integração entre esses três processos é que permite estabelecer o trânsito tanto entre os diferentes níveis de atenção em saúde, quanto entre as necessidades individuais e coletivas, à medida que as ações profissionais estão, direta ou indiretamente, presentes em todos os níveis de atenção e de gestão.

Os *processos político-organizativos* correspondem à articulação de um conjunto de ações, dentre as quais se destacam a mobilização e a assessoria, incrementando discussões e ações entre seu espaço sócio-ocupacional — quer seja numa unidade básica de saúde, num hospital ou num ambulatório especializado —, a comunidade e as mais diferentes instituições visando à universalização, à ampliação e à efetivação dos direitos. Nessas ações, são privilegiados os espaços de controle social instituídos no campo da política de saúde, tais como os Conselhos de Direitos,[5] as Conferências e outros órgãos, como o Ministério Público.

Portanto a assessoria, como ação viabilizadora da concepção de promoção da saúde, consiste em contribuir efetivamente na organização da

---

4. Sobre processo de trabalho em saúde ver Merhy (1997).

5. O Serviço Social conta com inúmeras referências sobre o assistente social no âmbito dos conselhos de direitos. Na área da saúde, destacam-se os trabalhos de Bravo (2001), Bravo, Coelho e Conil (1995) e Bravo e Souza (2002).

população para que se converta em sujeito político capaz de inscrever suas demandas na agenda pública. A ação acontece no sentido de identificar e propor alternativas e possibilidades concretas de enfrentamento às questões no cotidiano da luta por direitos, bem como resgatar e trabalhar os limites da ação, produzir e/ou socializar informações e análises, tendo em vista o encaminhamento de soluções que viabilizem o atendimento de suas demandas, e o seu fortalecimento como classe organizada. Nesse contexto, a ação profissional tem a função de dinamizar e instrumentalizar o processo participativo, respeitando o potencial político dos sujeitos envolvidos nesse processo, considerando as necessidades imediatas e, a médio e longo prazos, a possibilidade de construir um novo padrão de sociabilidade entre os sujeitos. Ou seja, indicam-se ações guiadas pela premissa da democratização dos espaços coletivos e pela criação de condições para a disputa com outros projetos em disputa atualmente no âmbito da política de saúde.

Para Alves (2004), baseada numa revisão de literatura, a assessoria aos conselhos pode ser efetivada de diferentes maneiras. Pode ser tanto uma assessoria permanente como pontual e o tipo de assessoria está diretamente associado à demanda dos Conselhos e à proposta do profissional. Geralmente acontece através da presença em reuniões ordinárias e extraordinárias do conselho, além da participação em fóruns de discussão. Nesse contexto, o assistente social intervém como agente que promove um processo de reflexão e análise sobre diferentes situações e também assessora e participa do processo de mobilização. Para tanto, a proximidade empírica e teórico-analítica que o assistente social dispõe, relacionada às diferentes expressões da questão social, que pressupõe a compreensão da dinâmica da realidade e das necessidades da população e dos movimentos da sociedade, bem como do conjunto de legislações vigentes e das diferentes políticas e programas sociais, permite que ele usufrua de um acervo privilegiado de dados sobre o movimento da realidade social a ser utilizado na sua ação em assessoria.

Além disso, nas ações de assessoria desenvolvidas em diferentes espaços (Conselhos, Associações Comunitárias, dentre outras) é necessário que interesses e objetivos recíprocos sejam explicitados a partir de uma avaliação das possibilidades e limites da ação profissional. Essa estratégia inicial permite ao assistente social manter contato sistemático, contínuo e de longa duração com o espaço e os sujeitos com quem vai atuar. Para tanto, conhecer tais sujeitos, explicitar a complexidade e o conjunto de dificuldades que permeiam a demanda efetuada e refletir conjuntamente sobre o objeto da ação, são passos fundamentais para garantir um processo na direção da autonomia e da participação.

Os *processos de planejamento e gestão* correspondem ao conjunto de ações profissionais desenvolvidas no nível de gestão do SUS, no âmbito das instituições e serviços de saúde, no planejamento e gestão de serviços sociais em instituições, programas e empresas, e na sistematização das ações profissionais. Nesse âmbito estão contidas as ações particularmente destinadas à efetivação da intersetorialidade, quais sejam, a gestão das relações interinstitucionais e a criação de protocolos entre serviços, programas e instituições no conjunto das políticas sociais, que servem de base tanto para o trabalho do assistente social como para a equipe da qual é parte.

Estão vinculados também ao Planejamento e Gestão as ações voltadas para a capacitação de recursos humanos que visam ampliar a qualidade dos serviços e de sujeitos sociais, subsidiando-os para influir nas diferentes instâncias decisórias e de planejamento das políticas públicas, especialmente a da saúde. Compõem, ainda, esse eixo, as ações relativas à gestão e avaliação institucional, de serviços e das ações profissionais. Assim, são relevantes as ações direcionadas à consolidação de uma base de informações, alimentada pela documentação do processo interventivo do assistente social (diário de campo, fichas, estudos, relatórios), para a realização dos processos acima indicados.

Os *processos sócio-assistenciais* correspondem ao conjunto de ações profissionais desenvolvidas no âmbito da ação direta com os usuários nos diferentes níveis de complexidade nos serviços de saúde, a partir de demandas singulares. Sua lógica reside em atender o usuário como sujeito, visando responder as demandas/necessidades particulares, numa perspectiva de construção de sua autonomia no âmbito das relações institucionais e sociais ao remetê-lo para a participação política em diferentes espaços, dentre os quais se incluem as próprias instituições e serviços de saúde e também os conselhos de direitos, os movimentos de base sócio-comunitária e os movimentos sociais na sua diversidade. Basicamente, incluem ações de diferentes naturezas, porém estão em constante interação, o que dificulta a distinção entre as mesmas. Porém, considerando seus objetivos primordiais, é possível distingui-las e com isso aprofundar os marcos referenciais que pautam a execução das mesmas e a própria interação entre elas (Mioto, 2006).

Grosso modo, vinculam-se a esse eixo as ações periciais, que podem ser definidas como aquelas que têm por objetivo elaborar parecer social ou pareceres técnicos com a finalidade de subsidiar a decisão de determinados órgãos ou profissionais para concessão de equipamentos, benefícios, prestação de serviços e também processos de referência e contra-referência. Também nesse grupo destacam-se as ações sócio-emergenciais, que visam atender às demandas que se revestem por um caráter de emergências que estão, por sua vez, relacionadas às necessidades básicas e de urgência dos usuários e de suas famílias (cesta básica, serviço funerário, dentre outros). E as ações sócio-terapêuticas, que tem como objetivo o apoio diante de situações de sofrimento individual e/ou grupal vividas pelos usuários e/ou familiares, particularmente em momentos críticos (mortes, recebimento de diagnósticos, acidentes), bem como a realização ou participação em ações terapêuticas, especialmente vinculadas à área da saúde mental.

Por fim, ainda a esse eixo estão vinculadas as ações sócio-educativas que consistem em um movimento de reflexão entre profissionais e usuários que, através da informação e do diálogo, buscam alternativas e resolutividade para a demanda/necessidade do usuário. A lógica do atendimento reside no usuário como sujeito, ou seja, a partir de seus problemas, contribuindo para que ele estabeleça de maneira autônoma a sua própria "forma de caminhar", com intenção de alterar a situação de sofrimento que vem vivenciando, bem como alterar em longo prazo essa produção de sofrimento/carência no âmbito das relações sociais, ao remetê-lo para a participação em diferentes espaços organizativos (Lima, 2004; Mioto, 2006).

A possibilidade de pensar as ações profissionais dentro da articulação proposta permite também referenciá-las sobre diferentes ângulos, nos diferentes espaços ocupacionais, e viabilizando um aprofundamento da discussão sobre o próprio fazer do assistente social, de suas referências teóricas, no contexto de um processo de planejamento que formalize as decisões a respeito de tais ações.

3. O planejamento na ação profissional e o campo da saúde

O Planejamento começa a integrar a matriz discursiva do Serviço Social, com maior intensidade, na década de 70, parametrado pelo discurso da racionalidade e da intervenção nos processos de mudança, necessários e em curso nos países subdesenvolvidos e em desenvolvimento. Portanto, é importante assinalar que o planejamento, como instrumento, está condicionado politicamente, o que determina que seu direcionamento ocorra no interesse da maioria, quando democraticamente utilizado, ou, ao contrário, de alguns grupos dominantes que têm acesso ao Estado ou participam do controle de organismos e agentes econômicos internacionais.

Na área da saúde, o planejamento é utilizado de forma ampla e em distintos espaços e dimensões, a saber — para formalizar as políticas de saúde, dar organicidade aos sistemas de saúde, na dimensão gerencial e tecno-assistencial para implantação do SUS, para a delimitação dos sistemas locais de saúde, para a gestão do sistema de saúde suplementar, no planejamento em saúde, selecionando as prioridades e a partir do reconhecimento das necessidades de saúde — organizar as demandas em saúde, prever a cobertura dos serviços de saúde, favorecer a gerência e a gestão em saúde, fornecendo as ferramentas para a avaliação de programas, de serviços e de cuidados em saúde e previsão de custos e alocação de recursos.

Para resgatar essa temática no cotidiano da ação profissional, deve-se primeiramente marcar os três enfoques básicos do Planejamento: o planejamento social em si, como instrumento que orienta as mudanças sociais (Baptista, 1979); o planejamento institucional, como instrumento de gestão e gerência e o planejamento como técnica estritamente ligada à ação profissional, isto é, à orientação da ação: instrumento inerente à prática profissional. Este texto tem como referência básica o último enfoque, ainda que, em algumas passagens, se identifiquem as lógicas dos demais.

O processo de planejamento será abordado, em sua dimensão técnica de uso intensivo e necessário no plano profissional, trazendo algumas tendências que vêm sendo apontadas, hoje, no sentido de superação de caráter de mero instrumento tecnocrático, portanto enfatizando suas possibilidades de garantir uma ação competente. Ainda que a abordagem insira elementos do planejamento participativo e estratégico, a pretensão é superar os limites de tais proposições, resgatando, no entanto, itens presentes nas mesmas e que devem ser preservados e revistos para incorporação em propostas mais flexíveis e compatíveis com as exigências que vêm sendo feitas ao profissional.

Pensar o planejamento das ações profissionais no campo da saúde[6] importa recordar que o processo de trabalho que se desenvolve na atenção sanitária é coletivo, envolve uma multiplicidade de fatores e determinantes e situa-se na lógica dos serviços, o que confere características especiais em seu planejamento. Entretanto, ainda que o trabalho em saúde se configure como uma ação coletiva, no plano profissional específico torna-se necessário um direcionamento racional à ação a ser desenvolvida com vistas a contribuir com o processo coletivo de trabalho, identificando seu espaço sócio-ocupacional no interior das equipes. Sem um processo contínuo de pensar racionalmente as ações corre-se o risco de se submeter a práticas burocratizadas, escoradas em um pretenso valor eficiente, imobilizada em atividades rotineiras e repetitivas. Planejar a ação profissional garante a possibilidade de um repensar contínuo sobre a eficiência, efetividade e eficácia do trabalho desenvolvido, formalizar a articulação intrínseca entre as dimensões do fazer profissional, ou seja, as dimensões ético-política, teórico-metodológica e técnico-operativa. Possibilita, no campo da saúde, formalizar as relações entre as estruturas institucionais e profissionais, entre os eixos da ação profissional, entre as dimensões da integralidade e da intersetorialidade na garantia do cumprimento dos objetivos propostos e/ou previstos.

Assim, ações profissionais e institucionais caminham juntas, embora não se confundam, pois têm naturezas distintas, porém complementares. O caráter institucional coloca um relativo limite ao recorte do objeto da ação profissional, na apreensão das demandas e definição de objetivos, condicionando, ainda, os resultados do trabalho. Por sua vez, as ações profissionais moldam comportamentos institucionais em uma relação dialética, assimétrica e determinada pelo jogo de interesses e forças condensadas em espaços sócio-ocupacionais.

Para articular de forma favorável à relação instituição/desempenho profissional, é preciso conhecer a dinâmica societária, os atores em confronto, suas intenções e seus projetos e os protagonistas emergentes. No

---

6. O planejamento em saúde se constitui em um campo específico de conhecimento, com uma vasta literatura a respeito. A Biblioteca Virtual do MS mantém extensa bibliografia sobre o tema planejamento disponível *on line* (Ministério da Saúde, 2006). Neste texto será abordada a especificidade da ação do assistente social, não se desconhecendo, entretanto, que o processo de trabalho em saúde é coletivo.

caso específico da área da saúde, concretamente e partindo dos dois projetos em confronto, identificam-se os atores envolvidos na trama; do lado do projeto privatista grande parte das corporações médicas e o complexo hospitalar-industrial; do lado do projeto sanitário, também parte do setor médico, aliados aos movimentos sociais populares, sindicatos progressistas, associações populares, associações de portadores de moléstias e síndromes que se tornam sujeitos políticos influentes, dentre outros. É preciso conhecer também as necessidades sociais, a exclusão social em saúde, as desigualdades no acesso à saúde, além das respostas que vêm sendo dadas às mesmas e, principalmente, como saber articulá-las em um todo factível, capaz de ser compreendido e planejado.

Como inscrever essas exigências no planejamento cotidiano é o desafio colocado ao assistente social. Inscrever não de forma utópica, formal, abstrata, mas sim de maneira operacional, possibilitando imprimir alterações concretas e visíveis na realidade, dando um contorno definido e identificável à ação profissional.

4. Elementos essenciais no planejamento das ações institucionais e profissionais no campo da saúde

Ainda que correndo o risco de aprisionar o aspecto dinâmico do planejamento, aponta-se que os processos de planejamento contêm em si componentes técnicos e metodológicos (enquanto métodos e caminhos a percorrer) e atuam como dispositivos que contribuem para imprimir racionalidade às decisões e das ações. Ou seja, dentro de seus componentes técnico-metodológicos, o planejamento exige instrumentos de consolidação das decisões, que são os planos, os programas e os projetos. Esses instrumentos marcam e/ou registram diferentes níveis de decisão e maior ou menor aproximação com a ação. Guardam entre si coerência e relativo grau de interdependência. São documentos que formalizam as decisões tomadas em relação ao que se pretende.

O Plano ou o Projeto, na condição de instrumento de gestão frente à realidade onde terá incidência, deverá fornecer respostas às necessidades sociais existentes em saúde existentes, de forma ordenada, articulando as possibilidades institucionais e os setores em questão, imprimindo um rumo consensual mínimo às situações abordadas e, principalmente, alterando tanto formas históricas e tradicionais de gerenciamento técnico-administrativo — mediando as relações institucionais —, como instituindo novas relações entre os atores sociais.

O planejamento se constrói no âmbito das relações societárias e institucionais, que são marcadas pelas divergências, oposições e conflitos entre os atores envolvidos, conflitos que devem ser enfrentados via negociação democrática e participativa, evitando-se o uso de autoritarismos e comportamentos anti-éticos. A possibilidade de negociação de conflitos está vinculada à capacidade de compreensão dos processos sociais e informações relativas ao objeto do planejamento, esclarecendo e identificando visões corporativas, individualistas e de cooptação política ou de qualquer outra ordem. Sendo assim, quanto mais democrática for a construção do Plano, Programa ou Projeto, maiores serão as chances de se evitar conflitos futuros. Isso exige, para a elaboração do plano, um lento e cuidadoso processo de negociações em diferentes níveis, articulando e compatibilizando diferentes posições, prioridades, exigências políticas e propostas de diversos segmentos e de sujeitos sociais envolvidos.

Particularmente no campo da saúde, como apontam Negri e Di Giovanni (2001, apud Nogueira, 2002),[7] os interesses do empresariado ligado ao complexo médico-hospitalar têm grande força política e econômica. Além disso, a descentralização da saúde, com os diferentes níveis de gestão, impõe ao assistente social, igualmente, novas exigências na articulação de referências e contra referências, o que exige ações planejadas de modo a garantir o atendimento integral.

Nessa direção, o planejamento situa-se como um processo de compreensão da realidade e opções estratégicas, que tem tempo e espaço bem definidos, consubstanciados em ações encadeadas e tendo em vista determinados objetivos. Sua implementação deverá produzir uma alteração sensível no real, alterações que são incorporadas à nova situação, o que dá a

---

7. Deve-se recordar o potencial das ações e serviços de saúde para, além da regulação política da força de trabalho, ser uma atividade crescentemente lucrativa, abrangendo diversos setores produtivos, desde os produtores de insumos do complexo médico-hospitalar até as intervenções, via atendimento médico e hospitalar à população. Esse processo foi caracterizado como o de capitalização da medicina, em sua primeira etapa e, ao acentuar-se, foi nomeado de mercantilização da saúde (Negri e di Giovanni, 2001: 17, apud Nogueira, 2002).

dinâmica e flexibilidade do processo. Todo o plano necessita, por isso mesmo, de revisões sistemáticas, e exige um acurado sistema de monitoramento/controle/acompanhamento para permitir a avaliação.

O plano ganha relevância política quando supera sua condição de simples instrumento formal burocrático, o que ocorre quando se consegue, durante sua elaboração, ampliar a discussão e participação dos interessados; produzir um conhecimento sobre as necessidades sociais dos grupos e segmentos aos quais se destina; colocar em evidência os responsáveis pela gestão dos setores que estão sendo planejados e inseri-los na agenda pública (Instituto de Estudos Especiais, 1998).

Especificando: para os processos de planejamento profissional no campo da saúde, o plano como instrumento normativo que é, expressa as intenções mais amplas, as diretrizes e as perspectivas gerais da mudança pretendida; é a proposição histórica do devir. Aqui entram os princípios e diretrizes gerais que orientam o proposto para a política nacional de saúde e podem ser identificadas, desde a Constituição Nacional até as leis, portarias incluindo as normas operacionais e os regulamentos que incidem sobre as decisões nacionais.

Resgatam-se ainda as possibilidades estratégicas que oferecem os princípios e as diretrizes nacionais de saúde em termos de universalização, integralidade, eqüidade em saúde e democratização das decisões. São, assim, elementos que podem fortalecer os encaminhamentos profissionais formalizados nos planos de ação, subsidiando processos decisórios e fortalecendo argumentação em negociações em que se inscrevam interesses contraditórios. As formações discursivas contidas nos documentos ministeriais apontam sempre na direção da universalidade, integralidade, eqüidade em saúde, participação democrática e controle social. Cabe aos assistentes sociais apropriarem-se desse conteúdo, entendendo-os como possibilidades éticas e políticas na luta pela ampliação da garantia da atenção integral e universal à saúde.

O Programa caracteriza-se pela agregação de atividades ou parcialização do plano em relação ao tempo, espaço e natureza do objeto. Na área da saúde referem-se, via de regra, a programáticas que têm como foco agravos à saúde. O Ministério da Saúde disponibiliza todos os programas que vem desenvolvendo atualmente (Ministério da Saúde, 2006), os quais fornecem indicações preciosas para serem incorporadas ao planejamento das ações profissionais. É tarefa dos profissionais do Serviço Social realizar os recortes que sinalizam para o social nesses programas, estabelecendo a mediação entre o programa institucional e o programa no âmbito profissional.

O projeto é o instrumento mais utilizado pelos assistentes sociais em sua prática, pois inúmeras vezes o processo de planejamento está implícito no cotidiano institucional, sem uma expressão formal, que pode ser o plano ou o programa. Deve-se recordar que o projeto concretiza as decisões, sinaliza para ações que operacionalizam as intenções e objetivos contidos nos planos e programas. Por essa razão se pode afirmar que o projeto concretiza o planejamento.

O trabalho profissional aponta para a importância dos projetos de ação para se obter uma atuação consistente e não apenas pontual, "solta" e imediata. Sinalizando para o futuro, consiste no elo de ligação entre os objetivos definidos e a realidade, entre a possibilidade de ação e a execução, incidindo sobre as variáveis que se quer alterar. O projeto profissional acompanha e influi no movimento da realidade, contribuindo para a mudança pretendida. Implica um procedimento lógico que assegura racionalidade e coerência à ação, garantindo seu êxito. Sobressai, também, como instrumento auxiliar da ação, permitindo seu acompanhamento e ainda uma pré-avaliação, isto é, uma avaliação *ex-ante* dos resultados de um investimento ou serviço.

Como documento técnico deve expressar as razões que justificam a ação — o que exige uma leitura acurada da realidade em que se situa, abordando as particularidades do real que se articulam e imprimem um nexo ao movimento do próprio real. Compreende uma caracterização da realidade em seus aspectos objetivos, elucidando e apontando tendências que levam a uma justificativa da proposição e realização da ação interventiva. O projeto não é um documento com *facies* teórica, mas pautado na realidade, nas situações reais de existência. Obviamente, análises explicativas sobre o fenômeno estudado são necessárias como instrumentos para apreensão do mesmo e portanto, proporcionando maior pertinência na escolha de alternativas de ação.

O projeto expressa, ainda, o detalhamento das ações e atividades que se pretende realizar para atingir os objetivos, incluindo a definição de responsabilidades. Usualmente chamadas de metas, são as decisões detalhando os objetivos em termos de estratégias, táticas, ações/atividades, procedimentos etc.

O projeto consiste no elo entre os objetivos definidos e a realidade, entre a possibilidade de ação e a execução sobre as variáveis que se pretende alterar. É o que possibilita o controle da atuação durante seu intercurso e a sua avaliação posterior. Permite apontar, na área da saúde, as transformações ocorridas em termos de expansão da rede, incorporação dos aspectos sociais, qualificação do atendimento e melhoria dos indicadores sanitários.

Cabe lembrar ainda, conforme afirmado anteriormente, a ênfase que o processo de planejamento sempre teve na saúde, inicialmente como uma atividade unicamente racional ligada à área técnica, a organização dos sistemas e serviços de saúde e ultimamente como uma ferramenta estratégica, conforme proposta de, entre outros autores, Carlos Matus (1993) e Mário Testa (1989).

5. Processo de planejamento: a importância do conhecimento da realidade e a definição de objetivos

A formulação de um plano deve partir, necessariamente, de uma leitura, uma caracterização da situação atual, evidenciando os pontos críticos sobre os quais a ação profissional deve incidir. Isso permitirá identificar os eixos da ação profissional exigidos pela situação, determinado, igualmente, pelo espaço sócio-ocupacional onde se inscreve a ação.

No campo da saúde a própria leitura já é condicionada pela concepção de saúde e conseqüente modelo de atenção. Consiste na apreensão e caracterização de uma dada realidade sanitária, o que permitirá a indicação do que deve ser alterado e como fazê-lo. É sempre aconselhável sua realização com a participação dos sujeitos envolvidos, sendo que, no primeiro momento, tem um caráter exploratório, constituindo-se uma matriz de conhecimentos que deve ser periodicamente atualizada.

A complexidade e aprofundamento do diagnóstico ou leitura de realidade é definida em razão da competência da instituição executora/planejadora, do volume e qualidade dos recursos e prazos disponíveis — no SUS tais definições são circunscritas pelo Ministério da Saúde e determinações estaduais e municipais. O diagnóstico deve conter ainda os dados da situação em si, isto é, as necessidades e demandas, os grupos com alta vulnerabilidade em termos de índices sanitários, apontando os fatos que lhes deram origem e que as vêm transformando, indicando o grau de crise ou gravidade da situação.

Nessa linha, o uso de índices de saúde já construídos auxilia a caracterização das necessidades em saúde, incidindo também sobre a demanda não atendida. Inclui concepções teóricas relativas à concepção de saúde, modelos de atenção e a análise das tendências sobre o tema em questão. Devem-se utilizar, para fundamentar esses elementos, os relatórios de agências multilaterais influentes, como os da Organização Mundial da Saúde — OMS, Organização Pan-americana de Saúde — OPAS, UNICEF e CEPAL, entre outras. Devem-se relacionar também as políticas de saúde existentes em diferentes níveis (perspectiva de totalidade), com os recursos disponíveis e a rede de serviços existentes para o atendimento, identificando os pontos de estrangulamento, como dificuldade de acesso, capacidade de atenção e demandas prevalentes não atendidas que acentuam as situações de risco. Tais informações devem ser cotejadas com padrões de referência — índices comparativos — que, inclusive, auxiliam na seleção de prioridades e na posterior identificação das alternativas de ação.

A visibilidade conferida pela *internet* em disponibilidade de dados favorece sobremaneira a expansão do controle social, desde que lembrando ser importante a sua comparação a padrões de referência, a índices que representem parâmetros regionais ou nacionais, estabelecidos como alcançáveis dentro das mesmas condições, bem como a colocação de dados em série, (de anos ou períodos) para observação de tendências. Por exemplo, a comparação entre os melhores e piores índices de inclusão/exclusão, avaliados a partir de padrões básicos, pode flagrar discrepâncias, localizando as situações a serem enfrentadas (IEE, 1998: 31).

Quanto à coleta de dados, todas as fontes devem ser utilizadas, tanto as que possuem dados estatísticos já sistematizados e constantemente atualizados, como as informações da população, pois uma complementa e confirma a outra. O DATASUS, as Secretarias de Saúde dos estados e município, o IBGE e instituições não-governamentais não devem ser descartados como fontes de coleta de dados. Os bancos de dados já consolidados, sendo que muitos se encontram atualmente disponíveis em redes de *ftp*, *telnet* ou *internet*, como os indicadores de atenção básica previstos pela Portaria n. 21, de 5 de janeiro de 2005 (Brasil, 2006), e o *Caderno de Informações de Saúde*, com informações para cada unidade da federação e cada município (Brasil, 2006). A área da saúde é, entre as áreas sociais, possivelmente a que possui as melhores e mais qualificadas informações, acessíveis em grande parte, através da *internet*.

A interpretação das informações coletadas deve merecer especial atenção, uma vez que, sendo realizada em conjunto com os interessados, possibilita a construção gradativa de consensos que podem alterar situações hegemônicas, contribuindo para uma articulação que se manterá em todos os momentos seqüentes à ação profissional. São as informações que compõem a territorialização, circunscrevendo as áreas em termos de similaridades epidemiológicas, sociais e culturais, favorecendo as escolhas corretas em termos de planejamento em saúde.

Após o conhecimento aprofundado da realidade e de um claro diagnóstico da situação os objetivos devem ser definidos. Estes indicam claramente o que se quer alterar e onde incidirá o resultado da ação planejada após sua execução; enfim, qual será o produto obtido. "Fixar um objetivo é afirmar os resultados que desejamos, ou seja, o objetivo que vai expressar a nossa intenção transformadora, descrever aquilo que propomos como mudança, mudança esta que poderemos medir e observar" (Cury, 1998: 69). É a antecipação do resultado obtido, resultado esse que deverá ser mensurado, quantificado e definido com precisão. Os objetivos não devem ser confundidos com finalidades ou fins, sendo estes últimos mais referentes às diretrizes políticas mais gerais, à filosofia de ação. Uma distinção clássica entre finalidades e objetivos podem ser úteis no momento de formalizar as decisões.

Fins/Finalidades	Objetivos
abstratas	concretos
ideais	reais
longo alcance	alcance em tempo determinado
mais ligadas a valores	ligados ao mundo dos bens e serviços
não permite avaliação direta	deve permitir uma avaliação direta

Dois elementos estão presentes quando se fala em objetivos; um de ordem psicológica, que diz respeito às motivações, interesses pessoais e coletivos, grau de mobilização, enfim, a atitudes e comportamentos; e outro que implica a consideração quanto aos recursos técnicos, financeiros, institucionais e humanos (Cury, 1998: 68). No campo da saúde ambos tem que ser compatibilizados, pois estão relacionados à questões vitais e de alto impacto na vida das pessoas.

Definir objetivos impõe negociações prévias (formais e informais), administração de conflitos, construção de consensos, conciliação de interesses e estabelecimentos de pactos de médio e longo alcance. Não "caem do céu" nem "saem da cabeça" do planejador — são decorrência de uma análise criteriosa das possibilidades e carências reais e objetivas. Estão relacionados com as situações de "crise", contidas na caracterização da situação. Não se concebe, no planejamento institucional e profissional, a indicação de um objetivo sem a sua necessária relação com necessidades e demandas sociais em saúde.

Devem ser viáveis técnica e politicamente, pois foram estabelecidos após a definição de alternativas em que se refletiu sobre a situação contextual, sobre o espaço institucional e sobre as forças políticas do momento, isto é, sobre os atores que darão sustentação às escolhas e opções pensadas. Sendo assim, para se definir os objetivos do plano, programa ou projeto, é necessário "perder tempo" com questionamentos e debates, até se ver bem claro aonde se quer chegar, quais os compromissos que decorrerão da decisão tomada, o grau de envolvimento das agências envolvidas e a possibilidade de controle da ação.

A própria redação dos objetivos deve ser clara, precisa, sem deixar dúvidas ou confusão de interpretação. Não se deve incluir em um objetivo mais do que um resultado esperado, o que iria dificultar a avaliação posterior. Devem ser expressos como a descrição de um resultado pretendido e tendo relação interna com a justificativa apresentada, com a "problemática situacional" relevante.

6. O controle, monitoramento e avaliação no planejamento

Pode-se dizer que o controle e o monitoramento acompanham o planejamento a partir de sua implementação, tanto na área da saúde como em qualquer campo disciplinar que o utilize. Usualmente se emprega os termos *controle* e *avaliação* no mesmo sentido, o que é um equívoco. Segundo Cohen e Franco (1993: 77), o acompanhamento ou monitoramento é:

"o exame contínuo ou periódico efetuado pela administração, em todos os seus níveis hierárquicos, do modo como se está executando uma atividade. Com isso, se procura assegurar que a entrega de insumos, os calendários de trabalho, os produtos esperados se consubstanciem nas metas estabelecidas e que outras ações necessárias progridam de acordo com o plano traçado."

A avaliação, por sua vez, contém um elemento valorativo. Um juízo sobre o planejamento, seja antes ou depois de executado, isto é, *ex-ante* ou *ex-post*. Pode ser, também, avaliação de processos ou de impacto, ou, ainda, avaliação interna ou externa: técnica ou participativa.

Os processos avaliativos são encarados, no mais das vezes, como procedimentos burocráticos, custosos, ameaçadores, de caráter administrativo e financeiro (prestação de contas). Face a essa situação, os técnicos e administradores encontram muita dificuldade para implementar ou alterar qualquer projeto em andamento, dada a inexistência de análises e ponderações sobre as ações executadas. Têm também dificuldade de justificar suas ações e muitas vezes até seu trabalho, tornando-se presa fácil de injunções políticas face às quais não têm argumentos. As diversas decisões que envolvem um programa ou projeto são, assim, tomadas no "vazio" ou à mercê de oportunismos de toda ordem.

No campo da saúde, ainda que a tradição de se avaliar venha de longa data, os objetos sobre os quais incidiam os processos avaliativos se identificavam com o modelo de atenção à saúde adotado, com ênfase no controle de aspectos ligados ao fator etiológico e de vigilância sanitária e resultados de campanhas de vacinação e educação em saúde.

A avaliação é fundamental, primeiramente por uma questão de economia, seja de tempo, recursos ou trabalho. As organizações que atuam na esfera pública precisam apresentar à sociedade os resultados/produtos de sua ação (Carvalho, 1998: 115). As organizações públicas têm o dever de manter uma relação de transparência sobre seus resultados, a eficácia de seus projetos, os custos realizados, seja com os usuários, financiadoras, atores sociais e, enfim, a sociedade em geral. Em segundo, por que ampliam-se as exigências, por parte das agências financiadoras, de instrumentos de controle sobre a qualidade das ações acordadas e o impacto sobre os processos sociais.

Do lado da instituição executora do projeto, a avaliação é a sua segurança e o procedimento que garante a confiabilidade do público-alvo e da sociedade em que se inscreve. Por parte dos profissionais, é o elemento que garante a visibilidade das ações profissionais e o impacto das ações no contexto nas quais se inscrevem.

Segundo Carvalho (1998), a avaliação contém três características processuais: é contínua e permanente, da concepção inicial aos resultados do projeto; inclui os atores envolvidos na apreciação dos resultados e implica em favorecer aos integrantes, sejam usuários ou membros da equipe gestora, o exercício da ação reflexiva.

De início, algumas pontuações conceituais são necessárias, como a distinção entre avaliação política e avaliação de políticas. A avaliação política diz respeito aos princípios, critérios e diretrizes que fundamentam a decisão sobre a realização de determinado programa, têm um cunho mais valorativo e abrigam uma concepção de justiça que pode ser ou não explicitada (Figueiredo e Figueiredo, 1986).

No campo da saúde está relacionada aos princípios e diretrizes do SUS, dos programas de saúde desenvolvidos em todos os níveis de gestão. Tem relação direta com os projetos de atenção à saúde, explicitando os valores que os informam. No caso da saúde, tais decisões passam pelo crivo dos Conselhos de Saúde, além das instâncias formais do poder legislativo, quando pertinentes.

Nessa linha de avaliação, ressalta-se a relevância do uso dos dispositivos de controle social na saúde, estabelecidos legalmente. Entre eles destacam-se, além dos Conselhos e das Conferências de Saúde, a análise e apreciação do Plano Plurianual, da Lei de Diretrizes Orçamentárias, da Lei Orçamentária pelo Congresso Nacional. São documentos públicos indicativos do proposto para o setor saúde. Através da NOAS (Brasil. Ministério da Saúde, 2006) foi instituído, como instrumento normativo, o Plano Diretor de Regionalização do Estado, que deve integrar o Plano Estadual de Saúde, o que favorece a avaliação política.

A avaliação de políticas enfoca a forma:

"o desenho institucional e os traços constitutivos dos programas. Qualquer política pública pode ser formulada e implementada de diversos modos. [...] A análise de políticas públicas busca reconstruir estas diversas características, de forma a apreendê-las em um todo coerente e compreensível. Ou, melhor dizendo, para dar sentido e entendimento ao caráter errático da ação pública" (Arretche, 1998: 30).

Os procedimentos de avaliação e monitoramento/acompanhamento devem ser estabelecidos com o plano ou projeto, como um processo contínuo e sistemático. Interrupções podem interferir nos resultados ou mesmo inviabilizar uma análise posterior. No contexto das políticas sociais, entre elas as políticas de saúde, destaca-se o fato de, além de um produto físico, concreto e mensurável, gerarem também um impacto que pode ser objetivo, concreto, mensurável, ou ainda subjetivo, no plano das atitudes, comportamento e opiniões. Assim, tão significativa quanto a medida do produto ou serviço atendendo a demanda, é a medida que os possíveis impactos têm nas condições de vida dos segmentos populacionais aos quais se destina (Figueiredo e Figueiredo, 1986).

Atualmente começa a se difundir a idéia da necessidade de avaliações realizadas por agências externas à instituição executora do planejamento. Acredita-se que este procedimento contribuirá para que agentes gestores aprimorem suas gestões, favorecendo um controle democrático das propostas desenvolvidas. No Brasil, nos últimos anos, o Ministério da Saúde vem expandindo a avaliação por agências externas — e entre as mais atuais se destaca a Avaliação do Piso de Atenção Básica. Na mesma direção, a Organização Pan-americana de Saúde reitera, de forma contínua e sistemática, a importância dos processos avaliativos, divulgando continuamente os resultados obtidos pelas políticas nacionais de saúde das Américas em seu relatório anual e outros documentos.

Todo processo de avaliação implica na adoção de tipos e critérios de avaliação. Dentre os inúmeros critérios passíveis de serem adotados, alguns são considerados clássicos. Entre estes se situam os critérios de eficácia, eficiência e efetividade. Os tipos de avaliação mais usados podem ser classificados em função do momento de sua realização e dos objetivos que se espera da mesma. A avaliação *ex-ante* precede a implantação, é a realizada ao começar o projeto, antecipando fatores considerados no processo decisório [...]. A segunda ocorre quando projeto já está em execução ou já está concluído e as decisões são adotadas tendo como base os resultados efetivamente alcançados (Cohen e Franco, 1993: 108).

A finalidade da primeira é dar uma certa racionalidade ao processo de decisão quanto à execução ou não do projeto, sendo usada a análise custo-benefício como a análise custo-efetividade. A avaliação *ex-post* implica um juízo de valor em relação aos resultados finais da ação desenvolvida e sua capacidade de alteração na situação identificada inicialmente; serve tanto para indicar a pertinência da continuidade ou não de um projeto como a sua continuidade, quando concluído.

Utiliza-se também a avaliação de processos, que se refere à utilização dos instrumentos, técnicas e procedimentos, determinando se são adequados aos fins a serem atingidos e permitindo a verificação das dificuldades decorrentes das atividades desenvolvidas para corrigir seu rumo. Ocupa-se do projeto em si, isto é, de sua forma de implementação, aferindo as mudanças e correções de rumo. Os seus resultados são utilizados pelos próprios profissionais. "Sua função é medir a eficiência de operações do projeto" (Cohen e Franco, 1993: 109).

A avaliação de impacto aponta para os resultados do projeto e em que medida aparecem os efeitos secundários, que ultrapassam os previstos e não previstos. Olha para além do projeto e os seus resultados são utilizados para argumentações políticas ou técnicas, para encerrar ou continuar um projeto. Os dois tipos de avaliação diferem-se, uma olha para trás (a de impacto) e a outra olha para a frente (a de processo). Na saúde ambas são relevantes, pois incidem sobre os resultados das ações de promoção da saúde, quando o marco referencial da programação em saúde se pauta no reconhecimento dos determinantes sociais da saúde.

Avaliações mais complexas, que exigem um aparato de pesquisa, têm sido instituídas e realizadas por agências externas, que contratam equipes especializadas para tanto. Atualmente, como uma das exigências das agências multilaterais, têm-se ampliado os procedimentos de avaliação da Política Nacional de Saúde, com a construção de indicadores que articulam os aspectos epidemiológicos, sociais, sanitários, institucionais e financeiros.

Na ação cotidiana do assistente social, os sistemas de avaliação e controle devem ser coerentes com os objetivos que se quer atingir. Três focos podem ser identificados em um primeiro momento: a avaliação da instituição em si, abarcando aspectos para os quais se pode construir alguns indicadores, tais como coerência e pertinência social da sua missão, integração com o seu entorno, comunidade ou região, competência no desempenho de tarefas, atualidade de seus processos de trabalho, flexibilidade para incorporação de novas demandas, visibilidade e reconhecimento social e sua forma de inserção na esfera pública. Tem como objetivo apreciar a capacidade de resposta e influência da organização. O outro foco de avaliação incide sobre os serviços prestados aos seus usuários, a partir da implementação de um sistema de planejamento.

Um terceiro foco é a avaliação do próprio desempenho profissional, ajuizando, a partir dos resultados obtidos, as necessidades de aprimoramento, atualização e reciclagem. Pensar sobre o trabalho desenvolvido a partir de seus resultados e não de discursos sem relação com a realidade. A avaliação possibilitará ao profissional apreciar os fatores que são decorrentes de fragilidades de sua ação ou de fatores alheios à mesma. Esse procedimento tem duas dimensões significativas: de um lado contribui para o aperfeiçoamento profissional individual e de outro para o da categoria, na medida em que o relato da experiência pode ser partilhado e apreciado pelos demais profissionais.

Nessa linha, manter um sistema mínimo de controle e avaliação é fundamental, sendo que tal pode ser realizado a partir da construção de indicadores de processo, de eficácia e de efetividade (impacto). Na avaliação o indicador é a unidade que permite medir o alcance de um objetivo ou de uma meta. Ele traduz, de maneira objetiva, os resultados da ação executada e está vinculado ao objetivo e a meta. Cada um dos objetivos deve conter alguns (poucos e significativos) indicadores.

Deve-se montar um sistema de monitoramento/acompanhamento do projeto, indicando com clareza quais são os instrumentos que serão utilizados para o registro das ações desenvolvidas, gerando um sistema de informações sobre as mesmas. Este sistema deve ser simples para que possa ser implementado e suficiente para fornecer as informações. Ressalta-se que os instrumentos são os que a instituição utiliza para seus registros, devendo apenas serem readequados para a futura utilização. Um sistema de avaliação de processo, com ênfase na eficácia, não é tão difícil de ser montado, articulando os itens do planejado com a construção dos registros necessários.

Esse é o momento de se definir alguns indicadores "chaves". Sendo medidas indiretas para colher informações, a construção dos indicadores implica um trabalho muito delicado, pois não existem maneiras codificadas de estabelecê-los, e tanto a sua construção como qualquer decisão a respeito têm um caráter arbitrário, pois é preciso utilizar pressupostos que não podem ser confirmados (Sulbrandt, apud Carvalho, 1998: 129). A sugestão é que se estabeleçam alguns indicadores para cada objetivo para posterior avaliação.

"Os indicadores devem ser definidos de forma a descrever acuradamente como o atual desempenho se relacionam [sic] com a missão, com os objetivos estratégicos e as metas. Todo indicador tem uma medida de resultado, que é expresso em termos idênticos aos do objetivo ou meta que deverá medir" (Brasil. Mare, 1998: 28).

Um bom indicador deve apresentar os seguintes requisitos, para ser adequado: ser compreensível, abrangente e de fácil aplicação, permitir uma única interpretação, adequar-se ao processo de coleta de dados existentes, ser passível de ser implementação, ser preciso e oferecer subsídios para futuras decisões.

Outro ponto importante é marcar a periodicidade com que vai se realizar a avaliação, estabelecendo rotinas e procedimentos técnico-administrativos para tanto. Normalmente a definição dos prazos é fixada pela agência financiadora, e em administrações públicas tal definição é flexível, ainda que devesse ser anual, como um bom procedimento democrático. Quando o assistente social tem autonomia, deve organizar os cronogramas para que, pelo menos anualmente, faça-se uma avaliação da eficácia e eficiência da ação. Tal procedimento não desconsidera os processos avaliativos coletivos com a equipe de saúde.

A divulgação dos resultados obtidos é imprescindível, pois é o que garante a confiabilidade na instituição e o apoio popular ao que vem sendo desenvolvido. Diversos instrumentos vêm sendo usados nessa divulgação, desde reuniões com participação de segmentos organizados da sociedade civil até publicações, como boletins e informativos periódicos. O debate sistemático dos resultados das avaliações favorece o controle social e contribui para a reprogramação das ações e serviços de saúde.

Concluindo, deve-se apontar a relevância das posições ético-políticas e teórico-metodológica permeando os processos de planejamento, tanto da ação profissional como integrando os processos coletivos no âmbito institucional.

Referências

ALVES, F. L. *Participação e gestão democrática das políticas públicas: a inserção e os desafios do trabalho do assistente social nos conselhos de saúde*. Trabalho de Conclusão de Curso — Universidade Federal de Santa Catarina, Florianópolis, 2004.

ARRETCHE, M. T. Tendências no estudo sobre avaliação. In MELO RICO, E. (org.). *Avaliação de políticas sociais: uma questão em debate*. São Paulo: Cortez, 1998.

BAPTISTA, M. V. *Planejamento. Introdução à metodologia do planejamento social*. São Paulo: Moraes, 1979.

BRASIL. *Portal do Ministério da Saúde*. Disponível em: <http://ministerio.saude.gov.br>. Acesso em: 13 abril 2006a.

_____. Ministério da Saúde. *Caderno de Informações de Saúde*. Disponível em: <http://tabnet.datasus.gov.br/tabdata/cadernos/cadernosmap.htm?saude=http%3A%2F%2Ftabnet.datasus.gov.br%2Ftabdata%2Fcadernos%2Fcadernosmap.htm&obj=%24VObj&botaook=OK#cadernos>. Acesso em: 16 maio 2006b.

_____. *Biblioteca Virtual em Saúde*. Disponível em: <http://textocsp.bvs.br/metaiah/metaiah.php?lang=pt&topic=429&graphic=yes>. Acesso em: 15 maio 2006c.

_____. Ministério da Administração Federal e Reforma do Estado. *Cadernos MARE*. Brasília, v. 1-13, 1998.

BRAVO, M. I. S. Gestão democrática na saúde: o potencial dos conselhos. In: BRAVO, M. I. S. e PEREIRA, P. A. P. *Política social e democracia*. São Paulo/Rio de Janeiro: Cortez/UERJ, 2001.

BRAVO, M. I. S.; COELHO, F. D. e CONIL, E. M. *Políticas públicas e estratégias urbanas: o potencial político dos Conselhos de Saúde na construção de uma esfera pública democrática. Serviço Social e Sociedade*. São Paulo: Cortez, n. 49, 1995.

BRAVO, M. I. S. e SOUZA, R. de O. Conselhos de Saúde e Serviço Social: luta política e trabalho profissional. *Ser Social*. Brasília: UnB, n. 10, 2002.

BUSS, P. M. Uma introdução ao conceito de Promoção à Saúde. In: CZERESNIA, D. e FREITAS, C. M. (orgs.). *Promoção da saúde: conceitos, reflexões e tendências*. Rio de Janeiro: Fiocruz, 2003.

BYDLOWISKI, C. R.; WESTPHAL, M. F. e PEREIRA, I. M. T. B. Promoção da Saúde. Porque sim e porque ainda não! *Saúde & Sociedade*. São Paulo: USP, v. 13, n. 1, 2004.

CARVALHO, M. C. B. Avaliação de projetos sociais, treinamento de gestores sociais. In: *Capacitação Solidária*. Brasília, 1998.

COHEN, E. e FRANCO, R. *Avaliação de projetos sociais*. Petrópolis: Vozes, 1993.

CURY, T. C. H. Elaboração de projetos sociais, treinamento de gestores sociais. In: *Capacitação Solidária*. Brasília, 1998.

FIGUEIREDO, M. F.; FIGUEIREDO, A. M. C. Avaliação Política e Avaliação de Políticas: um quadro de referência teórica. São Paulo: Instituto de Estudos Econômicos, Sociais e Políticos de São Paulo (IDESP), n. 15, 1986.

IAMAMOTO, M. Serviço Social na contemporaneidade: trabalho e formação profissional. São Paulo: Cortez, 1999.

INSTITUTO DE ESTUDOS ESPECIAIS. Diretrizes para elaboração de Planos Municipais de Assistência Social. São Paulo: IEE/PUC, 1998.

JUNQUEIRA, L. A. P. A gestão intersetorial das políticas sociais e o terceiro setor. *Saúde & Sociedade*. São Paulo: USP, v. 13, n. 1, 2004.

LIMA, T. C. S. A intervenção profissional do Serviço Social no contexto da cidadania e dos direitos: pensando as ações sócio-educativas. Trabalho de conclusão de curso — Universidade Federal de Santa Catarina. Florianópolis, 2004.

MARCONDES, W. B. A convergência de referências na Promoção da Saúde. *Saúde & Sociedade*. São Paulo: USP, v. 13, n. 1, 2004.

MATUS, C. Política, Planejamento & Governo. Brasília: *Instituto de Pesquisa Econômica Aplicada*, 1993.

MERHY, E. E. Em busca do tempo perdido: a micropolítica do trabalho vivo em saúde. In: MERHY, E. E. e ONOCKO, R. (orgs.). *Práxis en Salud: Un desafio para lo público*. Buenos Aires/São Paulo: Lugar Editorial/Editora Hucitec, 1997.

MIOTO, R. C. T. Processo de construção do espaço profissional do assistente social em contexto multiprofissional: um estudo sobre o Serviço Social na Estratégia Saúde da Família. Projeto de Pesquisa: UFSC/CNPq. Florianópolis, 2004.

_____. Serviço Social e Intervenção profissional: contribuições para o debate da dimensão técnico-operativa. Florianópolis: UFSC, 2006.

NETTO, J. P. Transformações societárias e Serviço Social: Notas para uma análise prospectiva da profissão no Brasil. *Revista Serviço Social & Sociedade*. São Paulo: Cortez, n. 50, 1996.

NOGUEIRA, V. M. R. *O Direito na Reforma do Estado Brasileiro*: construindo uma nova agenda. 2002. Tese (Doutorado em enfermagem). Faculdade de Enfermagem, Universidade Federal de Santa Catarina. Florianópolis, 2002.

PINHEIRO, R. e MATTOS, R. A. *Os sentidos da integralidade na atenção e no cuidado de saúde*. Rio de Janeiro: IMS-UERJ/Abrasco, 2001.

REDE UNIDA. *Intersetorialidade na Rede Unida. Divulgação em saúde para debate*. Rio de Janeiro: Rede Unida, n. 22, 2000.

TEIXEIRA, C. F. Formulação e implementação de políticas públicas saudáveis: desafios para o planejamento e gestão das ações de promoção à saúde nas cidades. *Saúde & Sociedade*. São Paulo: USP, v. 13, n. 1, 2004.

TESTA, M. Tendências em planificação. In RIVERA, F. J. U. (org.). *Planejamento em saúde, um enfoque estratégico*. São Paulo: Cortez, 1989.

Capítulo 7

O Trabalho nos Serviços de Saúde e a Inserção dos(as) Assistentes Sociais

Maria Dalva Horácio da Costa*

Introdução

Neste texto tratamos sobre a participação e inserção dos assistentes sociais nos processos de trabalho desenvolvidos no Sistema Único de Saúde. Trata-se dos resultados de uma pesquisa realizada junto aos serviços públicos de saúde, em Natal, e que foram trabalhados originariamente em minha Dissertação de Mestrado.[1]

Meu envolvimento com essa questão deriva da minha experiência profissional, ocasião em que compartilhei com outros(as) assistentes sociais de inquietações a respeito do conteúdo das ações do Serviço Social nas unidades de saúde. No discurso profissional, essas inquietações estão associadas à imprecisão da profissão (o que é, o que faz), cujos traços voluntaristas e empiristas, no entender de muitos(as) assistentes sociais, contribuem para fragilização e conseqüente desqualificação técnica do Serviço Social na área da saúde.

---

* Professora Assistente do Departamento de Serviço Social da UFRN. Mestre em Serviço Social pela UFPE. Especialista em Saúde Pública pela ENSP/UFRN. Doutoranda em Serviço Social da UFPE.

1. Dissertação de Mestrado elaborada sob a orientação da Profª Drª Ana Elizabete Mota, defendida em 1998 no Mestrado em Serviço Social UFPE, intitulada *Os elos invisíveis do processo de trabalho na Política de Saúde: um estudo sobre as particularidades do trabalho dos assistentes sociais na saúde pública de Natal (RN)*.

Ao refletir sobre o assunto observei que, paradoxalmente, enquanto ampliava-se o discurso sobre as fragilidades ou indefinições da prática profissional, também verificava-se um aumento significativo de contratações de assistentes sociais nos serviços públicos de saúde.[2] Enquanto o discurso dos profissionais atribuía ao voluntarismo e ao empirismo da ação profissional a responsabilidade por uma possível desqualificação técnica do Serviço Social, o cotidiano institucional deixava patente a existência de um conjunto de demandas que revelavam a utilidade da profissão na dinâmica dos processos coletivos de trabalho nos serviços de saúde.

Sobre essa disjunção, afirma Netto (1992: 68) que "um mercado não se estrutura para o agente profissional mediante as transformações ocorrentes no interior do seu referencial ou no marco de sua prática; antes, estas transformações expressam exatamente a estruturação do mercado de trabalho", posto que uma profissão não "se constitui para criar um dado espaço na rede sócio-ocupacional, mas é a existência deste espaço que leva à constituição profissional".

Assim, o que de relevante se colocou foi a constatação de que, enquanto os assistentes sociais subestimavam a utilidade e o conteúdo das suas práticas, cada vez mais as instâncias de gerenciamento dos serviços de saúde, em todos os níveis de complexidade do sistema de saúde, apontavam para a necessidade da ação dos profissionais na composição das equipes dos serviços públicos de saúde.

No nosso entendimento, tais constatações expressam uma espécie de tensão entre o trabalho concreto e o "dever ser", representado no ideário dos profissionais de Serviço Social. No dizer de Netto (1992: 68), é a revelação de que "ao longo de toda a evolução do Serviço Social profissional, *a tensão entre os 'valores da profissão e os papéis que objetivamente lhes foram alocados'* resultou numa hipertrofia dos primeiros na auto-representação profissional, resultou num voluntarismo que, sob formas distintas, é sempre flagrante no discurso profissional".

Subjacente à idealização da ação do Serviço Social, parece haver uma desconsideração das condições objetivas sob as quais se desenvolve a prá-

---

2. Conforme revelam os relatórios do II Encontro Estadual de Assistentes Sociais da Secretaria de Estado da Saúde Pública/RN-SSAP/RN, tanto em nível nacional quanto local, os assistentes sociais são a 4ª categoria de nível superior na composição das equipes de saúde, "perdendo" apenas para médicos, dentistas e enfermeiros.

tica profissional, no contexto de produção dos serviços públicos de saúde. Nesse caso, as condições objetivas dizem respeito ao caráter subsidiário da prática em relação às atividades-fins das organizações de saúde[3] e às relações de subordinação inerentes à condição de trabalhadores assalariados.

Na base dessa questão está implicada a desconsideração de que a atividade do profissional do Assistente Social, como tantas outras profissões, está submetida a um conjunto de determinações sociais inerentes ao trabalho na sociedade capitalista, quais sejam: *o trabalho assalariado, o controle da força de trabalho e a subordinação do conteúdo do trabalho aos objetivos e necessidades das entidades empregadoras*. A rigor, "*o exercício do trabalho do assistente social ao se vincular à realidade como especialização do trabalho, sofre um processo de organização de suas atividades*" (ABESS, 1996: 24). Neste caso, em função da sua inserção no processo de trabalho desenvolvido pelo conjunto dos trabalhadores da área da saúde.

Assim, o trabalho dos assistentes sociais não se desenvolve independentemente das circunstâncias históricas e sociais que o determinam, de fato. A inserção do Serviço Social nos diversos processos de trabalho, encontra-se profunda e particularmente enraizado na forma como a sociedade brasileira e os estabelecimentos empregadores do Serviço Social recortam e fragmentam as próprias necessidades do ser social e a partir desse processo como organizam seus objetivos institucionais que se voltam à intervenção sobre essas necessidades (ABESS, 1996: 36).

A não-consideração desse processo de subordinação, aliada a uma frágil discussão sobre as particularidades da prática profissional nos serviços de saúde, constituem uma das variáveis que interferem na tensão existente entre as exigências do mercado e a idealização dos profissionais acerca de suas ações profissionais.

Em função desse argumento, entendemos que apreensão das particularidades da atividade profissional remetem a discussão para o âmbito da natureza e das formas de inserção da profissão no interior das práticas desenvolvidas nas organizações de saúde. Já a questão da subordinação e do controle implicam em tratar a *atividade do profissional* como um trabalho

---

3. Embora o trabalho cooperativo em saúde venha ampliando a divisão social e técnica trabalho, com a incorporação de outras profissões e atividades tal incorporação se dá de forma subsidiária e/ou subordinada à direcionalidade técnica do trabalho do médico (cf. Gonçalves, 1990).

que está sujeito às regras mais gerais que qualificam o trabalho assalariado na sociedade capitalista.

Essas conclusões nos levaram a tratar sobre as particularidades do trabalho dos assistentes sociais no interior do processo de cooperação que assegura a dinâmica do trabalho coletivo nos serviços de saúde. Utilizo a categoria "cooperação" — seguindo a tradição marxiana — para designar o conjunto das operações coletivas de trabalho que garantem uma determinada lógica de organização e funcionamento dos serviços públicos de saúde. O processo de cooperação envolve atividades especializadas, saberes e habilidades que mobilizam, articulam e põem em movimento, unidades de serviços[4] tecnologias, equipamentos e procedimentos operacionais. É no interior desse processo que discutimos as particularidades da inserção do trabalho dos(as) assistentes sociais no processo de trabalho coletivo no SUS.

1. As particularidades do trabalho dos(as) assistentes sociais no SUS

Ao tratar sobre o trabalho na saúde, Nogueira (1991: 2) afirma que na esfera dos serviços o trabalho tem uma singularidade, marcada pela natureza e modalidade dos processos de cooperação, quais sejam: a *cooperação vertical* — diversas ocupações ou tipos de trabalhadores que participam de uma determinada hierarquia — e a *cooperação horizontal* — diversas subunidades que participam do cuidado em saúde. Ambos os níveis de cooperação envolvem uma complexidade de relações com a organização da política-administrativa dos serviços de saúde, com as demandas dos usuários, com o Estado, com a indústria farmacêutica e de equipamentos biomédicos.

Também defende o autor que a natureza e a abrangência do processo de cooperação horizontal e vertical vêm determinando o incremento do mercado de trabalho na área da saúde. Explica que, diferentemente de ou-

---

4. De acordo com a terminologia correntemente utilizada nos serviços de saúde, as unidades de serviço são unidades de atendimento direto aos usuários, entre as quais se destacam as Unidades Básicas de Saúde, os hospitais, os Pronto Atendimentos, os centros clínicos e/ou ambulatórios especializados (dentre os quais se incluem os CAPS — Centros de Atenção Psicossocial), os laboratórios e demais serviços de apoio ao diagnóstico, bem como os serviços de reabilitação.

tras áreas de produção de bens e serviços, nas da saúde não ocorre uma redução da força de trabalho quando da implementação de novos serviços parciais, porque os serviços mais antigos não são extintos em função dos novos.

Assim, a ampliação do mercado de trabalho dos assistentes sociais na área da saúde deve-se tanto à ampliação horizontal das subunidades de serviços quanto a uma maior divisão sociotécnica do trabalho.

Se, em termos genéricos, esse quadro é explicativo do crescimento quantitativo de profissionais do Serviço Social na área da saúde, ele ainda é insuficiente para desvendar os modos e as formas de objetivação do trabalho dos(as) assistentes sociais no interior do processo de cooperação, constitutivo do trabalho coletivo nos serviços públicos de saúde. Aqui a nossa preocupação principal está voltada para as práticas dos diversos trabalhadores que conformam o trabalhador coletivo dos serviços de saúde, onde se inclui o assistente social.

Entendemos que o processo coletivo de trabalho nos serviços de saúde define-se a partir das condições históricas sob as quais a saúde pública se desenvolveu no Brasil; das mudanças de natureza tecnológica, organizacional e política que perpassam o Sistema Único de Saúde; e das formas de cooperação vertical (divisão sociotécnica e institucional do trabalho) e horizontal (expansão dos subsistemas de saúde) consubstanciadas na rede de atividades, saberes, hierarquias, funções e especializações profissionais.

Como afirma Laurell (1989: 19), refletir sobre o processo de trabalho em saúde implica, no mínimo, em apreender as dimensões tecnológica, organizacional[5] e política daquela prática social. Isto requer pensar a saúde como uma política social pública que se materializa como um serviço[6] cujo conteúdo, finalidade e processos de trabalho, merecem conceituações de natureza teórica e histórica.

Vale destacar que, diferentemente do processo de trabalho industrial, o processo de trabalho dos serviços se funda numa inter-relação pessoal intensa, constituindo-se em um processo de "intersecção partilhada".

---

5. Diz respeito à divisão técnica e social do trabalho — relações de poder entre unidades e serviços e profissões, hierarquia interna entre departamentos, setores, categorias profissionais, trabalhadores, saberes, habilidades.

6. Serviço é o efeito útil de um valor de uso, seja ele mercadoria ou trabalho (Marx, 1978). Nesses termos, ainda que sob a égide da produção capitalista, serviço exprime o valor de uso particular do trabalho útil como atividade e não "como objeto" (cf. Costa, 1998).

Segundo Merhy (1997: 132), quando um trabalhador dos serviços encontra-se com o usuário, no interior de um processo de trabalho, estabelece-se entre eles um espaço intercessor que sempre existirá nos seus encontros, mas só nos seus encontros em ato. No caso dos serviços de saúde, essa intersecção é do tipo compartilhada, porque o usuário não é apenas consumidor dos efeitos úteis do trabalho e/ou de insumos, medicamentos etc., mas é co-participante do processo de trabalho, na medida em que dele dependem o fornecimento de informações sobre seu estado de saúde e o cumprimento/aplicação das prescrições médicas e recomendações terapêuticas.

Nesse sentido, embora o processo de trabalho nos serviços de saúde se materialize como expressão do processo de trabalho em geral, tendo, portanto, características comuns a outros processos de trabalho da sociedade (como os da indústria, agricultura e os serviços em geral), merece destaque o fato de que nesse tipo de serviço o trabalhador, em função da relação direta que estabelece com o usuário, necessita imprimir uma direção ao seu trabalho que requer capacidade e relativa autonomia para "autogovernar" o seu trabalho (Merhy, 1997: 141) e os resultados esperados.

O conjunto dos processos de trabalho desenvolvidos na área da saúde pública, embora incorpore as características gerais do trabalho sob o capital, apresenta algumas singularidades que devem ser creditadas às particularidades do trabalho no setor dos serviços; essas particularidades respondem pelo fato de que:

- Nos serviços de saúde pública, a força de trabalho é consumida em função da sua utilidade particular, que é "para uso" dos usuários dos serviços. Esse uso, entretanto, se dá a partir de relações mercantis, sejam elas materializadas no assalariamento dos trabalhadores do setor, seja através do consumo de mercadorias, como é o caso dos medicamentos, equipamentos, seja via mais-valia social. Sendo assim, *o trabalho não é imediatamente consumido* com a finalidade de gerar mais valor, apesar de ser objeto de mercantilização e de potencialização de mais-valia em outras esferas produtivas;

- Esse uso se dá no interior do processo de produção dos serviços de saúde que requer uma relação direta entre quem produz e quem consome o serviço, exigindo co-participação do(s) usuário(s) no próprio processo de sua concretização/produção;

- essa co-participação, por sua vez, se realiza através do contato direto e imediato entre os trabalhadores da saúde e os sujeitos demandantes dos serviços, porque dessa interseção depende todo o desenvolvimento subseqüente do processo de prestação do serviço, isto é, os momentos instituintes da realização daquele serviço;
- como o objeto da saúde incide sobre situações concretas (envolvem o processo de saúde-doença) e não sobre coisas, os resultados são de difícil previsão e o que se consome é o efeito presumido de uma determinada ação ou procedimento;
- A produção e o consumo dos serviços de saúde ocorrem através de momentos instituintes, de forma parcial, dependendo da demanda, do nível de resolutividade das subunidades e níveis de complexidades dos serviços, dos recursos humanos, financeiros e das condições socioeconômicas, epidemiológicas e biopsicossociais da população usuária;
- os resultados do processo de produção e consumo dos serviços são sempre parciais e envolvem uma relação de concomitância entre produção e consumo.

Note-se que nos serviços de saúde, a inserção dos assistentes sociais no conjunto dos processos de trabalho destinados a produzir serviços para a população é mediatizada pelo reconhecimento social da profissão e por um conjunto de necessidades que se definem e redefinem a partir das condições históricas sob as quais a saúde pública se desenvolveu no Brasil.

Considere-se que a partir dos anos 90, com a implementação do Sistema Único de Saúde (SUS), mudanças de ordens tecnológica, organizacional e política passaram a exigir novas formas de organização do trabalho na saúde, determinadas pela hierarquização por nível de complexidade, descentralização e democratização do sistema, imprimiram novas características ao modelo de gestão e atenção e portanto aos processos de trabalho, vindo a compor novas modalidades de cooperação, qualificadas por Nogueira (1991) "de cooperação horizontal e vertical". Na realidade, a atual organização do sistema de saúde, ao tempo em que atende algumas reivindicações históricas do movimento sanitário, de que são exemplos a universalização, a descentralização e a incorporação dos mecanismos de controle social e participação social da comunidade, ainda não superam algumas contradições existentes, dentre as quais constam a demanda reprimida/ exclusão, a precariedade dos recursos, a questão da quantidade e qualidade da atenção, a burocratização e a ênfase na assistência médica curativa individual.

Dessa forma, pode-se dizer que o conjunto das mudanças ainda não avançou no sentido de efetivamente superar o modelo médico-hegemônico, uma vez que para tanto, o sistema de saúde deveria centrar suas ações nas reais necessidades de saúde da população e articular ações intersetoriais com as demais políticas sociais que intervêm nas condições de vida da população, como é o caso da habitação, do saneamento, das condições de trabalho, da educação, assistência, previdência, acesso à terra etc.

Essa capacidade de articulação é que permitiria a identificação e a produção de informações acerca da relação entre as condições de vida e de trabalho e o tipo de doenças que estas produzem. Ou seja, recolocaria a saúde como problemática coletiva e partícipe do conjunto das condições de vida, superando a sua histórica organicidade com as doenças, segundo a ótica da clínica anátomo-patológica e seu enfoque curativo e individual.

Os processo de descentralização por nível de governo com hierarquização por nível de complexidade requerem uma nova reorganização vertical e horizontal dos serviços e procedimentos implicando em mudanças nos processos de trabalho, afetando tanto a cooperação entre as diversas atividades, como o conteúdo de algumas tarefas, especializações e habilitações. Essas mudanças vêm se expressando e sendo determinadas: *pelos novos sistemas de controle, pela hierarquização, pelas inovações tecnológicas e pelo novo papel que adquiriu a informação e a comunicação em saúde.*

Em conseqüência, na nova sistemática de operacionalização do SUS, podemos observar a persistência de situações que historicamente fazem parte das dificuldades do sistema e, ao mesmo tempo, a emergência de novas problemáticas que derivam da atual reestruturação. Nas últimas, temos as questões relativas à implantação das novas estratégias de *reorganização dos serviços*. No que diz respeito à operacionalização, temos a histórica questão da *demanda reprimida* e da própria natureza das políticas de saúde no Brasil, de que é exemplo o seu corte curativo em detrimento de uma concepção preventiva e coletiva que considere a saúde como resultante da qualidade geral de vida da população e não uma política reduzida ao controle das doenças.

É nesse contexto que emergem um conjunto de requisições expressivas da tensão existente entre as ações tradicionais da saúde e as novas proposições do SUS e que também determinam o âmbito de atuação do profissional de Serviço Social.

Essas requisições podem ser assim agrupadas: 1) as *derivadas* do histórico *déficit de oferta* dos serviços, para atender às necessidades de saúde da população, bem como da ênfase na medicina curativa; 2) as que dizem respeito às *inovações gerenciais, tecnológicas e técnico-políticas* implementadas no sistema; 3) as que respondem pelas necessidades que *derivam da adaptação dos usuários e profissionais à atual estrutura tecno-organizativa* do SUS.

As requisições relacionadas à demanda reprimida, em grande medida, estão associadas ao fato de que:

- Ao instituir-se que as unidades de atenção básica (UBSs e PSF) são a porta de entrada do sistema, houve um aumento da demanda por seus serviços, porém não houve ampliação das equipes nem da capacidade operacional (equipamentos, material de laboratório etc.), resultando na deflagração de problemas de manutenção, bem como na desintegração entre as ações desenvolvidas nas UBS — unidades básicas, PSF/PACS, pronto atendimentos, hospitais e centros clínicos. Esse fato tem como principal conseqüência a contraditória[7] descentralização, burocratização e informatização das filas de espera;

- a rede ambulatorial e hospitalar geral e especializada também tem aumento de demanda sem a equivalente ampliação das equipes e da capacidade operacional, o que provoca obstáculos à integração do sistema e, conseqüentemente, interfere na chamada cooperação horizontal. Assim, além de não assegurar atendimento para todos os que procuram os serviços, tem se constituído um espaço de "quebra", obstrução da integralidade das ações, entre os diversos níveis de complexidade (unidades de atenção básica > centros clínicos >

---

7. Contraditória no sentido de que o atual processo de organização dos serviços do SUS não tem conseguido resolver o histórico problema das filas; ao contrário, elas vêm sendo transferidas para os ambulatórios especializados e hospitais que passam a realizar a marcação de exames, consultas e leitos mediante processo informatizados e hierarquizados. Assim sendo, além de não superar a problemática da demanda, são criados novos tipos de filas nos locais de triagens e de autorizações de exames, leitos e consultas.

hospital geral > hospital especializado etc.) comprometendo a racionalização e qualidade da atenção;

- a questão da demanda reprimida e da capacidade real e potencial de oferta junta-se à cultura institucional hospitalocêntrica e a hegemonia do saber/poder médico, bem como os interesses corporativos de instituições, profissionais e gestores dentro e fora do sistema de saúde compondo uma espécie de núcleo de resistência à proposta de reorganização dos serviços e ações, da gestão do trabalho e dos processos de cooperação voltadas para a efetivação do direito à saúde. Aqui, a principal problemática diz respeito à negação dos sistemas de referência e contra-referência, conflitos em relação a implementação dos mecanismos de regulação da atenção, à não-disponibilização da totalidade dos leitos e das consultas especializadas para os sistemas integrados através das centrais de marcação de consultas e leitos, sob o argumento de supostas "reservas técnicas" de leitos e consultas tanto para os hospitais e ambulatórios especializados disponíveis para demandas espontâneas ou clientelas específicas vinculadas às atribuições tradicionais das unidades que as prestam (especialmente no que se refere aos serviços oferecidos pelos hospitais universitários e militares etc.). Além disso, verifica-se verdadeiros esquemas de drenagem de serviços e procedimentos de alto custo da rede pública para a rede privada e/ou filantrópica conveniada;

- ademais, o grau de exposição da população a doenças passíveis de prevenção por ações básicas de saúde não tem apresentado redução, seja pelo déficit de oferta, seja pela falta de articulação intersetorial, por insuficiência de uma efetiva política de educação, informação e comunicação em saúde, bem como ações no campo da macro-economia capazes de reduzir as desigualdades sociais. Em conseqüência, por um lado, têm se mantido os principais determinantes da produção de doenças, por outro, muitas vezes, o temor de enfrentar intermináveis filas de espera inibe o usuário de procurar o serviço antes da deflagração aguda das doenças, de forma que se vêm impelidos a só procurar os serviços quando já estão doentes, resultando cada vez mais no aumento da demanda por ações curativas individuais.

Dentre as requisições relacionadas às inovações tecnológicas, administrativas e políticas implementadas no SUS, podemos destacar aquelas vinculadas ao próprio protocolo[8] que permeia o funcionamento do sistema de referência e contra-referência e à autorização e marcação dos internamentos, e consultas ambulatoriais especializadas de forma unificada, hierarquizada e em parte informatizada, bem como as triagens para autorizar a realização de exames de média e alta complexidade, de que são exemplos as ultrassonografias, tomografias, mamografias, densitometria óssea, ressonância magnética etc.

Quanto às requisições que derivam da adaptação dos usuários e profissionais à atual estrutura tecno-organizativa, elas vinculam-se à adoção de novas rotinas também relativas ao processo de marcação de internamentos, exames e consultas e outros atendimentos; ao uso de equipamentos e redes informatizadas. Relacionam-se, ainda, com as necessidades de coparticipação dos usuários na prevenção, controle e recuperação da saúde e com as novas modalidades de incorporação da participação dos usuários e trabalhadores do setor nos órgãos de gestão colegiada do SUS.

Segundo nossa hipótese, essas necessidades se materializam em demandas que perpassam o conjunto das novas e antigas atividades ocupacionais do SUS, determinando, também, as atuais características dos processos de trabalho na saúde. Todavia, em face do nosso objeto de estudo, discutiremos sobre as que interferem na definição das atividades dos assistentes sociais.

2. O trabalho do assistente social no contexto de produção dos Serviços Públicos de Saúde em Natal (RN)

Ao examinarmos o processo de organização do SUS em Natal, constatamos uma ampliação do mercado de trabalho dos assistentes sociais e trabalhamos a hipótese de que esse crescimento resulta de três ordens de fatores:

---

8. Tais protocolos, nos casos de cirurgias, incluem a triagem obrigatória realizada por um auditor para autorizar cirurgias eletivas e procedimentos que demandem internamento ou exames e procedimentos ambulatoriais de alta complexidade — sendo necessário levar paciente em pessoa, com potenciais riscos de vários retornos (viagens) para conseguir autorizar/acessar tais serviços.

1. Da ampliação técnico-horizontal das subunidades e serviços;
2. Da redefinição das competências ocupacionais, fruto de novas necessidades técnicas e operacionais;
3. Da necessidade de administrar as contradições principais e secundárias do sistema de saúde no Brasil.

Contudo, a constatação primordial é a de que as atuais contradições, presentes no processo de racionalização/reorganização do SUS, constituem-se no principal vetor das demandas ao Serviço Social. Isto é: as necessidades da população confrontam-se com o conteúdo e a forma de organização dos serviços. Nesse sentido, ao atender às necessidades imediatas e mediatas da população, o Serviço Social na saúde interfere e cria um conjunto de mecanismos que incidem sobre as principais contradições do sistema de saúde pública no Brasil.

Aqui, as referências principais são a crescente demanda da população por meios que assegurem a sua saúde, o déficit na oferta de serviços, a efetividade dos mecanismos de controle e acompanhamento requeridos pelo processo de reorganização do SUS e a administração da demanda reprimida.

Ao analisarmos as principais atividades realizadas pelos assistentes sociais, identificamos que, contraditoriamente, *as tensões do sistema implicaram uma ampliação e redimensionamento das atividades e qualificações técnicas e políticas dos assistentes sociais*. De forma que as atividades do Serviço Social estão prioritariamente concentradas nos seguintes campos de atividades ou eixos de inserção do trabalho profissional que se relacionam intimamente com as requisições. São elas: *ações de caráter emergencial assistencial*[9],

---

9. Ações de caráter emergencial — estas se expressam nas atividades voltadas para agilização de internamentos, exames, consultas (extras), tratamentos, obtenção de transporte, medicamentos, órteses, próteses, sangue, alimentos, roupa, abrigo etc. Demandam a mobilização e articulação de recursos humanos e materiais dentro e fora do sistema público e privado de saúde. Constituem emergências sociais que interferem no processo saúde-doença e no acesso aos serviços de saúde, geralmente intrinsecamente relacionadas às precárias condições de vida da população, ao déficit de oferta dos serviços de saúde e demais políticas sociais públicas para atender às reais necessidades dos usuários. Tais emergências sociais acabam sendo tratadas como situações excepcionais, uma vez que os mecanismos institucionais existentes não as absorvem rotineiramente.

educação, informação e comunicação em saúde[10], *planejamento e assessoria*[11] *e mobilização e participação social.*[12]

O conjunto dessas atividades, por sua vez, é operacionalizado por meio dos seguintes núcleos de objetivação do trabalho do assistente social, quais sejam:

---

10. Educação, informação e comunicação em saúde — estas atividades consistem em orientações e abordagens individuais ou coletivas/grupais ao usuário, família e à coletividade, para esclarecer, informar e buscar soluções acerca de problemáticas que envolvem a colaboração destes na solução de problemas de saúde individual e coletiva, sobretudo quando se trata de epidemias e endemias. Na atualidade, podemos acrescentar o desenvolvimento de ações estratégicas de comunicação em saúde com o objetivo de facilitar a comunicação interna entre unidades da rede SUS, setores e profissionais, bem como a comunicação entre serviço e usuários/sociedade com vistas à qualificação e humanização da atenção, destacando-se a participação de equipes multiprofissionais no processo de implantação das ouvidorias e comitês de humanização.

11. Planejamento e Assessoria — estas atividades consistem, sobretudo, na realização de ações voltadas para o processo de reorganização do trabalho no SUS, principalmente no que se refere a: elaboração dos planos municipais de saúde, programas e projetos, bem como assessoria ao planejamento local das unidades de saúde, envolvendo os processos de programação das ações e atividades de educação em saúde, vigilância alimentar, epidemiológica e sanitária; e mais recentemente amplia-se a formação de equipes para participar de processos de monitoramento, e avaliação das ações, programas e projetos, bem como integrando equipes de treinamento, preparação e formação de recursos humanos, cujas atividades são voltadas para a capacitação de trabalhadores da saúde, lideranças e representações da comunidade, chefias intermediárias etc. Sua finalidade é qualificar os recursos humanos na esfera operacional das unidades, além de participar como monitores, instrutores e articuladores de reuniões, treinamentos, oficinas de trabalho etc., que se referem a processos de discussão e implantação de novos sistemas de registro das atividades e de controle da produtividade. Em suma, envolvem a instrumentalização de equipes para atender as novas exigências do modelo de gestão e financiamento/pagamento do sistema, especialmente os sistemas de regulação e os sistemas de informação e controle das ações e serviços realizados, incluindo os da produtividade do trabalho, tais como: SIA/SUS, SIH/SU/SIOPS etc. Essas atividades são mediadoras dos processos de cooperação e constituição dos diversos processos de trabalho envolvendo gestores, trabalhadores e usuários do sistema de saúde.

12. Mobilização e participação social — as atividades voltadas para a mobilização da comunidade, embora possam constituir-se tarefa da equipe de saúde em todos os níveis de complexidade e gestão do sistema, em geral integram-se às demais atividades dos membros da equipe dos distritos sanitários e das unidades básicas de saúde. Consistem basicamente em ações educativas, voltadas para a sensibilização, articulação e mobilização da comunidade no sentido de explicar e convocar usuários e trabalhadores do SUS a participarem dos processos de instalação e funcionamento dos conselhos de saúde no âmbito local (das unidades de saúde), distritos sanitários, municipal e estadual, especialmente com o propósito de articular o engajamento de lideranças tanto em relação à participação nos referidos conselhos, quanto na organização de trabalhos educativos voltados para a prevenção e o controle de doenças, principalmente endemias e epidemias. Nesse sentido, constituem atividades de cunho político-organizativo e sócio-educativo.

- Levantamento de dados — caracterização e identificação das condições socioeconômicas, familiares e sanitárias dos usuários;
- Interpretação de normas e rotinas — procedimentos de natureza educativa, como orientações, aconselhamentos e encaminhamentos individuais e coletivos;
- agenciamento de medidas e iniciativas de caráter emergencial — assistencial — constituem emergências sociais que interferem no processo saúde doença, bem como relacionam-se à demanda reprimida/déficit de oferta dos serviços de saúde e demais políticas sociais públicas e sobretudo relacionam-se às desigualdades econômicas, políticas e sociais e culturais a que estão submetidos a maioria da população usuária do SUS. Nesses termos, são atividades voltadas para agilização de internamentos/leitos, exames e consultas (extras), tudo que envolve o tratamento e acompanhamento dos usuários e sua família ou cuidadores, tais como o acesso a transporte, medicamentos, órteses, próteses, sangue, alimentos, roupa, abrigo adequado, traslado, atestados/declarações etc. Demandam a mobilização e articulação de recursos assistenciais inerentes à política de saúde e as demais políticas sociais, portanto dentro e fora do sistema de saúde;
- procedimentos de natureza sócio-educativa, informação e comunicação em saúde: ação transversal aos demais núcleos de objetivação que consiste em: 1) assegurar aos usuários as informações em relação às normas institucionais, aos serviços oferecidos, direitos, aos trâmites burocráticos, acesso ao prontuário, informações sobre os procedimentos realizados, terapêuticas administradas etc. 2) ampliar a democracia institucional e a capacidade de análise e de intervenção dos sujeitos e dos grupos e através da construção e dinamização de espaços coletivos em que se analisa e delibera sobre questões relativas à gestão e à prestação dos serviços. Exemplos: instalação e funcionamento de ouvidorias, conselhos gestores de unidades, rodas de conversa etc.;
- desenvolvimento de atividades de apoio pedagógico e técnico-político — consistem em articulação e/ou realização de atividades junto aos funcionários, aos representantes dos usuários no sistema, a grupos organizados, lideranças comunitárias e a comunidades em

geral,[13] que envolvem desde a realização de reuniões, oficinas de trabalho, cursos, seminários voltados para discussão de temas afetos ao processo de construção e consolidação permanente do SUS, interesse da área da saúde pública, à assessoria para elaboração de relatório, documentos reivindicatórios como abaixo-assinado, apoio à organização de processos eleitorais etc.

As atividades contempladas nesses núcleos de objetivação podem ser desenvolvidas concomitantemente em um mesmo processo de atendimento aos usuários ou de forma isolada, no interior do processo mais geral de cooperação, envolvendo as diversas unidades, subunidades, setores, saberes e atividades profissionais.

Como descrito a seguir, evidenciamos cada núcleo do trabalho, demarcando seu conteúdo e, em seguida, demonstramos sua articulação com as demais atividades profissionais:

a) *Levantamento de dados para caracterização e identificação das condições socioeconômicas e sanitárias dos usuários:*

Essa atividade consiste basicamente na realização de um levantamento dos dados socioeconômicos e culturais dos usuários e/ou da comunidade. Responde pela necessidade de sistematizar informações sobre as condições de vida dos usuários, da sua família ou do grupo de referência, com a finalidade de: 1) conhecer as variáveis que interferem no processo saúde/doença, no diagnóstico e no tratamento; 2) identificar as possibilidades e condições de participação da família, responsáveis, cuidadores, agregados, vizinhos e até de empregadores na consecução de meios viabilizadores do diagnóstico e tratamento do usuário.

Esse processo, em geral, é realizado através de instrumentos como entrevistas, questionários, formulários cadastrais, fichas sócias, fichas de evolução/diagnósticos sociais, nos quais são privilegiados os dados relativos às condições sanitárias, habitacionais, composição familiar, emprego, renda, religião e referências pessoais. A sua

---

13. Comunidade em geral refere-se tanto a usuários, grupos organizados e lideranças das áreas de abrangência das unidades, quanto ao conjunto dos trabalhadores lotados na unidade de saúde em que o trabalho esteja sendo desenvolvido.

principal utilidade reside em facilitar o fluxo de informações e a comunicação entre o serviço e a família/cuidadores do usuário para agilizar a resolução de problemas surgidos no decorrer do processo de prestação dos serviços.

Em geral essa atividade relaciona-se à necessidade do sistema de saúde de obter informações e controle a respeito dos fatores intervenientes no processo saúde/doença do usuário, seja em nível individual ou coletivo, fatores esses considerados indispensáveis ao diagnóstico e ao tratamento. Ocorre em menor ou maior nível de aprofundamento, dependendo da concepção de saúde e do modelo que informa e organiza o sistema.

Essa necessidade, na prática médica liberal, era totalmente incorporada às tarefas do médico. Ao integrar o trabalho coletivo em saúde e em função da necessidade de controlar os níveis de saúde das populações, sofreu um processo de redivisão e ampliação do seu conteúdo, tornando-se, inclusive, objeto da prática de outros profissionais que compõem a equipe de saúde, entre os quais destacam-se os assistentes sociais.

Ao reconhecer a saúde como resultante das condições de vida, a obtenção de dados sobre as condições econômicas, políticas, sociais e culturais passa a fazer parte do conjunto dos procedimentos necessários à identificação e análise dos fatores que intervêm no processo saúde/doença.

Note-se que embora faça parte do conjunto de procedimentos necessários, conforme depõem inúmeros assistentes sociais, os demais membros da equipe de saúde pouco utilizam tais informações. Muitas vezes esse fato é interpretado pela categoria como uma indiferença ao saber do assistente social, porém, avaliamos que a consideração de tais informações ainda é um processo em construção dependente do nível de efetiva incorporação, pelo conjunto dos profissionais e trabalhadores da saúde, acerca da concepção de saúde na qual se baseia o SUS. Assim, tal indiferença relaciona-se a ainda marcante presença da concepção tradicional de saúde, sobretudo na prática médica.

Nesse sentido podemos afirmar que a objetivação desse trabalho do assistente social é determinada tanto pela concepção de saúde prevalecente no SUS, como pelas condições objetivas da população usuária dos serviços. Portanto, ao longo da história da organização do trabalho coletivo em saúde, vem se constituindo cada vez mais uma das tarefas dos assistentes sociais no interior do processo de trabalho em saúde. Com essa atividade, o Serviço Social atende tanto às exigências mais gerais do sistema, como as necessidades operacionais das unidades de saúde.

No atendimento hospitalar, por exemplo, a obtenção dos dados, por meio de entrevistas, preenchimento de ficha social ou questionário, é a primeira etapa do processo de atendimento e acompanhamento realizado pelo assistente social, integrando, pois, um conjunto de procedimentos e normas relativos ao internamento dos pacientes. A objetivação dessa atividade se dá a partir do encaminhamento dos médicos de plantão, quando da autorização de um internamento. Note-se que não apenas o médico, mas os demais profissionais da equipe do pronto-socorro, reiteram o encaminhamento da família e/ou responsável pelo paciente ao setor de Serviço Social.

Nos *hospitais*, essa atividade relaciona-se, principalmente, com a necessidade de agilizar iniciativas e providências para realização de exames, aquisição de medicamentos, notificação de alta ou óbito etc. Vincula-se, ainda, com uma outra necessidade do sistema, qual seja, a de garantir a rotatividade dos leitos, seja por pressão da demanda reprimida, seja pela lógica de remuneração/produtividade leito/dia.

Nos centros clínicos e *atendimentos ambulatoriais especializados*, geralmente o assistente social trabalha com programas específicos: alcoolismo, controle de doenças crônicas, hostomizados etc. Para cada programa, busca coletar informações específicas sobre as condições de vida dos usuários e sua relação com a doença em questão. No entanto, dedica maior espaço à obtenção de informações relativas às possibilidades e às condições socioeconômicas, sanitárias e culturais que o usuário dispõe para cumprir o tratamento e evitar a reincidência da doença.

Dada a especificidade do atendimento nesse nível de prestação de serviço, constatamos dois tipos de finalidades a que se associam essa atividade:

1) vincula-se à necessidade de identificação do usuário para efeito de localização e mobilização da família em casos de abandono de tratamento, necessidade de comunicação de resultados de exames e diagnósticos, bem como agilização de ações emergenciais — assistenciais e convocação para ações educativas;

2) relaciona-se às novas modalidades de atendimento, sobretudo as que se referem ao trabalho realizado através de grupos operativos, nos quais a entrevista, o questionário ou a ficha social constitui um procedimento essencial para o acompanhamento do usuário durante todo o tratamento. Isto é, os dados coletados pelo assistente social apontam para uma reconstrução da história de vida e a doença do usuário, e sua finalidade principal é apoiar o diagnóstico, diferentemente da realidade dos hospitais e centros de saúde, cuja finalidade é viabilizar a prestação dos serviços nos demais níveis.

Nesse caso, o assistente social é o profissional que faz o primeiro contato/atendimento com os pacientes encaminhados para as diversas clínicas especializadas. Seus principais objetivos são identificar os pacientes que necessitam participar dos grupos terapêuticos e mobilizar o grupo de referência familiar para colaborar no sucesso do tratamento. Para tanto, as atividades do assistente social articulam-se com as de outros profissionais da equipe, sobretudo médicos, enfermeiros e psicólogos.

Essa atividade deve auxiliar na busca de alternativas para assegurar o diagnóstico e o tratamento em nível ambulatorial, evitando, assim, internamentos, contribuindo igualmente nos casos de urgência, para agilizar internamentos, na tentativa de evitar possíveis óbitos.

Nas unidades e equipes de atenção básica, essa atividade[14] faz parte da coleta de informações que devem ser anotadas na ficha individual que integra o prontuário do usuário na unidade. Esse prontuário é utilizado pelo assistente social para registrar os problemas

---

14. As entrevistas e os demais atendimentos com vistas a identificação e caracterização do usuário até março de 2000 eram registradas no SIA/SUS, com o Código 0031.0 — Atos executados por profissional de nível superior.

que determinaram a busca do atendimento naquele momento. Também funciona nos moldes de um atendimento individual (uma espécie de "consulta social"), na qual se registra o "diagnóstico social" e se anota os encaminhamentos/orientações realizadas.

Além do registro nos prontuários, em algumas unidades básicas de saúde os assistentes sociais elaboram questionários ou entrevistas dirigidas para cada programa (controle do diabetes, hipertensão, Crescimento e Desenvolvimento (CD), Atenção ao Idoso, programas de saúde bucal etc.). Somente nos programas de saúde mental e nos de saúde do trabalhador o profissional trabalha com entrevistas e questionários padronizados para toda equipe.

O objetivo dessa atividade é identificar os aspectos socioeconômicos, culturais e sanitários que interferem na capacidade dos usuários cuidarem da própria saúde, interferindo diretamente na eficácia dos programas. É utilizada também nos processos de triagem socioeconômica, para validar a inclusão/exclusão dos usuários em programas especiais.

Além dessas finalidades, essa atividade facilita a localização da família ou dos próprios usuários, nos casos de abandono de tratamento, ou para comunicação de resultados de exames que envolvam urgência no tratamento ou providências/colaboração da família na sua resolução.

Nesse tipo de unidade, os profissionais também participam de levantamentos sócio-sanitários junto às comunidades.[15] Essa atividade deriva diretamente do processo de reorganização, descentralização, racionalização e municipalização dos serviços. Sobretudo, é decorrente da incorporação, no nível local, da necessidade de construção do diagnóstico (cenário) sobre a realidade epidemiológica, sanitária, socioeconômica e cultural da população e comunidade que fazem parte da área de abrangência das unidades/equipes, indispensável ao planejamento das ações no atual processo de reorganização dos serviços. Nesse processo, o assistente social tem sido

---

15. Esse tipo de procedimento até março de 2000 era registrado no SIA/SUS, sob o código 0038.8 — Atendimento em grupo realizado por profissional de nível superior, ou como 0036. — Educação em Saúde/atendimento em grupo.

requisitado para coordenar a elaboração, revisão e aplicação de instrumentos de coleta de dados, bem como para participar da análise e interpretação de tais dados.

b) *Interpretação de normas e rotinas:*
Essa atividade consiste na transmissão de informações e na interpretação das normas de funcionamento dos programas e das unidades prestadoras de serviços de saúde. É voltada para a formação de atitudes e de comportamentos do paciente, dos acompanhantes e da família, durante a sua permanência nas unidades. Consiste num conjunto de orientações sobre os regulamentos, o funcionamento e as condições exigidas pelas unidades, tais como: observância de horários, prazos de retorno do paciente, documentos exigidos etc. No cotidiano dos serviços, sua utilidade tem sido a de assegurar o disciplinamento e o enquadramento dos usuários e acompanhantes às normas e rotinas da unidade, embora também constitua momento em que já se identifica a necessidade de abertura de exceções a regras.

Nos hospitais, suas principais esferas de atuação incidem sobre o cumprimento de horários e duração das visitas, o número de visitantes permitidos para cada paciente internado, os comportamentos do usuário e sua família a serem adotados durante a visita, a permanência no hospital e, até mesmo pós-alta médica (período de convalescência) etc.

Nas unidades de atenção básica, essa ação consiste em interpretar as normas e rotinas dos programas.[16] Os principais aspectos trabalhados dizem respeito:

— À observância de horários, períodos e prazos de retorno;
— ao cumprimento rigoroso dos procedimentos terapêuticos recomendados, como é o caso do esquema de imunização previsto para as crianças até cinco anos e para gestantes durante o pré-natal;

---

16. Entre os programas destacam-se: o de assistência à saúde integral, à saúde da mulher e da criança — especialmente crianças com quadro de desnutrição —, o programa de crescimento e desenvolvimento da criança; prevenção do câncer; saúde do idoso, e DST/AIDS. Além destes merecem destaque as ações que envolvem o atendimento em domicílio e a colaboração para o cumprimento das normas relacionadas aos Programas Agentes Comunitários de Saúde e Agente da Dengue.

— a compreensão e capacidade de cumprir os trâmites e normas que disciplinam o fluxo dos atendimentos face ao processo de hierarquização dos serviços nos diversos níveis de complexidade.

Nos Centros clínicos e *ambulatórios especializados*, a exemplo das demais unidades, essa atividade também objetiva-se na explicitação das normas e rotinas dos programas desenvolvidos, incluindo horários, prazos e condutas necessárias à realização do atendimento, seja ele uma consulta ou um exame.

Face ao processo de reorganização dos serviços (hierarquização por nível de complexidade), o Serviço Social, em todas as unidades e em todos os níveis de prestação de serviços, *é convocado a interpretar a "nova sistemática" normativa do SUS* para autorizações de exames, consultas especializadas, internamentos e a própria dinâmica de funcionamento resultante da descentralização e hierarquização dos serviços.

Para a realização desse trabalho, o assistente social precisa dispor e conhecer portarias e normas de funcionamento das unidades e do próprio sistema de saúde, além dos manuais de funcionamento dos programas, horários de atendimento das unidades, setores (sobretudo dos serviços de apoio ao diagnóstico) e dos profissionais (principalmente médicos, psicólogos, fisioterapeutas etc.).

Além de *interpretar normas*, o assistente social também é convocado para sua *elaboração*, a partir das exigências institucionais. Nesses casos, a ênfase nos aspectos passíveis de normatização depende do entendimento que a equipe do Serviço Social tem da relação instituição/usuário, bem como da concepção sobre o processo saúde/doença.

Esse conjunto de atividades origina-se, de um lado, da rigidez das normas e da própria natureza do sistema de saúde, ao requisitar comportamentos, cuidados e precauções especiais para a circulação do paciente, dos seus familiares, acompanhantes e visitantes no interior das unidades, derivando-se, outro lado, de um conjunto de situações que se relacionam com o quadro de exclusão social, cultural e educacional a que está submetida a população usuária do SUS, a ponto de comprometer a própria capacidade dos usuários para decodificar normas e rotinas que poderiam ser repassadas por outros meios, principalmente por escrito.

Assim, ao mesmo tempo que o sistema de saúde no Brasil é capaz de incorporar tecnologias avançadas, constata-se que ainda se faz necessário realizar trabalhos que habilitem a população a lidar com as regras básicas de funcionamento dos serviços. Nesse sentido, a natureza dessa atividade transita entre o controle, o disciplinamento e a ação informativa/educativa, revelando-se igualmente como uma atividade "supridora" da inflexibilidade das normas diante da realidade da população, ou ainda como uma ação cujo conteúdo é trabalhar a cultura do usuário e da instituição. Assim, explicar e/ou interpretar a dinâmica de funcionamento dos serviços conforme o modelo estabelecido e o trabalho de fazer cumprir as normas estabelecidas torna-se objeto da ação profissional e parte fundamental do processo de cooperação que assegura a operacionalidade do serviço. Nesses termos, o *locus* de sua inserção, no processo de trabalho em saúde, é assegurar que o usuário transite pelos diversos processos de atendimento segundo as normas estabelecidas de forma a seguir o fluxo pré-estabelecido de relações entre os diversos níveis de cooperação horizontal e vertical.

Mesmo assim, contraditoriamente, essa atividade é determinante de uma outra — o atendimento das *"excepcionalidades"* —, passando a ser constituidora de um novo núcleo de objetivação do trabalho. Referimo-nos às atividades relacionadas às situações que se constituem em *"exceções às regras e normas estabelecidas"*. Estas, por sua vez, passam a ser consideradas "casos" que merecem individuação e medidas especiais. No entanto, a visibilidade e a essencialidade dessa ação não são o acaso, são a regra. Ou seja, a regularidade com que tais excepcionalidades ocorrem.

c) *Procedimentos de natureza sócio-educativa, informação e comunicação em saúde:*

Em todos os tipos e fases do atendimento e acompanhamento (individual ou coletivo) e em todas as unidades de saúde, o assistente social realiza ações voltadas para a "educação", informação e comunicação em saúde, quer por meio de orientações, encaminhamentos individuais e coletivos, realização de eventos e criação de espaços de discussão, reclamações e sugestões.

Em geral, inicialmente essa atividade acontece concomitante ao processo de interpretação das normas e rotinas, fazendo-se presente em todos os momentos do atendimento, desde a entrevista inicial, seguindo-se as orientações e informações sobre o tratamento, até a alta ou encaminhamento para outro nível de prestação de serviços, ou óbito.

De modo geral, o assistente social é responsável pela sensibilização e mobilização dos usuários nas situações relativas à captação de sangue, realização de exames complexos, tratamento fora do domicílio, necropsias, superação de preconceitos/tabus em relação ao tratamento e à doença etc. Além destas, são de responsabilidade do assistente social as comunicações em geral:

— no caso dos hospitais, essas comunicações referem-se a altas, óbitos e/ou estados de saúde do "paciente";[17]

— nas unidades de atenção básica, centro clínicos e ambulatórios especializados, o assistente social concentra-se nas comunicações sobre resultados de exames, particularmente aqueles que indicam sério comprometimento do estado de saúde, ou de doenças transmissíveis como é o caso da AIDS, de doenças crônico-degenerativas, ou das neoplasias, leucemias etc.

Para a viabilização dessas atividades, o instrumento utilizado é basicamente a linguagem e o conhecimento, tanto das razões que levam o usuário e/ou sua família a ter determinado comportamento, quanto das razões técnicas básicas que levaram o médico/equipe de saúde a optar por unir determinada terapêutica.

Nos *hospitais*, o assistente social volta-se para a orientação sobre os cuidados a serem tomados durante a visita, prevenindo comportamentos que possam comprometer o estado de saúde do paciente, bem como Condutas pós-alta, para auxiliar o cumprimento das recomendações terapêuticas, como é o caso da administração de medicamentos, dos cuidados com a higiene e precauções necessárias

---

17. Tradicionalmente, nos hospitais, o estado de saúde do paciente é classificado e registrado nos boletins de ocorrência da seguinte forma: Regular, Bom ou Grave.

para evitar o contágio ou reincidência da doença. Objetiva-se, ainda, nas informações sobre prazos a serem observados, a importância do retorno para avaliação e esclarecimentos sobre o papel, a dinâmica de funcionamento e as normas de acesso às unidades de referência que devem ser procuradas para continuidade do tratamento. Também, nos casos de óbitos, ao assistente social compete repassar as orientações e encaminhamentos junto à família ou responsável para liberação do corpo junto ao Serviço de Verificação de Óbito (SVO), translado e sepultamento, incluindo orientações sobre trâmites nos cartórios e junto à previdência social quando necessário.

Note-se que tanto nos hospitais, como no SVO, compete ao Serviço Social o trabalho de convencer a família (ou responsável) a autorizar a realização de necropsia, bem como as informações sobre a liberação do corpo. No geral, cabe ao Serviço Social a comunicação de alta ou óbito, as quais são realizadas através de contatos por telefone, avisos pelas emissoras de rádio e telegramas.

Nas unidades de atenção básica, nos *centros clínicos e ambulatórios especializados*, o papel do assistente social centra-se nas orientações e esclarecimentos quanto a condutas ou preparação para realização de exames e nos critérios para inscrição nos programas desenvolvidos na unidade e principalmente identifica-se com a articulação de atividades educativas como reuniões, palestras, cursos, seminários e discussões em grupos de espera, grupos terapêuticos, entre outros.

Nesse tipo de unidade, a atuação do assistente social incide sobretudo nos programas que dizem respeito à assistência à saúde da mulher e da criança, entre os quais se destacam especificamente o de imunização, o de acompanhamento do pré-natal e o de recuperação das crianças desnutridas até seis anos de idade. A essas atividades acrescenta-se a divulgação da programação das unidades de saúde junto a entidades comunitárias, ocasião em que o assistente social participa de campanhas de esclarecimentos sobre doenças epidêmicas, imunização em massa, reuniões dos conselhos de unidade etc.

Nos centros clínicos e *ambulatórios especializados*, a ação do assistente social refere-se principalmente aos programas de controle de doenças crônicas: câncer, doenças cardiovasculares, mentais, renais, álcool e drogas etc.

A realização dessa atividade responde por uma das mais antigas requisições postas ao Serviço Social na área da saúde. Embora faça parte do conjunto das atividades dos enfermeiros e eventualmente dos médicos, nutricionistas e mais recentemente dos psicólogos, a participação dos assistentes sociais se faz majoritária. Para objetivar esse trabalho, o assistente social precisa manter em seus arquivos registros de informações, manuais e normas sobre condutas e comportamentos exigidos para a realização de exames e rotinas dos serviços, listas de serviços e equipamentos sociais com nomes, endereços e telefones. Para isso, é necessário não apenas conhecer e interpretar normas administrativas, mas dispor de um relativo domínio do discurso médico, que o habilita a explicar alguns procedimentos terapêuticos de caráter complementar/auxiliar e cuidados a serem tomados durante o tratamento, bem como capacidade de articulação e mobilização da população usuária e domínio de dinâmicas de trabalho com grupos e/ou práticas coletivas.

A objetivação dessa atividade requer o engajamento do profissional de Serviço Social em práticas multidisciplinares e interdisciplinares, tanto nas unidades básicas de saúde, nos hospitais, como nos centros clínicos e ambulatórios especializados, junto com enfermeiros, nutricionistas e psicólogos, organizando atividades educativas, como grupos de espera, formação de grupos de orientação e oficinas terapêuticas para acompanhamento do tratamento dos pacientes acometidos por câncer, doenças cardiovasculares, hipertensão arterial, diabetes, hanseníase, doenças mentais, DST/AIDS etc. Esse tipo de atividade demanda que os assistentes sociais articulem, organizem, coordenem e realizem palestras; bem como distribuam material educativo e de divulgação — cartazes, folhetos e *folders* informativos; apresentações de *slides* e vídeos relativos às formas de prevenção e controle das doenças, bem como coordenam eventos e discussões sobre tabus, preconceitos e atitudes prejudiciais à saúde, como: hábitos alimentares, de higiene etc.

Para encaminhar e operacionalizar esse trabalho, numa perspectiva mais coletiva, o assistente social, além de dispor de normas e portarias, necessita tomar conhecimento da legislação social[18] existente, de que é exemplo a LOAS, LOS, ECA, Código de Defesa do Consumidor, CLT, Legislação Previdenciária etc., e estar atento às mudanças na dinâmica do atendimento, seja em nível da unidade em que trabalha e/ou da rede de saúde, seja nas demais instituições para as quais rotineiramente, faz encaminhamentos, com o objetivo de facilitar/assegurar o atendimento aos usuários.

Para atender às exigências do processo de descentralização e de democratização dos serviços prestados pelo SUS, constatamos que nas unidades de atenção básica, mais que nos centro clínicos e ambulatórios especializados, o trabalho de educação em saúde tende cada vez mais a assumir uma perspectiva coletiva, através da realização de eventos como oficinas, palestras, debates, cursos, seminários, campanhas e/ou semanas de prevenção, que em geral versam sobre os seguintes temas:

— AIDS, cólera, hipertensão, dengue, saúde bucal, prevenção de câncer na mulher etc.;

— coleta, acondicionamento e destino do lixo e dejetos;

— qualidade, origem e manuseio de alimentos, sobretudo os perecíveis e os enlatados;

— alimentação, medicação e medicina alternativa;

— meio ambiente, saneamento e saúde, particularmente acesso, qualidade, armazenamento e tratamento da água etc.

No desenvolvimento destas atividades, o Serviço Social é responsável pela articulação e organização do evento, desde a convocação e mobilização dos participantes — usuários, profissionais e autoridades e/ou palestrantes, debatedores, monitores etc. Além disso, participa ativamente da concepção e elaboração do material de divulgação e convocação da comunidade, como se encarrega de fazer chegar ao público alvo, cujo processo envolve desde a realização de visitas e contatos pessoais formais ou informais junto a lideranças,

---

18. Exatamente reconhecendo tal necessidade o CFESS — Conselho Federal de Serviço Social —, em parceria com os CRESS — Conselhos Regionais de Serviço Social —, publicou e vem reeditando de forma atualizada uma coletânea de leis sociais disponibilizadas para assistentes sociais e outros profissionais e cidadãos interessados.

dirigentes de instituições sociais e moradores dos bairros onde a atividade será realizada.

Embora a realização dessa atividade seja multidisciplinar, a participação dos demais profissionais se dá de forma pontual, sobretudo na realização de palestras sobre temas de suas especialidades. Assim, a maior parcela do trabalho é de responsabilidade dos assistentes sociais, visto que na prática passa a ser de sua competência a mobilização da comunidade, a definição dos temas, as formas de organização dos eventos (seminário, curso, palestra etc.) e o agendamento e divulgação da programação.

Esse fato, atinente à divisão sociotécnica do trabalho, tem sua origem no modelo médico-hegemônico, cujo objeto das suas práticas é o atendimento clínico, curativista e individual. Eis a razão pela qual, historicamente, o trabalho de "apoio" aos tratamentos sempre esteve na órbita do Serviço Social.

A partir de 2001, esse trabalho passou a ser reforçado e recomendado mais incisivamente para toda equipe de saúde, com a implantação pelo Ministério da Saúde do Programa Humaniza SUS — Programa Nacional de Humanização —, *com o propósito de resgatar o respeito à vida humana*. Esse processo inicialmente mais focalizado no desenvolvimento de experiências em hospitais públicos através do PNHAH — Programa Nacional de Humanização Hospitalar — em 2001, foi redefinido e ampliado a partir de 2003 passando a ser concebido como *eixo articulador de todas as práticas em saúde*, ou seja como ação transversal aos modelos de gestão e atenção, passando a ser estimulado em toda a rede, apontando para:

— O desenvolvimento de mecanismos de escuta dos usuários e profissionais tais como: ouvidorias, conselhos de unidades, rodas de conversa, caixas de sugestões/reclamações etc.;

— o estímulo à realização de capacitações voltadas para melhorar a comunicação em saúde de forma a desenvolver capacidades para se conceber e implantar iniciativas de humanização como medida estratégica para melhorar a qualidade e a eficácia da atenção dispensada aos usuários.

Nesse processo, os assistentes sociais historicamente identificados como um dos profissionais de saúde que mais se dedicam às questões relativas à humanização do atendimento, passa a ser inicialmente convocado a propor estratégias e articular iniciativas para desencadear atividades voltadas para trabalho interdisciplinar de humanização, bem como integrar os grupos de humanização dos hospitais. Mais recentemente denominados "*comitês de humanização*" estimulando a sua formação em todas as secretarias de saúde e unidades de saúde. Outrossim, têm sido convocados para colaborar no processo de criação e implantação das ouvidorias, em muitos casos formalmente sendo convidados a assumirem o cargo de ouvidores, bem como a integrar equipes responsáveis pela elaboração de projetos de qualificação e articular outras iniciativas que viabilizem oportunidades de discussão sobre o tema, bem como trabalhar/articular ações no sentido de ampliar a adesão dos diversos profissionais que integram a equipe de saúde.

Preocupa-nos o fato de que a categoria passe a implementar tal política sem uma efetiva e coletiva discussão crítica. Sobretudo se considerarmos que tal reconhecimento do profissional de serviço social em lidar com a questão da humanização e a sua própria adesão à tal política ainda é associada a tradição e à influência do pensamento humanista cristão, o qual, nos primórdios do Serviço Social no Brasil, incorpora ao discurso e a prática profissional uma preocupação com a questão da humanização onde o homem era visto como indivíduo isolado, necessitado de ajuda resultante de atitudes voluntárias de pessoas e profissionais de boa vontade, que associada à concepção de saúde restrita à assistência médica individual elege como objeto de suas ações o alívio de tensões derivadas de "situações" problemas, ou seja, a harmonização das relações.

Porém cabe aos assistentes sociais e ao Serviço Social qualificar a sua participação na implementação do Humaniza SUS resgatando os valores do nosso atual código de ética e do próprio SUS, que do ponto de vista teórico[19] aponta claramente para o rompimento com a concepção humanista cristã, o que reitera a direção ético-política e técnico-operativa que nortearam os debates pró-revisão curricular nos anos 80 e no processo de revisão do novo Código de Ética que

---

19. Conforme pode ser analisado no documento Marco Teórico da Política Nacional de Humanização do SUS. Ministério da Saúde, Brasília/DF, 2004.

culminaram com a elaboração do Código de Ética Profissional de 1986 e em seguida no atual Código de Ética do Assistente Social, no qual o homem passa a ser visto enquanto inserido na produção e em classe social, sujeito de direitos, portador da capacidade de luta contra as desigualdades de classe e de organização para transformação da sociedade. Considere-se que a revisão curricular dos anos 90 reafirma essa concepção e avança no sentido da compreensão do homem como ser social genérico, recolocando como objeto das práticas a práxis em defesa da autonomia e emancipação, concebendo os usuários como sujeito de direitos que deliberam com autonomia sobre os problemas.

Assim, o grande desafio do Serviço Social é fazer uma discussão crítica acerca das práticas de humanização no sentido de romper com as práticas individualizantes, de favor, de ajustamento e disciplinamento dos usuários, bem como de alívio das tensões e amenização de conflitos e avançar no sentido de construir e fortalecer práticas voltadas para potencializar a capacidade de participação enquanto deliberação de sujeitos individuais e coletivos (usuários e trabalhadores) na efetiva construção de condições objetivas dignas de trabalho e atendimento no SUS, dentre as quais se incluem não só a defesa dos direitos existentes, mas a luta pela ampliação e incorporação de novos direitos, como por exemplo o direito a acompanhante para todos os usuários internados em toda a rede SUS, seja pública ou conveniada, o fim da restrição às visitas em casos de internamento etc.

d) *Agenciamento de medidas e iniciativas de caráter emergencial-assistencial*

A maioria das atividades do assistente social, em todos os tipos de unidades de saúde (seja unidades básicas, hospitais ou ambulatórios e/ou serviços especializados), consiste em tomar providências no sentido de:

— Atender às urgências sociais que envolvem o processo de prestação de serviços, tais como providenciar transporte, marcação de exames, consultas e leitos extras, mobilização de recursos assistenciais dentro e fora do sistema de saúde.

Em geral, essa atividade consiste em contatar e sensibilizar profissionais e gestores de unidades e serviços, instituições assistenciais governamentais e não-governamentais, previdenciárias, casa de apoio etc.; ações estas que se estendem às pessoas que ocupam cargos políticos: prefeitos, vereadores, deputados etc., para conseguir meios e condições necessários à viabilização do atendimento aos usuários. Os principais motivos dessas ações são: aquisição de medicamentos, alimentos, transporte, exames de alta complexidade, órteses e próteses, auxílio-funeral (translado e sepultamento), cestas básicas, vagas nos programas de distribuição de gêneros alimentícios, sobretudo programas do leite, pão vitaminado, sopão, mais recentemente articula ações junto ao Fome Zero, Bolsa Família, PET — Programa de Erradicação do Trabalho Infantil, entre outros.

Nas unidades de atenção básica e centros clínicos/ambulatórios especializados, as "urgências sociais" se referem principalmente à:

— Agilização de exames e consultas extras;

— prorrogação da permanência em programas de suplementação alimentar, distribuição de leite, participação em grupos terapêuticos de controle das doenças diabetes e hipertensão, da desnutrição etc.;

— inscrição em programas, *fora do prazo* estabelecido, que consistem em renegociar a manutenção de um atendimento perdido por falta de comparecimento do usuário no dia e hora marcada por razões de ordem social como: falta de transporte, impedimento por determinação do empregador etc.;

— antecipação de data e muitas vezes do horário de marcação de um exame ou consulta, acesso a um medicamento ou a preservativos (quando o usuário necessita viajar, ou quando tem compromisso inadiável que o impossibilite de comparecer na data prevista etc.);

— agilização da liberação de carteira de saúde, seja em função do risco de perda do emprego, seja em função da disputa de uma vaga pelo usuário no mercado de trabalho etc.;

— adoção de providências em relação a transporte social e clínico para deslocamento de pacientes graves, argumentando para obter agilidade e liberação de ambulâncias, mesmo no atual contexto de expansão do SAMU — Serviço de Atendimento Móvel. Inclusive, nos casos em que o paciente pode utilizar transporte comum, consiste em arranjar vales-transporte e até carona, de modo a garantir o deslocamento e atendimento na unidade urgência de referência;

— a intermediação desses meios se dá segundo negociação entre os assistentes sociais e os profissionais dos setores aos quais se vinculam as demandas do usuário, ou através de encaminhamentos a outras unidades e instituições sociais.

Nos hospitais, uma das principais requisições "emergenciais" ao Serviço Social é a de providenciar transporte para os pacientes, seja no caso de transferência de um hospital para outro, seja para realização de exames fora da unidade em que o paciente encontra-se internado. Também ocorrem demandas de transporte para saídas extras e eventuais dos pacientes, como nos casos de recebimento de pagamentos da previdência, de documentos (procurações particulares para parente ou responsável) e, principalmente, de assegurar transporte para o retorno ao domicílio pós-alta médica.

Observe-se que, segundo as normas, as ambulâncias existem para conduzir o paciente ao hospital em casos de emergência e não para deixá-lo no domicílio pós-alta médica. Freqüentemente, o assistente social é acionado para intermediar a flexibilização das normas, ou seja: abrir exceções, de modo que possibilite locomover "pacientes" que já estão de alta e cuja família não tem condições de providenciar a locomoção adequada.

A marcação de exames, consultas e internamentos extras, diante da grande demanda reprimida por consultas, leitos e exames, tem levado as direções das unidades a solicitarem a mediação do assistente social junto às diversas instâncias do sistema, às instituições sociais, à família, aos políticos etc., para conseguir atender tal necessidade.

No caso dos exames, uma outra problemática é determinante desse tipo de excepcionalidade: trata-se da realização de exames pagos pelo SUS, quando têm sua quota esgotada, ou referem-se a exames que o próprio SUS não autoriza.

Tais problemas agravam-se em decorrência da relação subordinada[20] do SUS ao sistema privado de apoio ao diagnóstico, responsável por

---

20. Embora legalmente previsto nas Leis ns. 8.080/90 e 8.142/90, o caráter complementar da rede privada de saúde e determinar que a relação público/privado seja regida, privilegiando o

90% dos "exames mais complexos". Nesse caso a rede conveniada, que programa o atendimento aos usuários do SUS, submete-os a longas esperas e à freqüente suspensão do atendimento, o que acarreta a procura pelo Serviço Social para intermediar o atendimento.

Assim, verificamos que tanto os atrasos no pagamento quanto o insuficiente número de quotas, têm gerado grandes problemas administrativos e técnico-políticos e assistenciais para gestão das unidades, transformando essa questão em permanentes e rotineira urgência médica e social, na maioria das vezes sendo resolvidas pelo Serviço Social através de negociação direta junto às clínicas privadas, desde prazos a abatimentos nos preços dos exames para assegurar a realização dos mesmos em tempo hábil. Assim, pouco se registra uma parceria do Serviço Social com os Conselhos de Saúde, o Ministério Público e as Defensorias Públicas no sentido de encaminhar ações e respostas capazes de, senão evitar, pelo menos inibir a permanente recorrência desses (des)casos.

Verificamos ainda que as autorizações e/ou intermediação para liberação de visitas extras[21] acompanhamento especial para crianças e adolescentes, idosos e pacientes graves internados; bem como a

---

direito e o interesse público. Na realidade, além de ser hegemônica na oferta de serviços hospitalares e de apoio ao diagnóstico de alta complexidade, a rede privada, quando não dita as regras, descumpre totalmente o princípio do direito público, freqüentemente expondo os usuários do SUS a tratamento e atendimento discriminatórios e a variadas formas de situações vexatórias, que incluem desde submeter os pacientes a prazos mais longos de espera para realizar exames, quanto a altas precoces de internamentos e/ou tratamentos prolongados que representem progressiva perda de lucratividade. Isso ocorre porque o SUS, ao longo de sua construção, vem gastando aproximadamente 70% dos seus recursos com pagamentos à rede privada conveniada (tanto em nível local, quanto nacional), desencadeando o seguinte ciclo vicioso: se encaminha para os serviços conveniados porque os serviços públicos não conseguem assegurar cobertura de sua demanda somente com os serviços próprios. Não investe na rede própria, porque tem 70% de seus recursos comprometidos com o pagamento da rede conveniada. A tais problemas, acrescenta-se a frágil capacidade de regulação, assim apesar dos esforços nesse sentido, grande parte dos serviços que poderiam ser realizados nas unidades próprias do sistema público é drenada para o privado, através de "parceria"/associação de interesses de corporação formado por alguns profissionais da rede pública (que são aliados, associados e muitas vezes, proprietários de serviços privados) e os empresários da saúde, principalmente donos de hospitais e grandes clínicas de apoio ao diagnóstico. Além dos interesses político-eleitoreiros que atravessam a celebração e renovação de contratos, inclusive inaugurando uma prática de pagamento de PLUS — pagamento de até 100% acima dos valores pagos pela tabela SUS.

21. Visitas fora do horário estabelecido, ou em número de visitantes superior ao "permitido" por visita.

entrada de objetos (ventiladores, pastas, sabonetes, alimentos); utilização do telefone para ligações interurbanas, acesso de religiosos, tabeliães etc., constituem-se urgências, cuja principal demanda consiste em obter autorizações da unidade através dos assistentes sociais, os quais são autorizados a autorizar a abertura de exceções à regra. Trata-se, como referimos anteriormente, de uma ação resultante da rigidez e inadequação das normas à realidade dos usuários e sua família, cuidador e/ou responsável.

Já as atividades relativas a providências de procurações, atestados, termos de responsabilidade, em geral, configuram-se como urgência nos casos em que a aquisição do atestado relaciona-se à comprovação de internamento, óbito, ou tratamento ambulatorial e até mesmo de comparecimento ao serviço de saúde (seja como paciente, ou como acompanhante), entre outras finalidades para comunicação ao empregador ou à previdência social.

Na maioria das unidades de saúde, o Serviço Social elabora pequenos formulários de autorização para visitas extras, acompanhamentos, saídas temporárias durante o internamento, termos de responsabilidade e atestados por ele próprio fornecidos.

Em suma, na realidade dos serviços de saúde, especialmente nos hospitais, todo e qualquer problema que envolva dificuldade de deslocamento, de acesso a medicamentos, exames, alimentos, documentos etc., é encaminhado ao assistente social.

Tanto em hospitais quanto em unidades básicas de saúde, o principal instrumento de registro das atividades são os livros de ocorrências. Ao analisarmos as anotações feitas nos livros de ocorrências, das unidades pesquisadas em todos os níveis de complexidade, constatamos que em geral as anotações são feitas de forma sumária e com o objetivo de repassar informações/recados, pendências para o outro profissional.

Em geral, essas atividades realizadas pelo assistente social têm funcionado como estratégia para amenizar as consequências mais graves da demanda reprimida, tanto para a instituição quanto para o usuário.[22] Cumpre um papel fundamental como instrumento viabi-

---

22. Para o usuário, esse trabalho do Serviço Social muitas vezes tem significado a própria porta de acesso ao sistema. Já para a instituição, tem representado uma forma de evitar escândalos,

lizador de condições objetivas para a realização do processo de trabalho em saúde e, principalmente, para tornar possível o acesso dos segmentos excluídos do próprio serviço existente, constituindo-se numa espécie de elo invisível.

e) *Desenvolvimento de atividades de apoio pedagógico e técnico-político*

Este trabalho é mais comum nas unidades básicas de saúde, porém também se coloca como requisição para os(as) assistentes sociais que trabalham nos demais níveis de prestação dos serviços. Trata-se da realização de atividades em que o profissional assessora, organiza e realiza cursos, seminários, debates, treinamentos, palestras, oficinas de trabalho, cartas-convite, *folders*, reuniões, visitas a lideranças e entidades comunitárias, articula profissionais, saberes, recursos audiovisuais etc. Nas unidades de saúde, sua finalidade é a assessoria ao processo de implantação, (re)estruturação e funcionamento dos conselhos gestores das unidades, dos conselhos distritais e municipal.

Ainda que pontuais, no sentido de contemplar poucos municípios brasileiros, algumas experiências do Serviço Social nas equipes de PSF, acrescentam à suas atividades o trabalho de assessorar a criação, reestruturação, unificação e legalização de entidades comunitárias com vistas a potencializar a organização e participação através de entidades e movimentos organizados.

O conteúdo dessa atividade relaciona-se, prioritariamente, com as mudanças realizadas em função do processo de descentralização, municipalização, hierarquização dos serviços e mais recentemente demandas relativas à política nacional de humanização. A estas juntam-se as especificidades decorrentes do funcionamento das unidades, particularmente as que envolvem as dificuldades enfrentadas pelo corpo de funcionários, bem como aquelas que requerem atividades educativas e formativas, como é o caso das campanhas de combate a doenças de notificação compulsória,[23] endemias e epidemias.

óbitos por negligência, ou seja, relativa preservação da imagem da gestão do sistema e do próprio sistema público.

23. Por exemplo: DST/Aids, tétano, sarampo, poliomielite, meningites, difteria, febre tifóide, hepatite, tuberculose, dengue etc. (ver Manual do Ministério da Saúde).

Em Natal (RN), esse núcleo de objetivação vem se consolidando desde a década de 90, e está diretamente relacionado as demandas relativas aos processos de instalação e "funcionamento" dos CMS — Conselhos Municipais de Saúde, inclusive ocupando cargos de secretárias executivas, assessoria para organização e realização das Conferências de Saúde, especialmente as municipais, incluindo a elaboração dos relatórios. Entretanto, especialmente destacamos as discussões pró-implantação de conselhos distritais e a (re)estruturação dos conselhos gestores de unidades de saúde,[24] conformando um conjunto de requisições que passaram a demandar a constituição de equipes tanto em função da explicação da proposta, da própria implantação e sobretudo na *assessoria* técnica necessária ao seu funcionamento, criando novas atividades e ocupações, entre as quais vem se destacando a participação dos assistentes sociais.

A rigor, o processo de distritalização tem requisitado o remanejamento de um contingente de profissionais de saúde para as atividades de planejamento e assessoria, em patamares superiores aos experimentados no modelo tradicional/centralizador. Entre os profissionais requisitados para as atividades de *assessoria, planejamento e coordenação* de ações e/ou programas (considerando os patamares anteriores), destacam-se os assistentes sociais,[25] inclusive tendendo

---

24. Em Natal, de 90 a 96 os Conselhos de Unidades tinham caráter deliberativo e os(as) diretores(as) das unidades eram eleitos diretamente pelos usuários e funcionários. Em 1997, por força de um decreto do Executivo municipal, extinguiu-se as eleições para diretores de unidades, e o caráter deliberativo dos conselhos de unidades de saúde, os quais foram reduzidos à condição de consultivos, já as direções das unidades, passaram a ser "escolhidas" por indicação do secretário de saúde. Atualmente, com base em uma resolução do CMS/Natal, foi restabelecida a reorganização dos conselhos gestores de unidade de saúde em todas unidades de saúde gerenciadas pela SMS/Natal, abrangendo as unidades de pronto-atendimento, centros clínicos e demais unidades especializadas, cujo processo de eleição está em curso. Ademais, estão previstos conselhos de unidades para todas as unidades de saúde integrantes do SUS no âmbito do município de Natal/RN, sejam públicas, filantrópicas ou privadas conveniadas. Esse processo tem demandado uma grande participação dos assistentes sociais; de fato, tem sido claramente visível que os distritos e unidades que dispõem de assistente social na equipe têm apresentado maior facilidade e rapidez para compreender, desencadear, encaminhar e realizar os processos de eleição e (re)implantação dos conselhos gestores de unidades em Natal/RN.

25. Atualmente, vem crescendo o número de assistentes sociais na coordenação de programas em nível central, inclusive nas equipes de PSF, de planejamento e de gestão do trabalho, bem como também integrando tais equipes também em nível distrital, bem como ocupando o cargo de

a ser identificada como uma das categorias mais identificadas com esse trabalho.

Esse trabalho engloba desde a mobilização e articulação dos usuários e trabalhadores do setor, à assessoria ao processo de preparação e organização de reuniões (do próprio conselho), eventos (seminários, conferências, debates), visitas técnicas, elaboração de projetos, propostas, documentos (sobretudo relatórios) e avaliação das próprias atividades desenvolvidas.

Quanto ao trabalho pedagógico com funcionários, o papel do assistente social relaciona-se sobretudo à sua atuação junto ao setor de Gestão do Trabalho, seja fazendo parte da equipe técnica desse setor nas unidades que o tem estruturado (os hospitais, equipe técnica dos distritos e em nível central), seja como colaborador ou instrutor junto a programas de treinamento em serviço. Este trabalho geralmente consiste em "atender" funcionários em relação a questões de relações e gestão do trabalho, saúde do trabalhador, alcoolismo etc. Quando a unidade dispõe desse tipo de setor/núcleo, o assistente social participa ativamente, na organização e realização de treinamentos, cursos e reuniões voltados à discussão sobre rotinas, disciplina, bem como atendendo individualmente problemas envolvendo funcionários e usuários.

Para realizar tais atividades, o assistente social lança mão de cursos, seminários, debates, treinamentos, palestras, conversas informais, encaminhamentos a outros profissionais, programas como combate ao alcoolismo, abordagens com colegas de trabalho que se relacionam com o funcionário envolvido, bem como familiares dos mesmos. Isso ocorre mesmo em unidades que não dispõem de setor de gestão do trabalho estruturado, como é o caso dos centros de saúde e ambulatórios especializados. Nestes, o Serviço Social incorpora aos seus afazeres as atividades consideradas de "recursos" humanos.

---

gerentes dos distritos sanitários em Natal/RN. Nos últimos 10 anos em Natal, dos 04 distritos sanitários existentes em média 03 são gerenciados por assistentes sociais. Segundo dados do Relatório da Pesquisa sobre: "Perfil dos Conselheiros Municipais de Saúde que participaram das Oficinas de Capacitação de Conselheiros", realizada pelo NESC/UFRN (1997), até março de 1997, do total de Secretários(as) de Saúde, 7,22% são Assistentes Sociais, ocupando a 4ª posição entre as categorias de nível superior a ocupar tal cargo, situando depois dos médicos, enfermeiros e dentistas.

Ainda que incipientes, as mudanças operacionalizadas no SUS têm apresentado novas requisições para o trabalho dos profissionais de saúde, particularmente do assistente social. Dessa forma, além das tradicionais requisições, no contexto de implantação do SUS vem demandando que esse profissional:

— Tenha a capacidade e a habilidade para explicar as mudanças propostas, e as em curso;

— conheça a realidade econômica, social, cultural e, sobretudo, o nível de organização política dos usuários da localidade e área em que trabalha;

— domine conhecimentos e técnicas para assessorar e mesmo desencadear processos de mobilização, em que, mais que interpretar as mudanças em curso, requer o trabalho de mobilizar no sentido de convocar vontades (discursos, decisões e ações) no sentido de se engajar no referido processo.

Assim, a *objetivação do trabalho do assistente social*, na área da saúde pública, é composta por uma grande diversidade e volume de tarefas que evidenciam a capacidade desse profissional para lidar com uma gama heterogênea de demandas, derivadas da natureza e do modo de organização do trabalho em saúde, bem como das contradições internas e externas ao sistema de saúde.

Conclusões

Não há dúvidas quanto à relevância e importância do trabalho realizado pelo assistente social para a consolidação do SUS, e que para realizar um atendimento, por mais simples que possa parecer a atividade e os meios utilizados, o assistente social necessita conhecer não apenas o funcionamento da instituição e/ou a unidade em que trabalha, mas a lógica de funcionamento do sistema de saúde (rede), a dinâmica e a capacidade de atendimento de outras instituições públicas e privadas que envolvam e/ou se apresentem como um meio de viabilizar o atendimento das necessidades da população e que extrapolam a capacidade de atendimento exclusivo das instituições de saúde.

Assim, pode-se afirmar que o assistente social se insere, no interior do processo de trabalho em saúde, como agente de interação ou como *um elo orgânico* entre os diversos níveis do SUS e entre este e as demais políticas sociais setoriais, o que nos leva a concluir que o seu principal produto parece ser assegurar — pelos caminhos os mais tortuosos — a integralidade das ações.

Embora o assistente social desenvolva atividades de natureza educativa e de apoio pedagógico à mobilização e participação social da comunidade, para atender às necessidades de co-participação dos usuários/comunidade no desenvolvimento de ações voltadas para a prevenção, a recuperação e o controle do processo saúde/doença, o conjunto das atividades realizadas em todos os núcleos de objetivação apresenta uma predominância de ações voltadas para a interação entre os diversos níveis de concretização da cooperação horizontal e vertical.

Desse modo, pode-se concluir que a objetivação do trabalho do assistente social, na área da saúde, também cumpre o papel particular de buscar *estabelecer o elo "perdido", quebrado* pela *burocratização das ações*, tanto internamente entre os níveis de prestação de serviços de saúde, quanto, sobretudo, entre as políticas de saúde e as demais políticas sociais[26] e/ou setoriais.

Essa particularidade não apenas evidencia o reconhecimento técnico dessa prática profissional na equipe de saúde, mas a qualifica de modo particular no interior do processo de trabalho em saúde.

Assim, em tese, a realidade parece negar o discurso profissional quanto ao não-reconhecimento da utilidade e da eficácia da ação dos assistentes sociais como parte do conjunto das práticas profissionais voltadas para o alcance dos objetivos da política de saúde no contexto de implementação do SUS.

Todavia, o modelo médico-hegemônico, ao centrar suas ações nas atividades da clínica médica curativa individual, secundariza e desqualifica as ações e atividades profissionais que não se constituem objeto de práticas privilegiadas por esse modelo assistencial, como é o caso das ações de edu-

---

26. Distinguimos a política de saúde em relação às demais políticas setoriais na perspectiva de atribuir-lhe não no sentido de afirmá-la como uma política setorial específica mas a necessidade de articular-se e constituir-se como política de seguridade social onde a intersetorialidade é fundamental.

cação, informação e comunicação em saúde e das atividades de categorias profissionais, como: assistentes sociais, nutricionista, sociólogos e, em certa medida, psicólogos.

Portanto, somente uma análise mais apurada, buscando recompor tais atividades e suas conexões com os objetos e objetivos do SUS, pode dar visibilidade à qualificação técnica que esse trabalho ocupa, no interior do processo de trabalho em saúde.

Ao recompor o processo de cooperação, a reorganização do trabalho e do trabalhador coletivo na área da saúde pública, matizando aquilo que denominamos de núcleos de objetivação do trabalho profissional dos assistentes sociais, foi possível perceber como vem se concretizando o trabalho coletivo na saúde e as atuais formas de parcelamento e integração das tarefas.

Nossa primeira síntese permite afirmar que as práticas do SUS revelam a superação de um processo de trabalho vigente até os anos 70, em que os profissionais podiam atuar isolada e autonomamente. O modelo atual aponta para a emergência de um conjunto de práticas, dentre as quais emergem novas ocupações e atividades que são resultantes da ampliação, complexificação e redivisão dos tradicionais ofícios da área da saúde.

Essa redivisão do trabalho, cuja origem é de natureza sociopolítica e técnico-operativa, é produto do modelo organizacional existente que tem como filosofia básica a desconcentração física, a descentralização político-administrativa e a integração das unidades e serviços. A gestão operacional de tal modelo é feita através da implementação de sistemas de informações gerenciais e assistenciais, bem como mecanismos de controle, assentados no chamado "sistema de referência e contra-referência" e intermediados pelo uso de tecnologias informacionais.

O pressuposto dessa nova racionalidade é a idéia de que a capacidade de resolutividade dos serviços depende do pleno funcionamento do sistema, que deve ser acionado de forma integrada e posto em atividade através da coordenação dos diversos processos de trabalho. Assim, a maior cobertura e a satisfação do usuário dependem da eficiência e eficácia do modelo idealizado e, conseqüentemente, da capacidade de neutralizar e superar qualquer obstáculo à sua realização.

Sobre essa dinâmica e os princípios que a sustentam nossa crítica é a de que os modelos organizacionais, em si, não têm o poder de superar o atual quadro sanitário brasileiro, uma vez que o enfrentamento das desigualdades sociais e da superação da indiferença face as condições socioeconômicas, culturais e de saúde da população usuária que garante a efetividade ou o desvelamento das contradições do sistema público de saúde no Brasil. Conseqüentemente, é no interior da tensão entre o processo de racionalização, as condições objetivas dos usuários e as possibilidades de operacionalização das propostas do SUS que se redefinem os diversos processos de trabalho na saúde.

Ao nos debruçarmos sobre a dinâmica do trabalho realizado a partir do que denominamos núcleos de objetivação do trabalho profissional, como parte do processo de trabalho coletivo em saúde, pudemos constatar que, contraditoriamente, as tensões do sistema implicaram uma ampliação e redimensionamento das atividades e qualificações técnicas e políticas dos assistentes sociais. Em todos os tipos de atendimentos e em todas as fases do processo de acompanhamento dos usuários, seja individual ou coletivo, no núcleo familiar, institucional e/ou comunitário, identificamos a participação dos profissionais de Serviço Social.

Se analisado do ponto de vista histórico, esse dado revela tanto uma inflexão das práticas da saúde coletiva sobre as práticas curativas quanto um conjunto de requerimentos que respondem pelo processo de democratização dos serviços de saúde.

Todavia, contraditoriamente, também pudemos constatar que muitas das demandas constitutivas da ampliação do espaço ocupacional dos assistentes sociais originam-se de uma "refuncionalização" das tradicionais práticas do Serviço Social na área da saúde. Aqui, estão situados as "emergências sociais", as triagens socioeconômicas, os aconselhamentos e encaminhamentos voltados para o "ajustamento" das necessidades dos usuários ao modelo em curso.

O que de novo se coloca é o fato de que essas práticas não são mais mediadas pela ideologia da ajuda, e sim, pelas necessidades advindas da "transição ao novo modelo", marcadas pelas reformas do Estado, pela falta de recursos, pela racionalização burocrática, pelas falhas das tecnologias informacionais, pela superespecialização das tarefas e contingenciamento da realidade social dos usuários.

De outro modo, ao recompor as atividades, os conteúdos e finalidades do Serviço Social no SUS de Natal, observamos que as necessidades objetivas dos usuários se transformam em demandas profissionais, na medida em que se confundem com as próprias necessidades institucionais. Paradoxalmente, são "estes portadores materiais de necessidades não contempladas pelo sistema" — os que não têm a quem recorrer — que constituem a população usuária do Serviço Social no contexto do SUS, seja na condição de *excluídos da sociedade*, seja na de *excluídos do atendimento* realizado.

Nesse sentido, o cotidiano das vivências desses usuários, longe de representar o efêmero ou excepcional, é constitutivo da realidade dos serviços de saúde pública no Brasil. Todavia, dadas as contradições do SUS, esses usuários passam a ser alvo de um processo de trabalho cujo principal agente-trabalhador é o assistente social.

Espécie de nômades das unidades de saúde, esses usuários do sistema, através da procura ao Serviço Social, negam o discurso da igualdade de oportunidades e de acesso aos serviços ao pôr em evidência o conteúdo, as determinações sociais da doença e a precariedade das condições de atendimento em relação às suas reais necessidades de saúde.

Frente a essa situação, poder-se-ia dizer que a legitimidade do Serviço Social no interior do processo coletivo de trabalho na saúde se constrói "pelo avesso", ou seja, a sua utilidade se afirma nas contradições fundamentais da política de saúde e, particularmente, no SUS.

Trata-se, portanto, de uma atividade ocupacional que particulariza sua inserção no conjunto dos processos de trabalho na saúde, prioritariamente em função dos segmentos excluídos social e culturalmente.[27] Isto significa que as principais situações-objeto da intervenção do Serviço Social são aquelas que envolvem os excluídos, os "inaptos" e os incapazes de receber, total ou parcialmente, o atendimento das unidades.

Considerando a conjuntura de crise vivenciada no país e, ao mesmo tempo, as representações forjadas pela Constituição de 1988, as quais deram visibilidade à saúde como direito do cidadão, não obstante, as precárias condições de atendimento — em geral mobilizadoras da ação do Serviço Social — terminam imputando aos assistentes sociais "a função, quase

---

27. Referimo-nos à exclusão cultural para nos reportarmos tanto às dificuldades das classes populares de interpretar sensações corporais, discurso médico etc., quanto à exclusão decorrente da discriminação relativa a preconceitos sobre determinadas doenças (AIDS, hanseníase, tuberculose etc.) e tratamentos — amputações de membros, necropsia, medo de contágio etc.

sempre silenciosa, de administrar o que é impossível de ser administrado" (ABESS, 1996: 34).

Do ponto de vista do usuário, entretanto, o conjunto dessas atividades representa a possibilidade de "ser mais que ouvido", ser escutado e efetivamente incluído no atendimento de que necessita. Todavia, pelo que se pode observar, esses atendimentos, longe de se constituírem em mecanismos que protagonizem mudanças na estrutura de funcionamento das unidades, parecem reiterar a prática do emergencial, do atípico e do ocasional. Aqui, na prática, o ocasional é o permanente.

Nessa perspectiva, o atendimento de algumas das necessidades mediatas e imediatas dos usuários, não contempladas pelo SUS, no contexto da redivisão do trabalho coletivo na saúde, cada vez mais identifica-se e vincula-se com as competências profissionais do assistente social, justificando, desse modo, a ampliação do mercado de trabalho profissional na área da saúde.

No entanto, para o conjunto dos profissionais da saúde, inclusive os próprios assistentes sociais entrevistados, essas atividades têm um caráter meramente circunstancial, razão pela qual não as consideram como uma atividade "técnico-profissional", ou seja, como um trabalho que se tornou vital na cadeia mais geral do processo de cooperação na saúde no Brasil.

Para a maioria dos assistentes sociais, essas demandas são resultantes da ausência de uma "especificidade" profissional, do "baixo" *status* da profissão na escala hierárquica das ocupações, ou representam uma desqualificação do seu trabalho.

Essas interpretações têm levado uma parcela dos profissionais do campo da saúde a minimizar a dimensão operativa e política das suas práticas, reduzindo-as a uma questão de subordinação e até de desvalorização profissional. O que a maioria dos assistentes sociais parece não perceber é que as suas atividades são determinadas pelas próprias contradições do sistema e pelas inúmeras formas de administrá-las.

Longe das concepções voluntaristas, fatalistas ou messiânicas, o que constatamos é que a objetivação do trabalho do assistente social passa rotineiramente pela implementação de alternativas de enfrentamento dos problemas de atendimento ao usuário, configurando-se como fundamental para assegurar o desempenho institucional e do próprio processo de trabalho em saúde. Mais que isso, sugere que onde houver limitação ou impedimento de ordem socioeconômica, cultural e institucional ao pleno desenvolvimento do conjunto dos procedimentos necessários ao diagnóstico e ao tratamento, o assistente social inclui-se no processo coletivo de trabalho.

O exame das atividades dos assistentes sociais também permitiu identificar que a imprevisibilidade dos resultados, bem como a fluidez da sua intervenção não decorrem da natureza "indefinida" do Serviço Social, mas originam-se nas próprias características do trabalho em saúde, cujos objetos das práticas são sempre "as situações concretas" nas suas múltiplas expressões. Nessas situações, estão incluídos fatores que vão desde a imprevisibilidade da cura de algumas doenças até o não-cumprimento de ações terapêuticas, passando pela impossibilidade material de aquisição de medicamentos, ou mesmo impedimentos de ordem psicossocial, emocional, entre outros.

Aliás, uma das particularidades do processo de trabalho em saúde consiste na relação direta que se estabelece entre produção e consumo, no ato próprio da prestação do serviço. Por isso mesmo, os resultados do trabalho em saúde são sempre passíveis de imprevisibilidades e, diferentemente da produção industrial, têm uma dependência direta das situações e condições objetivas e subjetivas das partes envolvidas. Esse aspecto requer que a organização do trabalho em saúde incorpore mecanismos flexíveis, capazes de apreender as necessidades existentes com vistas a dar respostas concretas.

Essas respostas, longe do improviso e da excepcionalidade, exigem a incorporação das necessidades dos usuários como parte da dinâmica dos serviços. Ou seja, a incorporação das necessidades não atendidas, ou de necessidades não previstas, pode ser um meio de geração de novos direitos e de normas de funcionamento adequadas à realidade.

A rigor, esse movimento permitiria que atividades como as dos assistentes sociais protagonizassem a transformação das modalidades de atendimento das demandas e necessidades emergenciais, através da criação de programas e propostas de ordem permanente. Por sua vez, esse fato tornaria possível aos profissionais construírem uma nova modalidade de inserção no processo coletivo de trabalho na saúde em prol da superação das contradições que marcam o funcionamento do sistema.

Na realidade, diante das atuais condições de funcionamento do SUS, as necessidades de inter-relação e co-participação requeridas por quem produz e quem consome os serviços também terminam por materializar uma outra demanda profissional aos assistentes sociais. Trata-se de suprir as "lacunas" gestadas nas práticas dos demais profissionais[28] no interior do processo de trabalho em saúde.

Inegavelmente, os objetos das práticas dos trabalhadores da saúde, nos quais se inclui o assistente social, dependem dos objetivos e dos meios através dos quais se desenvolve a saúde pública na sociedade brasileira e cuja marca histórica é o privilegiamento das ações curativas em detrimento das ações preventivas.

Essa dicotomia entre saúde coletiva e individual, presente nas unidades públicas, reflete-se no processo de cooperação e na fratura dos elos dos processos de trabalho, como é o caso das atividades cotidianas realizadas nas unidades básicas, hospitais e ambulatórios especializados, que passam a ser considerados, na prática, como instâncias de serviços de caráter "mais preventivo" ou "mais curativo".

Todavia, como a saúde do indivíduo ou de uma coletividade requer a articulação e a interação das ações de saúde nos níveis curativo, preventivo e promocional, o privilegiamento das ações curativas em detrimento das ações básicas transforma-se em problemática que compromete a capacidade de atendimento, a eficácia e a resolutividade de todo o sistema de saúde.

Por isso mesmo, a resolutividade de um nível fica comprometida pela ausência desta em um outro nível. Isto acontece tanto em função da desarticulação da política de saúde com as demais políticas sociais, quanto pela precariedade e dificuldades internas do próprio sistema, como é o caso das dificuldades de acesso aos serviços de apoio ao diagnóstico e ao tratamento em todos os níveis de prestação dos serviços, especialmente nos de média e alta complexidade.

Também sob esse prisma, há rebatimentos significativos sobre as práticas do assistente social e a natureza da sua inserção nos processos de tra-

---

28. A necessidade de explicar os procedimentos para a realização de determinados exames, tratamentos etc., por exemplo, faz parte das atribuições do médico; mas dada a estandardização e a busca de produtividade priorizando a quantidade de procedimentos e atos curativos a serem executados, somados à desresponsabilização social que ainda impera nos serviços de saúde, resulta no fato que o trabalho de explicar, ouvir, se envolver com o usuário tem cada vez menos espaço na rotina da prática médica e torna-se uma tarefa do assistente social. A propósito, esse problema tem sido um dos aspectos mais destacados na política nacional de humanização — HUMANIZA SUS.

balho, que articulam os diversos níveis de intervenção nos serviços de saúde. Note-se que, em termos genéricos, são as precárias condições de vida e acesso às riquezas produzidas e a bens e serviços, que enquanto expressão das desigualdades colocam-se como questões sociais que interferem na eficácia dos programas de saúde, seja em termos das medidas endógenas à política e ao sistema de saúde, seja em termos mais gerais, da sua articulação intersetorial enquanto política de seguridade. Todavia, no interior do processo de trabalho em saúde, tais situações transformam-se em problemas que comprometem eficácia das ações, programas e projetos estratégicos, portanto da própria política de saúde.

Esse contexto, na maioria das vezes, tem o poder de emergir sob a forma de questões que envolvem médicos e pacientes, instituição e comunidade, paciente/família, ou mesmo da participação e controle social dos usuários em programas especiais.

Em suma, conforme anotamos anteriormente, tudo o que compromete, dificulta ou prejudica a qualidade do atendimento ao usuário é passível da mediação do assistente social, independentemente do local de ocorrência: seja no laboratório de análises clínicas da unidade, na farmácia, no serviço de nutrição (copa e cozinha), nas enfermarias, lavanderia ou até na esfera mais privada das relações sociais e relações de trabalho, por ocasião de problemas entre usuários e equipe etc. Esse dado também demonstra que a participação dos assistentes sociais nos processos de trabalho nas instituições de saúde tem a singularidade de "repor" (ante a impossibilidade de recompor), com a sua ação, as lacunas da parcialização, fragmentação, superespecialização e terceirização do trabalho.

Essa peculiaridade é indicadora de que a objetivação do trabalho do assistente social, na área da saúde, cumpre a tarefa de restabelecer o elo orgânico entre setores, profissões, instituições e saberes, quebrado pela burocratização e verticalização das ações que se revelam tanto nas relações internas às subunidades do SUS, quanto entre este e as demais políticas sociais e instituições.

De outra forma, também é necessário reconhecer as novas exigências e mudanças significativas no trabalho dos assistentes sociais. Esse "novo" trabalho consiste em colaborar na construção de estratégias de efetivação direitos de cidadania, sobretudo no que se refere aos mecanismos de mobilização da comunidade para atrair lideranças e/ou representantes desta para participar do processo de criação, instalação e funcionamento de canais ou instâncias interlocução entre população e instituição, mais especificamente os conselhos e conferências conforme determinada a Lei n. 8.080/90 e Lei Complementar n. 8.142/90.

Importa ressaltar que, a despeito das contradições e das tensões que perpassam a inserção dos assistentes sociais, a emergência de novos vetores inclusão do assistente social nas equipes de saúde abre a possibilidade pela qual essa profissão possa interferir e redirecionar a sua inserção nos processos de trabalho na saúde elaborando estratégias de atendimento às necessidades imediatas como as ações voltadas para a construção da democratização do acesso e qualificação da atenção, com vínculo e responsabilização social, no sentido de dar respostas às necessidades de saúde resultantes das desigualdades sociais existentes na sociedade brasileira a partir do fortalecimento das relações com usuários como sujeito de direitos.

Entretanto, pelo que pudemos observar, embora detentor de um razoável volume de informações e de um grande acúmulo de experiências, o Serviço Social, em geral, não vem conseguido imprimir uma direção intelectual — no sentido gramsciano — ao seu trabalho, que lhe permita dar visibilidade política e até técnico-administrativa ao conjunto de questões com as quais trabalha cotidianamente. Pode-se supor que este seja um produto da sua condição de trabalhador assalariado e subordinado às exigências do trabalho sobre o capital.

Entretanto, essa tendência tende a se agravar diante das mudanças em curso que primam por dar relevo aos mecanismos de registro e quantificação da produtividade, privilegiando os atendimentos curativos individuais e avaliando a produtividade dos profissionais em função da quantidade de procedimentos realizados.

Essa nova estratégia de aferir a produtividade do trabalho, tão cara à ideologia da qualidade total e produtividade, tem produzido sérios impactos à prática dos assistentes sociais. Em primeiro lugar, por transpor para o conjunto das atividades da área da saúde os parâmetros quantitativos de avaliação da práticas médicas curativas (consultas, intervenções, cirurgias etc.); em segundo lugar, porque se aliena desse mapa da produtividade o "nomadismo dos usuários", "as emergências sociais" e, principalmente, o reconhecimento das contradições universais e particulares da política de saúde. Também estão excluídos da contabilidade da produtividade as condições de trabalho dos profissionais, principalmente os problemas relativos à capacitação continuada, manutenção de equipamentos e disponibilização de instrumentos adequados à realização de atividades.

A desconsideração de que a dinâmica do SUS não é garantida somente pelo modelo idealizado, mas pelos processos de trabalho coletivo (em geral desconhecido das estatísticas e mapas de produtividade), termina por colocar em xeque um conjunto de atividades profissionais que, de fato, asseguram o funcionamento rotineiro do sistema.

Pressionados pela cultura da produtividade e em face do restrito acúmulo de discussões sobre o assunto, a maioria dos profissionais decodifica tais exigências sob a égide de algumas indagações tradicionais, tais como: O que é o Serviço Social? Qual a especificidade da profissão? O que faz esse profissional na área da saúde? Qual o nível de cientificidade da profissão? Essas indagações, no nosso entendimento, revelam não apenas o grau de estranhamento (Antunes, 1995) dos trabalhadores assistentes sociais em relação ao conteúdo e dimensão do seu trabalho na conformação do trabalho e trabalhador coletivo em saúde, como a naturalização, banalização, simplificação e invisibilidade política e institucional das contradições do SUS.

Assim, discordamos do discurso profissional sobre a desqualificação da profissão na área da saúde, por entendermos que a efetiva subordinação da profissão na área se dá em função dos objetos prioritários da saúde pública ainda centrada em um modelo assistencial curativista individual, no qual as próprias contradições e precariedades do sistema são vistas de forma marginal e secundária nas práticas em saúde, bem como revela a sua indiferença em relação à realidade de desigualdades sociais a que está submetida a maioria da população usuária do SUS e a incapacidade do sistema de saúde, em atuar considerando as reais necessidades dessa população. Por isso mesmo, a luta pela superação do modelo médico hegemônico é condição essencial para a reconstrução dos processos de trabalho em saúde na perspectiva da defesa da vida, em meio aos quais também se incluem os assistentes sociais.

Referências

ABESS/CEDEPSS. *Proposta básica para o projeto de formação profissional: novos subsídios para o debate*. Recife, PE, 1996.

ANTUNES, R. Adeus ao trabalho: Ensaio sobre as metamorfoses e a centralidade do mundo do trabalho. São Paulo: Cortez, 1995.

BRASIL. Lei Orgânica da Saúde de n. 8.080/90 e Lei Complementar de n. 8142/90. Ministério da Saúde. Assessoria de Comunicação Social. Brasília, 1991.

COSTA, M. D. H. da. Os serviços na contemporaneidade. In: FERNANDES, A. E. S. M. (org.). *A nova fábrica de consensos*. São Paulo: Cortez, 1998.

GONÇALVES, R. B. Processo de trabalho em saúde. Rio de Janeiro: Abrasco, 1990.

LAURELL, A. C. e NORIEGA, M. *Processo de produção e saúde: Trabalho e desgaste operário*. São Paulo: Hucitec, 1989.

MARX, K. Capítulo VI inédito de *O Capital*. São Paulo: Livraria Editora Ciências Humanas, 1978.

MERHY, E. E. O SUS e um dos seus dilemas de mudar a lógica do processo de trabalho (um ensaio sobre a micropolítica do processo de trabalho em saúde). In FLEURY, S. (org.). *Saúde e Democracia: a luta do Cebes*. São Paulo: Lemos Editorial, 1997.

MOTA, A. E. F. da. *A nova fábrica de consensos*. São Paulo: Cortez, 1998.

NETTO, J. P. *Capitalismo monopolista e Serviço Social*. São Paulo: Cortez, 1992.

NOGUEIRA, Roberto Passos. *O trabalho em serviços de saúde*. Adaptação do texto apresentado no seminário "O choque teórico", promovido pela Escola Politécnica Joaquim Venâncio. Rio de Janeiro, Fiocruz, 1991. (Mimeo.)

SSAP-RN. Encontro Estadual de Assistentes Sociais da SSAP-RN, 1987, Natal, RN. Relatório... Natal: Secretaria de Saúde Pública do Rio Grande do Norte, 1987.

Capítulo 8

A Formação dos Trabalhadores Sociais no Contexto Neoliberal. O Projeto das Residências em Saúde da Faculdade de Serviço Social da Universidade Federal de Juiz de Fora

Ana Maria A. Mourão*
Ana M. C. Amoroso Lima**
Auta I. Stephan-Souza***
Leda M. Leal de Oliveira****

1. A presença do neoliberalismo no Brasil

A partir da segunda metade da década de 80 do século XX ocorreu uma radical transformação na trajetória histórica do Brasil. Manifestou-se um abrangente processo de mudanças com seus devidos desdobramentos nas esferas econômicas, sociais e políticas e que atingiram sobremaneira a dinâmica social e suas correspondentes contradições.

---

* Mestre em Serviço Social pela UFRJ. Professora Assistente IV da FSS/UFJF. Coordenadora do Programa de Residência em Serviço Social/HU/UFJF.

** Professora associada da Faculdade de Serviço Social/UFJF. Doutora em Serviço Social pela UFRJ.

*** Doutora em Saúde Pública pela ENSP/FIOCRUZ. Professora Adjunta IV da Faculdade de Serviço Social/UFJF. Coordenadora da Residência do HU/UFJF.

**** Doutora em Educação pela UFRJ. Professora Adjunta IV da Faculdade de Serviço Social/UFJF. Coordenadora/Preceptora do Programa de Residência em Saúde da Família.

Trata-se de uma complexa conjuntura que o Brasil enfrentou e que se caracterizou pela combinação de efeitos de uma crise de relevantes proporções e de dimensões equivalentes. Contribuindo para aumentar o fenômeno ocorreu a transição do sistema político ditatorial, que perdurou no país por um período de 21 anos, para o sistema político democrático.

O desequilíbrio em escala mundial, os choques econômicos externos e a reestruturação produtiva do sistema internacional, acrescido do acelerado crescimento do endividamento externo e interno, colocaram por terra a estratégia do modelo de industrialização por substituição de importações e a política de ação estatal centralizada que lhe ofereceu sustentabilidade. Dessa forma, o caminho da modernização industrial implementado e dirigido pelo Estado brasileiro entre os anos de 30 e 70, ancorado na matriz estatista-desenvolvimentista, perdeu sua capacidade incremental.

O Estado desenvolvimentista, seguindo a dinâmica do capital, cedeu sua mão para o mercado como a instância societal mediadora por excelência e sacralizadora do Estado mínimo, em contraposição aos apontamentos do liberalismo clássico.

Deste modo, instalou-se a nova retórica de cariz neoliberal que preconizava o fortalecimento das funções do mercado e das crenças neoliberais que generalizaram uma posição anti-Estado, que rompia com a idéia do nacionalismo, vista como retrógrada, portanto, fruto de uma época que se esgotara e que estava fora dos padrões de um tempo novo.

Entrou em cena uma nova cartilha em que constavam lições modernas que evocavam conceitos como desestatização, reinserção no sistema internacional, abertura da economia, desregulamentação e privatização. Romper com o passado e construir um presente alinhado com as determinações da ordem econômica globalizada passaram a ser a meta maior do Estado no sentido de colocar o Brasil na corrida para o desenvolvimento nos moldes neoliberais.

Situações conjunturais dessa natureza, relacionadas ao novo padrão de expansão capitalista, ao mesmo tempo em que impõem ao país uma nova forma de estruturação, política, econômica e social se constituem, também, em estímulo à reflexão acerca do papel de atores importantes tanto na redefinição da nova ordem, como também daqueles que irão implementá-la, como, por exemplo, os operadores das políticas sociais. Entra-se, aqui, no campo das contradições em que se coloca em cena o debate sobre a capacidade de diferentes respostas a múltiplos problemas e desafios.

A título de ilustração, pode-se afirmar que um desses dilemas encontra-se, até o presente, na dificuldade de se equacionar a convivência de determinadas prerrogativas da Carta Magna brasileira, como aquela que assegura a toda a população a universalidade do acesso aos serviços e bens de proteção social, como os da educação e os da saúde, com o modelo político neoliberal inaugurado por Collor de Mello, no início da década de 1990 e dinamizado por Fernando Henrique Cardoso em seus dois mandatos presidenciais (1995-2002).

Mesmo garantidos pelas prerrogativas constitucionais, tais direitos sociais são permanentemente ameaçados, dado que ainda não foram integralmente instituídos.

Avançando para além da adesão ideológica ao neoliberalismo, há que se acrescentar o padrão de comportamento do corporativismo inerente ao empresariado, fruto da defesa de seus interesses mercantis e também de representativa parcela dos segmentos profissionais.

O Brasil tem sua tradição corporativa centrada na setorização de interesses financeiros e políticos que desconsidera a formulação de um programa de ação integrado, capaz de unificar os vários setores com finalidades correlatas em torno de objetivos comuns. A resultante desse tipo de comportamento é a fragmentação da articulação de interesses, determinando a falta de percepção da dimensão pública das demandas sociais.

Em síntese, tipos de estruturas desta natureza que remontam, como no caso da saúde, à reforma flexeriana de reforço à fragmentação e da especialização infinita, reduzem os estímulos à cooperação e formam lacunas de difícil transposição no processo de formação de quadros profissionais qualificados para atuar em áreas ocupacionais que têm por prerrogativa o trabalho interdisciplinar, dos quais a das políticas sociais é um bom exemplo.

O feitio compartimentalizado de abordar as questões relativas ao processo de profissionalização, enfatizando o enquadre especializado e diferenciado, constitui um estilo tópico de atendimento às demandas e ao mesmo tempo reforça a ausência de mecanismos aglutinadores e de instâncias agregadoras do saber e da intervenção. Por fim, culminam na ausência de uma agenda comum capaz de valorizar a dimensão pública do trabalho, notadamente naquele que se refere à atenção à saúde.

Pode-se afirmar, por outro lado, que as profundas mudanças de natureza econômica e social ocorridas no Brasil, a partir da segunda metade da década de 80, levaram ao surgimento de formas diversas de participação social que floresceram a margem das hostes corporativas, fragilizando-as em sua capacidade de representar os seus próprios interesses ao mesmo tempo em que reforçou posições plurais inseridas no conjunto das diversas entidades profissionais e na formação universitária.

O presente artigo propõe apresentar uma proposta alternativa à formação corporativista na área da saúde, especificamente na área das chamadas Residências em Saúde em que se abordará a inserção do Serviço Social neste campo formativo.

2. Apontamentos sobre a política de saúde brasileira

Muito embora a história da saúde pública brasileira tenha se iniciado em 1808, o Ministério da Saúde só veio a ser instituído no dia 25 de julho de 1953, com a Lei n. 1.920, que desdobrou o então Ministério da Educação e Saúde em dois ministérios: Saúde e Educação e Cultura.

A partir da sua criação, o Ministério da Saúde passou a encarregar-se, especificamente, das atividades até então de responsabilidade do Departamento Nacional de Saúde — DNS.

Na verdade, o Ministério limitava-se a ação legal e a mera divisão das atividades de saúde e educação, antes incorporadas num só ministério. Mesmo sendo a principal unidade administrativa de ação sanitária direta do Governo, essa função continuava, ainda, distribuída por vários ministérios e autarquias, como pulverização de recursos financeiros e dispersão do pessoal técnico, ficando alguns vinculados a órgãos de administração direta, outros às autarquias e fundações.

Três anos após a criação do Ministério, em 1956, surge o Departamento Nacional de Endemias Rurais, que tinha como finalidade organizar e executar os serviços de investigação e de combate à malária, leishmaniose, doença de Chagas, peste, brucelose, febre amarela e outras endemias existentes no país, de acordo com as conveniências técnicas e administrativas.

O Instituto Oswaldo Cruz preservava sua condição de órgão de investigação, pesquisa e produção de vacinas. A Escola Nacional de Saúde Pública incumbia-se da formação e aperfeiçoamento de pessoal e o antigo Serviço Especial de Saúde Pública atuava no campo da demonstração de técnicas sanitárias e serviços de emergência a necessitarem de pronta mobilização, sem prejuízo de sua ação executiva direta, no campo do saneamento e da assistência médico-sanitária aos estados.

No início dos anos 60, a desigualdade social, (marcada pela baixa renda *per capita* e a alta concentração de riquezas), ganha dimensão no discurso dos sanitaristas em torno das relações entre saúde e desenvolvimento. O planejamento de metas de crescimento e de melhorias conduziu ao que alguns pesquisadores, de caráter conservador, intitularam com a grande panacéia dos anos 60: o planejamento global e o planejamento em saúde. As propostas para adequar os serviços de saúde pública à realidade diagnosticada pelos sanitaristas progressistas tiveram marcos importantes, como a formulação da Política Nacional de Saúde em 1961, com o objetivo de redefinir a identidade do Ministério da Saúde e colocá-lo em sintonia com os avanços verificados na esfera econômico-social.

Outro marco da história da saúde no âmbito ministerial ocorreu em 1963, com a realização da III Conferência Nacional de Saúde — CNS. A Conferência propunha a reordenação dos serviços de assistência médico-sanitária e alinhamentos gerais para determinar uma nova divisão das atribuições e responsabilidades entre os níveis político-administrativos da Federação visando, sobretudo, a municipalização.

Em 1964, os militares assumem o poder e Raymundo de Brito, ministro da saúde, reitera o propósito de incorporar ao Ministério da Saúde a assistência médica da Previdência Social dentro da proposta de fixar um Plano Nacional de Saúde segundo as diretrizes da III Conferência Nacional de Saúde.

Com a implantação da Reforma Administrativa Federal, em 25 de fevereiro de 1967, ficou estabelecido que o Ministério da Saúde se responsabilizasse pela formulação e coordenação da Política Nacional de Saúde, que até então não havia saído do papel.

Ficaram afetas ao Ministério da Saúde as seguintes áreas de competência: política nacional de saúde, atividades médicas e paramédicas, ação preventiva em geral, vigilância sanitária de fronteiras e de portos marítimos, fluviais e aéreos, controle de drogas, medicamentos e alimentos e pesquisa médico-sanitária.

Ao longo de seus cinqüenta e três anos de existência, o Ministério da Saúde passou por diversas reformas na estrutura. Destaca-se a reforma de

1974, na qual as Secretarias de Saúde e de Assistência Médica foram englobadas, passando a constituir a Secretaria Nacional de Saúde, para reforçar o conceito de que não existia dicotomia entre Saúde Pública e Assistência Médica.

No mesmo ano, a Superintendência de Campanhas de Saúde Pública — SUCAM — passa à subordinação direta do Ministro do Estado, para possibilitar-lhe maior flexibilidade técnica e administrativa, elevando-se a órgão de primeira linha. Foram criadas as Coordenadorias de Saúde, compreendendo cinco regiões: Amazônia, Nordeste, Sudeste e Centro-Oeste, ficando as Delegacias Federais de Saúde compreendidas nessas áreas subordinadas às mesmas.

Foi instituído o Conselho de Prevenção Antitóxico, como órgão colegiado, diretamente subordinado ao Ministro de Estado.

No início da década de 80, foram gestadas as idéias ampliadas de saúde, sedimentando algumas demandas do paradigma de saúde, o qual privilegia a prevenção e a saúde pública, a gestão democrática dos serviços, a reavaliação da ética profissional e hegemonia do poder médico e as possibilidades de incorporar elementos significativos da prática multiprofissional.

Neste percurso histórico, ocorreram, ainda no final da década de 80 e início da década de 90, três fatos relevantes para a história da saúde no Brasil. O primeiro foi a promulgação da Carta Magna de 1988 que determinou ser dever do Estado garantir saúde a toda população. O segundo, em decorrência, foi a criação do Sistema Único de Saúde — SUS. E o terceiro, inaugurando a nova década (1990) foi a aprovação pelo Congresso Nacional da Lei Orgânica da Saúde que dispõe sobre o funcionamento do SUS.

No período de 1991 a 1994, Fernando Collor de Mello implementou uma política neoliberal sob o mote de enxugamento da máquina administrativa e de redução do Estado ao mínimo possível. Embora no discurso as limitações de gastos públicos devessem ser efetivadas com a privatização de empresas estatais, na prática a redução de gastos atingiu a todos os setores do governo, inclusive o da saúde. Neste aspecto, nunca é demais lembrar que a Constituição de 1988 garantiu a saúde como um direito de todos e dever do Estado.

Neste período, o governo começa a editar as chamadas Normas Operacionais Básicas (NOB's), que são instrumentos normativos com o objetivo de regular a transferência de recursos financeiros da união para estados e municípios, o planejamento das ações de saúde, os mecanismos de controle social, dentre outros. A primeira NOB foi editada em 1991, seguida da NOB/93 e NOB/96. Foi a primeira Norma que redefiniu toda a lógica de financiamento e, conseqüentemente, de organização do Sistema Único de Saúde — SUS, instituindo um sistema de pagamento por produção de serviços que permanece, em grande parte, vigorando até hoje.

Estados e municípios passaram a receber por produção de serviços de saúde, nas mesmas tabelas nacionais existentes para o pagamento de prestadores privados, impondo um modelo de atenção à saúde, voltado para a produção de serviços e avaliado pela quantidade de procedimentos executados, independentemente da qualidade e dos resultados alcançados.

A opção neoliberal que se tornou hegemônica no Brasil, no governo Cardoso (1995-2002), hoje relativamente embaçada no governo Lula da Silva (2003-2006), reviu, através da nomeada Reforma Gerencial do Estado, o papel do Estado e o seu peso na economia nacional, implementando a redução estatal para o chamado estado mínimo, (para o social, diga-se se passagem) e ampliando os espaços nos quais a regulação ocorre por força das relações de mercado.

A partir deste período até os tempos presentes muitas marchas e contra marchas ocorreram com a política de saúde no Brasil. A contra-reforma bresseriana abriu as portas para a iniciativa privada dominar a área da saúde que passou a ser tratada como mercadoria a ser negociada pelo empresariado do setor. A grande avalanche de planos privados de saúde, de cooperativas de serviços, de instalação de grandes e especializados hospitais privados, bem como a destinação de recursos públicos para custear tais empreendimentos, transformaram a política da saúde em uma prática remunerada e de restrito acesso à população.

A luta pela garantia do funcionamento do sistema público de saúde é hoje uma tarefa que se impõem ao movimento social (popular, sindical e parte do institucional), categorias profissionais, universidades públicas e instituições de serviços públicos de saúde, dentre outros, no sentido de cercear a abertura de novos mercados de saúde que impliquem a transferência da poupança pública para a iniciativa privada. Sabe-se que tal operação corresponde a uma relação custo/benefício altamente desvantajosa para o setor público que, embora detenha potencialidades de serviços de qualidade, são subjugados pela iniciativa do mercado. Este, por sua vez, tem no Estado a alavanca necessária para o desenvolvimento de seus investimentos comerciais.

Compete, portanto, à sociedade, através de sua face socialmente organizada, "acompanhar, traduzir, identificar e se posicionar, a cada momento em que determinada política setorial esteja sendo ameaçada. Ameaçada neste caso, significa a proposta de extinguir, ou a extinção, ou o cerceamento, do acesso a bens e serviços já assegurados, como direito, de forma universal, equânime, integral e de qualidade, para toda a população" (Rezende, 2000).

3. Singularidades da formação em saúde no Brasil: das residências médicas às residências multiprofissionais

A regulamentação do Sistema Único de Saúde (SUS), a partir da década de 90 no Brasil trouxe significativas mudanças tecnológicas, organizacionais e políticas, que passaram a exigir novas formas da organização do trabalho no campo da saúde, provenientes da hierarquização, descentralização e democratização, princípios deste sistema.

Estas mudanças imprimiram novas características aos processos de trabalho das diferentes profissões que atuam nesta área, entre elas a do Serviço Social, exigindo dos assistentes sociais o domínio das particularidades e dos fenômenos singulares da questão social na dimensão da saúde, em níveis municipal, regional e nacional.

Nesta direção e considerando a formação generalista dos assistentes sociais e sua inserção na área da saúde, tornou-se imprescindível afunilar conhecimentos peculiares da política de saúde, desde o movimento da Reforma Sanitária e seus desdobramentos, até o conhecimento epidemiológico, modelos tecnos-assistenciais, planejamento e gestão de serviços de saúde, entre outros.

A inserção dos assistentes sociais nos serviços de saúde, é importante pontuar, se dá na forma como a sociedade e seus empregadores recortam e compreendem as necessidades dos usuários, como organizam seus objetivos e que propostas de intervenção respondem as demandas e necessidades colocadas, pois o trabalho dos assistentes sociais não se realiza independente do contexto histórico, político e social que o determinam e o definem. Ao contrário, têm na conjuntura sócio-econômica, política e institucional, suas possibilidades e limites.

Neste quadro em que se coloca, a imperatividade de uma formação profissional especializada nas áreas do conhecimento e dos serviços, a Faculdade de Serviço Social/UFJF, através do seu núcleo de trabalho e seguridade social, apresentou a proposta de um programa de pós-graduação em Serviço Social, com ênfase na formação continuada, englobando dois projetos principais: um curso de especialização em saúde coletiva e a residência em serviço social, ambos iniciados em 1998.

A residência se constitui como uma forma de educação continuada na área de formação dos recursos humanos em saúde, tradicionalmente restrita à formação médica, desde os anos 50, como treinamento pós-graduado, ainda sem regulamentação oficial.

Regulamentada nos anos 70, a Residência Médica capacitou um grande número de especialistas e docentes no campo da medicina.

No início da década de 80, foram gestadas e ampliadas as concepções sobre o processo de saúde/doença, em que se privilegiou a prevenção e a saúde pública, a gestão democratizada dos serviços, a reavaliação da ética profissional, a hegemonia do poder médico e as possibilidades reais e concretas de incorporação de elementos significativos de recursos humanos na prestação da assistência à saúde.

Ainda ao longo desta mesma década, foram propostas alternativas ao modelo tradicional de atenção à saúde, decorrência do movimento da reforma sanitária. A construção dessas demandas — de outros saberes multidisciplinares ao processo de formação principalmente daquelas relativas à ética e à hegemonia do poder médico, fez emergir a necessidade de se rever a formação em recursos humanos das profissões que junto da medicina realizam o trabalho na área, tais como a enfermagem, a farmácia-bioquímica, a nutrição, o Serviço Social e a psicologia.

Estas profissões passam a demonstrar o interesse em intensificar sua formação, seguindo o modelo de aprendizado já institucionalizado de residência médica. Algumas experiências esparsas de residência se configuram, patrocinadas por programas financiados por fundações privadas, ou previdência social, num determinado período, limitado pela contenção de recursos, já que estes eram alocados sem as mesmas condições da residência médica, amparada por lei e prevista em orçamento federal.

Destacou-se neste cenário a importância do processo de mobilização dos profissionais de saúde em torno dos interesses coletivos, visualizando a determinação dos processos de saúde e doença. Todas essas propostas convergem para a VIII Conferência de Saúde, realizada em 1986, na qual a concepção de saúde como direito de cidadania e dever do estado foi definida, estabelecendo as bases da concepção de saúde da nova Constituição Federal de 1988.

4. A Residência em saúde na Faculdade de Serviço Social/UFJF em foco: presente e futuro

Há mais de vinte anos a Universidade Federal de Juiz de Fora vem desenvolvendo dois programas de residência; o primeiro em Medicina, patrocinado pelo Ministério da Educação — MEC — e o segundo em Análises Clínicas, custeado com recursos próprios da UFJF.

Na década de 80, algumas universidades brasileiras implantaram programas de Residências multiprofissionais incorporados à Residência Médica como Enfermagem, Nutrição e Serviço Social. Esses programas foram logo encerrados quando o MEC definiu o financiamento somente para a Residência Médica.

O interesse em ativar programas multiprofissionais motivou-nos a implantar a Residência em Serviço Social no Hospital Universitário da UFJF, na década de 90, por entender que esse projeto viria ampliar o trabalho do Serviço Social no Hospital Universitário (HU), até então bastante acanhado, restrito ao ambulatório e porta de entrada do hospital. Outra motivação traduziu-se na possibilidade de reavaliar a prática do Serviço Social no HU e fortalecer a formação continuada dos graduados.

Viabilizou-se então, a criação da Residência em Serviço Social, apreendida como um elemento da formação do trabalho coletivo, visto como espaço privilegiado de realização da complementaridade entre conhecimentos, além de aprimorar o processo de trabalho do Serviço Social, destacando as relações mútuas entre as profissões.

Em 1997, iniciada a Residência em Serviço Social, seu primeiro desafio foi o de construir o projeto da Residência com total isonomia em relação à Residência Médica e de Análises Clínicas, isto é, com idênticas cargas horárias, remuneração e responsabilidade, partindo dos moldes preconizados pelo MEC (a Comissão de Residência Médica/MEC reconhece apenas a Residência Médica), porém introduzindo a necessidade de incorporar as bases de trabalho coletivo, potencial que as profissões carregam de realizar trabalhos conjuntos na área da saúde.

Pretendia-se que a residência conjugasse, de modo igualitário, o *aprendizado e* a *assistência*, em um mesmo profissional para que esse, ao *aprender fazendo*, assegurasse o desenvolvimento do processo de trabalho. Esse processo deveria ser orientado por preceptores, visando tanto a qualificação profissional quanto a especialização em saúde. Durante a graduação, a ênfase na formação generalista não contempla com profundidade os espaços específicos de toda a gama dos campos de intervenção do Assistente Social e que podem ser preenchidas, no caso da política de saúde, com as discussões importantes do processo saúde e doença, facilitado no projeto de formação proporcionado pela Residência.

Algumas das razões históricas motivaram a Faculdade de Serviço Social a acreditar nessa forma de educação continuada. Primeira: o campo da saúde é aquele que mais demanda o trabalho dos assistentes sociais; segunda: a formação do Assistente Social é fundamentalmente generalista, devendo ser enriquecida por conhecimentos específicos que respondam aos desdobramentos da questão social, manifesta de diferentes modos nos campos de intervenção; terceira: a formação generalista no Serviço Social abrange um leque de conhecimentos centrados nas Ciências Sociais e apartados das Ciências Biológicas, o que demanda, durante a prática em saúde, a necessidade de incorporar conhecimentos teóricos que diretamente interliguem as discussões do processo saúde/doença relacionadas com as condições sociais.

A Residência em Serviço Social tem como horizonte a busca da formação interdisciplinar, comunicando idéias, integrando conceitos e construindo em conjunto, objetos de novas investigações. Esta residência pretende superar a presença justaposta das disciplinas profissionais que agem sem a integração de conceitos ou de projetos de trabalho, em que cada uma delas reproduz sua especificidade sem haver comunicação objetiva entre elas.

Pretende reforçar a *lógica da descoberta* como elemento nuclear para que haja predisposição para a busca do novo, do ponto de interseção e de afastamento entre os conceitos e os processos de trabalho. Para isso, tende a absorver os condicionantes desse processo, sinalizando para a busca de alternativas e propondo soluções viáveis, de acordo com a política de saúde.

Reafirma, inclusive, a necessidade da *abertura recíproca* significando disponibilidade dos profissionais para entender o discurso de outras disciplinas, assim como tornar acessível os conceitos, técnicas e procedimentos que reproduzem conhecimentos, atitudes e metodologias, induzindo ao abandono das posições meramente corporativas e refratárias ao convívio coletivo.

Recoloca a busca da comunicabilidade entre os profissionais que interagem no mesmo processo de trabalho, facilitando a *fecundação mútua*, buscando conhecer as bases teórico-conceituais e os axiomas próprios de cada formação disciplinar, que se cruzam cotidianamente no processo de trabalho em saúde, beneficiando o conjunto dos profissionais.

Pretende, gradativamente, através do entrelaçamento do fazer, eliminar o sentido meramente corporativo que historicamente foi plantado no interior do processo de trabalho em saúde, mas que já começa a dar alguns sinais de esvaziamento e romper com o formalismo comum entre disciplinas que teimam em preservar as atitudes de poder e mando.

O Curso de Especialização, que apresenta conteúdos comuns a todos os Residentes, é o primeiro passo para a conquista da integração. Esse Curso tem uma espinha dorsal composta pela grade de disciplinas indicadas pelo MEC e complementada por outras, com o objetivo de fortalecer o processo de trabalho. O programa enfatiza a política de saúde, a metodologia científica, a ética profissional e o processo de trabalho, contribuindo para que seja intensificada a integração, na perspectiva da formação do trabalho coletivo.

Nucleando o trabalho das diferentes profissões como equipe de saúde, estamos incrementando a formação interdisciplinar, integrando conceitos, metodologias de pesquisa e formas de trabalho que são assimiladas pelo conjunto das profissões que passam a reproduzir de um modo novo aquilo que vivenciam na prática cotidiana.

Para operacionalidade das ações do Programa de Residência em Serviço Social, os Assistentes Sociais Residentes são direcionados para atividades determinadas, dando cobertura a setores-chave do HU/UFJF.

No *primeiro ano*, cada Residente vivencia a rotina de uma Enfermaria — com atendimento aos usuários das enfermarias de Clínica Médica, Cirurgia, Pediatria e UTI, em nível individual e/ou coletivo — acompanhado por Assistente Social que supervisiona seu trabalho. O Residente (denominado R1) deve responder por todos os usuários internados na Enfermaria da qual se torna referência, conhecendo a história, o contexto social e suas necessidades de saúde, orientando-os, a partir das indicações terapêuticas realizadas pelos diferentes profissionais de saúde e oferecendo condições para ampliar o conhecimento sobre seus direitos. Este trabalho de educação e informação em saúde constitui um dos principais objetivos da Residência em Serviço Social, dada a sua importância na prevenção e promoção da saúde, na divulgação e criação de uma cultura de direitos junto aos usuários do SUS, na reflexão sobre o conceito ampliado de saúde a partir de suas condições de vida.

Este processo, denominado Abordagem Social, privilegia dados relativos às condições sanitárias, habitacionais, composição familiar, emprego, renda e responde pela necessidade de sistematizar informações sobre as condições de vida do usuário e sua família. Sua finalidade é conhecer as variáveis que interferem no processo saúde/doença, no diagnóstico e tratamento, a fim de agilizar o fluxo de informações e a comunicação entre o serviço e a família do usuário para impulsionar a resolução de problemas emergentes no decorrer do processo de prestação de serviços.

Outro espaço privilegiado para o trabalho de educação em saúde, desenvolvido pelo Residente, são os projetos interdisciplinares realizados em cada enfermaria com os pacientes e/ou acompanhantes.

No primeiro ano, os Residentes realizam plantões diários, pela manhã e noite, junto à recepção do HU, onde interpretam normas e rotinas e preparam o processo de internação dos usuários. Este processo consiste em acolhê-los, orientá-los sobre todos os serviços oferecidos pelo hospital, estabelecer um primeiro contato com a realidade social do usuário para levantar as possíveis demandas ao Serviço Social.

Os Residentes do primeiro ano são também responsáveis pelos estagiários graduandos da Faculdade de Serviço Social, contribuindo efetivamente no processo de formação profissional no campo da saúde.

No segundo ano, durante seis meses, os Residentes (denominados R2) são direcionados às Unidades Básicas de Saúde (UBS) do Município, para vivenciar o processo de gestão institucional, de documentação, de trabalhos educativos, de conhecimento do processo de territorialização e das condições epidemiológicas da população, do potencial de realização de pesquisas e do processo de trabalho dos diversos profissionais, tendo em vista a viabilidade da aproximação interdisciplinar e formação do trabalho coletivo.

Outra atividade proposta aos R2 é a participação nos projetos existentes nos ambulatórios do hospital. Cada Residente fica responsável por dois ou três projetos, compondo suas equipes e trabalhando, junto com os profissionais de outras áreas da saúde, o que oportuniza o exercício dessa integração entre os saberes específicos de cada profissional.

Todas essas atividades desenvolvidas pelos Residentes são acompanhadas de supervisão realizada pelo preceptor, docente durante seu processo de formação. Compete ao preceptor proceder às amarras teórico-práticas, orientar as pesquisas e elaborar artigos, discutir os casos sociais e as atividades grupais, articular as discussões sobre as doenças prevalentes, enfim contribuir para dar organicidade ao processo da Residência. O trabalho da Preceptoria se completa com a expressiva parceria dos Coordenadores e Assistentes Sociais pertencentes ao corpo de profissionais dos projetos nos quais os residentes se inserem, abordando seus objetivos, público-alvo e metodologia. Todos os projetos são registrados em órgão competente da UFJF, sendo alocados, em sua maioria, na área de Extensão Universitária ou na modalidade de Treinamento Profissional.

É importante pontuar que estes projetos têm por fundamentação elementos da metodologia da educação em saúde e busca incessantemente a prática interprofissional, vislumbrando a perspectiva interdisciplinar.

Atenção integrada às famílias das crianças internadas na Pediatria do HU

Desenvolvido por uma equipe multiprofissional formada por profissionais e estagiários de Serviço Social, Enfermagem, Psicologia, Medicina, Odontologia e Artes. Desenvolve um projeto dedicado aos acompanhantes das crianças internadas e tem por finalidade trabalhar os elementos próprios do processo saúde-doença das crianças através de ações programadas conjuntamente.

DST/AIDS — Na mira da prevenção

Projeto desenvolvido na Enfermaria Medicina de Homens, trabalhando temas como Sexualidade, Relação de Gênero, DST/AIDS, privilegiando a Metodologia de Educação em Saúde, através de Oficinas de Vivência, buscando facilitar a integração entre pacientes internados em leitos DIP

(Doenças Infecto-parasitárias) envolvendo, também, a participação de todos os acompanhantes; conjugando saber popular e científico. Os encontros são realizados semanalmente, desenvolvidos por uma equipe interdisciplinar composta por: Serviço Social, Enfermagem e Psicologia.

Fala, mulher

Este projeto acontece na Enfermaria Medicina de Mulheres como um espaço de socialização de informações sobre o processo de saúde da mulher internada e dos acompanhantes. Tem como objetivo criar um espaço de troca entre usuárias e profissionais de Enfermagem, Serviço Social e Psicologia. São realizados grupos educativos semanais onde são abordados temas de interesse das mulheres referentes ao estado saúde e doença e período de internação tais como: contracepção, relação familiar, autocuidado, direitos do trabalho e seguridade social entre outros temas cotidianos que afetam o universo feminino.

Momento cirúrgico

Projeto desenvolvido na Enfermaria Cirúrgica feminina e masculina. Tem por objetivo desenvolver o processo de Educação em Saúde propondo garantir aos usuários e acompanhantes o acesso à informação, contribuindo como sujeitos no processo saúde-doença e multiplicadores dos conteúdos trabalhados.

Projeto HUMANIZAR: o resgate da cultura no espaço hospitalar

Consiste em propiciar um maior contato dos pacientes internados no HU/UFJF e acompanhantes com os bens culturais produzidos pela sociedade.

O Projeto HUMANIZAR é realizado quinzenalmente, aos sábados, tendo por atrações grupos de dança, teatro, música, dentre outros, que se apresentam resgatando as múltiplas faces das manifestações culturais tendo em vista favorecer o restabelecimento do cuidado e o incentivo à promoção da saúde.

Projetos Desenvolvidos por R2 em Ambulatórios

Atenção Interdisciplinar aos Pacientes em Controle da Hanseníase: uma Proposta de Educação em Saúde

Este projeto justifica-se pela exigência de medidas que são compartilhadas por uma equipe de profissionais. Para contribuir de forma eficaz para o controle da doença nesta região do sudeste mineiro.

Controle do Tabagismo

Este projeto visa propiciar discussões sobre a dependência do tabaco (malefícios e comprometimento à saúde) junto à população que utiliza os serviços do Hospital Universitário. Para tanto, dispõe de uma equipe multidisciplinar composta por profissionais das áreas de Enfermagem, Medicina, Psicologia e Serviço Social.

Um dos principais objetivos do projeto é a construção no HU de um "Núcleo de Apoio ao Tabaco-Dependente" que seja referência para a cidade e região no que tange ao tratamento de tal dependência.

De Peito Aberto

Programa de prevenção e acompanhamento integrado do câncer de mama: proposta de caráter interdisciplinar, envolvendo profissionais de Enfermagem, Fisioterapia, Medicina, Psicologia e Serviço Social. No desenvolvimento do trabalho a equipe atua na assistência junto às mulheres e suas famílias nos momentos de prevenção, diagnóstico e tratamento do câncer de mama.

Florescer

Este é um Programa formado por uma equipe multiprofissional (Medicina, Enfermagem, Psicologia, Serviço Social, Fonoaudiologia, Nutrição, Fisioterapia), que presta assistência a crianças prematuras ou que tiveram alguma complicação durante o parto, tendo passado por UTI neonatal.

Viver Melhor: Assistência Integral à Mulher

Tem como objetivo prestar assistência integrada às mulheres que se encontram na fase do climatério, sendo estas atendidas por uma equipe multiprofissional composta por profissionais de Serviço Social, Medicina, Educação Física e Psicologia.

Um dos principais objetivos do projeto é a criação de espaços coletivos de troca de experiências e de informações entre usuários e profissionais, através de grupos semanais, onde são desmistificadas várias questões sobre o climatério e saúde da mulher.

O presente hoje da Residência em Serviço Social, além do já anteriormente citado quanto aos projetos em curso no interior do HU/UFJF, é contemplar as dimensões *assistenciais e preventivas* na direção inculcada pelo programa, quando oferece seu trabalho junto aos usuários que já desenvolveram a doença nas enfermarias e ambulatórios e na prevenção de processos mórbidos, orientando todos os aspectos já conhecidos para evitar-se a instalação das doenças. As discussões evoluem das condições de trabalho e moradia e passam pelo conjunto de situações estruturais e conjunturais que cercam os problemas que levam à instalação dos agravos e doenças potencialmente evitáveis.

Percebe-se, ainda, que há muitas coisas cindidas, fragmentadas, partidas que se considera importante recompor. Entre elas, pode-se citar a fragilidade da aplicação dos princípios do SUS. Há barreiras institucionais a serem transpostas como, por exemplo, a dinâmica da agenda hospitalar que, muitas vezes, retém usuários que poderiam retornar às Unidades Básicas de Saúde, o que leva ao estrangulamento das agendas e, conseqüentemente, à exclusão de usuários.

No campo político, vê-se que o processo de *descentralização* — sendo o princípio do SUS que mais resposta obteve — precisa ser ainda integralizado, assim como o *controle social* que está longe de ser observado pelo conjunto da população. Por estarem apartados dos efeitos do processo de educação em saúde, precisam ser removidos desse estágio inicial, passando a fiscalizar efetivamente os rumos da política de saúde em todos os níveis, garantindo o direito da população à saúde e à cidadania.

O futuro da Residência em Serviço Social que integra a rede de cuidados pode ser, tomando emprestado as reflexões de Cecílio e Merhy:

"a atenção integral de um paciente no hospital, o esforço de uma abordagem completa, holística, portanto integral, de cada pessoa portadora de necessidades de saúde que, por certo período de sua vida, precisasse de cuidados hospitalares" (Cecílio e Merhy, 2003: 197).

O autor apresenta o *cuidado como síntese de múltiplos cuidados* e a Residência em Serviço Social, junto com aquelas que têm tradição no universo hospitalar, estão presentes para o exercício da conjugação dos vários saberes na definição dos projetos terapêuticos que bem podem expressar essa síntese.

A Residência em Serviço Social quer contribuir com as *linhas de produção do cuidado como estratégia gerencial* com o intento de criar mecanismos que contribuam para a administração de novas práticas cotidianas do hospital.

No momento em que a UFJF constrói uma nova unidade hospitalar de referência para a cidade de Juiz de Fora, o Centro de Atenção à Saúde/ CAS, esta estratégia poderá vir a constituir-se em espinha dorsal da política a ser implementada.

5. Residência em Saúde da Família — a formação em serviço do assistente social

> *"Jamais pude entender a educação como uma experiência fria, sem alma, em que os sentimentos e as emoções, os desejos, os sonhos devessem ser reprimidos. Exatamente assim é que vejo os professores e os alunos, serem com alma, sonhos, emoções e desejos, ávidos por ensinar e aprender".*
>
> Paulo Freire

A saúde está na pauta de reivindicações dos brasileiros, em especial a partir de meados da década de 70 do século passado, quando os movimentos populares urbanos pelo direito e acesso à saúde floresceram e se fortaleceram. Data deste período o Movimento da Reforma Sanitária que, numa ação conjunta entre grupos intelectuais e profissionais com os movimentos populares pela saúde, trouxe como principal bandeira a luta pela democracia e pela conquista de direitos.

Foi a partir deste conjunto de forças políticas e socais que o direito a saúde foi reconhecido constitucionalmente na Carta Magna de 1988. De lá para cá muito se avançou — a reforma do Estado no setor foi efetivada, a descentralização foi assegurada, foram criados mecanismos de controle social e participação etc. —, porém para a maioria dos brasileiros o acesso à atenção a saúde de qualidade ainda não se concretizou como um direito real.

As justificativas para este quadro são variadas, sendo a falta de recursos a que sobressai quando o assunto é a iniqüidade e as dificuldades de acesso da população aos serviços de saúde. Não minimizando a questão dos recursos que certamente remete a um longo debate sobre o financiamento em saúde, há entre diversos estudiosos reflexões que apontam a mudança no modelo de atenção como um dos principais pilares para a efetivação e consolidação do Sistema Único de Saúde (SUS) nos moldes como foi idealizado e aprovado na Constituição Federal de 1988.

Foi, sob esta ótica, que o Ministério da Saúde (MS) concebeu em 1994, o Programa Saúde da Família (PSF) com o objetivo de proceder: à reorganização da prática assistencial em novas bases e critérios, em substituição ao modelo tradicional de assistência orientado para a cura de doenças e no hospital. A atenção está centrada na família, entendida e percebida a partir do seu ambiente físico e social, o que vem possibilitando às equipes da família uma compreensão ampliada do processo saúde/doença e da necessidade de intervenções que vão além das práticas curativas (Ministério da Saúde, 1998: 1).

O PSF surge assim como uma possibilidade concreta de reorientação do modelo assistencial em saúde. Mudar o modelo de atenção à saúde historicamente orientado para a cura de doenças e no hospital constitui-se em um desafio. Desafio que se manifesta no desejo, na luta e criação de estratégias políticas econômicas e sociais comprometidas com um projeto de atenção à saúde includente, eficaz e de qualidade. Dentre os desafios para a implementação de mudanças no modelo de atenção está a questão dos recursos humanos.

O Ministérios da Saúde, ciente da inadequação dos recursos humanos disponíveis e em formação para a consolidação do PSF, incentivou o desenvolvimento de Programas de Residência em Saúde da Família em todo o território nacional. Juiz de Fora, através da Universidade Federal de

Juiz de Fora (UFJF), participou do processo licitatório desenvolvido pelo MS apresentando a Proposta Técnica para Residência em Saúde da Família, aprovada no ano de 2001.

A Residência em Saúde da Família (RESF), implantada em 2002 é coordenada pela Faculdade de Serviço Social, Faculdade de Enfermagem, Faculdade de Medicina e Núcleo de Assessoria, Treinamento e Estudos em Saúde (NATES/UFJF), sendo que as três primeiras são responsáveis pela coordenação acadêmica e a última pela coordenação gerencial. Com um caráter multiprofissional, envolvendo Assistentes Sociais, Enfermeiros e Médicos está centrada no treinamento em serviço tendo como objetivo "formar profissionais de saúde para desempenharem suas atividades profissionais em Unidades Básicas de Saúde na Estratégia Saúde da Família, através de ações de abordagem coletiva e de abordagem clínica individual" (Matriz de Acompanhamento e Avaliação, 2002: 4-5).

Pautando-se no compromisso de formar profissionais competentes, criativos e resolutivos a Residência tem direcionado o processo de formação para o trabalho no sentido de desenvolver "a reflexão crítica, análise, síntese e a aplicação de conceitos voltados para a efetiva construção de conhecimentos baseando-se em metodologias passíveis de provocar mudanças de comportamento profissional e de aplicabilidade imediata nos serviços" (Universidade Federal de Juiz de Fora (Proposta Técnica para a Residência em Saúde da Família), 2001: 8).

Quando foi criada a RESF disponibilizava 18 vagas distribuídas entre Assistentes Sociais (6), Enfermeiros (6) e Médicos (6). A partir de 2004, as vagas foram ampliadas para 21, divididas eqüitativamente entre as três categorias. Para o acompanhamento do processo de formação destes residentes há uma equipe de preceptores acadêmicos e de serviço. A preceptoria acadêmica é composta por um docente de cada categoria profissional que, através de um trabalho multiprofissional e interdisciplinar, busca assegurar apoio técnico/científico ao conjunto de preceptores de serviço e equipes de residentes em saúde da família. Formada por profissionais que realizam os trabalhos nas Unidades Básicas de Saúde da Família, a preceptoria de serviço é responsável pelo acompanhamento/supervisão no cotidiano do trabalho dos residentes, buscando garantir o conhecimento técnico/científico das profissões envolvidas e contribuir para a resolutividade das ações programáticas e emergenciais.

Três Unidades de Saúde da Família sediam a RESF: Parque Guarani, Progresso e Santa Rita. O critério utilizado para a seleção das Unidades foi não possuírem ainda o Programa de Saúde da Família e o interesse manifesto dos Conselhos Locais de Saúde de implantar o Programa.

A RESF tem duração de 2 (dois) anos, em tempo integral (60 horas semanais), totalizando 5.520 horas. A formação dos Residentes ocorre na participação direta nas equipes de saúde da família de cada Unidade de Saúde, em estágios nos níveis secundário e terciários de atenção e, ainda, através do Curso de Especialização em Saúde da Família.

No Curso de Especialização em Saúde da Família, o Residente participa do módulo teórico-didático que aborda cinco áreas temáticas. As áreas definidas na Matriz de Acompanhamento e Avaliação (2002: 9) contemplam os conteúdos:

- Área Temática 1: Atenção Primária à Saúde (APS) — aborda os princípios e diretrizes do SUS e Programa Saúde da Família. Discute o enfoque diferenciado da Saúde da Família, incluindo o método clínico na atenção primária, as ferramentas de trabalho em Saúde da Família, a consulta integrada, a visita domiciliar. Disponibiliza espaço para reflexão sobre integralidade, participação popular e controle social na saúde.

- Área Temática 2: Intervenção no Processo Saúde-Doença (IPSD) — aborda o processo de vida de forma contextualizada, considerando a inserção do indivíduo na família e na comunidade. Levando em conta os principais fatores de risco e estratégias de enfrentamento dos problemas de saúde propõe reflexões sobre a promoção da saúde, bem como a prevenção das doenças em todos os níveis. Possibilita a capacitação técnica dos profissionais para o desempenho eficaz, eficiente e efetivo de suas atividades clínicas e condutas, dentro de um sistema de saúde integrado e hierarquizado, trabalhando sua integração na equipe multiprofissional.

- Área Temática 3 — Epidemiologia (EPI) — aborda os fundamentos do método epidemiológico, a partir de suas contribuições para o desenvolvimento das ciências da saúde. Explorando as interlocuções com a saúde pública e a medicina preventiva, o curso discorre sobre o diagnóstico da saúde e da comunidade, as principais medidas do estado de saúde, os fundamentos da bioestatística e o uso da informática como instrumento facilitador de sua prática, subsidiando o planejamento e a avaliação de serviço. Aborda também o uso da epidemiologia para melhorar o diagnóstico, o prognóstico e as intervenções no processo saúde-doença. Apresenta os principais enfoques e desenhos de estudos epidemiológicos, capacitando os profissionais para a adequada apreciação da literatura científica disponível, com ênfase na busca de evidências clínico-epidemiológicas pertinentes à sua prática.

- Área Temática 4 — Administração das Unidades de Saúde (AUS) — propicia o envolvimento e participação dos profissionais na sistematização das ações coletivas de saúde numa perspectiva contínua de avaliação, planejamento, execução e reavaliação, buscando eficácia e eficiência na assistência à saúde. Discute e aplica a metodologia do Programa Avançado de Gerência em Atenção Primária em Saúde (PAG-APA).

- Área Temática 5 — Capacitação Pedagógica (CP) — promove a discussão sobre as concepções pedagógicas e a sua utilização no processo de ensinar e aprender. Instrumentaliza para a execução da pedagogia da problematização a partir da análise das práticas educativas voltadas para as crianças, jovens e adultos no sentido de construir seus conceitos visando torná-los responsáveis e transformadores efetivos de suas realidades. Incentiva, discute e reflete sobre as práticas educativas em saúde e trabalho em equipe, aprofundando a relação entre os profissionais que desenvolvem o trabalho em saúde.

A metodologia da problematização permeia todo o processo de formação dos residentes, quer no treinamento em serviço, quer no Curso de Especialização. Acredita-se que esta metodologia centrada na reflexão do cotidiano estimula um processo de busca de novos e diferentes saberes que compõem e possibilitam uma (re)construção desse cotidiano, que é dinâmico e provisório. Segundo Bordenave e Pereira (1995), a utilização desta metodologia possibilita desenvolver habilidades de observação, análise, avaliação, cooperação entre os membros do grupo e superação de conflitos, além de possibilitar o desenvolvimento de tecnologias culturalmente compatíveis.

6. Residência em saúde da família — espaço de formação e debate sobre o saber/fazer profissional do assistente social no Programa Saúde da Família

O processo de formação do Assistente Social na RESF tem como eixo norteador o projeto ético político da profissão. A proposta pedagógica vislumbra qualificar profissionais comprometidos com a atenção integral e a construção do trabalho coletivo em saúde, fortalecendo e potencializando novas lógicas de cuidar e assistir os usuários dos serviços de saúde.

É na perspectiva da atenção integral que o profissional de Serviço Social estrutura seu processo de trabalho no interior das equipes de saúde. Com uma abordagem individual e coletiva constrói sua prática na perspectiva do direito e da ampliação da cidadania contribuindo, com um aporte teórico metodológico sobre o processo saúde-doença, para o avanço das reflexões e possibilidades de atuação interdisciplinar no cuidado à saúde.

O Programa Saúde da Família compreendido como estratégia estruturante de mudança no modelo assistencial do SUS tem requerido dos profissionais de saúde o desenvolvimento de novas competências e habilidades para o trabalho. Exigências que se manifestam na ampliação "da capacidade de diagnóstico, de solução de problemas, de tomada de decisões, de intervir no processo de trabalho, de trabalhar em equipe de se auto-organizar e enfrentar situações em constantes mudanças" (Farah et al., 2005: 7).

Foi na perspectiva de refletir sobre essas novas exigências que o grupo de preceptores das três categorias (acadêmicos e de serviço) da RESF definiu, para o conjunto de profissionais que atuam nas Unidades de Saúde e que participam da Residência, as competências e habilidades necessárias para uma intervenção comprometida com os princípios e diretrizes do PSF.

A definição das competências ocorreu a partir de um amplo processo de discussões ocorrido durante o ano de 2004. As discussões culminaram com a elaboração do documento "Competências e Habilidades" que tem, a partir de então, orientado o processo de formação dos Residentes.

Pensando o núcleo profissional do Serviço Social como um conjunto de práticas e saberes amplos que se complementam na interlocução com outras categorias profissionais e no próprio cotidiano do trabalho, o grupo de Preceptores do Serviço Social identificou um conjunto de habilidades e conhecimentos necessários a serem adquiridos e/ou fortalecidos, já que muitos deles já foram completados na graduação, no sentido de direcionar a formação do Assistente Social no âmbito da RESF.

A discussão em torno das habilidades e conhecimentos necessários ocorreu tendo como referência os eixos de competência definidos nas Diretrizes Curriculares para os Cursos da Área de Saúde: Atenção à Saúde, Tomada de Decisões, Comunicação, Liderança, Administração e Gerenciamento e Educação Permanente/Pesquisa. Assim, no documento "Competências e Habilidades" (Farah et al., 2005: 48-54) definiu-se que o Residente em Serviço Social na RESF deve estar habilitado a:

- Avaliar as condições sociais do usuário emitindo parecer social, elaborando diagnóstico social;
- Elaborar síntese social familiar;
- Acompanhar as famílias e/ou usuários que apresentem riscos sociais ou decorrentes do cuidado;
- Orientar e encaminhar as famílias e/ou usuários para recursos sociais quando necessário;
- Orientar e encaminhar as famílias e/ou usuários aos benefícios sociais;
- Identificar redes de apoio para viabilizar atendimento das demandas dos usuários e/ou familiares;
- Desenvolver propostas de atendimento em grupo para os usuários e família;
- Estabelecer parcerias institucionais que possibilitem atender adequadamente as demandas das famílias, usuários e comunidade;
- Fornecer orientações de educação em saúde a família, usuários e comunidade;
- Estabelecer vias de comunicação participativa com as famílias e/ou usuários;
- Identificar os principais problemas que afetam a saúde das famílias, usuários e comunidades;
- Reconhecer os determinantes fundamentais da qualidade de vida, trabalho/renda e consumo de bens e serviços;

- Reconhecer as características ambientais, socioeconômicas e culturais que interferem no processo saúde-doença;
- Realizar ações de promoção dirigidas a grupos ou segmentos populacionais alvo dos programas institucionais de saúde;
- Identificar os problemas e necessidades de saúde da comunidade, particularizando grupos mais vulneráveis e implementar ações de promoção, proteção e recuperação da saúde de caráter coletivo e no âmbito da atenção primária;
- Realizar visitas domiciliares;
- Estabelecer parcerias institucionais (organizações governamentais e não-governamentais na comunidade e região), que possibilitem atender adequadamente as demandas das famílias/usuários e comunidades;
- Participar de discussões de casos elaborando ações interdisciplinares para acompanhamento dos usuários;
- Oferecer subsídios às equipes de saúde para compreensão dos aspectos sociais que envolvem a situação do usuário e/ou família;
- Estimular a participação da comunidade nos conselhos de saúde;
- Fomentar as discussões sobre os direitos fundamentais de cidadania;
- Promover a mobilização social em parceria com lideranças comunitárias em torno das demandas e necessidades de saúde;
- Utilizar princípios e meios de comunicação para interagir com a equipe e comunidade;
- Assessorar os conselhos locais e regionais de saúde;
- Fortalecer os grupos organizados das comunidades;
- Identificar novas lideranças comunitárias;
- Estabelecer uma relação de compromisso AS/usuário;
- Consolidar, analisar e divulgar mensalmente os dados gerados pelo sistema de informações;
- Elaborar e consolidar plano de trabalho;
- Organizar o trabalho com base na programação do serviço tomando por referência critérios como eficiência/eficácia e efetividade;

- Identificar e a aplicar instrumentos de avaliação da prestação de serviços, cobertura, impacto e satisfação;
- Manejar e utilizar os sistemas de informação em saúde;
- Montar e operar banco de dados;
- Contribuir para o efetivo funcionamento dos sistemas de referência;
- Participar da implementação, controle e avaliação dos programas oficiais para a atenção básica;
- Desenvolver e participar da orientação e implementação de atividades de capacitação de pessoal de vários níveis e de educação continuada e permanente para a equipe de saúde;
- Produzir conhecimentos, através de estudos e pesquisas;
- Acessar as grandes bibliotecas virtuais e realizar leitura crítica de artigos científicos;
- Realizar estudos e levantamentos que identifiquem os determinantes do processo saúde-doença de grupos populacionais, famílias e usuários;
- Registrar atendimentos individuais e coletivos.

No que diz respeito aos conhecimentos necessários foi estabelecido que o Residente deve dominar conteúdo que versem sobre:

- Técnicas de entrevista e abordagem ao usuário, família e comunidade;
- Conjuntura socioeconômica e política;
- Legislação social e previdência social;
- Técnicas de visita domiciliar;
- Metodologias de avaliação de condições de vida e saúde, com base em indicadores que expressem incidência e prevalência de doenças, de situações fisiológicas e de condições de vida (demográficos e socioeconômicos);
- Metodologias de identificação de demandas e seleção de prioridades;
- Noções básicas sobre a estrutura e funcionamento do corpo humano (anatomia e fisiologia) e alterações decorrentes de processos mórbidos (fisio-patologia);

- Código de Ética Profissional;
- Política Nacional, Estadual e Municipal de Saúde;
- Estatuto da Criança e do Adolescente;
- Política Nacional do Idoso;
- Previdência Social;
- Procedimentos de suporte básico de vida para os casos de urgência e emergência;
- Recursos disponíveis na rede (serviços especializados, medicamentos, exames complementares, insumos, materiais educativos etc.);
- Normatizações e protocolos vigentes no SUS (protocolos dos programas institucionais de promoção da saúde e qualidade de vida de grupos populacionais ou risco: criança, adolescente, gestante, idoso, hipertenso, diabético, usuário de droga, dentre outros);
- Protocolos e fluxogramas de encaminhamentos na rede de serviços;
- Família contemporânea: os novos arranjos familiares, os processos de empobrecimento e marginalização da família;
- Ferramentas em saúde da família (Genograma, Ciclo de Vida, FIRO, PRACTICE, dentre outros);
- Formas e mecanismos de reação do ser humano ao processo saúde-doença e seus determinantes;
- Princípios de cidadania e solidariedade no relacionamento serviço de saúde/comunidade;
- Concepção da determinação social do processo saúde-doença;
- Contexto socioeconômico e cultural do usuário e saber correlacionar dados e informações de acordo com sua realidade;
- Fundamentos e técnicas de comunicação aplicados à saúde;
- Teoria dos movimentos sociais;
- Teorias sobre participação popular e controle social;
- Teorias de educação popular e saúde;
- Teorias de relacionamento interpessoal;
- Teorias de recursos humanos;
- Teorias de planejamento, administração e gerência em saúde;

- Fundamentos de economia do trabalho aplicados à gerência do trabalho em saúde;
- Metodologia de avaliação dos serviços de saúde;
- Estruturação e funcionamento da rede de serviços de saúde;
- Fundamentos e técnicas de informática aplicadas à saúde;
- Sistemas de informação de saúde (SIM, SINASC, SINAN, SIAB, dentre outros);
- Organograma da instituição onde atua;
- Protocolo para elaboração de plano de atividades. Identificação de objetivos, meios e recursos, formulação de propostas de intervenção, considerando custos, eficiência, eficácia, efetividade e viabilidade das ações;
- Dinâmica do trabalho em equipe e as atribuições das diferentes categorias profissionais;
- Dinâmicas de grupo;
- Ferramentas para viabilizar pesquisas na Web;
- Metodologias de investigação científica;
- Código de Bioética.

Atuar no sentido de assegurar o desenvolvimento das habilidades elencadas, bem como dos conhecimentos necessários para tal, tem se constituído em grande desafio para os preceptores (acadêmico e de serviço) responsáveis pela formação do profissional de serviço social na RESF. A expectativa é que tendo como referência este conjunto de habilidades/conhecimentos possamos desenvolver um processo educativo comprometido com o direito do usuário à saúde, com uma assistência de qualidade, resolutiva e equânime.

A participação do Serviço Social na RESF tem representado um momento ímpar de ampliação e fortalecimento da formação dos profissionais. Os espaços oportunizados pela Residência (reuniões com preceptores, grupo de estudos, oficinas, seminários etc.) significam para Residentes e Preceptores uma rica oportunidade de aprendizagem, socialização de informações, troca de experiências, amadurecimento e construção de novas práticas e saberes da profissão.

Referências

BORDENAVE, J. D. e PEREIRA, A. M. P. *Estratégias de ensino-aprendizagem*. Petrópolis: Vozes, 1995.

CECÍLIO, I. C. O. e MERHY, E. E. A integralidade do cuidado como eixo da gestão hospitalar. In: *A construção da Integralidade: Cotidiano, saberes e práticas em saúde*. Rio de Janeiro: Abrasco, 2003.

UNIVERSIDADE FEDERAL DE JUIZ DE FORA (FACULDADE DE SERVIÇO SOCIAL, FACULDADE DE MEDICINA, FACULDADE DE ENFERMAGEM, NÚCLEO DE ASSESSORIA, TREINAMENTO E ESTUDOS EM SAÚDE — NATES/UFJF). *Proposta técnica para a residência em saúde da família*. Juiz de Fora: 2001. (Mimeo.)

FARAH, B. et al. *Competências e habilidades*. Juiz de Fora: Faculdade de Serviço Social, Faculdade de Enfermagem, Faculdade de Medicina, Núcleo de Assessoria, Treinamento e Estudos em Saúde/UFJF, 2005. (Mimeo.)

MINISTÉRIO DA EDUCAÇÃO E CULTURA. *Diretrizes Curriculares para os Cursos da Área de Saúde*. Brasília, 2001.

MINISTÉRIO DA SAÚDE. *Programa Saúde da Família*. Brasília, 1998.

PAULO FREIRE. *Pedagogia do oprimido*. Rio de Janeiro, Paz e Terra, 2. ed., 1975.

REZENDE, C. *Reforma Gerencial do Estado Brasileiro e o SUS*. In Encontro de Profissionais de Saúde. 2000. Betim, 2000. Palestra proferida.

UNIVERSIDADE FEDERAL DE JUIZ DE FORA/PROGRAMA DE RESIDÊNCIA NA SAÚDE DA FAMÍLIA. Matriz de acompanhamento e avaliação — Residência na Saúde da Família. Juiz de Fora, 2002.

3ª PARTE

Pesquisa e Sistematização do Trabalho Profissional

Capítulo 1

Orientações Básicas para a Pesquisa

Regina Maria Giffoni Marsiglia*

1. Prática profissional e pesquisa

A teoria é um conhecimento organizado, sedimentado, que muito embora tenha partido da realidade concreta, passou por um complexo processo de sucessivas abstrações, que ao mesmo tempo o faz distanciar-se do concreto imediato e poder explicar uma realidade mais ampla, concentrando-se em apontar os elementos essenciais de um objeto construído nesse processo de generalização e abstração.

A pesquisa é uma das formas de se produzir conhecimento, que foi se estruturando com o tempo, criando seus objetos e métodos, definindo as relações que os pesquisadores devem estabelecer com seus objetos de conhecimento, em um processo de discussão profundo e polêmico entre os cientistas.

Mas a prática profissional representa uma das possibilidades de se produzir conhecimento também. Alguns preferem denominar esta produção como um tipo de saber, e na pós-graduação de algumas áreas mais profissionalizadas, como é o caso do Serviço Social, tem-se valorizado o saber que se origina do fazer profissional.

O que é pesquisar para nós? Achamos que a pesquisa e a produção de conhecimento só podem ser desenvolvidas na Universidade ou nas Insti-

---

* Professora Adjunta da Faculdade de Ciências Médicas da Santa Casa de São Paulo. Assistente Social e Socióloga. Assistente Doutora da Faculdade de Serviço Social da PUC-SP.

tuições de Pesquisas? Ou só por pesquisadores reconhecidos pela sociedade como tal?

Há pesquisas que contribuem para o avanço do conhecimento teórico ou que contestam teorias estabelecidas. É muito freqüente, na pós-graduação e em bancas, argüidores perguntarem: o que esse trabalho trouxe de contribuição para a teoria? Quer dizer, que novo conhecimento foi produzido? Confirmou as teorias existentes? Aponta novos caminhos para a pesquisa? Diante disso, pode se restringir a noção de pesquisa com a pesquisa teórica e acadêmica, bem como o lócus de produção do conhecimento na Universidade. E muitos chegam a pensar que se não estão na Universidade, não estão produzindo conhecimento e, não podem ou não têm condições de pesquisar.

É certo que o desenvolvimento da pós-graduação e o apoio das agências de fomento, como o CNPq, a Capes, a FINEP, e agências estaduais, no caso do Brasil, permitiram o desenvolvimento da pesquisa no país, bem como a constituição de grupos de pesquisadores e instituições de pesquisa que hoje podem ser consideradas como "ilhas de excelência" reconhecidas internamente e algumas até internacionalmente. Esse apoio que se prolonga por quase quatro décadas, foi fundamental para o desenvolvimento de todas as áreas do conhecimento e para o desenvolvimento dos Programas de Pós-Graduação, inclusive no Serviço Social.

No entanto, essa não é a única forma de produzir conhecimento, e nem a Universidade e os institutos de pesquisa são os únicos "lugares" para se desenvolver pesquisas. Há outras formas, e dentre elas, devemos destacar a pesquisa em serviços, que necessariamente, não está produzindo um novo conhecimento teórico, que muitas vezes não é valorizada pela academia, nem passa pelas provas que a academia considera legítimas, mas que é uma pesquisa realizada na prática e no cotidiano de muitas instituições e serviços.

Não podemos esquecer que o Serviço Social é uma profissão, e que na essência, somos profissionais embora também pesquisadores e formadores. Esta é uma questão muito importante para pensarmos a pesquisa no Serviço Social, pois é fundamental para o seu desenvolvimento que haja uma reflexão contínua sobre sua prática, como uma forma de produzir conhecimento, tão importante quanto à pesquisa acadêmica.

Na área social, pesquisas de tipo exploratório têm trazido contribuições muito importantes para a compreensão de questões novas que estão sendo percebidas na realidade concreta, denominados de "temas emergentes". A pesquisa exploratória permite uma aproximação de tendências que estão ocorrendo na realidade, para as quais não temos ainda conhecimento sistematizado nem bibliografia consolidada. Nestas condições é preciso consultar pessoas que tenham alguma experiência prática em relação ao tema ou que elaboraram alguma observação, ainda que inicial, sobre os fenômenos que estão ocorrendo. Este tipo de pesquisa pode ser um instrumento muito importante para o trabalho profissional do Assistente Social e também para a formação dos futuros profissionais.

2. Da observação assistemática à observação sistemática

O trabalho no cotidiano permite uma observação muito próxima dos fenômenos que estão ocorrendo. Mas estas observações tendem a ser espontâneas, assistemáticas e muito seletivas: percebemos de um fato vivido, de uma reunião presenciada, as posturas e as "falas" que mais nos impactaram e tendemos a registrar na memória, apenas aquilo que mais nos impressionou.

Na prática profissional, no estágio ou na docência, é preciso transformar as Observações Assistemáticas da realidade em Observações Sistemáticas: este processo deve ser incorporado pelos profissionais e pelos docentes e transmitido aos estudantes. Esta é uma exigência para que o trabalho profissional se torne um saber profissional. Mas como fazer isto?

Primeiro: preparar o processo de observação, como um *Projeto* que permita a observação o mais ampla possível dos processos que estão ocorrendo na prática profissional, no estágio ou na prática docente.

Segundo: *Registrar Detalhadamente* o que foi observado. É difícil registrar o cotidiano: no dia-a-dia não dá tempo e na maioria das vezes, o profissional não desenvolveu essa habilidade e nem sempre esta prática é considerada essencial nos planos de estágio.

No entanto, vale a pena frizar: uma prática só torna um saber sistemático se for observada e registrada detalhadamente. Registrando-a de modo organizado e sistemático, podemos perceber ângulos e dimensões que não tínhamos percebido no momento em que os fatos estavam ocorrendo e chegar a uma observação mais completa da realidade. Faz parte do arsenal profissional, do fazer profissional, passar da observação assistemática da prática, para uma observação sistemática.

Se conseguirmos cumprir esta exigência, já será possível apresentarmos uma *Produção Importante sobre a Prática*, sistematizar o saber profissional. Caso contrário, o conhecimento advindo da prática, o saber fazer, terá um alcance muito pequeno de disseminação: pode se perder ou quando muito, tornar-se uma imagem "esfumaçada" na memória de alguns que dela participaram.

Outra decorrência importante da observação e do registro sistemático da prática cotidiana, é que eles nos permitem elaborar um diagnóstico mais preciso sobre a realidade e sobre os problemas e os grupos populacionais com os quais estamos lidando. Nas instituições em que os profissionais registram e analisam minimamente seu trabalho profissional, apresentam as observações e os resultados de forma sistematizada nas reuniões de equipe ou para as direções, as contribuições dos Assistentes Sociais se tornam valiosas para todos, podem fornecer subsídios para a tomada de decisões e o *Serviço Social é Reconhecido* pelas outras profissões e pelas direções.

Um diagnóstico mais preciso sobre a realidade, por sua vez, permite chegar-se à *Propostas de Ação* mais adequadas às necessidades, que devem ser acompanhadas durante o processo de implantação e avaliadas em seus resultados para o re-planejamento. Participando ativamente de todas as etapas desse processo, os profissionais e os estagiários terão a oportunidade de recompor a *Totalidade dos Processos de Trabalho* em que estão envolvidos nas instituições, tornando sua própria prática menos fragmentada, repetitiva e desligada de suas finalidades. O trabalho se torna mais significativo para os profissionais à medida que eles dominam os processos de trabalho como um todo, contribuem e participam das decisões. Reunir os momentos de observar, planejar, executar, avaliar e reformular as propostas para a ação prática, permite re-significar o processo de trabalho e a prática profissional, bem como produzir um novo saber profissional.

3. O que usar? Metodologias quantitativas ou qualitativas?

Devemos reconhecer que atualmente, apesar das dificuldades, temos melhores condições de desenvolver a produção do conhecimento no Serviço Social, como em todas as áreas das Ciências Humanas e Sociais. As experiências de Iniciação Científica, ainda durante a graduação, embora sejam ainda reduzidas numericamente, mostram tendência de crescimento; a exigência do Trabalho de Conclusão de Curso — TCC; algumas pesquisas, realizadas pelos profissionais em seu campo de trabalho; as monografias de especialização; as Dissertações de Mestrado e as Teses de Doutorado têm incentivado a preocupação dos Assistentes Sociais com relação à produção de conhecimento, ao domínio das metodologias de sua produção e à escolha dos métodos e instrumentos de pesquisa mais adequados ao que desejam pesquisar.

Do ponto de vista metodológico, percebe-se no Serviço Social, nos últimos anos, uma valorização das pesquisas qualitativas, dos estudos de casos, dos instrumentos e técnicas de entrevistas, principalmente entrevistas semi-estruturadas, da análise de conteúdo e de discurso.

Aproximamos-nos durante os anos 90 de uma visão muito interessante a respeito da discussão da relação sujeito-objeto, subjacentes à discussão da pesquisa-ação e da pesquisa participante. E da reflexão sobre a necessidade de compartilhar o processo da produção do conhecimento — seja científico ou popular. Devemos aproximar esses dois tipos de conhecimento, para que eles se complementem e se fertilizem mutuamente.

Discutindo a questão das pesquisas na saúde, Turato (2003) relembra que o termo "quantitativo" relaciona-se à idéia de mensuração e busca resposta para a pergunta "quanto?" enquanto o termo "qualitativo" busca responder a perguntas como "qual?", "qual tipo?".

A constituição do conhecimento metódico ocorreu entre os séculos XVII e XIX, seguindo os princípios da observação (controlada), da experimentação (reprodução dos fenômenos) e da indução (regularidade matemática da repetição do fenômeno). No século XIX, Claude Bernard incorporou os princípios na área da medicina, passando o corpo humano a ser pesquisado experimentalmente, tendo a fisiologia como modelo para o entendimento dos fenômenos das áreas biomédicas (Turato, 2003). Este pensamento expandiu-se na área da saúde, e procurou-se expandir o uso do mesmo modelo nas Ciências Humanas e Sociais com pouco sucesso.

Já no século XX as Ciências Humanas e Sociais concentraram-se mais nos métodos qualitativos de pesquisa, também denominados de compreensivo-interpretativos. E tem havido certa disputa entre as duas áreas de conhecimento, com defesas e questionamentos das pesquisas de caráter qualitativo pelas Ciências Básicas. No entanto, nos últimos anos, vem se firmando entre os pesquisados a idéia de os métodos quantitativos e os qualitativos devem ser vistos como *Complementares*, o que pode levar a um melhor desenvolvimento das pesquisas com objetos complexos.

Nesta perspectiva, Barros et al., (2005), afirmam que determinados objetos e problemas de pesquisa, dado seu caráter contextual, complexo e multicausal, podem ser menos controlados e necessitam de métodos e técnicas diferenciadas de investigação. Minayo e Minayo (2001), consideram que os estudos na área da saúde devem usar as metodologias qualitativas para captar o "significado e a intencionalidade" inerentes aos atos, às relações e às estruturas sociais.

No que diz respeito aos serviços de saúde, tema importante do Congresso Internacional e Ibero-Americano de Investigação Qualitativa em Saúde no México em 2003. Bosi e Mercado (2004), os congressistas presentes, apresentaram-se preocupados com os desafios existentes no interior dos serviços e no âmbito de sua investigação, chamando a atenção para a adequação das abordagens qualitativas para o desenvolvimento do conhecimento nessa área.

4. O Projeto de Pesquisa

As pesquisas teóricas, metodológicas ou sobre a prática exigem: uma preparação inicial que passa pela etapa de execução (ou trabalho de campo) e análise dos achados, e, por fim, pela etapa de apresentação e divulgação dos resultados.

Preparação ou fase exploratória da pesquisa

1. Para Deslandes (1996), é preciso no início decidir sobre o tema e o problema a ser pesquisado: a saúde representa uma grande área de interesse para a pesquisa, mas é preciso dentro dessa área definir especificamente o que se quer pesquisar. Por exemplo, certo aspecto da política, em um determinado período, os princípios que a orientam, o controle social que existe na área, os níveis de atenção à saúde, a organização dos serviços de

saúde, o acesso da população a eles, a satisfação/insatisfação da população com o que lhes é oferecido, os processos de trabalho em saúde, o mercado de trabalho, as necessidades da população, as concepções de saúde e adesão aos tratamentos propostos, os sentidos que diferentes segmentos sociais atribuem às doenças, as relações entre condições de vida, trabalho e saúde, os riscos diferenciados de adoecer, as diferenças sociais e regionais do perfil de morbimortalidade, e, muitos outros.

O problema a ser pesquisado deve ser delimitado e apresentado sob a forma de uma *Pergunta e Avaliarmos* se temos condições de pesquisá-lo (acesso às informações, tempo disponível, competência, a conjuntura).

2. Justificativa da escolha do problema de pesquisa:

Razões da escolha de tal problema, relevância teórica, metodológica ou social do problema, contribuições para o conhecimento ou grupos sociais a serem beneficiados com os resultados.

3. Objetivos da pesquisa:

O que se pretende conhecer com a pesquisa (Objetivo Geral) e as metas específicas a serem alcançadas (Objetivos Específicos).

4. Definição da base teórica e conceitual da pesquisa:

É a base de sustentação da pesquisa, deve ser obtida através de uma pesquisa bibliográfica sobre o problema, lendo-se vários autores, que produziram sobre o tema de ângulos diferentes ou que apresentam posicionamentos controversos sobre o tema. Outras pesquisas produzidas sobre o mesmo assunto, e, se possível, realizar entrevistas exploratórias com pessoas que tenham experiência com o problema, mas que não foram publicadas. O material obtido nesta etapa deve ser fichado, e, as referências bibliográficas e as citações, devem ser anotadas conforme as normas da ABTN.

5. Formulação de hipóteses ou pressupostos para a pesquisa:

A hipótese é uma pressuposição que se faz sobre o problema que se quer estudar, baseada numa reflexão teórica, nas leituras prévias, nas entrevistas com especialistas e também na sua própria observação sobre a realidade. É uma resposta prévia para o problema que se vai investigar e que poderá ser confirmada ou não ao final da pesquisa. Para Minayo (1996) e Quivy e Campenhoudt (1998) as hipóteses são afirmações provisórias sobre o problema. Para Gil, (1987) as hipóteses podem surgir também da intuição do pesquisador, evidentemente de uma intuição sustentada pela leitura, observação prévia ou experiência prática com respeito ao problema.

6. Metodologia:

Definir o tipo de estudo que será adotado. Serão usadas metodologias quantitativas, qualitativas ou ambas. Quais serão as fontes de informação: as informações originais colhidas pelo próprio pesquisador são denominadas de fontes primárias. Quando se recorre a dados já existentes em instituições, associações ou trabalhos de outros pesquisadores estamos lidando com fontes secundárias de informação.

Define-se neste momento o que será observado, quantos serão entrevistados, o que representam do universo de envolvidos com o problema, isto é, a Amostra que deverá representar a totalidade; o mesmo ocorre com os documentos que serão analisados no conjunto de documentos existentes quando pretendemos desenvolver uma pesquisa documental; há que definirem-se ainda os instrumentos a serem utilizados para a coleta de informações (observação, questionários, entrevistas, análise de documentos) etc.

7. Amostragem

No geral se trabalha com uma amostra da realidade e as amostras podem ser probabilísticas ou não probabilísticas. As probabilísticas são usadas em pesquisas quantitativas, buscando-se uma representatividade do universo. As amostras não probabilísticas são mais usadas em pesquisas qualitativas, e estão preocupadas em captar a diversidade do universo.

As amostras probabilísticas mais usadas são:

a) *Aleatórias simples*: quando se procura garantir a mesma possibilidade de compor a amostra para cada um dos componentes do universo. Fazemos uso de sorteios, com numeração prévia de cada elemento componente do universo;

b) *Sistemáticas*: usadas quando os elementos do universo estão ordenados: em listagens, em arquivos, em uma rua. Por exemplo: queremos ter uma amostra de 10% delas. Sorteamos a primeira entre os dez primeiros, e depois escolhemos as demais de dez em dez;

c) *Estratificadas*: usadas quando a totalidade das pessoas pode ser subdividida em subgrupos ou estratos pôr faixas de idade, renda, religião, profissão, escolaridade ou outros critérios. Sorteia-se certo número de elementos em cada estrato para compor a amostra final, conservando na amostra, a mesma proporção em que cada estrato participa na totalidade.

As amostras não probabilísticas podem ser:

a) *Intencionais*: quando se deseja por exemplo, obter a opinião ou conhecer a situação de determinadas pessoas ou serviços, por sua especificidade e não representatividade do universo;

b) *Típicas*: quando se seleciona para a pesquisa os casos típicos, que tenham as características do universo. Isto exige um razoável conhecimento prévio do problema e do universo da parte do pesquisadores;

c) *Cotas*: considerando-se as características dos integrantes do universo, constrói-se uma maquete que o represente, com presença de todos os elementos na amostra, na mesma proporção em que aparecem no universo.

8. Técnicas ou instrumentos de pesquisa:

As técnicas mais usadas nas pesquisas são as observações, os questionários, as entrevistas, as histórias de vida e a análise de documentos.

As *observações* podem ser assistemáticas quando são realizadas de modo ocasional e informalmente, mas devem transformar-se em observações sistemáticas: planejar o que será observado, em que condições e como serão feitos os registros. Pode ser externa (quando o pesquisador o faz a observação de fora da situação), participante (quando o pesquisador se insere na situação ou no grupo investigado), individual ou em equipe.

O *questionário* é um instrumento de pesquisa, constituído pôr uma série ordenada de perguntas referentes ao tema de pesquisa. Quando o Questionário é enviado para os pesquisados responderem diretamente, precisa ser acompanhado de uma carta com explicações claras para o preenchimento correto, mas mesmo assim a porcentagem de respostas e devolução costuma ser muito pequena. Quando o próprio pesquisador aplica pessoalmente o instrumento nos pesquisados, este é denominado de *Formulário*. Os questionários e formulários apresentam perguntas objetivas, muitas vezes com alternativas de respostas já codificadas, mas podem conter também algumas perguntas abertas. Antes de serem aplicados os formulários ou enviados os questionários, o instrumento de coleta deve passar por um pré-teste, isto é, ser aplicado em algumas pessoas que tenham características semelhantes àquelas que farão parte das amostras, para se verificar se há necessidade de modificar as perguntas ou a seqüência delas.

As entrevistas são os instrumentos mais usados nas pesquisas sociais, porque além de permitirem captar melhor o que os pesquisados sabem e pensam, permitem também, ao pesquisador, observar a postura corporal, a tonalidade da voz, os silêncios etc.

As *entrevistas* podem ser *Padronizadas, Estruturadas ou Semi-estruturadas*, quando o pesquisador apenas coloca alguns tópicos para o pesquisado expressar o que pensa sobre eles.

As *histórias de vida*: é um tipo particular de entrevista, em geral uma série delas, em que se busca reconstituir a vida toda, ou uma fase ou um aspecto da vida da pessoa (como profissional, como paciente, como docente, como estudante). As histórias de vida permitem também ao pesquisador perceber as concepções que as pessoas têm de seu papel e de sua participação nos grupos dos quais fazem parte (família, trabalho, política, religião etc.), e podem ser complementadas com outros tipos de informações, sobre os processos sociais referidos pelos pesquisados, através da pesquisas em jornais, revistas, documentos, relatórios ou outras pesquisas.

A *análise de documentos* é dirigida a textos escritos que podem servir como fonte de informação para a pesquisa: planos, programas, leis, decretos, artigos, atas, relatórios, ofícios, documentos, panfletos etc.

9. Recursos necessários, composição da equipe e cronograma de execução:

Definir os recursos financeiros, materiais e equipamentos necessários; a equipe que vai desenvolver a pesquisa (currículo e atribuições); as etapas de execução e o tempo previsto para cada uma delas (seleção e treinamento da equipe, coleta de dados, análise do material coletado, conclusões, relatório final e divulgação).

10. Comissão de ética na pesquisa:

Todo projeto de pesquisa deve passar por uma comissão de ética, na instituição de ensino ou nos serviços, e anexando ao mesmo um Termo de Consentimento Informado, a ser assinado pelos pesquisados, após receber as informações do pesquisador sobre os objetivos da pesquisa e a garantia de sigilo sobre a fonte de informação.

5. Fase de execução, trabalho de campo e análise dos dados

Segundo Cruz Neto (1994), a aproximação do pesquisador das pessoas selecionadas para a pesquisa poderá ser facilitada se o pesquisador já tiver um relacionamento anterior com elas ou se puder contar com a ajuda de outras pessoas para facilitar a aproximação. É importante apresentar de início a proposta de pesquisa aos grupos envolvidos e incorporar as contribuições que essas pessoas possam dar à proposta. Os pesquisadores, além de registrarem as informações obtidas nas entrevistas, questionários e observações planejadas, devem fazer anotações de tudo que acontece no trabalho de campo (Caderno ou Diário de Campo).

As entrevistas devem ser agendadas com antecedência, em local adequado, solicitando-se quando for o caso, permissão dos pesquisados para gravá-las. A aplicação de formulários deve seguir o mesmo procedimento. É preciso prever o tempo que levará cada procedimento, contar com recusas ou perdas de pessoas selecionadas (daí ter uma reserva maior de pessoas selecionadas nas amostras).

5.1. Preparo dos dados para análise quantitativa

A "análise" é um processo de descrição dos dados coletados e a "interpretação" é um processo de reflexão sobre o que foi descrito, à luz de conhecimentos mais amplos, que extrapolam os dados da pesquisa ou comparam esses dados com outras pesquisas semelhantes. A análise de dados quantitativos passa pelas seguintes operações:
a) estabelecimento de categorias para a análise;
b) codificação das informações;
c) tabulação e distribuição de freqüências: colocação dos dados em tabelas para verificar as relações que apresentam entre si, e apresentação dos dados sob a forma de freqüências absolutas (n.), freqüências relativas (%) e freqüências acumuladas. Podemos também cruzar uma ou mais variáveis entre si, como, por exemplo: escolaridade e acesso aos serviços de saúde.

5.2. Análise estatística e construção de tabelas, quadros e gráficos

As medidas de Posição Central mais usadas são:

a) Moda (Mo): é o valor mais freqüente encontrado na distribuição das respostas, aquele que se repete o maior número de vezes. Quando temos mais de um valor que se repete, neste caso teremos uma distribuição bimodal, com três ou mais valores que se multiplicam, temos uma distribuição multimodal;

b) Média aritmética (M): é a soma dos valores de todos os dados obtidos, dividida pelo número de casos;

c) Mediana (Md): é o valor abaixo do qual estão metade dos casos estudados e acima do qual está a outra metade;

d) Quartil: os quartis dividem a distribuição dos valores em 4 partes iguais (até 25%, até 50%, até 75% e até 100%);

e) Amplitude: é uma medida que nos mostra o quanto os dados obtidos estão variando, entre o valor mínimo e o valor máximo da distribuição;

f) Gráficos: para Marconi e Lakatos (1988), os gráficos apresentam os resultados de uma pesquisa, de uma maneira que facilita a visão do conjunto de uma vez só.

Os gráficos lineares são os mais usados, apresentado os dados através de linhas retas ou curvas: são muito interessantes para demonstrar a tendência de variação das informações colhidas e do problema de pesquisa.

Há ainda os gráficos de coluna (usa-se retângulos alongados no sentido vertical) e os gráficos de barra (retângulos no sentido horizontal).

E há os gráficos circulares, sendo o mais usado o de setores, mostrando a proporção de cada elemento no conjunto.

5.3. Análise de dados qualitativos

Para pesquisas que usam entrevistas semi-estruturadas, histórias de vida, depoimentos, artigos, documentos, filmes, cartazes, desenhos etc. Esses tipos de instrumentos de pesquisa permitem revelar sentimentos, valores ou concepções mais profundas dos entrevistados do que os questionários e formulários, que no geral, obtém informações mais superficiais, opiniões mais estereotipadas e racionalizadas. Procede-se na análise da seguinte forma:

a) Elaboração e preparação do material: realizadas e gravadas as entrevistas, depoimentos ou histórias de vida, elas deverão ser transcritas, na íntegra ou através de recortes sobre o tema em questão; a transcrição deve ser realizada logo após a gravação, e, se possível, pelo pesquisador ou por quem realizou as entrevistas, para garantir a fidedignidade ao que foi dito pelos pesquisados;

b) Definição das categorias de análise: ou pelo menos deve-se definir linhas orientadoras para a analise (Queiroz, 1991). Ler mais de uma vez todo o material transcrito ou os documentos selecionados e levantar as categorias de análise, isto é, as questões que aparecem no material coletado e como os pesquisados se posicionam frente a eles. As categorias de análise são os recortes a partir dos quais o material coletado no campo será analisado;

c) Para Michelat (apud Thiollent, 1987), as pesquisas que usam entrevistas não diretivas, histórias de vida ou mesmo entrevistas menos estruturadas, são realizadas com um número reduzido de entrevistados e quantificar os resultados não tem valor estatístico. Recomenda-se uma apresentação inicial do perfil social dos entrevistados (sexo, idade, profissão, escolaridade, procedência etc.), para que se possa saber de que "lugar social" fala o entrevistado;

d) Análise de conteúdo: Pode-se inicialmente proceder à análise semântica (do vocabulário usado) e proceder depois à análise do conteúdo, isto é, das idéias contidas nos vários instrumentos de comunicação. Há técnicas de análise de caráter quantitativo e de caráter qualitativo na análise de conteúdo. Organização do material após uma leitura profunda para definir: as unidades de registro (palavras, frases, orações, temas, acontecimentos, personagens...); as unidades de contexto (contexto do qual faz parte a mensagem); as categorias de análise e separar os trechos mais significativos; proceder a análise propriamente dita do material.

Bardin (1977) apresenta várias técnicas de análise de conteúdo e Minayo (1992) faz uma proposta para análise de conteúdo em dois níveis:

- No primeiro, apresentar a conjuntura socioeconômica e política da qual faz parte o grupo de entrevistados, sua história e inserção no contexto sócio-histórico mais geral;
- no segundo, apresentar as observações de condutas, costumes, o teor das comunicações de cada indivíduo.

6. Conclusões, recomendações, divulgação e relatório

A conclusão da pesquisa deve compreender as seguintes partes:

a) Retrospectiva rápida do que se pretendia com o trabalho (objetivos, hipóteses mais importantes, conceitos que a embasaram) e procedimentos que utilizou;

b) Apresentação dos principais resultados a que chegou;

c) Contribuições para o conhecimento da temática que abordou, novas questões que suscitou;

d) Recomendações de ordem pratica ou profissional se for o caso;

e) Devolução dos resultados aos pesquisados: estes devem constituir o primeiro grupo a tomar conhecimento dos resultados preliminares para que possam pronunciar-se, fazer sugestões e ouvir as explicações dos pesquisadores. Estes devem incorporar o máximo possível, as sugestões dos entrevistados no Relatório Final para divulgação;

f) Divulgação dos resultados: o mesmo material deve ser apresentado em várias "versões": uma para o meio científico, outra mais resumida para as reuniões, uma cartilha ou manual para a população, um artigo para revista especializada, um texto para divulgação na mídia;

g) Relatório Final: deve estar constituído pelas seguintes partes:
- Capa (título, autor, orientador, entidade responsável, data, cidade);
- Folha de Rosto (idem acima);
- Agradecimentos (se houver);
- Resumo (de uma página);
- Relação de tabelas e gráficos (se existirem);

- Sumário;
- 1) Introdução (pesquisa realizada, importância, objeto, objetivos, disposição dos capítulos);
- 2) Revisão da bibliografia relacionada ao tema;
- 3) Esquema de Investigação (procedimentos empregados, fontes de dados, metodologia e organização da pesquisa de campo);
- 4) Apresentação, análise e interpretação dos resultados;
- 5) Resumo e Conclusões;
- 6) Recomendações;
- 7) Anexos (se houver: figuras, questionários ou roteiros, documentos, circulares etc.);
- 8) Bibliografia.

Referências

BARDIN, L. *Análise de conteúdo*. Lisboa: Persona, 1977.

BARROS, N. F. et al. (orgs.). *Pesquisa qualitativa em saúde: múltiplos olhares*. Campinas: Unicamp, 2005.

BOSI, M. L. M. e MERCADO, F. J. (orgs.). *Pesquisa qualitativa de serviços de saúde*. Petrópolis: Vozes, 2004.

CRUZ Neto, Otávio. O trabalho de campo como descoberta e criação. In MINAYO, Maria Cecília de Souza (org.). *Pesquisa Social: Teoria, método e criatividade*. 5. ed. Petrópolis: Vozes, 1996.

DESLANDES, Suely Ferreira. *A Constituição do Projeto de Pesquisa*. In MINAYO, Maria Cecília de Souza (org.). *Pesquisa Social: Teoria, método e criatividade*. 5. ed. Petrópolis: Vozes, 1996.

GIL, A. C. *Métodos e técnicas de pesquisa social*. São Paulo: Atlas, 1987.

MARCONI, M. de A. e LAKATOS, E. M. *Técnicas de pesquisa*: planejamento e execução de pesquisas, amostragens e técnicas de pesquisa, elaboração, análise e interpretação de dados. São Paulo: Atlas, 1988.

MINAYO, M. C. de S. (org.); DESLANDES, S. F.; CRUZ NETO, O. e GOMES, R. *Pesquisa Social: Teoria, método e criatividade*. 5. ed. Petrópolis: Vozes, 1996.

MINAYO, M. C. de S. e MINAYO, C. G. *Difíceis e possíveis relações entre os métodos quantitativos e qualitativos nos estudos dos problemas de saúde*. Rio de Janeiro: Ensp, 2001. (Mimeo.)

MINAYO, Maria Cecília de Souza. Ciência, teoria e arte: O desejo da pesquisa social. In MINAYO, Maria Cecília de Souza (org.). *Pesquisa Social: Teoria, método e criatividade*. 5. ed. Petrópolis: Vozes, 1996.

QUEIROZ, M. I. P. de. *Variações sobre a técnica de gravador no registro da informação viva*. São Paulo: T. A. Queiroz, 1991.

QUIVY, R. e CAMPENHOUDT, L. V. Manual de investigação em Ciências Sociais. In MARQUES, Y. M.; MENDES, M. A. e CARVALHO, M. (trads.). *Coleção Trajectos*. 2. ed. Lisboa: Gradiva, 1998.

THIOLLENT, M. *Crítica metodológica, investigação social e enquête operária*. São Paulo: Pólis, 1987. Coleção Teoria e História.

TURATO, E. R. (org.). *Psicologia da saúde: estudos clínico-qualitativos*. Taubaté: Cabral, Livraria Universitária, 2003.

ULIN, P. R.; ROBINSON, E. T. e TOLLEY, E. E. *Investigación aplicada en salud pública: métodos cualitativos*. Washington: OMS/OPAS, n. 614, 2006. Publicación Científica y Técnica.

Capítulo 2

Retomando a Temática da "Sistematização da Prática" em Serviço Social*

*Ney Luiz Teixeira de Almeida**

Tomando por base as profissões liberais e aquelas que atuam no âmbito do aparato estatal prestador de serviços, cuja formação de quadros profissionais exige uma instrução de nível superior, ao Serviço Social pode ser conferido certo destaque por ter conseguido forjar, com certa regularidade, ao longo de sua história, uma série de procedimentos de registro e avaliação das suas atividades. Desde os livros de ocorrência, passando pelos relatos das suas abordagens individuais ou grupais, até as reuniões de equipe, a profissão, durante anos, se ocupou minimamente de produzir informações e organizar processos em que a sua "prática", ainda que não unilateralmente, pudesse se constituir em objeto de reflexão.

---

* Este texto toma por base algumas reflexões produzidas por ocasião do *"Curso de Extensão sobre sistematização da prática profissional em Serviço Social"*, que organizamos e ministramos em setembro de 1995 na Faculdade de Serviço Social da UERJ como atividade ligada ao *"Projeto de Extensão Educação Pública e Serviço Social"*, e que foram inicialmente organizadas e divulgadas junto aos seus participantes num pequeno texto denominado "Significado da sistematização da prática para o Serviço Social". Ele foi originalmente publicado na revista *Em Pauta*, da Faculdade de Serviço Social da UERJ, n. 10, em 1997. Em função dessa edição se encontrar esgotada, resolvemos atender à solicitação de que o mesmo fosse novamente publicado. Contudo, em função de sua estrutura se reportar a um momento particular da trajetória do Serviço Social, optamos por não produzir uma atualização mais profunda de forma que não alterasse a abordagem inicial.

** Professor-assistente do Departamento de Fundamentos Teórico-Práticos do Serviço Social da Faculdade de Serviço Social da Universidade do Estado do Rio de Janeiro e do Curso de Serviço Social da Universidade Castelo Branco. Doutorando em Educação pela Universidade Federal Fluminense.

Esta regularidade, contudo, esteve longe de sedimentar uma postura que atravessasse a história do Serviço Social com a mesma intensidade e relevância. Da mesma forma, esteve muito distante dos processos de demarcação de preocupações investigativas que requeressem a mobilização e o domínio de um conjunto razoável de instrumentos e aportes teórico-metodológicos, tal como ocorre entre os profissionais pesquisadores das diversas áreas das chamadas ciências sociais. Concluindo, não conseguiu, contudo, o Serviço Social forjar uma cultura profissional que se alimentasse diretamente, ou que indicasse um papel de destaque, às atividades investigativas, particularmente aos processos de sistematização do seu trabalho, tomado integral ou parcialmente segundo um variado leque de enfoques.

Podemos elencar, dentre as questões que ajudaram a determinar este tipo de cultura profissional, algumas diferenças significativas no percurso de amadurecimento intelectual da profissão, especialmente se considerarmos o debate produzido acerca do próprio significado social do Serviço Social. As diferenças de rumo e de sustentação teórica que o debate sobre o Serviço Social tomou no Brasil e na América Latina nos últimos vinte anos tornam-se ilustrativas, neste sentido.

É inegável o avanço intelectual deste debate no Brasil, principalmente no que diz respeito: ao enfrentamento do significado social da profissão (Iamamoto e Carvalho, 1982), a sua inscrição na divisão social e técnica do trabalho na sociedade capitalista (Iamamoto, 1994; Netto, 1992), a sua atuação no âmbito das políticas sociais (Faleiros, 1980; Sposati et al., 1985) e à questão teórico-metodológica (Faleiros, 1985; ABESS, 1989).

Por outro lado, se o debate latino-americano não foi tão fecundo ou profundo sobre esses temas, foi inegavelmente mais direcionado para os processos de condução e sistematização da "prática" profissional. Não se trata aqui de opor de um lado um debate de cunho mais teórico e de outro um debate sobre o que se tem denominado comumente de "prática". Destacamos, apenas, que as ênfases foram diferentes e trouxeram implicações importantes tanto para a compreensão do Serviço Social enquanto profissão quanto para a construção de procedimentos de sistematização de suas atividades profissionais.

Desta forma, o Serviço Social ao passo que foi capaz de forjar certas rotinas e procedimentos de registro de suas atividades prático-interventivas não conseguiu, porém, imprimir aos mesmos a marca de um esforço de sistematização, quer da realidade social como das respostas profissionais formuladas que determinam a sua atividade profissional, o seu trabalho em sentido amplo.

Para tomarmos apenas dois exemplos, dos limites deste processo empreendido pelo Serviço Social, vale dizer que muitas vezes os registros acabam se transformando numa peça a mais na burocracia dos estabelecimentos onde atua o assistente social e que as reuniões de equipe tendem a perder sua objetividade frente à ausência de outros instrumentos necessários aos processos de avaliação e reflexão de seu trabalho.

A "sistematização da prática" para o Serviço Social encerra, contudo, diversos significados. Tomando por base as produções do Centro Latino-Americano de Trabalho Social (CELATS, 1983), percebemos que ela engloba não só os procedimentos investigativos que demarcam a ação profissional como objeto de reflexão. A sistematização da prática foi entendida pelo CELATS como todo o processo de organização teórico-metodológico e técnico-instrumental da ação profissional em Serviço Social. Neste sentido, a preocupação com a sistematização se inicia com a própria delimitação dos referenciais que orientarão a eleição dos aportes teóricos, da condução metodológica, da definição das estratégias de ação, do reconhecimento do objeto da intervenção profissional, assim como de seus objetivos e da avaliação dos resultados alcançados.

A preocupação com a "sistematização da prática" tornou-se mais familiar e presente entre nós em função de uma das exigências da formação profissional: a elaboração da monografia de conclusão de curso. Este importante pré-requisito corroborou decisivamente para que o trabalho do assistente social, mais precisamente os aspectos que envolviam a atuação do alunado nos campos de estágio, se constituísse, com maior freqüência, em objeto de reflexão. Ainda que a monografia de conclusão de curso não encerrasse apenas esta possibilidade, a de circunscrever o processo de investigação ao trabalho do assistente social — evidentemente incluindo aí o processo de aprendizagem realizado pelos alunos através do estágio supervisionado —, ela foi largamente construída nesta direção.

Levando em consideração a literatura produzida pelo Serviço Social é de fácil verificação que ainda é pouco comum as reflexões que resgatam as experiências profissionais realizadas ou em curso, independentemente dos recortes analíticos através dos quais elas foram sistematizadas.[1] Esta preocupação se torna mais flagrante justamente em processos investigativos que visam a elaboração de monografias, não só as de conclusão do curso de graduação como as dos cursos de pós-graduação.[2]

Longe de recuperar velhas polêmicas como a que se discute se possui ou não o Serviço Social uma teoria própria, a sistematização de sua atividade profissional se constitui numa etapa fundamental das elaborações teóricas dentro da profissão. Netto, ao recuperar este debate indica duas possibilidades de entendimento e significação da "sistematização da prática" profissional, relacionadas a dois tipos de entendimento do Serviço Social: primeiro, "como profissão cujo fundamento elementar é um espaço sócio-ocupacional circunscrito pela divisão social do trabalho própria da sociedade burguesa consolidada e madura"; segundo, "como profissão cujo fundamento elementar é um corpus teórico e metodológico particular e autônomo". Vejamos:

> "Na primeira alternativa, a sistematização (da prática) aparece como uma dupla requisição: de uma parte, é a condição para otimizar a própria intervenção prática, organizando e generalizando a experiência dos assistentes sociais e cristalizando pautas de procedimento profissional, reconhecidas como tais e transmissíveis via formação institucional; de outra, e fundamentalmente, é o passo compulsório para a fundação profissional, viabilizando o 'recorte' de um 'objeto' em função do qual a elaboração teórica desenvolveria o seu movimento de constituição de um saber específico" (Netto, 1989: 150).

---

1. Uma das poucas reflexões sobre práticas conduzidas pelo Serviço Social sistematizadas e publicadas refere-se ao desenvolvimento da experiência de Belo Horizonte, cuja sistematização proporcionou um rico debate metodológico. (Santos, 1987)

2. Vale recuperar observação feita por Netto (1996), à respeito do levantamento realizado pela Professora Nobuco Kameyama (UFRJ) sobre as Dissertações de Mestrado e Teses de Doutorado em Serviço Social, em pesquisa recém concluída: *"Esses dados estão sendo objeto de análise e qualquer inferência, feita agora, é muito provisória; de qualquer forma, é de notar o peso das preocupações com a 'internalidade' do Serviço Social: 230 trabalhos (31% do total) incidem sobre a prática e a formação profissionais; se a ele agregarmos os referidos à história profissional (42), teoria e método (45) e instrumentos e técnicas (23), a cifra chega a 330 (44,5% do total)."* Ainda que não tenhamos condições de afirmar que todos, ou parte substantiva desses trabalhos expressem processos de sistematização da prática, com certeza eles reiteram nossa observação de que é entre as monografias que a preocupação com a prática profissional mais se manifesta na delimitação dos objetos de estudo".

A geração de uma série de dados primários, particularmente ligados às condições de vida e de reprodução da população, à implementação cotidiana das políticas sociais, aos traços culturais e político de diversos segmentos sociais, é facilmente reconhecida no trabalho do assistente social. Estes dados, todavia, podem passar anos sem serem trabalhados, ou mesmo virem a ser utilizados por outros profissionais em atividades de cunho investigativo. O esforço de sistematização como um componente central do trabalho do assistente social não significa, portanto, apenas a geração de dados e informações, mas um processo que envolve a produção, organização e análise dos mesmos a partir de uma postura crítico-investigativa. Trata-se, na verdade, de um esforço crítico, de natureza teórica, sobre a condução da atividade profissional, constituindo-se como um esforço problematizador sobre suas diferentes dimensões em relação às expressões cotidianas da realidade social, mediatizadas pelas políticas sociais, pelos movimentos sociais, pela forma de organização do trabalho coletivo nas instituições e, sobretudo, pelas disputas societárias. A sistematização no trabalho do assistente social é antes de tudo uma estratégia que lhe recobra sua dimensão intelectual, posto que põe em marcha uma reflexão teórica, ou seja, revitaliza e atualiza o estatuto teórico da profissão, condição social e institucionalmente reconhecida para a formação de quadros nesta profissão.

Situamos também, dentre o leque de questões que valorizam a sistematização como um momento importante do trabalho do assistente social, a sua dimensão realimentadora da própria condução de seu trabalho. Para além da construção coletiva da história da atuação profissional que este processo também encerra, ressaltamos aqui seu impacto mais imediato: a reflexão sobre alguma dimensão da atividade profissional favorecendo um reordenamento desta experiência. Neste caso, podemos ter, por exemplo, uma reflexão sobre certos instrumentos de trabalho, sobre a pertinência dos mesmos aos objetivos propostos e ao aporte teórico-metodológico utilizado, assim como a experimentação de novas técnicas, não como opções restritas ao âmbito das opções metodológicas, mas como possibilidades ancoradas nas tensões entre o projeto e as opções profissionais, com suas nuances éticas, políticas e teórico-metodológicas, e a dinâmica da produção e da reprodução social que determinam as condições efetivas de nosso trabalho.

A sistematização possui, ainda, um outro significado importante para a profissão, que é a sua contribuição nos processos de conquista de uma maior autonomia do Serviço Social no âmbito dos estabelecimentos onde atua. A maior e mais constante visibilidade da atividade profissional do assistente social sempre se constituiu num ponto de tensão para a própria profissão como na sua relação com a população e os demais profissionais. Neste sentido, a sistematização de seu trabalho não só auxilia o próprio reconhecimento pelo Serviço Social dos limites, dos avanços e da contribuição efetiva de sua atuação, como pode se tornar um componente importante de sua visibilidade social e institucional.

Poderíamos enumerar, ainda, uma série de significados importantes do processo de sistematização de sua atividade profissional para o Serviço Social, contudo, dois se inscrevem dentro das referências que vimos apresentando até então. O primeiro diz respeito a sua inscrição no trabalho do assistente social[3] e no processo de trabalho institucional do qual participa, ou seja, fazendo parte da própria dinâmica da profissão ou da instituição[4] e não sendo visto como uma atividade esporádica, um apêndice. A implicação mais expressiva que esta perspectiva acentua é a possibilidade de incluirmos dentre as ações que nos levam a tentar superar a alienação que atravessa nosso trabalho, uma postura crítica, embasada teoricamente e que regularmente toma os rumos dado à ação profissional, assim como os seus resultados, como objeto de reflexão.

O segundo, é que estaríamos consolidando um trabalho que imputaria uma nova dimensão às tradicionais formas de registro da atividade profissional, superando uma lacuna histórica no Serviço Social e, há muito, reclamada: a ausência de socialização das experiências profissionais. Para que esta ausência não seja substituída apenas por relatos descritivos das atividades cotidianas, faz-se necessário um processo de sistematização das mesmas, ou seja, um resgate de experiências que seja ilustrativamente rico dos procedimentos mobilizados como problematizadores das questões relativas ao exercício profissional, alçando a socialização da experiência a um patamar de discussão que contribua tanto para o amadurecimento intelectual como para o maior reconhecimento social do Serviço Social.

---

3. Para um melhor entendimento da extensão e particularidades dessa inserção ver Almeida (1995) e Francisco e Cardoso (1995).

4. Referimo-nos aqui à possibilidade desta dimensão não ser apenas constitutiva do trabalho do assistente social, mas de um trabalho coletivo realizado por profissionais com diferentes formações.

Todo esforço no sentido de reconhecer a sistematização como uma dimensão constitutiva do trabalho do assistente social encerra um conjunto de investimentos de diversas ordens: teórico-metodológico, ético-político, técnico-instrumental e, sobretudo, sócio-ocupacional. Não estamos aqui imprimindo à atividade profissional, e ao próprio assistente social, um perfil de trabalhador próximo ao daqueles que atuam nos institutos de pesquisa. Lembramos que a reflexão teórica é um componente significativo do trabalho e da formação do assistente social. Ressaltamos, na verdade, que o trabalho do assistente social deve ser necessariamente atravessado por procedimentos investigativos. Esta discussão não é nova no Serviço Social[5] e nos remete a compreensão da unidade que existe entre investigação e ação na condução teórico-metodológica e técnico-instrumental da ação profissional. Desta forma, a sistematização deve ser tomada como um reconhecimento e, mesmo, como uma incorporação ao cotidiano profissional da dimensão investigativa que o nosso trabalho encerra.

Do ponto de vista mais operacional, um investimento desta ordem implica em alguns pressupostos. O esforço de sistematização determina, portanto, alguns caminhos, algumas trilhas a serem observadas. Salientamos inicialmente que, explicitamente ou não, um esforço de sistematização do trabalho do assistente social, assim como a própria reflexão produzida nesta direção, informa uma dada concepção de profissão. O exame de certos objetivos, a discussão sobre o referencial teórico-metodológico, a análise sobre a maior ou menor autonomia do trabalho do assistente social no âmbito da organização do processo de trabalho coletivo, ou seja, qualquer investimento crítico-investigativo não escapa da demarcação de uma concepção de profissão, possa ela ter sido explicitada ou não num projeto de intervenção, ou de investigação, num relatório, num texto, ou em qualquer forma de registro do trabalho dos assistentes sociais. É praticamente impossível nos propormos a uma reflexão sobre a atividade profissional sem mobilizarmos uma certa referência compreensiva acerca da mesma.

Um segundo pressuposto é o de que todo trabalho profissional tem uma direção política, ética e teórica. Estando estas referências explicitadas ou não num projeto de atuação, a ação profissional possui sempre objetivos — ou se presta a alcançar alguns — ainda que sejam os do próprio estabe-

---

5. Indicamos para um enriquecimento deste debate e para a ampliação dos horizontes sobre o significado da pesquisa para o Serviço Social as reflexões contidas no *Cadernos ABESS*, n. 6 (1993).

lecimento onde o assistente social atua, tenha ele consciência disto ou não.[6] Daí a importância de que o processo de sistematização recobre criticamente estes objetivos, o que ocorre independentemente da problematização que se proponha. Assegurar como parte da análise do trabalho do assistente social a sua referência aos objetivos propostos e a um projeto que o orientou, é de fundamental importância neste processo, visto que a atividade de sistematização envolve preocupações e procedimentos que devem realimentar a condução do trabalho do assistente social.

Um terceiro pressuposto, embora pareça óbvio demais, e que é de suma relevância para um empreendimento desta envergadura, é a verificação preliminar de que este procedimento investigativo está, na verdade, demarcando o trabalho do assistente social, de sua equipe e, em última instância, o próprio trabalho coletivo, como objeto de reflexão, visto ser impossível separar a atividade de seu sujeito. No processo de sistematização do trabalho profissional há uma importante identificação entre sujeito e objeto de investigação e as implicações desta identificação devem ser observadas em suas várias dimensões: ética, política, institucional e social.

Outro ponto importante, referente a este processo, diz respeito ao arcabouço teórico-metodológico necessário para se elencar e conduzir os eixos problematizadores da reflexão do trabalho profissional. Trata-se, portanto, tanto da definição do referencial teórico-metodológico de análise como da eleição e construção dos instrumentos de coleta e análise de dados e informações. Observamos, neste caso, que pode haver coincidência entre os instrumentos definidos no processo de sistematização com aqueles já mobilizados durante a condução do trabalho profissional, ou não. Como também podemos nos deparar com situações onde os instrumentos de registro do trabalho profissional não foram mobilizados, inexistindo, portanto, um material empírico que dê suporte às atividades sistematizadoras. Neste caso a saída mais comum, porém incompleta, tem sido o resgate oral da experiência, o que determina uma recuperação unidirecional da mesma, necessitando um investimento maior no sentido de se procurar outras fontes de consulta.

A sistematização, portanto, não implica nenhuma dimensão redentora da atividade profissional, mas um recurso que lhe recobra e lhe ressalta

---

6. Iamamoto (1994) nos fornece um quadro de explicação interessante sobre a prática profissional e as representações e auto-representações dos assistentes sociais, que vale ser revisto.

sua dimensão crítico-investigativa, a partir da angulação própria que o trabalho profissional adquire enquanto participante de um processo de trabalho coletivo no âmbito das estratégias institucionais de materialização das políticas sociais. Constitui uma dimensão importante do trabalho profissional que favorece uma reflexão contínua de suas respostas sócio-institucionais em suas relações de determinação com a dinâmica do ser social. Trata-se de um recurso que permite imprimir ao cotidiano, assim como a empiria que dele emerge nos procedimentos típicos da ação profissional, a possibilidade de serem compreendidos a partir das relações sociais que lhes dão concretude e significado; alçando a condição de um movimento de apreensão da dinâmica social a partir de uma inserção real e efetiva e da necessidade de se construir alternativas profissionais, determinadas no âmbito de um trabalho coletivo, na trama institucional onde se materializam dimensões constitutivas da dinâmica da sociedade, da relação entre produção e reprodução social.

Referências

ALMEIDA, N. L. T. Considerações iniciais para o exame do Processo de Trabalho do Serviço Social. *Em Pauta* — Cadernos da Faculdade de Serviço Social da UERJ. Rio de Janeiro: UERJ/FSS, n. 6, 1995.

CELATS. *Guía de la sistematización de la pratica*. Lima: CELATS, 1983.

FALEIROS, V. P. de. A política social do Estado capitalista. São Paulo: Cortez, 1980.

_____. *Metodologia e ideologia do trabalho social*. São Paulo: Cortez, 1985.

FRANCISCO, E. M. e CARDOSO, I. C. C. O processo de trabalho do Serviço Social. *Em Pauta* — Cadernos da Faculdade de Serviço Social da UERJ. Rio de Janeiro: UERJ/FSS, n. 6, 1995.

IAMAMOTO, M. V. *Renovação e conservadorismo no Serviço Social*. 2. ed. São Paulo: Cortez, 1994.

IAMAMOTO, M. V. e CARVALHO, R. de. *Relações sociais e Serviço Social no Brasil*. São Paulo: Cortez, 1982.

NETTO, J. P. Notas para a discussão da sistematização da prática em Serviço Social. *Cadernos ABESS*. São Paulo: Cortez, n. 3, 1989.

_____. *Capitalismo monopolista e Serviço Social*. São Paulo: Cortez, 1992.

_____. Transformações societárias e Serviço Social. Revista *Serviço Social & Sociedade*. São Paulo: Cortez, n. 50, 1996. Notas para uma análise prospectiva da profissão no Brasil.

SANTOS, L. L. *Textos de Serviço Social*. 4. ed. São Paulo: Cortez, 1987.

SPOSATI, A. et al. *A assistência na trajetória das políticas sociais brasileiras*. São Paulo: Cortez, 1985.

VV.AA. *Cadernos ABESS*. n. 3. São Paulo: Cortez, 1989.